天下‧文化

Believe in Reading

THE WEIRDEST PEOPLE IN THE WORLD

How the West Became Psychologically
Peculiar and Particularly Prosperous

西方文化的特立獨行
如何形成繁榮世界

下冊

JOSEPH HENRICH

約瑟夫・亨里奇——著

鍾榕芳、黃瑜安、陳韋綸、周佳欣——譯

獻給娜塔莉

二十年光陰、六座城市，與三個孩子。

目錄

下冊

第四部：現代世界的誕生

Part III

New Institutions, New Psychologies

第三部
新的制度，新的心理

— CHAPTER 9 —
OF COMMERCE AND COOPERATION

九、關於商業與合作

商業可以治癒最具破壞性的偏見；有溫良習俗之處必有商業，商業所到之處必有溫良習俗，這幾乎是一條普遍規律。

——孟德斯鳩（Montesquieu, 1749），《論法的精神》（*The Spirit of the Laws*）[1]

〔商業〕是藉由讓國家與個人互利互惠而使人和諧相處的一種和平制度……商業的誕生……是最能讓世界走入文明的偉大發明，它讓人即使不遵循道德原則，也能做出文明的行為。

——湯瑪斯·潘恩（Thomas Paine, 1972），《人的權利》（*Rights of Man*）

我在 1994 年夏天花了幾個月的時間，一面搭著獨木舟穿梭於不同的偏遠馬奇根卡村落，一面進行關於市場如何影響農耕方式的人類學田野調查。讀者可能還記得第 3 章提到的馬奇根卡人，他們是高度獨立的刀耕火種農夫，散居於秘魯亞馬遜一帶，傳統上是核心家庭或家庭式小村落的居住型態。這是我做研究的第一個夏天，而我反覆看到令人訝異的一幕，那就是，儘管這些村落的規模都很小，村民卻難以齊心完成攸關全村的計畫。只要是自己的家族親戚（鄰居有時也行），人們都可以輕易合作做事，但是對於建造村落學校、修復稻米加工機，或者甚至是修剪共用草地，只想搭順風車而不願付出的情況就隨處可見。我在接下來的一年持續為觀察到的這種現象感到迷惑，因此當我知道一個名叫「最後通牒賽局」（Ultimatum Game, UG）的實驗時，我當下就計畫要在接下來的夏天在馬奇根卡人身上測試一下。[2]

　　在「最後通牒賽局」中，每兩位參與者會被匿名配對，而他們兩人必須就某金額的真實金錢——即獎金——來自行分配。假設獎金是 100 美元。第一位玩家（提案人）必須把獎金分給第二位玩家（接受人），範圍是從零到全部的金額（100 美元）。假設提案人從 100 美元分出 10 美元給接受人，接受人必須決定是要接受或拒絕這個提案。接受的話，她可以獲得提案的金額（此案例是 10 美元），而提案人就取得其餘的錢（90 美元）。若是拒絕，則雙方都無法獲得任何獎金。整個互動過程是完全匿名且只進行一次，這意味著兩人之後不會再互動，也無從得知彼此的身分。

像「最後通牒賽局」這類經濟學實驗，它有意思的一點就是，要是理性的人只在乎自己如何獲取最高收入，我們就可以利用賽局理論來預測他們的行為反應。身處於理性和自利的個人所組成的世界中，這樣的計算提供了我們對於事情該有的預期基準——這就是所謂**經濟人**的預測。在「最後通牒賽局」中，只要提案人給予的金額超過零，接受人就面臨了一個二擇一的選擇，接受便能獲得一些錢，拒絕則一無所有。面對這樣一個簡單的選擇，追求收入最大化的接受人應該都會接受 0 元以上的提案。提案人在知悉接受人面對的是非有即無的極端選擇的情況下，應該都會提出自己能給的大於 0 的最小金額。因此，倘若我們拿出 100 美元當獎金，限制只能以 10 美元的倍數金額提案，這個理論預測提案人應該只會從 100 美元分出 10 美元給接受人。[3]

那你會接受 10 美元的提案嗎？你會接受的最低金額是多少？你若是提案人，又會給多少錢呢？

在 WEIRD 社會中，大部分 25 歲以上的成年人都會給一半的金額（50 美元），低於 40% 的提案（40 美元）通常會被拒絕。提案的平均值約是獎金的 48%。在這樣的群體中，遵從標準的賽局理論而給 10 美元（10%）是很低劣的做法。事實上，就算你是個完全自私的人，但意識到別人都不是這個樣子，你還是會不得不分出 50 美元（50%），因為如果你少給了，你可能會被拒絕，到頭來一毛錢也沒有地無功而返。這樣看來，**經濟人**的預測並不適用於 WEIRD 社群，因為他們在「最後通牒賽局」中表現出願意公平分配的強烈傾向。[4]

在南美亞馬遜河流域，我首度在馬奇根卡村落進行了「最後通牒賽局」，我坐在廢棄的傳教士小屋架高的木造門廊上，烏魯班巴河就近在咫尺。獎金是秘魯的當地貨幣 20 索爾（soles），相當於馬奇根卡人偶爾替伐木或石油公司工作 2 天可以賺得的工資。大部分的馬奇根卡人給予的提案，都是分給接受人 3 索爾、或是 15% 的獎金，有幾個人願意提供 5 索爾（25%），只有少數人願意分給對方 10 索爾（50%）。整體而言，提案中位數是獎金 20 索爾的 26%。所有低金額的提案中只有一個被拒絕，其餘都是立即被接受。[5] 我認識到馬奇根卡人在「最後通牒賽局」中有著與 WEIRD 社群極為不同的表現。

我沒有預料到會是這樣的結果。我的 WEIRD 直覺讓我誤以為馬奇根卡人的行為表現會像美國、歐洲和其他工業社會的人們一樣。當我第一次聽到這個實驗的時候，我對於低金額提案的直覺反應就是如此，因而認為「最後通牒賽局」大概捕捉了人類心理某種與生俱來的東西，那就是，我們已經發展出追求公平的動機並且樂於懲罰不公。不過，最讓我驚訝的並不是統計結果，而是我在實驗後與參與者的訪談。馬奇根卡的接受人並不認為提案人必須為了「公平」而分出一半的錢。反之，不管匿名夥伴給自己多少錢（通常是 20 索爾分出的 3 索爾），他們似乎心懷感恩。他們不能理解為什麼有人會拒絕不勞而獲的錢。這多少解釋了我為何在教導他們遊戲規則方面遇到了這麼多麻煩。對參與者來說，拒絕不勞而獲之財實在很可笑，他們因此認為自己一定是誤解了我的指示。提案人似乎很有把握自

己的低金額提案一定會被接受，甚至有些人還覺得自己分出了 3 索爾或 5 索爾是很大方的事。在他們的文化框架裡，這些低金額提案讓人覺得是慷慨的。

上述訪談與我在洛杉磯進行「最後通牒賽局」之後的訪談形成對比，後者的獎金是 160 美元，是為了配合馬奇根卡的獎金所計算出來的數目。在洛杉磯這個龐大的都會圈，要是給予低於一半的金額，人們自認會感到內疚。[6] 他們會讓人感覺到，在這樣的情況中，五五分帳對他們來說才是「正確」之舉。其中一位提議低金額（25%）的參與者不但考慮了很久，而且顯然很擔心會遭到拒絕。

回想起來，我在探索文化與人類本性上至今已屆二十五個年頭，而我早期實驗所得的結果似乎很明確。我在馬奇根卡人身上所觀察到的行為，反映的不過是他們的社會規範與生活方式。誠如我們在第 3 章所見，馬奇根卡人缺乏制度來解決大規模的合作困境、建立指揮和控制系統，以及拓展社會政治的複雜度。他們其實是不折不扣的個人主義者。因為他們內化的動機都是為了調整個人來符合所屬社會的家族層級制度，因而沒有理由期待他們會給予匿名的他者或陌生人均等的錢，或是為了懲罰提案人的在地合理行為而放棄不勞而獲之財。這就是在沒有受到強力的非個人規範、競爭性市場和利社會宗教的影響之下，心理個人主義所呈現的樣貌。[7]

市場整合與非個人利社會性

　　從我開始進行這個研究工作之後的二十年之間，我們的團隊訪談了全球 27 個不同社會的人們，同時進行了一系列類似的行為實驗（圖 9.1）。我們研究的族群包含了坦尚尼亞、印尼和巴拉圭的狩獵採集者；蒙古、西伯利亞和肯亞的牧人；南美洲和非洲自給自足的農民；迦納首都阿克拉（Accra）和美國密蘇里州

密蘇里州居民
Missouri

馬奇根卡人
Machiguenga

桑基安加人
Sanquianga

舒阿人 Shuar

阿克拉市民
Accra City

Achuar, Quichua
阿楚爾人、克丘亞人

Tsimane'
奇美內人

桑古人
Sangu

Ache
亞契人

Shona
紹納人

Mapuche
馬普切人

Dolgan, Nganasan
多爾甘人、恩加納桑人

土爾屆特人、卡札克斯人
Torguud, Khazax

桑布魯人
Samburu

Orma 奧瑪人

Maragoli, Gusii
馬拉戈利人、古西人

Hadza
哈扎人

Isanga Village
伊桑加村落

奧人、格瑙人
Au, Gnau

Sursurunga
瑟瑟昂加人

Yasawa
亞薩瓦島

Lamalera
拉馬萊拉人

圖 9.1　這張地圖描繪出了我們這群由人類學家和經濟學家所組成的團隊曾進行過經濟學賽局實驗、訪談和民族誌研究的族群。[8]

的雇傭勞動者；以及在新幾內亞、大洋洲和亞馬遜河流域刀耕火種的農民。

這是源自於連續兩個階段的一項研究。第一階段是在 15 個社會進行「最後通牒賽局」，測試人的決定是否會因為接觸市場或有市場經驗而受到影響。結果出乎我們意料之外：來自市場整合度**較高**的社會的人，會分享較高（較均等）的金額。就像是馬奇根卡人，最偏遠且最小型的社會不只是提案金額會比較少（平均約為 25%），而且鮮少會拒絕任何提案。因此，不論是提案人或接受人，**最不符合經濟學教科書所預測的理性標準的**，就是來自 WEIRD 社群和其他工業化社會的人。[9]

唉，畢竟這是第一次有人嘗試進行這樣的計畫，因此我們的研究絕對算不上完美。譬如，我們對於所研究的社會進行相對市場整合度的評估，是透過群組討論來量化專家的民族誌田野直觀數據。儘管我們的評估經證實相當正確，但是以我的標準來說，那是有點主觀的。為了處理這個問題和其他問題，我們決定再做一次。

在第二階段，我們不僅徵求了新的群體，也增添了新的實驗，還研訂了更嚴格的研究流程。為了搭配「最後通牒賽局」，我們還多做了「獨裁者賽局」和「第三方懲罰賽局」（Third-Party Punishment Game）。誠如所見，「獨裁者賽局」與「最後通牒賽局」相似，只不過接受人完全不能拒絕提案人的提案，故而不會出現因為接受人的反應而一無所獲的威脅。在「第三方懲罰賽局」中，就跟「獨裁者賽局」一樣，提案人要給予被動的接受人

提案金。但是這個賽局增設了強制人做為第三方，一開始會給予強制人一筆錢，額度等同提案人和接受人的平分數目。第三方的強制人若是不喜歡提案人的提案金，他可以用自己的部分金錢去支付，對提案人祭出 3 倍金額的財務懲罰。舉例來說，提案人有 100 美元，他分給了接受人 10 美元的獎金，此時強制人可以拿出分配到的 50 美元中的 10 美元給接受人，而提案人則要被扣除 30 美元。以這個案例而言，提案人最後會帶走 60 美元（100 美元減去 10 美元再減去 30 美元），接受人會有 10 美元，第三方則會剩下 40 美元（50 美元減去 10 美元）。在**經濟人**的世界，既然「第三方懲罰賽局」是一次性的匿名互動，提案人就不應該給收受人任何金額，而第三方也不該為了懲罰提案人而付款（他們到底可以從中得到什麼呢？）。

　　為了改善研究流程，我們 (1) 將實驗的獎金固定為當地經濟的一日工資，並且 (2) 不計入每戶人家種植、狩獵、採集或是捕撈之物，只測量從市場購得的家戶卡路里占比來評估市場整合度。[10]

　　在這三項實驗中，生活在市場整合度較高的群體的人們再次提出較高的報價（接近 50% 的獎金），而低度或是毫無市場整合度的群體成員則只提出約四分之一的獎金。從完全自給自足導向且無市場整合的群體（如在坦尚尼亞以採集狩獵為主的哈扎族）到與市場完全整合的群體，提案金會增加 10 至 20 個百分點。這可見於圖 9.2，此處顯示了在「獨裁者賽局」中，透過購自市場的卡路里占比可以看出，市場整合度較高的群體會給予較高的提

案金。由於排除了拒絕獎金和懲罰的威脅，這個實驗或許是對於非個人公平性最純淨的量度。不管收入、財富、社群規模、教育程度和其他人口方面的變數有何影響，這三項實驗全都呈現出了這些模式。[11]

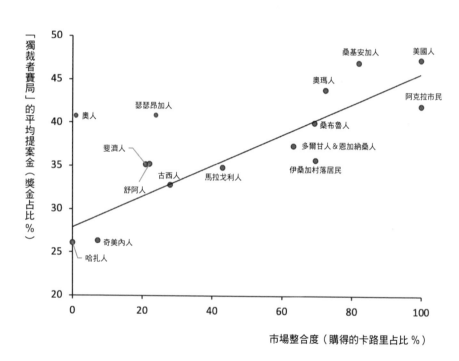

圖 9.2　在「獨裁者賽局」中，市場整合度較高的群體會給予較高的提案金。此數據是來自 16 個民族語言群體的 34 個社群的 336 位參與者，涵蓋了非洲（桑布魯人、哈扎人、馬拉戈利人、奧瑪人、伊桑加村落、阿克拉市民和古西人）、大洋洲（斐濟人、瑟瑟昂加人和奧人）、南美洲（舒阿人、桑基安加人和奇美內人），以及西伯利亞地區（多爾甘人和恩加納桑人）。[12]

　西方文化的特立獨行如何形成繁榮世界

附帶一提，在我們連同市場整合度一起分析的所有變數之中，唯有一個變數始終與較高的提案金有關。讀者能猜到是什麼嗎？

　　在「獨裁者賽局」和「最後通牒賽局」中，自稱信仰一種世界宗教、篤信舉頭三尺有神明和善惡有報的參與者，會願意多分出 6 至 10 個百分點的獎金。這個研究結果啟發了第 4 章所討論的跨文化宗教研究。[13]

　　在這些實驗中，為何來自市場整合度較高群體的個人會表現出更強烈的非個人公正性的傾向呢？

　　陌生人能夠投入運作良好的**非個人**市場，自由地參與競爭性交換，其所需要的就是我所謂的**市場規範**。市場規範建立了在非個人交易中評價自己和他人的標準，並促使我們內化了信任、公平，以及與陌生人和匿名人士合作的動機。這些社會規範正是有著重要的金錢線索且匿名的經濟學賽局實驗所要探究的東西。[14]在一個沒有緊密的親屬為本制度的世界中，人們幾乎凡事都需要仰賴運作良好的商業市場，個人的成功之道在某種程度上端視個人能否培養出一種對待熟人、陌生人和匿名人士都能公正、信任並與之合作的聲譽，這些特質才能幫助他們吸引最多顧客，並擁有最佳的生意夥伴、員工、學生和客戶。當彼此非親非故，或是在彼此不知道對方的家庭、朋友、社會地位或種姓的情況下，這樣的市場規範明確指示了合宜的行為舉止。這樣的規範讓人隨時都能夠跟任何人進行各種互惠互利的交易。

　　市場規範提倡商談取向與正和世界觀，但也要求對他人的意

圖和行為保持敏感度。公平報之以公平，信任報之以信任，合作報之以合作，一切的論斷都以規範標準為依歸。若是個人的夥伴或第三方違反了市場規範，對方就要心甘情願地面對規範強制執行的高昂代價。因此，人們支持的市場規範和非個人的利社會行為既不是全然無條件的，也不是全然利他的。

當然，市場也偏愛競爭與計算的思維模式──人人都想成為贏家，但若要得到全然的尊重，就得在遵從規範和得到共識的規則之下獲勝。想成為備受敬重的成功人士，不只要憑藉自己的聰明才智和勤奮工作，還要秉持公平、誠實和無私的原則。這是個獨特的標準，因為其並不重視家族連繫、個人關係、部落本位主義及宗族聯盟，這些都是人類歷史長久以來視為標準的元素。在大多數的時代和地方，排他的內團體忠誠度和家族榮耀一直都比無私的公平要來得重要。

截至目前為止，我談到的還僅限於市場整合度和非個人的公平之間的一種牢固且重複出現的相互關係。這種關係可能是因為更多講求公平的人進入了市場整合度較高的群體。這出現了一個關鍵問題，亦即，更高的市場整合度是否確實會**導致**更高的非個人利社會性。換言之，市場是否會透過市場規範的內化而改變人們的動機，使人們更樂意與陌生人和匿名夥伴分享及合作呢？

奧羅莫人、市場與自願組織

奧羅莫人（Oromo）生活在衣索比亞的貝爾山（Bale Mountains）北坡，仰賴畜牧、自給自足農耕和森林採集。為了評估該族群的

非個人利社會性，德維許‧羅斯塔基進行了一項簡單的實驗，讓個人和一位匿名夥伴置身於一個一次性的合作困境。參加者會收到幾乎等同一日工資的 6 比爾（birr），接著可以從中捐出任意金額給自己和夥伴合作的「共同計畫」。依照任一夥伴捐給計畫的現金，總額會被增加 50% 後再均分給這一組人。這表示每位參與者可以帶走計畫現金總額的一半和自己原先保留的金額。這個實驗就如同前文提過的「公共財賽局」，二人小組若要賺到最多錢，那麼兩位成員就都要捐出最高金額——這裡的案例是全部的工資，6 比爾。不過，如果個人一毛不拔，只想搭便車從夥伴的貢獻裡坐享其成，便會得到最大的收穫，而這正是經濟人會做的事。

每一個參與這個經濟學賽局實驗的奧羅莫人都會做兩個版本。第一個版本中，在不知道夥伴捐獻金額的情況下，他們會表明自己要捐多少金額（0 到 6 比爾）給共同計畫。在第二個版本，當夥伴每次給予**可能的捐獻**金額時，每個參與者仍需依照所承諾的金額捐獻給共同計畫。換言之，不管夥伴捐獻的是 0 到 6 比爾中的哪個金額，參與者必須依承諾拿出獻金。[15]

透過這個方式，羅斯塔基可以把參與者歸入「利他者」或是「搭順風車者」等類別，推算出他們與夥伴**有條件合作**的傾向。不管夥伴捐獻多少，利他者都貢獻良多。或許可能不出所料，利他者的人數稀少——參與羅斯塔基實驗的 734 人中，只有約 2% 是利他者。相較之下，搭順風車者對共同計畫的貢獻少之又少，對夥伴捐出較高的合作獻金更是無感，而這樣的人約占總人數的

10%。至於其他的參與者（88%），羅斯塔基推算了夥伴的獻金對他們所捐金額的影響。與夥伴步調一致而捐獻較高金額的參與者可以獲得 100 分——他們完全採取有條件的合作方式。那些跟夥伴的獻金不同調的人則會得到 0 分。要是夥伴捐獻得多，而自己往往捐獻得少，那也有可能得到負分。因此，這種對於人們有條件合作傾向的衡量，其理論上的評分範圍在正負 100 分之間。

圖 9.3 涵蓋 53 個奧羅莫社群，顯示了相較於市場整合度較低的地區，來自市場整合度較高地區的人更樂於有條件地合作。這個研究對於市場整合度的測量，是以一個人從居住地到該地區定期舉辦「市集日」的 4 個城鎮之一所需的交通時間為標準。市集日是奧羅莫人進行各式商品買賣的唯一機會，包含了奶油、蜂蜜、竹子等在地產品，以及剃刀、蠟燭和橡膠靴等外來商品。這些市集活動聚集了數以千計、來自不同社群的人們，因而創造了令人眼花撩亂的大批交易。毫不意外的是，前往這些城鎮的交通時間與人們前去市場做買賣的頻率相關。距離最近的社群，交通時間不到 2 小時，這些社群全都出現平均分數高於 60 分的有條件合作傾向。相較之下，當人們必須步行 4 小時或更長的時間才能抵達市場，有條件合作傾向的平均分數就下跌到 20 分以下。整體而言，每靠近市場 1 小時的路程，人們與匿名夥伴的有條件合作傾向分數就會提高 15 分。

這份研究強力地表明了，愈高的市場整合度確實會促進愈高的非個人利社會性。原因就在於，奧羅莫各氏族所在的地理位置，以及他們前往當地市場的交通時間，取決於與既存的父系繼承、

西方文化的特立獨行如何形成繁榮世界

公有制和商業中心發展之前的土地使用權有關的當地習俗。這些
習俗有效地把個人和土地綁在一起，因此市場整合度和合作之間
的關係，並不是因為有利社會傾向的奧羅莫人搬到離市場較近之

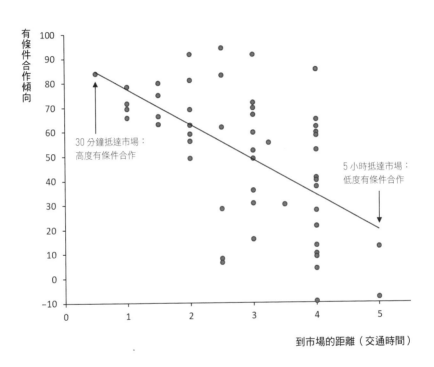

圖 9.3　市場整合度較高的奧羅莫社群的人們更樂意與匿名的他人有條件地合作。53
個奧羅莫社群的得分從 94 分到 -9 分不等（共計 734 位參與者）。值得注意的是，要
花費介於 2 至 4 小時的中等交通時間的社群呈現了許多差異，而且有些偏遠社群確實
依然表現出高度有條件合作的傾向。儘管如此，普遍模式仍舊清晰可辨：在這個一次
性的互動中，生活於市場整合度較高社群的人們會展現出較高的非個人利社會性。[16]

處的緣故。而城鎮的地點主要是基於地理和軍事的考量，故而與奧羅莫人毫不相干。此外，就算羅斯塔基從統計上說明了財富、不平等、社群規模和讀寫能力等諸多原因的影響性，市場接近度和有條件合作之間的關係依舊存在。這就意味著，碰巧成長於集鎮（market towns）附近的奧羅莫人的市場規範內化程度會比較深，故而在這些一次性的匿名實驗中展現出比較高的非個人利社會性。[17]

羅斯塔基的奧羅莫族群研究之所以特別令人讚賞，是因為我們可以藉此邁入下一個重要階段：其闡明了較高的非個人利社會性——內化的市場規範——能夠奠定心理基礎，進而在正式協議與規則的基礎上建構更有效的自願組織。

這些奧羅莫社群都被納入了大型保護計畫，且都獲邀建立自願組織（即合作社），旨在藉由積極管理伐木和放牧來遏止濫伐。詳細的分析表明，社群愈樂意參與有條件的合作（如同羅斯塔基的實驗評估結果），就愈有可能會建立合作社，制定出監管伐木和放牧的明確規定。具體而言，若是社群的有條件合作傾向能在我們的測量表上提升 20 分，其建立新合作社的可能性即可提高 30 至 40 個百分點。[18]

讓我們暫且來思考一下，這會不會只是非政府組織和其代表成員在作秀而已？或許只是市場整合合作者比較知道如何榨取外地人的錢財罷了。建立合作社真的可以兌現更多的長期利益嗎？

這是無庸置疑的。奧羅莫社群的周遭林地每五年就會接受評估，以便測量當地的森林砍伐率，並評估森林管理的有效性。這

些測量都是基於樹木周長等客觀量度所進行的評估。數據資料顯示，建立合作社和在地有條件合作，雙管齊下，確實能促使森林更健康。之所以會有如此成效，原因之一就是人們愈是樂意參與有條件合作，就會願意挹注更多時間來監控共有森林，並揪出那些砍伐幼樹和在公有牧地上過度放牧的搭順風車者──也就是說，他們投入了更多第三方強制規範執行工作。[19]

讓我們以圖 9.4 來綜述從奧羅莫人身上得到的重要見解。奧羅莫人的例子顯示了，較高的市場整合度會促成心理轉向較高的

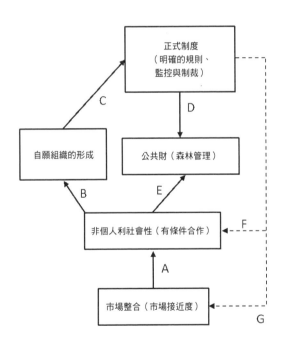

圖 9.4 市場整合度愈高，非個人利社會性的程度就會愈高，接著才能建立自願組織和更有效的正式組織。

非個人利社會性（箭頭 A）。較高的非個人利社會性（衡量基準為有條件合作）會促進自願結社（箭頭 B），過程中會發展出正式制度，通常涉及了明確規則、書面協議和相互監督機制（箭頭 C）。不只是這些正式制度（箭頭 D），還有人們展現非個人利社會性的動機，兩者都有助於供養公共財，在奧羅莫人的例子中涉及的是森林管理。重點就是市場整合會灌輸提升非個人互動的社會規範，故而能夠促進基層捐獻公共財和自願組織的形成。

圖 9.4 也使用虛線描繪出可能存在的關係。箭頭 F 暗示了，當人們成長於有著運作良好制度的世界，可能會培養出較高的非個人利社會性，而這或許是因為制定了明確的規則和標準，以及提出了廣泛的協議。箭頭 G 則表示，有效的正式制度可以透過監管協議或規則來改善市場的運作，從而拓展其廣度。這些關係都指向了一種回饋迴路，在這個循環中，我們的心理會與市場和有效的正式制度共同演化。

讀者對此會感到意外嗎？市場整合與更公平或是更樂於合作有關的概念，讓 WEIRD 社群的許多人都感到震驚。小型社會和農村的人們不是擁有高度利社會性、樂於與人合作和慷慨大方嗎？市場不是會讓人們變得自我、我行我素、精於計算和喜好競爭嗎？

對於這兩個問題，我們不置可否。

若要闡釋這看似矛盾之處，我們必須釐清人際利社會性和**非個人利社會性**的不同。在我曾經住過和工作過的許多小型社會和農村中，我感受到的善良和慷慨其實都是根植於以緊密的親屬

西方文化的特立獨行如何形成繁榮世界

為本制度，著重的是培養和維繫長久的人際關係網。這令人印象深刻也很美好，只是這樣的人際利社會性講求的是特定關係的善良、溫暖、互惠且（偶爾）無條件的慷慨，同時也講求權威和敬重，因為其看重的是排他的內團體成員及其網絡。倘若個人屬於這樣的團體或網絡，那感覺就像是被人長久且舒服地擁抱在懷中。

對照之下，經濟嘗試通常會利用市場規範，講求的是要對陌生人或匿名人士秉公處理且誠實不欺，進行貨幣交易時更是如此。這種非個人利社會性涉及的是公平原則、無私、誠實，以及有條件的合作，在如此的情境脈絡中，人際關聯和內團體的成員身分被視為是不必要的，或者根本是不相干。身處於非個人脈絡主導的世界中，人們依賴的是匿名的市場、保險、法庭和其他非個人的制度，而不是龐大的關係網絡和個人連繫。[20]

非個人市場因而可以對我們的社會心理帶來雙重影響，一方面**降低**了內團體中人們的**人際利社會性**，另一方面則**增加**了我們與熟人和陌生人的**非個人利社會性**。[21]本章開頭的引言代表了12世紀至18世紀歐洲思想家的慣常觀察，表明了商業似乎足以馴化人們，能潤滑、磨合陌生人之間的互動——這就是著名的「**和善商業**」（*Doux Commerce*），是亞當·斯密與大衛·休謨等啟蒙時代思想家發展出來的論點。後來，特別是市場整合尤為盛行的19世紀歐洲，馬克思（Karl Marx）等人開始思索全然商業化的社會到底失去了什麼（就是我前面提過的舒服擁抱），也考量了受到市場規範支配且持續擴張的社會領域是如何改變了人們的

生活與心理。非個人制度已經取代了稠密的人際關係網絡和社會鑲嵌式交換，而這有時會導致疏離、剝削和商品化的現象。[22]

因此，想要說明 WEIRD 社群的心理，有鑑於持續擴張的市場對個人動機的影響，我們需要了解歐洲出現**非個人**交換的時間、地點和原因。一個心理觀察又再度成為了一個歷史問題。[23]

無徽不成鎮

當我在喬爾喬爾（Chol-Chol）小鎮逛著一家又一家的商店時，注意到一件奇怪的事。當時的我才剛開始進行有關馬普切人的論文田野調查，而這支原住民所居住的農舍散落在智利南部的綿延丘陵之間，鄰近高聳的安地斯山脈。當我採買著生活用品、食物，以及要送給馬普切東道主的禮物時，才意識到鎮上的商店所販售的同樣物品竟有不算小的價差。身為一名手頭拮据的研究生，我拿出我信賴的民族誌筆記本開始抄寫價格。沒過多久，我就在地圖上畫出採購每樣必需品的最短步行路線。不過，我還是想不通，那些小商家靠得這麼近，怎麼能夠對相同的物品有著不同的價差呢？難道不應該為了競爭顧客而統一價格嗎？這不是我當時的研究重點，但這個問題一直在我的腦海裡揮之不去。

解開這團謎的線索在之後的幾個月慢慢浮現。我最先注意到的是鎮民似乎總是會到固定的幾家店買東西，有些人會去的就兩家店，不然頂多就是三家，沒有人像我一樣有一條完善的購物動線。這就解釋了為什麼價格可以如此多變——畢竟競爭有限。不

過，這又回到人們為何不貨比三家找最優惠價格的問題。這些家庭中有許多是窮人家，而且似乎很少人有時間壓力。人們看起來很喜歡跟人聊天聊個數小時，也常常請我順道載他們一程；我是鎮上少數的有車族之一。有空的時候，我會隨意詢問當地人到他們光顧的商店購物的原因，也會特意問他們為什麼不到售價最便宜的商家採購需要的鮪魚罐頭、塑膠桶或雀巢咖啡。

回想起來，答案顯而易見。這些人都在同一個小鎮成長，每個人都彼此認識。許多家庭是一輩子的親朋好友，但有些家庭就令人感到厭惡、傲慢，或者就是不夠友善。表面的和善之下是蠢蠢欲動的嫉妒，以及延續了幾個世代的長久恩怨。大部分的嫉妒似乎都跟金錢、婚姻和政治有關。家庭間（在我看來）微不足道的收入差距有時候會讓其中一方格外眼紅，而另一方就顯得有點趾高氣昂。偶爾是因為政治因素而彼此結怨：例如，他們家很糟糕，因為他們在二十五年前不支持（或是支持了）智利的「救星」（或獨裁者）奧古斯托·皮諾契（Augusto Pinochet）。

喬爾喬爾小鎮這些人際關係的緊密度限制了市場競爭。當地人對於麵包、木材等一切物品的採買決定，並不能像我一樣自動將其套入概念性的經濟模式來思考。他們的決定**鑲嵌**於更為廣泛重要的長久關係之中。當然，買賣行為確實在發生，只不過是偏向**人際的**交換，而不是**非個人的**交易。[24]

我的經驗凸顯了某種微妙但耐人尋味的東西。一方面，人際關係為大部分的交易形式所需的信任提供了首要根本基底，進而促成了交換。要是欠缺最起碼的某種信任，出於對搶劫、剝削、

設局或謀殺的恐懼，人們就不太會進行交換。這就意味著，當交換有風險且稀少時，人們可以藉由建立更多更優質的人際關係來增加交換。不過，一旦人際關係網絡變得過於緊密，就會扼殺市場競爭和非個人關係。交換仍舊會發生，只不過會是如同喬爾喬爾小鎮的遲緩鑲嵌式型態。

這表示非個人市場的正常運作需要兩件事：(1) 削減買方和賣方之間緊密的人際連繫；(2) 促進市場規範明定對待熟人、陌生人和匿名人士都要公平且無私。倘若只是削減了人際關係而沒有添加市場規範的話，交換其實是會減少的。然而，如果只是在錯綜複雜的緊密人際關係網絡加入市場規範，那也毫無作用——人際關係會繼續主宰著交換。薄弱的人際關係和強力的市場規範才能造就非個人市場，兩者缺一不可。

在歷史上，商業和貿易長久以來一直以截然不同的方式受到人際關係的影響。群體中的交換（即商業）通常會受到過度糾結的人際關係的限制。如果你的連襟是鎮上僅有的兩位會計師其中之一，那麼你真的可以雇用另外一位嗎？相較之下，遠方群體之間的交換（即貿易）則是最常見到各地人們之間缺乏任何關係而受到抑制。接下來讓我們仔細了解一下貿易。

WEIRD 社群往往會認為貿易是很直白的事：我們有野生山藥，你們有魚；我們就用一些山藥跟你們換一些魚。他們以為就是這麼簡單，但這卻是誤解。想像一下要試著用山藥跟別人換魚的地方是在威廉・巴克利所描繪的澳洲狩獵採集世界。在這樣的世界中，他人通常懷有敵意且會立即殺害陌生人。為了隱藏夜間

據點，遊群會用草皮在營火四周搭建矮牆，不讓別人從遠方發現自己。如果我突然帶著山藥出現在你們的篝火旁要交易，為何你們不乾脆殺了我取走山藥？或者，你們可能認為我們帶來的是毒山藥，會慢慢毒死你和你的遊群。在這種情況下，我們很難想像能夠順利進行貿易，而這在人類演化史上可能早已司空見慣。

儘管如此，交換確實發生在澳洲原住民的世界裡，像是代赭石、籃筐、墊子、石英、迴旋鏢和許多其他物品都廣泛散布於許多民族語言團體中，有時更流傳於整個大陸。怎麼可能會這樣呢？

關鍵就是要理解到，貿易是沿著人際關係鏈而發生，在龐大的網絡中交織串連，範圍可延展至數百英里，甚至是數千英里之遠。建立與鞏固其社會連繫的是親屬為本制度，其中涉及了支配婚姻和集體儀式等事務的社會規範。此外，還有專門的規範與儀式來建立和維繫遠距離的交換關係。[25]

非個人貿易——匿名陌生人之間的以物易物和金錢交易——則不是那麼容易發生。當團體之間無法建立關係時，有時候仍會設法進行**沉默貿易**（silent trade）。沉默貿易有許多形式，在此我以希羅多德（Herodotus）於西元前 440 年寫下的史上首段描述來說明其基本流程：

> 迦太基人（Carthaginians）告訴我們，他們會跟居住在越過赫拉克勒斯石柱（Pillars of Herakles）的利比亞（Libya）某處的一個種族進行貿易。抵達那個國家後，

他們會卸下貨物，整整齊齊地放在海灘上，接著就回到船上升起煙霧。當地人看見煙霧才會前來海灘，在地上放了某個數量的黃金來換取貨物，然後就退到遠處。迦太基人接著會再次上岸查看黃金；如果他們認為用來交換貨品的黃金數目合理，便會收下離去；反之，若是覺得黃金太少，他們會回到船上等待，當地人會再來加碼，直到他們滿意為止。[26]

儘管這樣的無聲議價買賣可以持續反覆進行，但來回次數通常有其限度。當然，總是有其中一方偷走一切後消失無蹤的可能。欠缺了個人連繫或是非個人信任，人們的貿易就會是這個樣子。無法賒帳、無法延遲交貨、無法退貨、無法給予保證，而且很少會討價還價。即使如此，沉默貿易在世界各地都可以看到，涵蓋了從狩獵採集部落到遠古時代等範圍廣泛的社會。進行沉默貿易的社會或完全沒有這類活動的社會是同時存在的，而這凸顯了在缺乏個人關係和交換規範之下，人類要進行貿易是多麼困難的事。[27]

從歷史和民族誌的角度來看，當團體之間進行貿易的市集真正開始出現時，發展為特定日子在既定地點舉行的定期活動，如奧羅莫人的市集就是一例。農耕社會的市集一般都是在部落間的緩衝地帶逐漸發展起來的。這些地區的行為受到特定規範的約束，這些規範不只是當地居民所共有，並且通常以所謂的天譴來強制落實。攜帶武器進入市集區域通常是個禁忌，做出任何暴力

西方文化的特立獨行如何形成繁榮世界

和偷竊行為的個人都恐遭天譴。女性到市集兜售多餘的農作收成時，經常會有武裝親友陪伴以策安全。大多數時候，陪同者必須留在市集區域外圍等候，只有女性會被准許進入。反暴力和偷竊的神聖禁忌在出了市場之後就不存在，因此這樣的護送者是必要的。這意味著當商人離開市場之後，他們在返家途中有時會遇上搶劫，偶爾搶匪就是剛才跟他們做生意的人。[28]

有了國家制度或私人保全為商人提供更周全的保護，非個人交換才能夠蓬勃發展，不過這仍僅限於貨物或服務的品質容易驗證並且款項能當場支付的情況。然而，這也使得涉及**信譽財**（credence goods）的交易有其難度。信譽財就是買方無法輕易評估其品質的東西。例如：考慮購買一把鐵劍看似再簡單不過的事，但製造者是否有對鐵做滲碳處理呢？如果有，加了多少碳？可能是0.5%，那就算是品質低劣；或許是1.2%，那就有極佳品質。那麼，防鏽的鉻，還有強化刀刃的鈷鎳合金呢？假設你是個古代商人，你可能只能相信自己刀刃的碳含量和回火技術，但是你要如何確定呢？而除了信譽財的問題，當貿易欠缺了信任、誠實和公平，將會嚴重限制彼此的信任、保障、長期協議，甚至是大宗貨運（因其品質不容易驗證）。[29]

在歐洲以外的古代和中世紀的社會，文化演化促成了眾多方式來因應這些挑戰。我們知道有這方面的案例：敲定貨運合約時，地中海和美索不達米亞的貿易商會立下神聖誓言。遠距離交換有另一個常見且通常是做為互補的手段，那就是由散居各地的單一宗族或族群透過龐大貿易網絡來掌握貨物流通的所有面向。[30] 例

如：在西元前 2000 年的美索不達米亞，逐漸發展成繁榮貿易城市的亞述城（Assur）是掌握在有權勢的家族手中。這些人數眾多的大家族如同私人企業般運作，數十年之間，不斷把兒子和親屬送到遠方城市，生活在專門給外地人居住的地區，藉此讓觸角遍及整個區域。亞述城的族長會統籌買賣，利用家族龐大的網絡來派送楔形文字指令和運送錫、銅和衣物等貨物的驟隊。超自然信仰很可能也扮演了相當重要的角色——亞述城信奉的正是與這個城市同名的貿易之神。[31]

　　三千年之後，龐大的貿易流量遍及了中國境內的偏遠地區，其背後的支撐力是蔓延的離散商人，而這些人是經由氏族紐帶、居民連結和個人關係相互串連。例如：從 12 世紀開始，中國徽商行會叱吒於長江沿岸及其他地區。然而，說徽商是個「行會」其實是誤導視聽，因為它根本不同於歐洲的行會。徽商是由許多父系家族所組成的超級氏族。財產都是由氏族或是其中一支世系群所共有，使用財產和分享利潤的權利則取決於血緣和經濟貢獻。系譜的建構串連起有著同一祖宗的不同父系家族，也提供了徽商之間做生意的藍圖以及人脈和連繫的通訊名冊。徽商的血緣連結建立了家族之間擴展彼此借貸和資本所必要的信任。徽商的事業雇員都是族人和家僕。在這個世界裡，因為親屬關係紐帶的縝密和這些家族組織的力量，不同地區的商業化程度會隨之提高。氏族會提供公共財，像是救濟窮困的徽州同鄉、照顧長輩，以及提供助學金給有前途的徽州讀書人，而這些讀書人日後有可能會擔任朝廷要職。徽商在商界執牛耳的地位讓「無徽不成鎮」

這句諺語廣為流傳。在如中國這樣高度繁榮的大型社會中，文化演化創造了更加善用人際關係的多種方式，而不是壓制它。[32]

國家官僚體制肯定也對貿易成長發生作用，以各種不同方式監管市場、設立法院，以及提供外國商人棲身之處。法院所裁決的紛爭通常不是個人之間的意見不合——譬如說買方和賣方——而是氏族、部落或村莊之間的爭議。這樣的裁決往往不是要伸張司法正義，而是專注於維持氏族之間的和睦和消融彼此的嫌隙——審判人謀求的是控管不同親族團體之間的關係。[33]

我的論點是，許多歐洲以外的古代和中世紀的社會都有繁榮的市場，以及涵蓋範圍廣大的長途貿易，但一般來說是奠基於人際關係和親屬為本制度的網絡，而不是建立在具有普遍適用的公平原則與非個人信任的非個人交易規範。徽州商人和亞述商人展現了人類令人折服和複雜縝密的慣常經商之道。不過，中世紀基督教世界的歐洲人卻無法輕易循著眾多商業化的前例：教會削弱了緊密的親屬為本制度所具有的一切標準工具，而徽州和亞述城的族長正是以這些方式展開制度和網絡的滋養與發展。因為遭到教會婚家計畫的阻礙，雖然中世紀歐洲人確實曾經試圖打造出以家庭為基礎的貿易組織，但是他們在這方面的努力逐漸跟不上自願組織（如商人行會）、非個人制度和市場規範的進展。[34]

商業革命和城市革命

到了西元 900 年，天主教會已經擁有西歐數個地區的堅固地

位（圖 7.1），不只驅逐了大部分敵手（如北歐和羅馬諸神），也削弱了對這些地區的人們來說曾經相當重要的親屬為本制度。為了打造基督教世界，教會利用人們的部落心理營造出一種統一的基督教超認同（supra-identity），藉此凝聚了歐洲偏遠地區的人們。這效果尤其顯著，因為教會的婚家計畫及其影響深遠的亂倫禁忌，早已在很大程度上剷除了人們的部落連結和奠基於親屬關係的延展性忠誠。人們掙脫了土地共同持有和祭祖儀式的束縛，開始自願參與各式團體。一開始，這些似乎都是提供互助、社會保險和安全的宗教組織，取代了親屬為本制度的幾個重要功能。然而，最終這些社會團體終究導致農村人口不受控制，促使個人開始緩緩移入義大利北部、法國、德國、比利時和英格蘭等地新形成的城鎮。這些人在居所和關係方面是流動的，他們紛紛加入了行會、修道院、兄弟會、街坊俱樂部、大學和其他團體。[35]

這些城鎮中有許多本身就是新興的自願組織，它們積極招募著匠人、商人，以及，後來還招募律師。沒過多久，這些發展迅速的城市群體開始提供更好的機會和更多的特權，爭相招攬有價值的人才。公民身分（citizenship，也就是城市成員的身分）通常能讓個人免於被當地統治者徵兵，但是他們仍有義務參與共同防禦。農奴通常只要居住一年就可以正式取得公民身分。由於彼此的競爭關係，對於任何規範、法律、權利和行政組織的組合，只要能夠吸引最具生產力的成員、創造最大的榮景，這些城市聚居區就會支持。[36]

跟當時中國或是伊斯蘭世界的主要城市相比，11 世紀的歐

西方文化的特立獨行如何形成繁榮世界

洲城市中心表面上看來根本微不足道，但實際上是一種新興的社會政治組織形式，完全是根植於一種不同的文化心理和家庭組織並從而發展出來的。誠如我們在前兩章所見，居住和關係性流動較高的小家庭滋養出了更強烈的心理個人主義、更高的分析性思考傾向、更加不願因循傳統、更想要擴展個人社會網絡、更積極追求平等而非關係上的忠誠。這些都市化的區域於是為更具個人主義傾向的人創造出了住所，讓他們得以拋開家族網絡、表親義務和部落忠誠的束縛，開始建立新的關係和獨特的處世之道。[37]

移居城市中心的移民從最初的涓涓細流緩慢地增多到如洪水般大批湧入，最終創造出了人類史上前所未見的都市化水準。圖9.5標示出了居住在人口超過 1,000 人的城鎮的西歐人比例。西元 800 年，居住在城市的人口不到 3%。中世紀盛期，西歐的都市化程度超越了中國，至於中國在 1000 年到 1800 年間的都市化程度則相對上維持不變。1200 年後的四百年間，西歐的都市化程度倍增，並在 1600 年超過 13%。當然，如同圖 9.5 所示，這些平均值掩蓋了許多區域間的差異。以荷蘭和比利時為例，兩者的都市化程度在 900 年基本上都是零，但到了 1500 年則往上爬升超過了 30%。[38]

都市化伴隨著行政議會和市議會的發展，其中會有來自各界行會和其他團體的代表。一些議會是自治運作，或者至少是相對不受到王公、主教、公爵和國王等的管轄。在 9 世紀和 10 世紀，隨著加洛林帝國的崩解，這把最終會熊熊燃燒的自治之火，首先

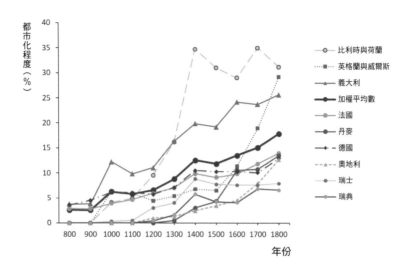

圖 9.5　西元 800 年到 1800 年的西歐都市化程度。粗線代表除了伊比利半島（Iberian Peninsula）以外的西歐整體都市化程度。其他線條分別是個別重點區域的都市化程度。請注意，整體都市化程度包含了未以單獨曲線標示的幾個區域。都市化的估算基準是居住在超過 1,000 位居民的城鎮的人口比例。[39]

在義大利北部和中部冒出了火花，一群群的傑出市民在當地主教的面前立下神聖誓言，而主教能夠充當這些協議的擔保人。市政會的成員就是這些起誓人士。義大利南部並沒有這種情況，因為如同我們在前一章的了解，當地在這個歷史時刻尚未經歷過「婚家計畫」。[40]

　　阿爾卑斯山以北，在包含現今的德國、法國和英格蘭在內的地區，這場城市革命就發生在城市特許狀和城鎮特權的誕生與迅速傳播的浪潮之中。頒發特許狀和授與特權的初衷是為了確認已在成功社群醞釀的既有習俗。就像同時代的其他自願團體，取得

西方文化的特立獨行如何形成繁榮世界

城鎮的成員身分，一般都會要求個人在神的面前宣誓，承諾會幫助街坊鄰居和確定個人的權利與義務。之後，由於統治者尋求擴張並保全新領土的方法，這些特許狀就被利用來建立新的城鎮。儘管這些特許狀存在著一些耐人尋味的地域差異，但是真正引人注目的是其中的相似之處。市民通常會透過特許狀而獲得市場持有權、更穩固的財產權、某程度的自治權（常會涉及選舉），以及免繳各種通行費、關稅和稅金。時至 1500 年，大部分的西歐城市至少是處於部分自治的狀態。與此同時，中國和伊斯蘭世界則還沒有城市發展出以代表大會為基礎的自治制度。[41]

我們從以下的例子可以一窺都市化的初期作用：965 年，天主教會的檔案記載著，「一群猶太人和其他貿易商」在馬德堡（Magdeburg，今日德國境內）開設商店，就坐落在沿著舊加洛林帝國邊緣的易北河（Elbe River）河畔。十年之後，神聖羅馬帝國皇帝鄂圖一世（Otto I）正式授與該群體「特權」。馬德堡的民政管理方式、行會規定和刑法，隨後逐漸統合成為眾所周知的《馬德堡法》（Magdeburg Law）。

到了 1038 年，馬德堡的成功鼓舞了其他群體開始仿效它的法律。接下來的數世紀之間，超過 80 個國家直接公然複製了馬德堡的特許狀、法律和公務制度。由於馬德堡仍在持續修正其體制和法律，因此那些「子城市」所取得的《馬德堡法》一直都是它仿效時的當下形式。在 13 世紀時，當時有個名為條頓騎士團（Teutonic Knights）的宗教和軍事自願組織，在征服了普魯士境內及以東的城鎮之後，就在那些地方頒行了《馬德堡法》。這

些子城市各自對《馬德堡法》做了一番修訂，而各自的特許狀、法律和正式制度後來都傳到了其他群體。例如：德國境內的城市哈勒（Halle）採用了《馬德堡法》；後來到了 13 世紀，哈勒的法律和制度成為現代波蘭的什羅達〔Środa，又名諾伊馬克特〔Neumarkt〕）效法的典範。什羅達隨後又將特許狀和法律傳播到至少 132 個群體。[42]

自 12 世紀流傳下來的 9 項條文讓我們得以一窺中世紀馬德堡的情況。這部法律似乎解決了不少關於各種傳統或習俗的紛爭。具體來說，其中一項條文明定父親不必再為兒子所犯下的謀殺或攻擊行為負責，只要有 6 位「高尚人士」願意作證父親並不在事發現場，或者是他在場但完全未參與行凶。該項法律也適用於其他親屬。

馬德堡顯然有必要制定專法，以便減少家族替其施暴成員的行為所擔負的責任。這項法律似乎減輕了（但不是廢除）以親屬關係為基礎的集體刑事責任。當時的自治城市看起來正逐步制定分離出個人及其意圖的新法律，方式是透過剷除殘餘的緊密的親屬為本制度和相關直覺。這就必須回溯說明，先前不同的歐洲部落族群在中世紀初期改信基督教不久後，他們就在首部法典中明定了這樣的集體責任。[43]

為了與馬德堡競爭，其他城市也各自研擬自己的特許狀、法律和治理制度。例如：呂貝克（Lübeck）於 1188 年首次獲頒特許狀之後，到了 14 世紀中葉就壯大成為北歐最富裕的城市，故而成為波羅的海（Baltic）大部分地區競相效仿的母城市，《呂

貝克法》同時也流傳到了至少 43 個子群體。[44] 如同馬德堡和其他的母城市，呂貝克在其子群體出現法律問題時，也充當它們的上訴法院。[45] 這個位處波羅的海的地區，在治理上採行同樣對商人友善的章程、行政程序和法律制度，為漢撒聯盟（Hanseatic League）這個龐大的貿易結盟奠定了基礎。

歐洲其他地方也同時展開了都市化的過程。例如：倫敦於 1066 年從征服者威廉手中接下首份特許狀，到了 1129 年獲得亨利一世（Henry I）給予更優渥的待遇。倫敦人獲准選舉他們的郡長和管轄自己的法院。24 位治理該城市的高級市政官宣誓要遵守特許狀來處理市務──此為一種章程宣誓。如同馬德堡，我們由此可以看到正式法律消除了緊密的親屬為本制度中的各種要素。舉例來說，土地買賣已經有些部分脫離了傳統的繼承習俗。具體來說，在**某些條件**下，個人有權出售名下的土地，藉此剝奪繼承人的繼承權。該特許狀也豁免了市民（因謀殺）要支付給被害者家屬的補償金，以及不會再被迫透過決鬥審判（榮譽為本的道德規範）來解決法律異議。市民也不需要繳納一系列的通行費與關稅。如同發生在德國的情況，倫敦的特許狀成為包括了林肯（Lincoln）、北安普敦（Northampton）和諾里奇（Norwich）在內其他城市仿效的典範。[46]

至於皇帝、伯爵和公爵們之所以會授與城市特許狀或是特權，當然不是因為他們信奉選舉、地方主權或個人權利。更確切地說，似乎存在著至少三種「拉力」和一種「推力」。首先，統治者發現比較自由的群體可以透過貿易與商業為城市帶來經濟榮

景──他們對統治者來說是可以改善財政的金雞母。第二，持續成長的城市中心意味著有較多的男性人口，而男性人口增多意味著有更強大的軍事力量與安全防護。儘管城市特許狀的確經常讓市民免於接受當地統治者（為征服目的而編制）的軍隊徵召，但是市民至少有保衛自己城鎮的責任。第三，由於特許狀對新的殖民市鎮具有特權和機會的誘惑，統治者因此可以藉由頒發特許狀而有效地擴張和強化對領土的控制。最後，許多新興的自願組織要麼根本就是軍事組織（如聖殿騎士團〔Knights Templar〕），要麼就是本身擁有軍隊。例如：商人行會通常保有私人保安部隊以維護長途貿易的安全。這意味著國王和皇帝將不會有獨占軍事的類似情況。因此，藉由授與城市中心特許狀並且讓城市自我防禦的方式，統治者得以擴張領土、開闢新的稅收來源，以及增強自身的軍事力量，但他們同時也要應付一種實際情況，亦即逐漸主宰這個世界的自願團體充斥著個人主義成員。[47] 當然，長期下來，即使這會對皇室造成適得其反的後果，卻也如此運作了好幾個世紀。

這些城市社群的社會規範、法律和特許狀的演變，似乎受到第 3 章敘述過的兩股重要力量的影響：(1) 心理適應；(2) 團體間的競爭。來到城市中心的個人帶有 WEIRD 心理原型：他們很可能比其他複雜社會的人們更具個人主義傾向、獨立、分析性和自我中心，同時也比較不在乎傳統、權威和一致性。這些心理差異形塑了新的習俗和法律，就在這些群體內部和群體之間發展和傳播。更趨近個人主義的傾向使得賦予個人權利、所有權和責任的

法律及其實踐更具吸引力。式微的內團體偏私和部落主義鼓勵要更公平地對待外地人，而我們從保護外地人的法律就可以了解這一點。分析性思考促進了抽象或普世原則的發展，進而用於發展特定的規則、政策或條例。令人驚訝的是，我們在《馬德堡法》就可察覺到首次出現了抽象的不可剝奪的權利。分析性思考和個人主義可能也贊同法律是普遍適用於轄區內的所有基督教徒，無視部落、階級或是家庭的不同。這些心理轉變影響了司法審判和證據的標準，如此一來，歷史上通常用來解決法律糾紛的決鬥審判和各式巫術宗教神裁法，自此就逐漸遭到淘汰了。[48]

除了上述的心理力量，這些城市社群幾個世紀來的演變，還受到了團體間競爭的驅使。如同現代社會，中世紀的人們之所以移動到城市中心，無非是渴求成功、機會和安全。城鎮之間競相爭取移民，並通常呈現在它們對於最繁榮城市中心的政策與特許的明確仿效，而此競爭會逐漸彙集出一套套的規範、法律和正式制度，以便在日益個人主義傾向和關係性流動的世界中促進經濟的繁榮穩定。例如：從 1250 年到 1650 年之間，布魯日（Bruges）、安特衛普（Antwerp）和阿姆斯特丹（Amsterdam）都爭相打造商業友善的環境來吸引外地商人。當其他條件都不相上下之際，發展得愈成功的城市社群，相對上就會吸引愈多來自農村和與其他競爭城市中心的移民。關鍵之處就是要記得，這類型的法律和規範之所以特別能夠促進繁榮，原因是它們「吻合」當時正在發展的心理模式──而**不是**因為它們放諸四海皆是良好的、道德的或是有效的。一種 WEIRD 心理原型先是培育出了新的（正式與

非正式的）經濟與政治制度，接著再與這些制度一同演變。[49]

不過，讀者可能會想知道，關於教會對人們的社會生活和心理的影響，我是否能夠將之連結到城市地區的快速發展和參與式政府的形成呢？

強納森·舒茲使用了我們歐洲主教轄區擴張的資料庫（見第7章），將之與西元800年到1500年間各世紀的人口規模和城市治理合併觀之，他從中提出了兩個問題：因為鄰近主教轄區（100公里〔62英里〕之內）而接觸到教會的時間較長，這樣的城市是否會比接觸時間較短的城市發展得更快？受到教會的影響愈長，是否就愈容易發展出參與式或代議制政府？請銘記於心，由於教會傳抵歐洲各地的時間迥異，因此像這樣的數據集是不錯的資料，我們可以比較同一個城市在不同時期的情況，並同時始終掌握到長期趨勢以及發生如瘟疫和饑荒等特定世紀的衝擊。

果然不出所料：城市接觸教會的時間愈長，發展得就愈快速，也就愈有可能發展出參與式治理。在繁榮程度和規模方面，接觸教會的時間每多100年，就意味著城市人口會增加1,900人。經過1,000年之後，就相當於增加了近2萬名城市居民。在政治制度方面，藉由觀察各個歐洲城市在教會傳入前後發展出某種代議制政府形式的可能性，圖9.6顯示了教會對此的影響。在教會傳抵之前，發展出任何代議制政府形式的估計可能性為零——尚未基督教化的歐洲因而與世上的其他地方並無不同。教會傳抵之後，城市採行某種代議制政府形式的可能性躍升了15%，並在接下來的6世紀持續增加，最高超過90%。[50]

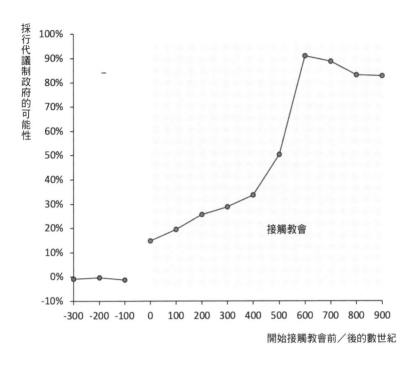

圖 9.6　城市地區在西元 800 年到 1500 年之間採行任何形式的代議制政府的可能性，依據的是接觸中世紀西方教會以 100 年為單位的時間長短。陰影區域示意教會的傳入。0 的左側無陰影區域則是教會傳抵之前的數百年時間。[51]

　　這個分析當然無法直接指出「婚家計畫」所造成的心理影響。不過，從我們在前三章得知的教會、緊密親屬關係和心理的關聯來看，我們很難不聯想到心理變異在其中所發揮的作用。

市場整合的興起

　　中世紀歐洲城市社群的建立日益圍繞著一種新式的非個人商業貿易，部分是以契約交換為核心。誠如我所提出的，城市地區積極地在其能力所及範圍內招聘熟練的專業人才。不只成效斐然的特許狀創造了有利市場的條件，當地的商人行會也轉變成市鎮議會或是其他治理機構，而這些機構旨在通過足以振興商業貿易的法律規章，並同時促進城際競爭中的勝出。[52]

　　包括了大部分英格蘭、德國、荷蘭、比利時、法國和義大利北部在內，這幾個歐洲地區城市中心的彼此競爭大幅促進了市場整合。就德國的領地來看，圖 9.7 顯示了，市政自治體和市場特許從西元 1100 年至 1500 年間的累積數目。在 1200 年之後，每10 年的新增市政自治體從不到 10 個城市提高到將近 40 個新城市。當這些新興自治體成立之後，為了維持市場而頒授的特許數目也不斷攀升。這樣的市場特許對經濟造成了實質影響，例如：新的建築物往往都是在城鎮得到市場特許後的幾年內建造完成。[53] 隨著城市中心和市場特許的激增（就如同奧羅莫人的「市集日」），中世紀歐洲持續成長的城市及其周邊人口的市場整合度也隨之提升。

　　到了 14 世紀，英格蘭約有 1,200 個週末市場正常營運，而且根據經濟歷史學家蓋瑞・理查森（Gary Richardson）的說法，「幾乎每一個人都至少有一個能夠輕易到達的市場。」[54] 在農村地區，大部分人步行不到 2 小時（不超過 4.2 英里）就至少可以到達一個市場，90% 的家庭距離市場的距離是 3 小時以內（不超過 6 英里）。

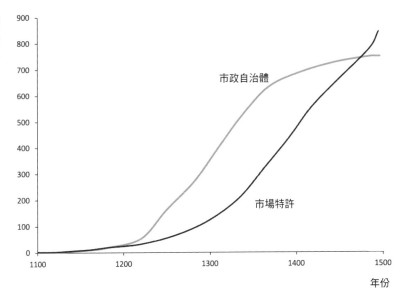

圖 9.7　西元 1100 年到 1500 年間，德國各領地的市場特許與市政自治體的增加數目。
此圖同時顯示了都市化和市場整合度日益提升的情形。[55]

　　讓我們現在回顧一下圖 9.3 中奧羅莫人的數據。14 世紀的英
格蘭人有 90% 會落在該圖表的左上象限，這表示大多數人都會有
條件地與匿名他者合作，就像在社群市場整合度最高的奧羅莫人
一樣，他們已有心理準備要建立自願組織，以便制定和執行明確
的協議（即契約）來提供公共財。不過，不同於中世紀的英格蘭
人，奧羅莫人不會輕易搬到當地的城鎮和參與自願組織，甚至也
不會購買城鎮附近的土地。相反地，奧羅莫人的生活都被一夫多
妻制的父系氏族所牽絆。土地是父傳子的方式，並且透過包辦婚

姻建立起氏族之間的經濟與政治聯盟。我們已經了解到，這種親屬為本制度的生活塑造了截然不同的心理樣貌。[56]

在中世紀歐洲的城市社群中，商人、貿易商和匠人的成功——在某種程度上——不僅仰賴誠實無欺和公正客觀的信譽，也端視他們是否勤奮、耐心、精確和準時，而這些信譽制度有助培養適用於非個人交易的相關社會標準、注意力偏誤和動機。這些人類心理和社會信譽標準的改變，我認為是有助於商業革命發展的可得信貸增多的關鍵。[57]

這些是市場導向的非個人社會規範的新興組合，而它們逐漸形成了歷史學家口中的《商人法》（lex mercatoria 或 Merchant Law）。這些特定的規範和之後的法律超乎尋常的是，它們開始剔除交易中的人際關係。無論是交易、契約或協議，這些規範都日漸無視於階級、家庭或部落的差異。個人應該對幾乎所有人都要公平、合作和誠實，而且對基督教教友更該如此。流傳各地的《商人法》逐漸成為個人與他人進行經濟交換時的文化框架、規則和期望，完全不涉及伴隨社會互動的一切關係紐帶和情感。兒子可以購買最優惠價格的麵包，就算賣方是自己母親最恨的人的女兒；從遙遠城市來的陌生人可以彼此訂立書面契約，以互惠互利的方式進行買賣和提供信貸。[58] 當然，這是緩慢的演變過程，即使至今仍舊是牛步進行中，而這無非是因為人類心理的特定面向和緊密的親屬為本制度往往會羈絆進展。中世紀之後很長的一段時間裡，市場規範仍然竭盡全力要消弭宗教、種族、性別和性取向的差異，畢竟這些因素繼續影響著就業機會、薪資和刑期判決。

西方文化的特立獨行如何形成繁榮世界

不過，為了要了解中世紀歐洲市場規範的傳播，我們需要認識如城鎮和行會等新成立的自願組織，以及其成員更傾向個人主義的心理所發揮的作用。自私的個人照著自己的意志行事，會剝削願意提供信貸和接受延遲付款的陌生人來提供信貸或延遲付款。然而，我們已經了解到，為了安然應對這個新的社會世界，個人會加入行會、幫會、特許城鎮，以及其他各種組織。組織成員若是違反了與陌生人的商業協議，導致隸屬組織的信譽受損，組織就會將他們掃地出門。所有這些組織都在相互競爭，所以各個組織都祭出重大獎勵手段來促使成員合群，並且執行規定、懲罰違規者和補償被剝削的人。自願組織之間的競爭有利於那些向成員灌輸《商人法》最有成效的組織，因為不論是懲罰成員或是補償受害者，組織都要付出昂貴的代價。[59]

　　在中世紀的城市社群中，最蓬勃發展的往往是透過有效的正式制度和法律來重申、強化和支持這些非正式規範的社群。這個過程獲得了另一個自願組織的助益，那就是大學的逐漸普及。隨著 11 世紀羅馬民法《查士丁尼法典》（Justinian Code）重新被發現之後，義大利波隆那（Bologna）一群來自外地的法律學生組成了一個專注於研究和學習的集團，亦即所謂「**大學**」（universitas）的組織。不久，大學開始在歐洲各地萌芽發展，到了 13 世紀初已經蔓延至巴黎和牛津。西元 1500 年，基督教世界已經有超過 50 所這樣的大學機構，全都競相爭取學生和教授。大學訓練出律師、神學家，以及其他專精寫作、邏輯、演說、數學、音樂和天文學的專業人士。這就孕育了一個居所流動且說拉

丁語的階層，他們通曉教會和民法。[60]

　　歷史分析揭示，大學促進了其所在城鎮與都市的經濟成長。受過大學培訓的學者的出現很可能也助長了這個影響。這個新興的社會階級不僅識字，而且愈來愈有能力從現存雜亂的習俗或法律中，精煉出抽象的原則，並據之為其城市社群制定條理分明的法規和政策。正規的法律帶來激勵作用，進一步規範了攸關非個人商業貿易的既有習俗。[61]

　　歐洲商業法和契約法的初期發展是很重要的，因為其他像中國這樣的複雜社會，儘管在其他形式的法律和哲學方面有著更為精密的發展，但是這方面在 19 世紀以前卻沒有什麼實質進展。耐人尋味的是，儘管中國的氏族和商人的確撰寫了許多私人契約，而且地方官也確實會援用法律來仲裁這些契約引發的糾紛，但地方官並不是依據成文法則的抽象且非個人的原則，反而是綜合考慮當地習俗和涉及的人際與階級關係，故而其仲裁毫無約束力。換言之，他們對法律所採取的是較為整體性和關係性的方式──因為他們擁有不同的心理。[62]

小結

　　我們現在已經了解到，宗教、親屬關係、市場和制度能夠形塑社會心理的重要層面。至於形塑的方式，各個地區的運作方式皆有所不同，以交換為導向的社會規範有時會隨之演化，以使職業種姓或族群宗教團體之間的貿易更為順暢。舉例來說，位於南

亞的一些中世紀港口，就為當地的印度教徒和穆斯林貿易商搭建起了印度洋的長久交易關係。即使在歐洲列強切斷伊斯蘭貿易路線很久的幾個世紀之後，與非貿易城市相較之下，貿易港口還是比較不會出現印度教徒與穆斯林之間的族群暴力衝突。這些團體之間的貿易往來似乎形成了持久的非正式制度，即使已經停止貿易很長一段時間，這些制度所造成的心理影響仍繼續存在。[63]

透過檢視社群與大河或海洋的臨近性，以及此臨近性與當地居民對待外地人和移民的態度之間的關係，可以在世界各地觀察到這類利社會效應。大河與海洋從遠古至今一直是世界大部分貿易往來的動脈。居住在鄰近港口的地方，通常意味著住在城市中心，而該處的規範、慣習和信仰受到商業貿易的影響，往往要比起其他地方來得更為強烈。

這個事實顯示了，西歐比世界其他地方更具有發展商業貿易的地理優勢：西歐不僅擁有超乎尋常的大量天然港口和可航行的水道，而且南方與北方皆有內海（南方是地中海，北方是波羅的海）。[64] 一旦發展出市場規範，即可快速沿著水道傳入港口的沃土。這種地理整備催化了我所描述的市場整合過程。

在此總結一下我們的進展：唯有緊密的親屬為本制度瓦解之後，都市化和自由城市與特許城鎮的形成才會發生，並開始發展和享有更多的自治。通常由商人主導的城市發展會深化市場整合度，我們可以推論，非個人的信任、公平與合作意願也會隨之提升。當這些心理和社會轉變發生的時候，人們會開始思考個人權利、個人自由、法規和保護私有財產的觀念。這些新觀念比其他

替代方案更為契合人們正在發展的文化心理。

　　前現代歐洲的都市化是從社會階層的中間開始向外、向上和向下改變，最後才感知到這些持久的心理和社會變動的群體是 (1) 最偏遠的自給自足的農民，以及 (2) 最高層級的貴族；在緊密形式的親屬關係已經從城市中產階級中消失很久以後，這些貴族依舊繼續仰賴它來鞏固勢力長達數世紀之久。

　　當然，即使是在快速發展的城市中心，這也不是平順且持續的轉變。對於自願組織的運作，緊密的親屬關係一直是從古至今最大的威脅之一。這對包含銀行和政府在內的新組織並不陌生，有段時間會被透過包辦婚姻聯合起來的有權有勢的大家族所篡奪。[65] 然而，如上文所述，這從長遠來看終究會是一條艱辛的道路，因為教會幾乎壓制了維繫緊密親屬關係的一切基本方式。在這些限制之下，家族企業難以與其他的組織形式競爭。與此同時，在無法維持一夫多妻制、按習慣繼承、再婚和領養的情況下，政治上和經濟上權傾一時的家族後裔極可能會無以為繼。當居於統治地位的王室真的滅絕之後，城市社群往往能夠重塑自身的正式制度，使其在各方面都對擁有 WEIRD 心理原型的人們更具吸引力。

九、關於商業與合作

—————————— 注釋 ——————————

1. 孟德斯鳩和潘恩的引言是引自於：Hirschman, 1982.

2. Henrich, 1997; Henrich and Henrich, 2007.

3. 行為經濟學的介紹請見：Camerer (2003). 賽局理論分析也假定個人相信所有的人都是理性且自私的極大化者（maximizer）。

4. 這些是 WEIRD 社會中不是學生的成年人身上可以看到的模式（Ensminger and Henrich, 2014; Henrich et al., 2004）。然而，大多數實驗的對象都是大學生，不僅會提出較低的提案金，而且通常較不具利社會傾向（Bellemare, Kröeger, and Van Soest, 2008）。

5. 耐人尋味的是，唯一拒絕低金額提案的人其實並不是該社群的現有住民，而是從庫斯科（Cusco）來訪的一位親戚（Henrich, 2000; Henrich and Smith, 2004）。

6. Henrich, 2000; Henrich and Smith, 2004.

7. Henrich and Henrich, 2007; Johnson, 2003; Johnson and Earle, 2000.

8. Ensminger and Henrich, 2014; Henrich et al., 2004; 2005.

9. Henrich et al., 2004; Henrich et al., 2005.

10. Ensminger and Henrich, 2014; Henrich, Ensminger et al., 2010.

11. 我們不只從第二階段重複得到了如同第一階段中的市場整合度的效應，而且採用了修正過的實驗步驟準則和新實驗的第二階段，其特定的實驗群體也出現了同樣不尋常的結果模式。例如：在新幾內亞，我們發現當地社群會給予超過 50% 的金額，而且有時會拒絕他人的提案金（Bolyanatz, 2014; Tracer, 2003, 2004; Tracer, Mueller, and Morse, 2014）。

12. 此圖改編自：Henrich, Ensminger et al., 2010. 除了兩個新幾內亞群體，圖中的迴歸線適用於所有這些數據點。在新幾內亞，我們的實驗看起來觸及到的是人們對待其他群體成員的社會規範，而不是非個人公平（Bolyanatz, 2014; Ensminger and Henrich, 2014; Tracer, 2004; Tracer et al., 2014）。所有已發表的分析內容都包含了新幾內亞的群體（Ensminger and Henrich, 2014; Henrich et al., 2006; Henrich, Ensminger et al., 2010; Henrich, McElreath et al., 2006），只是因為我特意著重在非個人公平性，故而沒有把這兩個群體納入其中。

13. Ensminger and Henrich, 2014; Henrich, Ensminger et al., 2010. 我們的世界宗教變量無法解釋「第三方懲罰賽局」中的提案金的差異。我們認為我們知道箇中原因：對此的補充資料請見：Henrich, Ensminger et al. (2010) and Laurin et al., 2012.

14. Ensminger and Henrich, 2014; Henrich, 2016.

15. Kosfeld and Rustagi, 2015; Rustagi, Engel, and Kosfeld, 2010. 當玩家決定捐獻金額時，他們知道自己必然會得到二擇一的結果，要麼獲得同時捐贈，要麼就是接續有條件版本的報酬。這會促使他們不論是哪個版本都認真參與。

16. 此數據援引自：Rustagi et al., 2010.

17. 當然，除了集鎮的市場會敦促人們進行有條件合作，集鎮本身的某種東西也可能有相同影響。在探究這一點時，請思考以下兩項事實。第一，人們進城的主要理由是要參加市集日，因此就算在這裡對心理造成影響的不總是市集日這個特定的商業活動，但是它依舊會吸引人們入城。第二，如果我們檢視的是人們前往市場的頻率，而不是市場接近度，市場對有條件合作的效應依然存在。來自烏干達（Voors et al., 2012）和中國（Tu and Bulte, 2010）的類似研究，對於市場整合度和非個人利社會性也有一致的基本見解。然而，針對市場效應的一份反證研究，請見：Siziba and Bulte, 2012. 在該研究中的兩個非洲國家，以外部介入來提升隨機揀選的社群前往市場的便利性，但是等到施行了兩年之後，研究人員發現非個人信任並未因此提升。這個結果可能有幾個造成的原因，但是一個簡單的解釋就是，市場可能需要不止兩年的時間才能促使文化往新的方向演化。此外，這些市場也有可能依然是由人際的交換所主導，而不是非個人交換。

18. 我用來統計出這些數字的工具變數迴歸是取自於：Rustagi et al., 2010.

19. Rustagi, Engel, and Kosfeld, 2010.

20. 以美國大學生為對象所做的促發實驗顯示了市場能夠提升非個人利社會性——此研究針對的是信任。在一項實驗任務中，研究人員使用了與商業、交換或是貿易等幾樣東西的還原文字字謎任務來促發一部分的參與者，其餘參與者做的則是未含有與市場相關字彙的字謎。兩組人接下來都會玩一個簡單的信任遊戲。在實驗中，受市場促發的參與者會比未受市場促發的人更能夠相信他人（Al-Ubaydli et al., 2013）。

21. 研究人員使用提醒人們想到「金錢」的促發技巧來探索其所造成的心理影響。金錢可以做為「市場規範」的促發物。在其他的心理面向，這項實驗還檢驗了「現金促發物」對於人際利社會性的影響。果不其然，提醒人們

想到金錢會降低人際利社會性，變得比較不會助人、比較不慷慨、比較不富同情心，以及比較不與人交往（Vohs, 2015; Vohs, Mead, and Goode, 2006, 2008）。

22. Bowles, 1998; Fourcade and Healy, 2007; Hirschman, 1982.

23. Hirschman, 1982. 12 世紀的歷史學家，馬姆斯伯里的威廉（William of Malmesbury, 1125）曾寫道：「擁有比較文明的生活方式的英格蘭人和法國人都是居住於城市且熟悉商業貿易。」（Lilley, 2002, p. 78.）那些旨在駁斥和善商業論點的研究，並不適用於我在此所採用的較為細緻的方法（Falk and Szech, 2013）。

24. Plattner, 1989.

25. 關於一般澳洲原住民的交換活動，請見：McBryde, 1984; McCarthy, 1939; Smyth, 1878; Stanner, 1934. 貿易和市集的討論請見：Cassady, 1974; Grierson, 1903; Hawk, 2015.

26. 此段引文可能是根據迦太基探險家漢諾（Hanno）的所見所聞，引自希羅多德所編撰的《歷史》第四冊（*The History of Herodotus*, Book IV），請見：classics.mit.edu/Herodotus/history.3.iii.html.

27. Grierson, 1903; Hawk, 2015; Woodburn, 1982, 1998. 論證貿易的考古研究有個問題是，貿易通常是依循物料的遷徙路徑來進行，只是物料也可能會遭受突擊和盜竊而遷移他處。

28. Cassady, 1974; Grierson, 1903.

29. 關於大宗蘋果貨運的討論，請見：Plattner (1989). 信譽財無所不在，而在缺乏內化的市場規範或人際關係的情況下，交易信譽財的市場則難以運作。讓我們考量一下在印度的德里（Delhi）和北方邦（Uttar Pradesh）的非正規市場購買新鮮水牛奶的情況。德維許·羅斯塔基和馬庫斯·克羅爾（Markus

Kroll）共同研究了這些市場，兩人先是向幾個市場的許多獨立攤販購買了
1 公升的水牛奶做為樣本，並測試其中的含水量。令人吃驚的是，樣品全
被加水稀釋過了，而添加的水量最低為 4%，最高為 37%，平均稀釋度為
18%——亦即每公升的水牛奶含有約五分之一的添加水。接下來，為了確認
水牛奶是否為信譽財，德維許和馬庫斯讓牛奶販（稀釋牛奶專家）進行了
一場競賽，參與者只要能夠精確預測不同樣品中的摻水量，便能獲得豐厚報
酬。競賽釐清了一個事實：至少對於摻水量低於 40% 的樣品，沒有人可以
準確評估是否摻了水。牛奶販甚至無法按照稀釋程度把樣品大致正確排序。
因此，牛奶確實是一種相當仰賴信譽的商品（除非碰巧手邊就有可以任人使
用的現代實驗室設備）。最後，兩位研究者進行了「非個人誠實賽局」，會
按照參與者呈報的丟擲六面骰子的點數來給予酬金，藉此測量 72 個牛奶販
的公正誠實度。果不其然，誤報擲骰子點數的頻率較高的牛奶販，其稀釋牛
奶的比例也比較高——這證實了擲骰子遊戲精確地測量出我們想要研究的
行為類型。在一共 40 次的一輪擲骰子中，每當誤報提高 6 次，牛奶販稀釋
牛奶的比例就會提高 3 個百分點。耐人尋味的是，如同我們從牛奶販稀釋牛
奶的情況中所了解的一樣，與牛奶販的公正誠實度有關聯的始終是他們的兩
個特徵：儀式出席率和種姓身分。牛奶販愈常出席儀式，就愈不會稀釋牛奶。
相較之下，以氏族為核心的放牧種姓成員則比較有可能會稀釋牛奶（Kröll
and Rustagi, 2018）。

30. Greif, 2006b, 2006c; Greif and Tabellini, 2010, 2015.

31. Aubet, 2013; Hawk, 2015. 另一個例子請見格雷夫研究 11 世紀地中海地區的
馬格里布（Maghribi）商人的著作（Greif, 1989, 1993, 2006c）。

32. Ma, 2004 (p. 269), 2007.

33. Berman, 1983; Greif, 2003, 2006a, 2006b, 2006c; Greif and Tabellini, 2010,
2015; Hawk, 2015; Ma, 2004; Weber, 1978. 有趣的是，許多地方的法律與司法

程序皆是宗教信仰和實踐的延伸。

34. Faure, 1996; Greif, 2006b, 2006c; Ma, 2004; Rowe, 2002. 在氏族勢力較弱而個人主義傾向較強的中國區域（如北方），商人組織或行會則是奠基於原居住地，而不是氏族，但是基本模式仍舊相似。此外，歷史和人類學的紀錄也揭露了許多特定群體的交換規範，其管理了如種姓或是職業氏族等指定群體之間的特定物品和服務的交易。

35. Berman, 1983; Greif, 2006b, 2006c; Lynch, 2003; Mitterauer and Chapple, 2010; Moore, 2000; Pirenne, 1952.

36. Bartlett, 1993; Berman, 1983; Lilley, 2002; Pirenne, 1952; Stephenson, 1933.

37. Bosker, Buringh, and Van Zanden, 2013; Stasavage, 2016; Weber, 1958a.

38. Buringh and Van Zanden, 2009; Cantoni and Yuchtman, 2014; Greif, 2006b, 2006c; Greif and Tabellini, 2010; Lopez, 1976. 歐洲尚需數個世紀才能超越伊斯蘭世界（Bosker et al., 2013）。然而，對於都市化的這些估算的確切數值仍有一些爭議。有些人主張，因為中國城市周邊地區的延展比歐洲來得更密集，因此其都市化程度才會顯得比較低（Ma, 2004）。但這並不影響我的論點要旨。即使精確的估算並非固定不變，但重要的質性模式依舊存在。

39. 此資料援引自：Bairoch, Batou, and Chevre, 1988. 亦可參照：Buringh and Van Zanden, 2009; Cantoni and Yuchtman, 2014; Lynch, 2003. 為了勾勒出最初期階段的進程，我在此把居民超過 1,000 人的所有居住地都視為「城市」。

40. Guiso, Sapienza, and Zingales, 2016; Lynch, 2003.

41. Bartlett, 1993; Berman, 1983; Bosker et al., 2013; Greif and Tabellini, 2015; Lilley, 2002; Stasavage, 2016.

42. Bartlett, 1993; Berman, 1983; Lilley, 2002; Stephenson, 1933. See Stephenson, 1933, p. 25, for quotation.

43. Bartlett, 1993; Berman, 1983; Grierson, 1903; Stephenson, 1933.

44. Berman, 1983.

45. Bartlett, 1993.

46. Stephenson, 1933. 就在與威爾斯（Wales）有爭議的邊界，征服者威廉的堂兄威廉·菲茨奧斯本（William FitzOsbern）展開了剛成為赫里福德（Hereford）伯爵的事業。這位新伯爵依據仿照家鄉諾曼第（法國）章程的布勒特伊法（Law of Breteuil）授與了赫里福德特許狀。新的赫里福德法隨即開始傳播至威爾斯各地，後來更傳入愛爾蘭，創造出數十個「子」社群和「孫」社群。

47. Bartlett, 1993; Berman, 1983; Greif, 2008; Lilley, 2002; Stephenson, 1933; Lynch, 2003.

48. Berman, 1983, p. 379; Stephenson, 1933.

49. Gelderblom, 2013.

50. 資料援引自：Schulz, 2019.

51. Schulz, 2019. 令人擔憂的是教會或許已經決定在看似前景光明的地方設置主教管轄區。然而，教會的目標是要傳教四方，因此會抓住機會把宗教傳播出去。強納森的分析說明了教會領導人可能用於決策的因素，諸如地區初始的繁榮程度（西元 500 年）、羅馬道路的存在，以及許多生態和農業的差異。

52. Berman, 1983; Cantoni and Yuchtman, 2014; Stephenson, 1933. 一般都認為，中世紀的行會擁有強大的獨斷控制權，並且創造出保護性關稅。然而，根據現有的英格蘭法律章程的證據所做的量化分析，理查森（Richardson, 2004）主張，中世紀行會的獨斷性影響被過度高估。重要的是，儘管行會有時可以控制家鄉的生產，但是他們的產品仍舊必須與其他市鎮的類似行會的產品競爭。不同的論點可參見：Ogilvie, 2019.

53. Bosker et al., 2013; Cantoni and Yuchtman, 2014.

54. 改編自：Cantoni and Yuchtman, 2014.

55. Richardson, 2004.

56. Gibson, 2002; Kosfeld and Rustagi, 2015; Richardson, 2004; Rustagi et al., 2010. 這個一夫多妻制的社會有著為數眾多的單身年輕人，他們確實通常會遷徙到市鎮就業，但是往往在社會上和心理上都依附著以親屬為主的家鄉網絡。

57. Berman, 1983; Clark, 2007a; Lopez, 1976.

58. Benson, 1989; Berman, 1983; Gelderblom, 2013. 經濟歷史學家阿伏納・格雷夫曾如此描述遠距貿易：「在這類交易中，貿易商的交易決策與其交易夥伴的聲譽無關。不管是夥伴的過去行為、未來跟對方進行貿易的預期，或者有無能力向未來貿易夥伴呈報對方的不當行為，他都是在不知情的情況下做出決策。」（Greif, 2006c, pp. 221–22.）

59. Gelderblom, 2013; Greif, 2002, 2003, 2006b, 2006c.

60. Berman, 1983; Cantoni and Yuchtman, 2014; Greif, 2003, 2006b, 2006c.

61. Cantoni and Yuchtman, 2014; Gelderblom, 2013; Jacob, 2010, pp. 11–12.

62. Benson, 1989; Berman, 1983; Gelderblom, 2013; Greif and Tabellini, 2015; Ma, 2007. 關於銀行業務方面，請見：Rubin, 2017.

63. Jha, 2013.

64. Ahmed, 2009; Durante, 2010; Gelderblom, 2013; Greif and Tabellini, 2015; Guiso et al., 2016; Jha, 2013; Nunn and Wantchekon, 2011. 納恩和旺切孔（Nunn and Wantchekon, 2011）指出，臨近海洋和河流的距離與各大洲居民的非個人誠實有關，但非洲除外。非洲之所以似乎沒有出現這種關聯性

的原因有二：(1) 非洲缺乏天然的港口和航道（Sowell, 1998），以及 (2) 販賣奴隸的長期影響 —— 從 1500 年到大約 1800 年之間，鄰近海洋的非洲地區意味的是面對著遭受奴役的更大威脅。與此同時的中世紀歐洲，歷史學家觀察到商業紐帶「激勵了人們以歡迎的態度對待外來貿易商，並且朝著讓地方制度迎合這些貿易商的商業需求而努力」（Gelderblom, 2013, p. 4）。關於歷史制度和事件對心理帶來的影響的證據，請見：Dell, 2010; Grosjean, 2011; Nunn, 2007, 2009; Nunn and Wantchekon, 2011.

65. 這種現象可見於義大利北半部，自由城邦於 9 世紀末的加洛林帝國廢墟中誕生。因為這些社群能夠隨時接觸到地中海貿易、新發明和外來制度，故而其商業發展、經濟繁榮，以及新制度形式的建立，都要早於歐洲其他地區。不過，在一些情況下，籌組當地自願組織的是發誓齊心合作的強大父系氏族，而不是決定加入組織的個人或核心家庭。或許正因如此，才奠下了讓有權勢的義大利家族得以在日後反擊的基礎（Guiso et al., 2016; Jacob, 2010）。親屬為本制度的殘存影響可見於商業革命期間，當時以緊密的親屬為本制度接管了托斯卡納商人的銀行（Padgett and Powell, 2012）。然而，這些商人的銀行與中國徽商並不一樣，它們只活了一個世紀就被更具競爭力的組織所擊潰。即使是在工業革命之後，英格蘭的企業家階層仍舊試圖透過表親婚來鞏固自身權力（Kuper, 2010）。

十、馴化競爭

然而可以斷定的是，戰爭是促進社會凝聚力的一個格外有效的手段，因為它提供了一個時機，讓該社會成員團結一致並忽略派別差異，朝著共同目標積極邁進。

——人類學家羅伯特・F・墨菲（Robert F. Murphy; 1957, p. 1034），
同時是亞馬遜河流域蒙杜魯庫人（Mundurucú）的民族誌學家

這是個出人意料的主張：自願組織（不論是特許城鎮、大學、行會、教會、修道院或是現代企業）之間的競爭愈大，人們對陌生人就會愈加信任、公平且願意合作。歷史上，歐洲從中世紀盛期以後，自願組織的增生導致這些團體間出現了更激烈持久的競爭。到頭來，這反而使得非個人利社會性提高且持續更久。為了一探究竟，讓我們先來檢視一下人類的心理如何回應團體之間的競爭，然後再思考一下歐洲過去長達千年的戰爭所帶來的影響。

戰爭、宗教與心理狀態

承受數十年不斷加劇的窮困之苦後，西非獅子山（Sierra Leone）在 1991 年爆發內戰。戰爭引起的暴力蹂躪著一般老百姓，當地出現大規模的屠殺，孩童被迫加入軍隊，且戰爭罪行比比皆是。戰火蔓延至整個國家，而村莊成了叛軍組織和政府軍隊的攻擊目標。有些時候，這些軍隊會在各個地區搜尋窩藏的敵對陣營，其他時候則會掠奪祥和的社區、打壓選舉活動，或是為了購買糧食和軍火而竊取沖積鑽石。為了應付這些威脅，許多社群以自身的傳統制度和酋長權威自行籌組了自衛隊。當內戰在 2002 年結束時，戰火已奪走了超過 5 萬人的性命，造成近一半的人口流離失所，並使成千上萬的人承受截肢和其他的終身傷害。[1]

在 2010 年，經濟學家亞歷珊卓拉·凱薩帶領研究團隊抵達獅子山進行一系列的簡單行為實驗，旨在評估人們之所以會公平對待自己所屬社群和其他社群成員的動機。在這些實驗中，村民

會被匿名配對，隨機跟同村莊或是遙遠村莊的某人進行一次性互動。在其中一項「分享賽局」（Sharing Game）的實驗中，參與者要在以下兩個選項中擇一：(A) 自己和對方各分得當地貨幣5,000 利昂（leones）；(B) 自己拿 7,500 利昂，給對方 2,500 利昂。參與者可以選擇 (A) 選項與對方均分，或者是選擇 (B) 選項犧牲對方所得來增加自己的報酬。另外一個實驗「羨慕賽局」（Envy Game）則是要參與者在以下兩個選項擇一：(A) 自己和對方各分得 5,000 利昂；(B) 自己拿 6,500 利昂，讓對方拿 8,000 利昂。在第二個實驗中，人們會為了增加自己的所得而選擇 (B)，可是真這麼做的話，對方就會比自己獲得更多。這攸關著重大的利害關係：5,000 利昂大概是獅子山一般人的一天工資（約 1.25 美元）。

這支研究團隊（我後來也加入了研究行列）之所以會到獅子山，是因為他們想要了解經歷戰火的經驗會如何改變人們。全國性調查顯示，戰爭對各個家庭和住家的打擊程度不盡相同，即使在同一村莊也是如此。有些人家失去了親友或是家庭成員身受重傷，有些是因為房屋或田產毀壞而流離失所；有些家庭則是經歷死亡和流離失所的雙重打擊。我們的團隊以全國性數據為基礎，透過訪談來了解參與者的戰爭經驗。約一半的受訪者都有混雜著死亡、受傷和流離失所的經驗，而另外一半的人則完全沒有這些經驗。我在接下來的敘述中會以「影響最大」來指涉前一群人，而後一群人則是「影響最小」。當然，沒有人不受到戰爭的影響，至於我們詢問關於戰爭中流離失所、受傷和死亡的問題，其用意無非是想要了解這場戰事所造成的**相對**影響。

人們的戰爭經驗全都是發生在至少八年以前，但是卻深深影響了他們在實驗中的行為（見圖10.1）。在「分享賽局」中，受戰爭影響最小的參與者不管對方為何，選擇均分選項的機率約是三分之一。相較之下，受戰爭影響最大的參與者則對同村鄉親要比對遙遠村落的人更能夠均分對待。「分享賽局」的參與者若是屬於受戰爭影響最大的人，那麼他們與同村鄉親均分金錢的比例就會從三分之一飆升至將近60%。在「羨慕賽局」中，受到戰爭影響較大的人選擇與同村鄉親均分金錢的比例會明顯提高，從16%上升到41%。換句話說，人們受到戰爭的打擊愈大，就愈傾向於付出1,500利昂的代價，以便與同村鄉親均分事物。然而，在對待遠村的人則呈現了完全相反的情況：受到戰爭影響較大的人做出均分選擇的可能性會減少一半。把這個結果和其他實驗一起檢視，顯示了戰爭會強化人們奉行平等主義的動機，但只限於內團體。[2]

　　關鍵是在於獅子山的情況跟其他許多內戰極為不同，大部分受害者成為攻擊目標並不是因為本身的種族或宗教信仰，整個國家也沒有因為種族或宗教因素而分裂。我們的分析和大型全國性研究都顯示，一般村民所受到的大多數暴力實際上都是隨機發生的。民兵衝進社區後會朝四面八方開槍掃射，然後就近焚燒房子，而村民要麼躲起來，要麼趕緊逃命。就如同用於測試新藥物效用的隨機對照組實驗一樣，這意味著個人主要是隨機遭受或是「服用」了與戰爭有關的暴力折磨。這樣的類隨機化（quasi-randomization）讓我們得以謹慎推斷，戰爭事實上導致了我們在

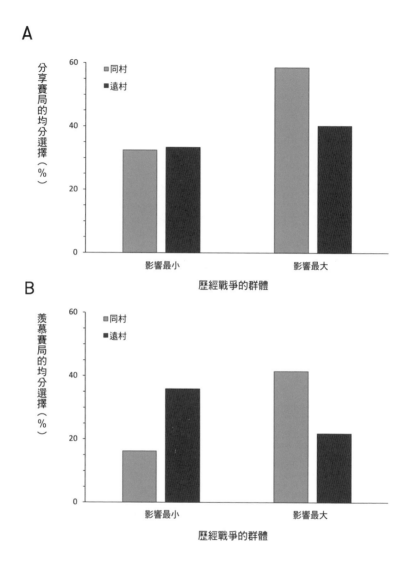

圖 10.1 在 (A)「分享賽局」和 (B)「羨慕賽局」中，獅子山村民與同村鄉親和遠村人民互動時，所表現出的經歷戰火後的影響。

實驗中所捕捉到的心理變化。[3]

在獅子山的東部，該區域的首府凱內馬（Kenema）離叛軍總部只有 30 公里（19 英里）的距離，而針對當地街頭足球錦標賽球員的研究呈現了類似的模式。研究人員研究了年齡介於 14 歲到 31 歲的男足球員，他們正在參加市錦標賽與鄰里球隊競賽。參與者完成了一系列的心理實驗，旨在評估他們對於自己的隊友（鄰居）和其他球隊球員的公平性與競爭性。為了測量公平性，參與者都是匿名參加「獨裁者賽局」，對手可以是一位隊友或是別隊的球員。至於競爭性的測量，球員有 10 次機會把足球拋入 4 公尺遠的球框裡。他們可以選擇自己想要 (A) 跟一位隊友或是別隊球員比賽，或是 (B) 每拋進一球就能獲得 500 利昂。如果球員決定要比賽（選擇 A），**只有**在分數高過對手的情況下，才能夠每投進一球得到 1,500 利昂；如果輸了，就什麼都得不到。

實驗結果顯示，那些更直接受到戰爭影響的人會更公平對待隊友，但對其他球隊的人則顯得較具競爭性。接觸戰爭較多會讓球員在「獨裁者賽局」中給予隊友較多（且較公平）的金錢，但對於他們給予非隊友參與者的金額則沒有絲毫影響。同樣的情況，在決定是否要跟非隊友比賽拋球方面，受戰爭影響較小的人傾向於避開這樣的機會，在參與賽局的總次數中，只有四分之一的場次會這麼做，但受到戰爭影響最大的人則有接近 75% 的次數會參與比賽。相較之下，接觸戰爭的程度並不會影響到球員是否要與隊友競爭的決定。這些實驗得出的模式可見於實際的足球賽之中：受戰爭影響最小的人，收到犯規舉牌（因違反規則）的次

數為零，受戰爭影響最大的人則有將近 50% 的機率至少會被舉牌警告犯規一次。此處似乎再度顯示了，戰爭經驗會促使人們傾向於更公平地對待自己的內團體，並對外團體展現更強的競爭性。[4]

戰爭造成的心理影響似乎也在獅子山的政治和公民社會表露無遺。根據 2005 年和 2007 年的獅子山全國代表性調查，經濟學家約翰・貝羅斯（John Bellows）和愛德華・米格爾的分析指出，受到戰爭的直接影響愈大，人們愈有可能會出席社區會議、參與選舉投票，以及加入政治或社會團體。數據進一步表示，受戰爭影響愈深的人愈有可能會參與學校管理委員會，也大概會更樂意參加有助於養護社區道路（公共財）的合作式「掃街」活動。這些研究發現與前述的實驗結果可謂不謀而合，都表明了戰爭經驗會激勵人們加入自願組織和參與社群治理的動機。[5]

關於戰爭對人們心理的長久影響以及其對正式制度的負面影響，這方面的證據並非僅見於獅子山。近年來，涵蓋了尼泊爾、以色列、烏干達、蒲隆地（Burundi）、賴比瑞亞、中亞和高加索，這些地方急速增加的研究都揭示出類似的模式，而這些研究使用了各式的心理實驗，包含了「最後通牒賽局」和「公共財賽局」，以及一系列關於誠信、投票和社會團體參與的調查問題。舉例來說，尼泊爾陷入內戰十年之後，接觸較多戰爭相關暴力事件的社群在「公共財賽局」（與社區成員）中顯得更樂於合作；他們也更有可能會投票和加入地方團體。事實上，沒有被戰火波及的社群完全缺乏自願組織，而受戰爭影響的社群則有 70% 會發展出諸如農業合作社、婦女聯盟和青年團體等組織。我們在此看到了同

西方文化的特立獨行如何形成繁榮世界

樣的情況，亦即，戰爭會強化人們參與自願組織的動機。[6]

　　為了要了解戰爭何以會對人類心理造成這些影響，且讓我們重提第 2 章至第 4 章已發展的一些論點。隨著過去兩百萬年所發生的文化演化，遊群、氏族或部落之間的競爭帶動了合作性社會規範的文化傳播，而正是因為這樣的規範使得團體得以存活，不管面對的是與其他團體的劇烈衝突，或是諸如水災、地震、乾旱和火山爆發等天災皆然。在受到這個文化演化過程擁戴的規範和信念之中，我們看到了關於食物分享、共同儀式和亂倫禁忌的例子。連同互助和共同防禦在內，這些規範促使個人融入其賴以生存的緊密社會網絡。為了適應這個祖先留下來的世界，人類對戰爭和其他衝擊產生了基因演化反應，而這可能至少有著三種運作方式。首先，衝擊激發了人類相互依賴的心理，使人類更加積極投入自己仰賴的社會連繫與社群。在戰爭的情況下，這端賴於遭受攻擊的「我們」是誰。倘若人們認為是「伊拉西塔」受到攻擊，他們接下來就會和鄉親有更加緊密的連繫，並且期望其他人也這麼做。對於缺乏堅固人際網絡的人來說，衝擊會驅使他們去尋找和投入新的關係與社群。第二，由於社會規範已經在文化演化方面變得有利於群體的生存，戰爭和其他衝擊因而可能會讓我們從心理上更加堅守這些規範與相關信念。因此，這達到了社會規範會訂下各種合作形式的程度，使人們變得更樂於依循規範的界線來合作，同時也更願意懲罰不符標準的偏差行為。

　　以上這兩種心理影響 —— 鞏固相互依賴的團體與強化規範 —— 和心理的其他面向結合，造就了第三種效應：戰爭、地震

和其他災難都會促使人們更投入宗教和參與儀式，結果就是帶動了宗教團體的成長。造成這種效應有兩個彼此相關的因素。其一，透過強化我們的社會規範和相關信念，戰爭和其他衝擊可能會直接加深人們的信仰和相關承諾，而這可能會鼓勵人們更投入宗教團體。其二，藉由觸動人們相互依賴的心理，衝擊如同戰爭一樣，會促使人們進一步投入或是參與支持性團體。因為宗教團體經常會互助扶持，這種效應往往使人們更願意參與這些團體。投入這樣的團體愈深，人們往往會變得更經常前往教會或清真寺，而這可以進一步強化超自然信仰（此為附帶效應）。除此之外，由於宗教承諾來世，具有幫助人們管理焦慮的重複儀式，因此當戰爭和其他災難降臨而危及人類生存時，宗教就會更加受到青睞。與非宗教社群相比，人們會更為宗教團體所吸引且更不容易脫離。

這表明某些宗教團體提供了三個要件：(1) 給予互助的相互依賴網絡，(2) 共同遵循的神聖規範，(3) 有助於管理生存焦慮和不確定性的儀式與超自然信仰。在充滿戰爭和其他災難的世界中，團體間的競爭有利於傳播包含這三個要件的宗教組合，因為這些宗教在與欠缺這些重要特質的團體競爭時將勝出（並不是因為它們是「正宗的」宗教）。[7]

確實如此，現在已經有大量的證據證實天災和戰爭會深化人們對宗教的投入和儀式的參與。結合了有關地震、火山爆發和熱帶風暴的歷史強度的全球資料，以及涵蓋至少 90 個國家、超過 25 萬人的宗教信仰的詳細調查，經濟學家珍妮特・本岑（Jeanet Bentzen）表示，居住在比較容易受災難襲擊的地區的人們會對宗

教比較虔誠，具體來說，他們更相信有神祇、天堂、地獄、罪惡，以及魔鬼。一個地區離地震帶、活火山或是風暴中心的核心位置愈近，只要多接近 1,000 公里（621 英里）的距離，當地居民接受這些超自然信仰的比例就會提高約 10 個百分點。這樣的影響可見於各大洲和多數的主要宗教。[8]

這些心理影響深藏於文化傳遞的信仰和實踐之中，就算人們從易受災區遷出之後仍舊會代代相傳。珍妮特比較了成長在同一個歐洲國家的第二代移民，而她仍舊發現了相同的模式：母親若是來自於天災較多的地區，子女在長大成人後會更加篤信宗教。[9]

戰爭跟天災一樣，也會使人更投入宗教。我和研究夥伴採用了先前才描述過的相同方法來連結戰爭和社會動機，針對烏干達、獅子山和塔吉克（Tajikistan，位於中亞）的數據進行分析，藉以研究戰爭對宗教的影響。我們的分析顯示了，那些受到戰爭影響最深的人更可能會：(1) 加入宗教團體（例如教會或清真寺），(2) 參與儀式，(3) 將所屬宗教社群列為自己最重要的團體。我們的數據不只呈現出戰爭經驗通常會讓人們更可能加入自願組織，而且這些自願組織尤其可能是宗教團體。這具有深遠的效應：在烏干達和塔吉克兩國，戰爭經驗促使參與宗教團體的人口比例增至原來的 2 倍或 3 倍。儘管我們目前並沒有人們實際宗教信仰的資料，但是考量珍妮特的分析，我們認為戰爭會深化人們對天堂、地獄、罪惡和魔鬼的信仰。然而，就算戰爭只提升了儀式出席率（我們的數據可以直接佐證這一點），但是其他的研究證實了參加儀式足以深化宗教信仰。[10]

關於戰爭和宗教的數據進一步表明了，這些效應在戰後的年歲會更為強勁，而不會減弱。這種趨勢當然不會無限期持續下去，但是我們的數據顯示了，在衝突結束後，人們會在接下來的至少十二年之間更加投入宗教。造成這種情況有幾個原因，其中一個重大原因就是，當許多人同時遭受了相同的衝擊，他們就會成立或參與宗教組織，以此開始優先與其他志同道合的人交流。參加這些團體的人愈是投入，就愈能促進合作和成功，之後就會吸收到新成員（通常比較不投入），而新成員會從這個剛加入的團體的舊成員身上習得信仰與規範。在衝突或是天災發生後的數年之間，這樣的模式會逐漸加深衝擊對宗教的持久心理效應。[11]

總而言之，這份研究表明了戰爭經驗會：(1) 激勵人們投入相互依賴網絡，這些網絡可以是氏族、部落、城鎮或宗教群體；(2) 敦促人們嚴守社會規範；(3) 深化人們的宗教投入。這意味著戰爭可以造成獨特的心理效應，而此效應會因為個人的群體認同、社會規範和宗教信仰而有所不同。例如：戰爭的衝擊可能會讓有些人與所屬部落的關係更加密切，而有些人則是會更緊密地依附於國家；或者，戰爭可能會讓人們更加嚴守種姓規範（其規定了不同種姓階層該有的態度）；或者，戰爭可能會激發要公平對待陌生人的非個人規範；而且，戰爭可能使個人更加信奉要求普世道德的神祇，或是著重於保存古老父系制度的祖靈。

塔吉克的內戰闡釋了這些效應。在蘇聯垮臺之後，潛在的政治問題讓組成塔吉克民族語言群體的眾多氏族出現了裂痕——有些塔吉克氏族支持政府，而另一些則不支持。在一些社群中，不

西方文化的特立獨行如何形成繁榮世界

同的氏族或族群開始相互為敵，戰爭因而激化了鄰族之間蠢蠢欲動的猜忌，有時甚至會引爆衝突。在這樣的情況下，戰爭帶來的心理影響強化了氏族的團結和傳統親屬關係的規範：受戰爭影響較深的人會更加信任自己的氏族領袖（相對於政府官員而言）、更加支持包辦婚姻（這是「備受推崇」的氏族習俗），並且會更想要親自認識商家之後才進行商業交易（著重的是關係而不是非個人貿易）。全國性的潛在政治問題的具體情況（氏族間的對抗），影響到了內戰經驗如何形塑當地社群的民眾心理。倘若氏族早已消失，包辦婚姻也被視為有罪，而且貿易是以非個人原則為基礎，那就可想而知，戰爭造成的心理影響很可能會大不相同。[12]

我們接下來要審視的是戰爭對歐洲境內的歷史影響，但請記住這一點：從心理方面來看，戰爭往往會讓相互依賴網絡的關係更為緊密、重要的社會規範被加倍嚴守，以及宗教信仰更為虔誠。這些心理的轉變有助於人類社會的擴張，透過諸如加強信任、服從，或是貢獻公共財（如道路清掃、投票、拒絕收賄）等方式，來賦予國家層級機構的權力。然而，戰爭也可能會催化國家內部的族群或宗教團體的部分差異，使政府的運作效能急速惡化。在猛然受到戰爭的衝擊之下，包括了群體認同、現存制度（氏族、酋邦或自治城市）、最具價值的規範（如氏族忠誠度或非個人公平性），以及尤其是人們對於「誰」屬於衝突的哪一方的認知在內，社會演化所青睞的進程就取決於這些方面的具體細節。[13]

歐洲人製造戰爭，
戰爭也讓歐洲人更具 WEIRD 特質

　　加洛林帝國在 9 世紀瓦解之後，歐洲就分裂為數百個獨立政體，包括了舊帝國的殘餘、教宗領地、獨立城市，以及自視為貴族的軍閥所控制的封建領地等等。這些政體的平均規模都很小，大小就跟現代的薩爾瓦多（El Salvador）差不多。除了拜占庭帝國，可能沒有任何一個政體有資格被稱為「國家」。這樣的分裂狀態激發了群體之間的劇烈競爭。而政體就是這樣，它們開始爭奪領土、資源和榮譽。與此同時，維京（Viking）掠奪者開始零星地從北方長驅直下到處姦淫擄掠，而強大的穆斯林軍隊則從西班牙、義大利和土耳其朝北進逼。如同第 3 章的說明，團體之間的競爭長久以來一直是全社會演化的驅動力。不過，因為教會的「婚家計畫」在中世紀初期所造成的社會與心理影響，在中世紀全盛時期剛拉開序幕時，一條通往全社會複雜性的新路徑就已經開展了。[14]

　　加洛林帝國垮臺之後，戰爭將歐洲各個社會推入了這個死胡同，繼續蹂躪當地長達千年之久，而歐洲一直要到二戰落幕後才發展出相對和平的局面。根據歷史社會學家和政治學者查爾斯‧蒂利（Charles Tilly）的估算，在 1500 年到 1800 年之間，歐洲政體有長達 80% 到 90% 的時間都是處於戰爭狀態，而且這段期間之前的五百年，情況甚至可能更加嚴峻。單單英格蘭在 1100 年

西方文化的特立獨行如何形成繁榮世界

到 1900 年之間就有一半的歲月都陷於戰火。第 3 章已經討論過這種無情的群體間衝突對於社會演化的驅動效應：歐洲的不同社會各自發展得更大、更強盛、更複雜；要是沒有這樣的話，就會慘遭消滅或併吞。能夠更加有效運作的政治和軍事機構一再崛起、競爭、重組和擴張，而效益不彰的機構就成了被犧牲的對象。漸漸地，經過了這個漫長而不尋常的淘汰過程，區域性國家最終合併並制定了全國性憲法（憲章），大規模的民主實驗自此展開。[15]

這些戰爭打從一開始就迫使農村人口尋求城鎮的保護，同時也推動了新武器、城堡和防禦牆的建造。不過，在這種新的社會情境下，地方性戰爭造成了更深遠的影響：它震撼了人們的心理，也因而加速了文化演化，採行的是一條聚焦於個人、自願組織和非個人互動的新路徑。

當然，地方性戰爭其實對人類來說是司空見慣的事，而歐洲肯定不是第一個歷經數世紀令人揪心的衝突的地區。不同的是，到了 10 世紀，教會與「婚家計畫」已經促使一部分的人口進入了一種新的社會心理空間。氏族、世系群和部落已遭摧毀，或者至少勢力已經大不如前。掙脫了親屬為本制度的約束和保護，人們開始尋求新的自發性關係、組織和社群。在這樣的社會情境中，戰爭的衝擊產生了獨特的心理效應。正如我先前的說明，戰爭會：(1) 推動新的自願社會團體的成立，同時進一步強化既有組織；(2) 鞏固這類組織的非個人社會規範；(3) 深化人們的宗教信仰。總而言之，戰爭經驗造成的社會和心理轉變催生了新的正式組織、法律和政府，為的是要符合更傾向個人主義和非個人的心理狀態。

為了理解這一點，針對具有緊密的親屬為本制度的社會居民，讓我們來探究一下戰爭對他們造成的心理衝擊。在這樣的社群中，戰爭的衝擊理應會讓人們與所屬的廣泛性親屬網絡和持久性關係變得更加緊密；讓人們更篤信神化了的祖先或部落神祇；並堅定人們要嚴守效忠氏族或親屬（裙帶關係）、表親婚和順從長輩的規範。誠如我們所見，在塔吉克，戰爭的衝擊不只提升了人們對於氏族耆老的信賴，也強化了對包辦婚姻的支持。在獅子山，戰爭催生了奠基於傳統制度的地方防衛隊。在塞皮克河流域，圖津觀察到戰爭加深了人們對氏族的忠誠度，而且人們更加投入與所屬年齡組、儀式同伴和坦巴蘭的關係。事實上，串連這整個系統的可能就是戰爭所造成的心理衝擊：當澳洲軍隊平息了塞皮克戰爭之後，伊拉西塔的坦巴蘭就在後來的數十年間瓦解了。

　　讓我們也探究一下古代的中國。歷經千年血戰之後，中國在西元前 1200 年出現了 120 個獨立政體，要等到西元前 206 年才在西漢的統治下成為一個穩定國家。在這個擴張過程進入尾聲之際，西漢皇帝和其血脈被賦予了「天命」（Mandate of Heaven）──肩負著神聖的使命。這意味著他們可以制定律法，但不受其約束。菁英階層的運作核心是家族和氏族，而不是個人，而且是經由通婚來建立網絡。權力和特權的擴散與傳承都是透過父系家譜。平民階層也倚賴緊密的親屬關係，不過菁英階層力圖確保平民的親屬為本制度永遠不會太過強大。甚至連擔任中國早期帝王幕僚的著名儒生都是出身名門世家。[16] 當然，這場競賽的最終競爭者完成了從酋邦到國家的轉型，採取的手段是引入非關

西方文化的特立獨行如何形成繁榮世界

係性體制來調節名門世家和其他人民的關係（見圖 3.3）。而且正如常見的情況，這些規範要麼直接取自於軍隊（擇優晉升），要麼就是為軍隊服務（如徵兵或稅收）。然而，有了這個戰爭所開拓出來的途徑，便沒有任何城鎮要賦予其公民受到保障的權利，或是草擬書面章程來建立代表大會以便論辯當地律法。大概沒有什麼人會萌生這樣的想法。此外，就算真的有人這麼想，想要說服其他人接受這樣的想法也絕非易事，這是因為以緊密的親屬為本制度所建構的社會誘因和養成的心理動機，都是擁護氏族忠誠、服從權威、尊重傳統，並以關係性道德觀為前提。[17]

相較之下，對於從加洛林帝國的餘燼中重生的社群來說，因為受到教會和「婚家計畫」的支配長達數世紀之久，這些社群是循著不同的路徑發展。「婚家計畫」不只破壞了親屬為本制度，且支持核心家庭，也幾乎阻斷了重建這些古老制度的機會。由於背後的基督教普世道德觀，個人反而會加入經常提供成員互助（受傷的時候）、人身安全保障和內團體認同的自願組織，像是特許城鎮、兄弟會、大學、行會和宗教性軍事組織（如「聖殿騎士團」）等等。與此同時，非個人交易的市場規範正四處傳播，慢慢地被納入商業合約、商業法和城市章程之中。

在這樣的新情境之下，藉由深化人們對於自願組織（包含城鎮在內）的投入、鞏固他們對待陌生基督徒的利社會性規範，並且支持他們的宗教信仰，戰爭的衝擊催生了新的非個人制度（包含政府和商業的相關制度）、鼓勵採行以個人為中心的法律，並激勵城市社群捐獻更多的公共財且最終將此延伸至整個國家。

我們是否能在史料中看到戰爭對於歐洲在過去一千年所造成的這些影響呢？

　　這麼說好了，關於戰爭對於歐洲人的心理所造成的歷史影響，我的實驗室其實還在研究檢測的方法，但我們確實能夠觀察到，戰爭是如何影響到城市區域的茁壯、代表大會的成立，以及自治城市的發展。首先就讓我們來考量一下地方戰役和圍城對城市後續發展的影響。經濟學家馬克‧迪塞科（Mark Dincecco）和馬西米利亞諾‧葛塔諾‧歐諾拉多（Massimiliano Gaetano Onorato）編整了一份相當可觀的資料庫，含括了附有日期與地點的 847 場戰役和圍城；接下來，他們把這些數據整合到西元 900 年到 1800 年之間的每一個世紀，人口規模估計超過 5,000 人的城市資料之中。圖 10.2 顯示了這些戰役和圍城在歐洲不同時空的分布狀況。迪塞科和歐諾拉多以此問道：如果某個城市或者是鄰近地方在上個世紀爆發了戰役和圍城事件，受到戰火蹂躪的該城市在下一個世紀會相對發展得比較快還是比較慢呢？

　　根據他們的分析，戰爭會**加速**城市的成長。具體而言，曾在上個世紀經歷過戰役或圍城的城市，成長率會至少提高四分之一。倘若一個城市在某個特定世紀成長了 20%，一旦發生了戰爭，該城市反而會有 25% 到 30% 的成長率。當然，繁榮的城市可能會是軍隊掠奪的誘人目標（更多戰利品），然而即使城市在該世紀初的榮景維持不變，戰爭仍舊會帶來相同的結果。因為城市的成長與整體的經濟生產力息息相關，（對那些倖存下來的人們而言）歐洲的戰爭看起來是促進了經濟的繁榮。[18]

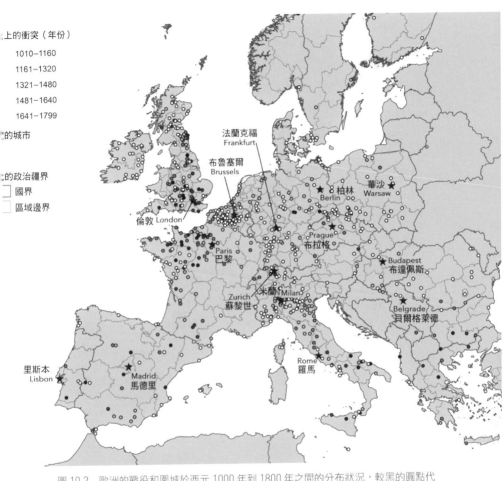

上的衝突（年份）

1010–1160

1161–1320

1321–1480

1481–1640

1641–1799

的城市

的政治疆界

　國界

　區域邊界

法蘭克福
Frankfurt

布魯塞爾
Brussels

柏林
Berlin

華沙
Warsaw

倫敦 London

Prague
布拉格

Paris
巴黎

Budapest
布達佩斯

Zurich
蘇黎世

米蘭 Milan

Belgrade
貝爾格萊德

里斯本
Lisbon

Madrid
馬德里

Rome
羅馬

圖 10.2　歐洲的戰役和圍城於西元 1000 年到 1800 年之間的分布狀況，較黑的圓點代表發生較早的戰役或圍城。我也納入當代的國家疆界和較小的地區邊界以供參考。[19]

這著實令人費解。戰爭會殺害人們，也會損壞財富、建築物、橋梁、農作物，以及其他更多的事物。既然中世紀的軍隊具有令人痛苦的破壞力，戰爭為何能夠促使城市成長和經濟繁榮呢？[20]

鑑於上述心理證據，歐洲的戰爭可能造成三種不同的影響。第一，戰爭會鞏固自願組織成員間的關係，包含城市中心的全體市民在內，方式是透過激發人們相互依賴的心理。由於人們會希望拓展相互依賴網絡，因此戰爭也可能會擴增自願組織的成員。但是戰爭無法連繫歐洲的氏族、部落，或世系群，因為這些大部分都已不復存在。第二，戰爭會強化發展中的市場規範，促使人們嚴守城市的明確律法，而不是賦權於如「尊敬長輩」等奠基於親屬關係的規範。第三，戰爭會深化人們的基督信仰（猶太人除外）。這會促發神聖的誓言、賦予地方主教權力、進一步鞏固「婚家計畫」與基督教的普世道德觀（這也可能為上述的猶太人帶來麻煩——畢竟這根本還不是普世皆準的道德觀）。

到此為止，我們分析的戰爭還僅限於歐洲境內的戰爭和圍城。然而，這段時期在歐洲境外還有一連串涉及歐洲人的戰爭——十字軍東征（Crusades）。第一次十字軍東征始於 1096 年，當時的教宗烏爾班二世（Pope Urban II）號召了自己的拉丁基督教信徒，去援助拜占庭帝國的（東正教）基督徒同胞，要將聖地從穆斯林的「襲擊」之中解救出來。許多領主和騎士受到信仰和激情的號召，紛紛開始募集資金來召集軍隊和購買武器。沒過多久，貴族和他們的支持者就全力投入了這場聖戰，吸引了來自社會各階層的人士參與響應。剛開始的時候，十字軍是由國王們的

西方文化的特立獨行如何形成繁榮世界

兒子和兄弟所率領，後來有時會是國王拿起武器來親自領軍。這些軍隊成員包括了伯爵、治安官、公爵和當地地主，而他們還會徵召自己的封臣和鄰居。因此，這些戰爭涉及了菁英和非菁英階層的家族成員，而且肯定有許多人都戰死沙場或是負傷累累——這些人就像是被我們的戰爭研究歸類為受戰爭「影響最大」的人。根據前文所呈現的研究內容，十字軍東征會帶來可預見的心理效應。[21]

為了評估頭四次的十字軍東征（第四次於 1204 年結束）的影響，麗莎・布萊德斯（Lisa Blaydes）和克里斯多福・派克（Christopher Paik）彙編了一個關注十字軍菁英戰士出身的資料庫。他們計算了來自每一個歐洲政體的十字軍人數，以此製作出一種「十字軍劑量」（crusader-dosage）估量方式，表示出每一個政體在十字軍東征中的參與度，以及當時民眾接觸戰爭的深淺程度。他們的分析顯示了，隨著十字軍東征的展開，那些派遣比較多十字軍前往聖地的地方，後來會：(1) 召開更多的代表大會，(2) 給予城市地區更多的自治權，(3) 出現比戰爭參與度較低的政體要來得更快速的經濟發展（根據都市化程度）。這些影響極為重大。對於動員了一支軍隊上戰場的每個十字軍戰士來說，他所屬政體的城市要比沒有軍事動員的類似規模的城市，其城市居民人數會增加 1,500 人到 3,000 人——這意味著比較投入十字軍東征的城市地區會有比較快速的經濟成長。[22]

重要的是，儘管政治學者和經濟史學者記錄了戰爭對歐洲的影響，但是他們幾乎都完全忽略了戰爭對心理和文化的衝擊。他

們反而是堅守自身學術領域的規範，試圖將戰爭直接連結到經濟成長，或是國家制度的設置與強化。他們的解釋通常都是基於戰爭會創造特定需求（如更優良的防禦和更多歲收等等），或是戰爭會改變國王、教宗或公爵所做的抉擇的成本和效益。他們的這些考量通常有其重要性，但是所有的這些解釋之所以有問題，就在於他們忽視了兩件事。第一，即使人們並沒有因為戰爭而身體受傷，我們早已知道戰爭會對人們的心理造成長久的影響。既然如此，當我們要解釋中世紀歐洲或其他地區因為戰爭而出現的長期變化時，我們為何會忽略這一點呢？第二，地方性戰爭是所有人類社會都早已司空見慣的事；然而，誠如我們先前以中國為參考所做的討論，大部分地區都沒有因為戰爭而促使政體或城市出現都市化、政治獨立，以及代表大會或議會組織。唯有當戰爭衝擊到擁有特定文化心理和社會組織的人口時，政體或城市才會出現這些發展。舉例來說，在伊斯蘭世界中，都市化在十字軍東征之後是衰微的，也沒有出現自治城市或是代表大會。顯然正如一位歷史學家所言，伊斯蘭的世界要出現「真正的城市自治是難以想像的一件事」。這就是癥結所在。人們如何回應戰爭與戰後所建立的正式體制的類型，其中的重要關鍵就是心理狀態或是「可思考性」（thinkability）。[23]

後來，當民族國家開始整併之後，戰爭則有助於鞏固這些政體、建立民眾的國家認同，以及強化全國性制度。根據溫斯頓‧邱吉爾（Winston Churchill）的說法，英法百年戰爭（Hundred Years' War）可能就是體現如此結果的一個有趣例子。從 1337 年

到 1453 年，英格蘭和法國爆發了一連串衝突。社會和科技的變化意味著，在這些戰爭中對抗的是專業的軍隊，其包含了來自下層階級和名門貴族的成員。因為百年戰爭持續了超過一個世紀，因此在為了「英格蘭」和「法國」而戰的同時，連續好幾個世代，橫跨各個社會階層的英格蘭和法國家庭都經歷了殘暴的團體間衝突所帶來的心理影響。正因如此，在社會認同方面，百年戰爭可能使得英格蘭人更認同「英格蘭」，而法國人則更認同「法國」。類似的情形也出現在美國，獨立戰爭之前本是 13 個獨立殖民地組成的鬆散邦聯，要等到戰爭結束後才形成擁有強大聯邦政府的統一國家——歷經了獨立革命這場嚴峻考驗的淬鍊之後，美國人方才成為了「美國人」，而不再是「維吉尼亞人」（Virginians）和「賓州人」（當然，這裡指涉的「美國人」尚未擴展而涵蓋大部分人口）。[24]

循著這個新的發展路徑，各個不同的歐洲政體歷經了數個世紀的激烈軍事競爭，而這不僅帶動了新的武器、策略和戰術的演進，同時也促成了支持戰爭的軍事和國家制度的演化。這些制度包含了軍事演習、專業軍隊、通過代表大會來進行課稅、經由公債來籌募國家資金，以及（最終）甚至是強制實施公共教育。抗拒採行上述任何制度的政體就要承受在競爭中敗陣的風險。至關重要的是，這些制度和實踐都在心理的土壤中萌芽茁壯，並且大量灌溉了剛開始發展的非個人規範、日益高漲的個人抱負，以及更具 WEIRD 特質的思考方式。[25]

請仔細思考這一點。戰爭是很可怕，但卻可能帶來某些心理

效應，而在天時地利人和的情況下，這些效應可能會推動讓社會得以擴張和繁榮的合作性制度的成長。文化演化是否能找出一種方式來消除這類團體間競爭對於人類心理的負面效果（苦難、毀滅和死亡），而只保留其正面影響呢？

馴化團體間的衝突

在自動提款機、電話銀行和新的信用評分系統問世的刺激之下，美國各州在 1970 年代末期開始解除對銀行業的控管。在此之前，每一家新銀行都必須從其發跡的州取得特許狀。這些特許狀局限了銀行的發展、抑制了新分行的設立、不准銀行越州經營，並且普遍限制了銀行間的競爭。新的規則──「解除控管」──終結了地方銀行的壟斷、提高了效率，並且，對於本書敘述最重要的就是，大幅提升了信貸可獲性。信貸推動了新事業的創建，進而加劇了整體經濟的競爭，而營造業、服務業、製造業和科技業等等都囊括在內。[26]

各州落實這個解除控管程序的方式成了一種自然實驗，讓我們得以問道：企業間日益升高的競爭影響了人們心理，而其影響方式是否類似於前面論及的團體間劇烈競爭形式的影響呢？是否足以增進非個人信任或合作呢？數十年間，美國各州在不同的年份落實了銀行業的監管改革，而且多半是基於殊異的政治因素。也就是說，監管改革的實施是類隨機的，至少與各州的信任水準和企業間的競爭強度有關；因此，我們可以將這些改革想成是讓

企業間競爭加劇的實驗性「處理」。藉由比較「已處理」（解除控管）的州和「未處理」的州，各自隨著時間推進所出現的信任水準變化，我們就能夠評估團體間競爭對於非個人信任的影響。

更具體來說，因解除控管提高了信貸可獲性，每個州的新創企業應該會加劇該州整個經濟的企業間競爭（不僅止於銀行業）。面對愈來愈多的競爭，企業若是善於激勵員工在工作上更樂於合作且有效率的話，那就更有機會存活下來、事業蒸蒸日上，然後被其他企業所仿效。就某個程度而言，在實踐、政策、組織結構、態度和管理方法方面，由於比較成功的企業就會為人效法或乾脆被併購（而且可能會加以改良），整個經濟體的企業因而一般來說會更樂於合作。然而，因為欣欣向榮的企業常會聘雇居所流動和關係性流動的個人，所以更激烈的企業間競爭應當會強化非個人利社會性，而不是社會鑲嵌性（social embeddedness）和人際利社會性。隨著更多的人每天都是在受到公正規範約束的加強合作的環境中度過大部分時間，一般來說，他們應該會更樂於與匿名人士合作並給予信任，即使在工作場合之外也是如此。這些心理轉變當然會從自己的社交網絡向外產生廣泛的影響，因為那些在心理上受到團體間競爭影響的人會跟他人打交道，進而影響他人。[27]

這是饒富興味的說法，但真是如此嗎？許多人相信所有的競爭形式都會把人變成貪婪且自私自利的狡猾份子。文化演化是否真能創造出一種方式，得以把馴化的團體間競爭鑲嵌至我們的經濟體系之中？我之所以會把這種團體間的競爭（或是企業間的競

爭）稱為「馴化」，那是因為文化演化看似已經馴化了團體間通常是致命的「狂野的」衝突（戰爭）形式，並將其置入現代制度的一部分，以駕馭其社會和心理的影響。

為了研究企業或其他自願組織之間的競爭是否真的會增進利社會性，經濟學家派翠克・法蘭索瓦、湯瑪士・藤原和唐吉・范伊巴薩雷（Tanguy van Ypersele）使用了三項關鍵變數編製了一個資料庫。第一，他們取得了美國各州解除對銀行業的控管的年份數據。第二，為了衡量企業間的競爭強度，他們收集了美國各州每年度加入競爭的新企業和關閉的老企業的資料。更多新企業的加入（即新的競爭者）和不成功老企業的「凋零」，標示了更激烈的競爭態勢。極端的情況是存在著一個毫無競爭對手的壟斷企業，因此沒有新進或退出的企業。如此取得的兩個量度讓我們得以確認，解除銀行業的控管是否確實加劇了企業間競爭。第三，他們為了衡量非個人信任，彙整了美國大多數的州從 1973 年到 1994 年間回應「普遍信任問題」的所有可得數據（圖 1.7 為「普遍信任問題」示意圖）。請回想「普遍信任問題」的提問：「一般而言，你會說大多數人都值得信任，還是說與人相處必須處處留心？」[28]

圖 10.3 繪製出了團體間競爭（企業的進入與退出）的兩個量度隨時間變化的趨勢，以及藉由「普遍信任問題」中「通常會信任他人」的人數百分比所測量出的非個人信任的變化。儘管不同的州是在不同的年份解除控管，但是我們可以把解除控管的年份都設定為基準「0 年」，並且根據**相對於** 0 年的價值來衡量企業

間競爭和非個人信任，如此一來就可以把所有數據繪製在一起。在圖 10.3 中 0 年的右側，我們看到了解除控管後的各個年度的競爭強度變化。0 年的左側，我們見到的是距離解除控管的年數。橫軸上的 -2 指的是解除控管的前兩年，2 則表示解除控管的後兩年。左側的縱軸顯示了相對於 0 年的「大多數人都足以信任」的人數百分比的增減。以此類推，右側的縱軸則表明了相對於 0 年

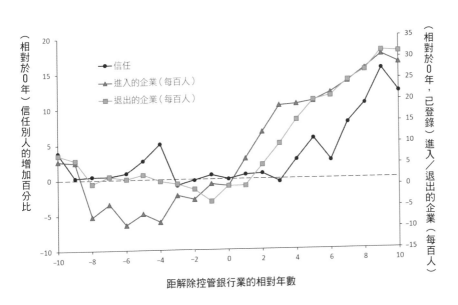

圖 10.3　解除控管銀行業的年份與企業間競爭和非個人信任之間的關係。橫軸示意的是距解除控管銀行業該年的前後時間（即 0 年）。左側縱軸顯示了，相對於 0 年的百分比，在「普遍信任問題」中認為「大多數人都足以信任」的人數百分比變化。右側的縱軸則表明了，相對於 0 年的數目，進入或是退出該州經濟的企業（每百人）數目變化。企業進入或退出的價值皆有登錄。此模式表明了解除控管銀行業會加劇企業間的競爭，到頭來還會提升非個人信任。[29]

進入或是退出該州經濟的企業（每百人）的數目變化。

　　值得注意的是，儘管在解除控管之前，信任和企業間競爭都還算平穩，但是一旦解除控管，團體間競爭似乎就急遽攀升，而在數年之後，非個人信任也會一路飆升。大約過了十年之後，實行解除控管的州的信任水準會平均高出 12 個百分點。因此，若是一個州有 50% 的州民在解除控管那一年認為「大多數人都足以信任」，那麼約在十年後，則會有 62% 或者更多的州民抱持這樣的想法。雖然我並沒有在示意圖上標示十年之後的情況，但是數據顯示這些上升趨勢至少還會持續五年。這進一步說明了，解除控管銀行業會加劇企業間的競爭，並進而推升人們的非個人信任水準。[30]

　　儘管解除控管銀行業對非個人信任具有明顯的影響，派翠克及其團隊卻擔心這可能只是美國的獨特狀況，或者是大多數解除控管發生的時代（1980 年代和 1990 年代）的特有現象。為了對此釋疑，他們三個人分析了德國人的追蹤數據，涵蓋了 2003 年到 2013 年，也就是德國歷經了 2008 年經濟大崩潰的時期。同一批德國人轉換了工作，有時是從經濟體的一個部門或產業流動到另一個部門或產業，而這些數據讓他們可以追蹤這些人的非個人信任的變化。派翠克的團隊使用了德國 50 種不同產業的競爭力數據，詢問了一個簡單的問題：當人們從企業間競爭較強的產業轉換到企業間競爭較弱的產業，個人的信任會因此有什麼變化呢？請記得這裡**長期追蹤**的是**同一批人**。

　　這份分析的結論揭露了，當人們轉入競爭較激烈的產業，他

西方文化的特立獨行如何形成繁榮世界

們的非個人信任往往就會提升。結果表示，若是人們從三家企業瓜分市場的一個假想產業轉入另一個四家企業瓜分市場的產業，他們回答「普遍信任問題」時表示「大多數人都足以信任」的可能性會大約高出 4%。可是當他們轉入的是競爭較小的產業，他們的信任水準（就平均而言）則會下降。如同預期，如果待在原有產業或是移入競爭度相似的產業，他們的信任水準是維持不變的。這個結果就跟美國一樣，企業間競爭的增加會因為強化了非個人利社會性的規範而改變了人們的心理。

不過，派翠克和他的團隊認為這樣仍不夠，於是求助經濟學實驗室，這樣他們可以在受到控制的實驗條件下，研究團體間競爭的增加所帶來的影響。在巴黎經濟學院（Paris School of Economics），他們將參與者（法國大學生）隨機分配到非競爭性的標準版「公共財賽局」或是同一賽局的競爭版。參與者在標準版公共財賽局中，19 回合的每一回合都會與不同的匿名人士配對。每一回合，他們都會有 10 歐元（約 14 美元），並有機會將這筆錢的任何金額貢獻到與同伴合作的小組計畫中。不管他們的計畫獻金是多少錢，那筆金額會增值 50%（也就是乘以 1.5），然後再與同伴一起均分。若是兩位參與者都是貢獻全部的 10 歐元，兩人就會賺得最多的資金；不過，每個人當然都會有貢獻少一點的經濟動機，也就是會想要坐享其成，藉著同伴捐出的資金而從中拿到更多錢。值得注意的是，因為每一組匿名同伴都只會互動一次，因此想要利用在較早的回合提出更多計畫獻金，以便說服同伴後來能夠多貢獻一點，這其實是不合理的想法。[31]

「公共財賽局」的競爭版與上述的標準版有著相同的架構，也就是每組配對的同伴有一次提出團體獻金的機會，之後就會再次重新隨機配對。兩個版本的主要不同之處就是，要是某一組的兩人獻金總額等同或超過競爭對手的獻金總額，那麼該組就能夠保留兩人的計畫獻金總額。假設你貢獻了 3 歐元，而你的同伴給了 5 歐元，總額就是 8 歐元，而這筆獻金在小組計畫中會增加為 12 歐元。在「公共財賽局」的標準版中，你會從計畫中的 12 歐元取回平分的 6 歐元。但是在競爭版中，只有在你的競爭對手（另外一組）的獻金總額不超過 8 歐元（在還沒有增值 50% 之前）的情況下，你才能拿回投入的 6 歐元資金。問題是，法國大學生會如何回應競爭版賽局所引起的團體間競爭呢？

　　圖 10.4 顯示了 19 回合中每場比賽的平均捐獻金額。如果沒有團體間競爭，參與者一開始只會貢獻 3 歐元，而且之後會慢慢下滑至 0 元。然而，因為競爭版賽局有較大的團體間競爭，或許是出於對他人行為有所預期，參與者在第一回合會按照自己能力來提高獻金（增加 1.6 歐元），並且在接下來的約五個回合中增加獻金，之後幾回合的金額則會維持平穩。到了賽局的最後五回合，團體間競爭對這些一次性互動的合作所造成的影響就會引發巨大的差異：相較於無團體間競爭世界的參與者，競爭世界的參與者貢獻給小組計畫（公共財）的金額幾乎會是 3 倍之多。[32]

　　這種現象不僅限於法國人，實驗室的合作實驗所呈現的團體間競爭的影響也可見於各種 WEIRD 群體之中。在「公共財賽局」中，或許促進合作最有效的方式就是要在團體間競爭之外，再加

西方文化的特立獨行如何形成繁榮世界

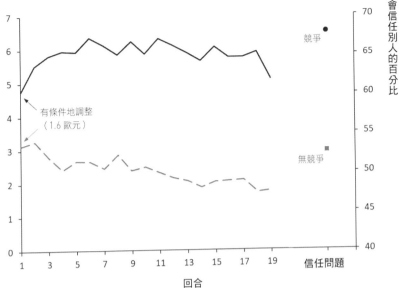

圖 10.4　在「公共財賽局」的競爭版與無競爭版中，各自的小組計畫平均獻金。橫軸代表賽局的回合，左側縱軸則顯示了每回合的平均貢獻金額。每次賽局終了時，參與者回應「普遍信任問題」而認為「大多數人都足以信任」的人數百分比，則顯示在最右側的相關縱軸。[33]

入參與者能夠進行代價昂貴的懲罰的機會。團體間競爭的存在似乎會激勵 WEIRD 合作者立即「摧毀」（以扣除金錢的方式）想要不勞而獲的人。如此一來就會讓人們很快地服從規範，並且有效地促使合作發揮幾近最佳的效益。[34]

　　這份早期研究存在著一個問題，那就是我們不能完全確定「公共財賽局」等實驗中的合作跟「普遍信任問題」之間有何種

十、馴化競爭

關聯。為了解決這個問題,在做完上述實驗之後,派翠克的團隊會直接請參與者回應「普遍信任問題」。在圖 10.4 的右側,我標示出兩種版本的賽局參與者認為「大多數人都足以信任」的人數百分比。當人們剛剛在無競爭世界中經歷了 19 次互動而合作是遞減的,其中約只有 53% 的人會對他人有普遍的信任。不過,若是(在一次性互動中)經歷了會誘發較高合作率的競爭性環境,表示信任他人的人數比例則會提高近 15 個百分點,而高達 68%。[35]

綜合來看,這三項實驗結果使得問題迎刃而解。實驗室的實驗讓我們確認了信任提升的原因(也就是更大的團體間競爭),而透過德國和美國的研究,我們也見識到這些影響如何在實際經濟體中對廣大群眾發揮作用。

這些研究結果是否也能套用於 WEIRD 社群之外的群體呢?我想這種良性的團體間競爭形式特別切合關係性流動的群體,其有著個人主義傾向的心理和非個人利社會性的規範。在社會性仍深植於人際關係的社會中,較大的團體間競爭可能會刺激到氏族、家族企業或黑手黨組織,故而鞏固了以關係為基礎的規範,而不是將其連結到非個人利社會性。簡言之,想要達到前述的團體間競爭所帶來的效應,相較於根植於緊密親屬關係或關係性道德觀的規範,一個群體大概需要相對來說比較強烈的非個人利社會性規範。正因如此,沒有考量群眾的文化心理背景就立刻廣泛套用這些結論,那將會是錯誤之舉。[36]

儘管如此,這項研究表明了,非暴力的團體間競爭形式對人

西方文化的特立獨行如何形成繁榮世界

們的心理所造成的影響，其中某些部分跟戰爭的影響是相同的，並會以類似方式促進文化演化。當然，兩者之間也有著重要的差異。大部分良性的團體間競爭形式並不會造成生命危險或肢體傷害，故而大概無法深化人們的宗教信仰，或是鼓勵人們參與宗教活動。

請記得這一點，那就是我們需要從觀念上區分**團體間競爭**和**團體內競爭**。我們已經了解到，團體間競爭所偏好的信念、實踐、習俗、動機和政策，都是為了提升與其他團體競爭時的勝率。因此，團體間競爭常會推動信任、合作，以及員工薪酬的有效分配（例如：執行長的給薪不會過高）。當然，團體間競爭加劇會迫使企業開始剝削外國勞工和破壞環境。相較之下，團體內競爭是企業、組織或其他團體內部的個人或小圈圈之間的相互較勁。這種競爭形式偏好於行為、信念、動機和實踐等等的傳播，都是為了促使企業內的個人**相較於**其他同事要更為成功。這些做法都會為了嘉惠某些員工而犧牲掉企業利益。當執行長圖謀自己和其他高層主管的較高薪酬而跟董事會成員打高爾夫球，這就是團體內競爭，而且這麼做通常會損害企業。不過，團體內競爭也並非全然沒有效益，畢竟適度的競爭可以激勵成員更勤奮工作且更具生產力。[37]

這意味著現代企業宛如古代社會和酋邦制度，在缺乏團體間競爭之下終究會發生內爆。規範和制度固然可以給予某種穩定性，並且能夠暫時制止或壓抑猖狂無度的自利心。不過，在企業或其他組織的內部，尤其是在獨占事業裡，個人和小圈圈終究會

設法利用制度來圖利自己。如同偉大的國家領導人，儘管具有遠見的創辦人或許可以暫時制止這種情況發生，但不幸的是，人終有一死，而這就確定了創辦人的影響力絕對不會長久持續下去。

政治、社會與宗教領域

　　有了這樣的背景知識，藉由認知到馴化的團體間競爭形式已經由數種管道滲透了 WEIRD 社群的經濟、政治和社會體制，我們現在就能夠更了解現代社會。我們剛才探究了企業層面的競爭如何在經濟領域運作，而這又如何形塑了非個人利社會性。在政治領域之中，多黨民主政體也會利用團體間競爭的力量。當政黨成為某個國家的單一執政黨，任何政黨到頭來都會陷入腐敗、勾結和任人唯親的情況。倘若這種情況不知為何沒有在數十年之內發生，在數個世代之後絕對會出現。然而，由於面對競爭對手和運作良好的民主制度，政黨因而必須爭取黨員和選票。只要個人可以轉換政黨或是改投選票，政黨間的競爭就會傾向於傳播有助於政黨吸收到黨員和選票的實作、信念和價值。這當然絕對無法保證會有一個健康的政治體制；不過，這至少可以制止原本必然會墮入的專制、對立和失能的局面。

　　團體間競爭也已經透過團隊運動、宗教團體（如教會）和其他自願組織而鑲嵌於社會之中。許多兒童和青少年首次體驗到團體間競爭，都是因為參與了如冰上曲棍球和足球等團隊運動，而這可能會有持久的心理影響。成年人會與專業球隊或大學球隊產生情感依託，而那些球隊都是與自己的城市、地區、國家或是鍾

西方文化的特立獨行如何形成繁榮世界

愛的大學有所連結。這種影響的力量對我來說是直覺的，在美國聖母大學（University of Notre Dame）求學時期，我就經驗到了整個校園會陷入狂喜或傷心欲絕，全都只是因為校隊──愛爾蘭戰士隊（Fightin' Irish）──在秋季足球賽期間某個週六的比賽輸贏。這樣的共享經驗似乎會在全體學生之間創造出一種集體意義，並使得他們更加團結。雖然有些研究確實支持我的直覺說，實際上單獨探討團隊運動對球迷和球員的長期心理影響的優質研究仍舊不足。[38]

由於許多社會中的個人和家庭很容易轉換所屬教會、寺廟，甚至是傳統，因此宗教組織也跟政黨一樣會競相爭奪成員。一些教會茁壯擴大，其他則是萎縮凋零。美國以宗教自由為其核心且沒有國教，而在這之下還有著鬆懈的社會安全網，有些州的情況更是如此，故而引發宗教組織之間發生了長達兩個世紀之久的激烈競爭。這些模式說明了，教會之間的劇烈競爭導致了美國有著異常高的宗教虔誠度，包含了對於聖經直譯主義（biblical literalism）、天使和地獄的信仰。不妨讓我們以當代美國福音教派（evangelical churches）為例，這是美國自二戰之後持續向世界各地輸出的教派，宛如宗教界的沃爾瑪（Walmart）或是麥當勞。[39]

團體間競爭與團體內競爭所造成的不同影響，有助於我們理解為何「競爭」會同時具有正面和負面的含義。在沒有規範和監管的情況之下，一旦面臨激烈的團體間競爭，企業不僅會開始猛烈地互相搞破壞，還會剝削無權無勢的人。我們對此心知肚明，

因為這樣的戲碼已經重演了許多世紀，而且至今仍未落幕。儘管如此，只要適度的非暴力團體間競爭運作得宜，非個人信任與合作就會得到強化。同樣的道理，雖然極端的團體內競爭形式會激發自私行為、妒羨，以及零和思維，但是只要能夠受到團體間競爭的約束，適度的團體內競爭也可以激發人們的毅力與創造力。

發生的時間及其成因

為了更加了解 WEIRD 利社會性的源起，我們需要檢視的不僅是持久的非暴力團體間競爭形式的興起，還包括這些形式是如何鑲嵌於如此眾多的現代西方制度之中，以及箇中原因。

當天主教會消弭了緊密的親屬關係之後，人們就變得更加個人主義、獨立、自我中心、不墨守成規，且具關係性流動。人們加入了符合自身利益、需求和目標的自願組織。在中世紀盛期和晚期，行會、城市、大學、兄弟會、教會和修道院都競相爭奪成員——對象包括了技術純熟的工匠、精明的律師、成功的商人、聰明的學生、前途光明的教友，和虔誠的修士。接下來的時期，國家開始競相爭奪最優秀的移民、知識份子、匠人、工程師和武器製造商。不滿意自己目前組織的人會轉入別的團體，甚至會開始籌組自己的組織。成功的組織都必須要能夠吸引和保有品質最優且數量最多的成員。[40]

關於中世紀良性團體間競爭的激烈程度，我們可以從四種競爭性自願組織來觀察，也就是城市、修道院、行會和大學的擴展

情況。我們在圖 9.7 看到了新市政自治體的擴張，歷史資料也充分顯示了人們有能力以遷徙的行動來表明自己偏好的是哪些歐洲城市。圖 10.5 顯示了修道院從 6 世紀到 15 世紀的整體狀況。在中世紀初期，修道院的數目不斷攀升，到了 10 世紀的時候更是加速成長。例如：在 909 年，（法國）克呂尼修道院的本篤會（Benedictine）修士獲得了更大的獨立性，改革了修道院的做法，並且整頓了修會。克呂尼修道院納入了包括更嚴格的修院紀律的改革，而這些改革促使新的克呂尼修會在 10 世紀和 11 世紀快

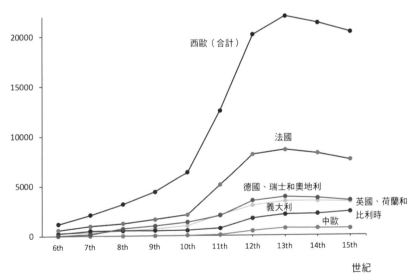

圖 10.5　整個西歐從 6 世紀到 15 世紀的修道院數量成長狀況，並分別標示出其五個子區域的增加數量。[41]

速擴展。在這個時候，情況已經一發不可收拾，志同道合之士組成的新團體與克呂尼修士分道揚鑣並力圖自立，而他們懷抱的只是關於該如何最有效地啟發虔誠、服事上帝和管理修會的共同願景。成效最卓著的修道院的最佳修道方式會被其他的新修道院所模仿與修正。擁有最有效且最普及的修道方式的修道院最後都發展成了龐雜的跨國修會，而其餘的則是陷入困境而瓦解消逝。[42]

　　克呂尼修士在 1098 年遇到了競爭對手，當時有位名叫樂伯（Robert）的虔誠修士與 20 位同修一起離開了一間著名的修道院。他們在法國東部一個偏遠的森林村落開啟了自己的事業，打造了一個奠基於極度虔誠、勤奮勞作、自給自足和克己忘我的修會。依循克呂尼前輩的方式，他們創立了允許有機成長的層級制度，而且「母」院可以孕育和培養「子」院。為了組織這一切，他們撰寫了一份章程，准許新的修道院能夠各自獨立且擁有極大的自治權，但是仍舊以層級的方式與其他單位統一在修會之下，並在某個程度上隸屬於母院。與克呂尼修道院的人事安排不同的是，他們的院長是由各地修道院的弟兄們以民主選舉方式產生。這就是擴展於歐洲各地的熙篤會，從波西米亞（Bohemia）到愛爾蘭，最終在 15 世紀達到擁有 750 座子院的巔峰。不過，15 世紀的時候，道明會（Dominicans）和方濟會中的流動傳教士已經居於上風，終究將在與熙篤會修士的競爭中勝出。[43]

　　看到這裡，如果你有著這樣的疑問：「**修道院……真的假的，誰會在乎一群修士啊？**」請稍安勿躁。當我們討論到新教教義的起源、職業道德、勞動的道德價值和科技創新的時候，我們會再

回頭來談論這些修士。修士其實對此有著超乎想像的重要性（如果讀者本身是個修士，大概就不會對此感到大驚小怪了）。[44]

比修道院晚了一、兩個世紀，行會的數量也在中世紀盛期和晚期急劇增加。圖 10.6A 顯示出了不列顛群島上迅速增加的行會數量，而大部分的行會都是出現在英格蘭不斷擴張的城鎮之中。這些行會涵蓋了商人、文員、鐵匠、牧羊人、獸皮加工者、釀酒師和其他許多行業的從業人員組織，同時也包括了純粹的宗教兄弟會。除了安排和規範團體間的共享經濟利益，行會一般也為成員提供互助服務、仲裁糾紛，並懲戒反社會行為（如盜竊）；行會甚至能夠幫助成員進入天堂（據稱）。在某些時期和某些地方，城鎮中的每個成年人要麼自己就是行會成員，要麼就是因為配偶的關係而加入行會。

為了吸收成員、促進團結，以及鼓勵遵守行會規定，行會改良了許多做法，而行會間的競爭導致了這些做法的傳播。各個行會很可能會互相切磋，並且重組不同的決策、組織結構、領導和懲罰的方式。我最喜愛的是一個涉及了激勵技巧的例子。違規的行會成員將被罰錢，必要時會重複罰款，如果始終不願尊章守紀的話，最終將被逐出行會。行會也會設法利用煉獄的信仰來招募會員和激勵會員遵守行規。行會做為一個社群，會為往生會員的靈魂祈禱，這是會員才能享有的特權。來自大批聚眾的祈禱（最好是出自有德之人）可以減輕罪人滌罪時的痛苦，並讓他們盡快進入天堂。這樣的文化工程設計不僅藉由提供通往天堂的捷徑而吸收了許多新成員，也讓行會得以建立了一套超自然的恩威並濟

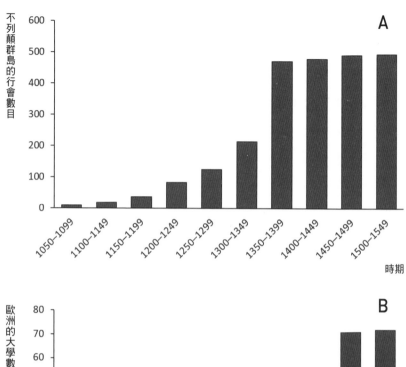

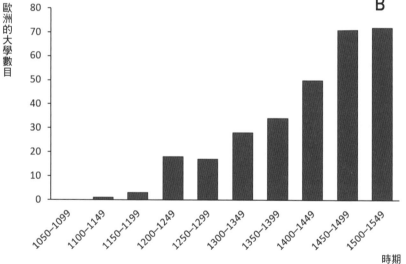

圖 10.6　上圖 (A) 呈現了 1050 年到 1550 年期間不列顛群島的行會數量，下圖 (B) 則顯示了歐洲在 1100 年到 1550 年間的大學數量。[45]

　　　　西方文化的特立獨行如何形成繁榮世界

的政策：「遵守規矩，不然就要在煉獄裡多承受幾世紀的折磨。」（來世的信仰會對人們的行為產生重大影響，如果你對這一點感到懷疑的話，請重讀第 4 章。）[46]

如圖 10.6B 所示，大學也在中世紀急遽增加。興建新大學所採用、修正和重組的準則、規定和政策，都是來自於波隆那和巴黎所提供的兩種模式。要請讀者回想一下，當初之所以會創立波隆那大學，原因是有一群學生組織了學會，以便自行聘任教師，並做為與市政官員打交道的代表。相較之下，巴黎大學的發展基本上是因為教師組織了工會（成立行會），為的是要因應主教和其他在地宗教當局干預教學的舉動（大學教授現在還是很厭惡這種事）。這些教授長久以來都堅持要制定自己的標準、課程、課綱和試題，只不過他們現在是以一個平等主義的社群而不是個人的身分行事。新大學有時會突然出現，那是因為心懷不滿的教授和學生離開了原先的學校以示抗議，並在附近的城市中心組織新學院。波隆那大學在附近的義大利社群孕育出許多子大學，儘管其中許多都是曇花一現。同樣的情況也發生在英國的牛津大學（University of Oxford），歷經了創建的陣痛期才在 1209 年於劍橋創建了孿生的翻版大學。

一個世紀之後，天主教會和許多不同統治菁英開始特許大學成立，然而這些大學主要仍是依據最原初的模式。教宗的決定給予了大學極大的自主和獨立，而這包括了學生團體和教授在內。知名教授可以另覓高職以便取得最佳待遇、更高薪酬、就業保障和知識自由。學生也可以選擇想要就讀的大學，並且因為身為大

學的一員而通常不受在地法律的約束（故而不受地方人士的歡迎）。[47]

　　值得注意的是，14 世紀出現了黑死病（淋巴腺鼠疫），導致歐洲人口大量死亡，但是行會和大學卻都在此時急遽增加。黑死病滅絕了約 30% 到 60% 的人口。這表示，這些自願組織的成長反映的並不是人口的成長，而是在人口衰減的情況下，這些組織仍持續增加。發生這種情況的部分原因是出於黑死病對人們心理帶來的衝擊，類似於前一章討論過的戰爭影響。這樣的心理衝擊會強化自願組織的團結，促使人際連結較少的個人與核心家庭向外尋求互助、社群支持，以及當時正在歐洲激增的自願團體的超自然慰藉。

　　其他社會也發展出了高等教育制度，只是發展的背後有著不同的心理。例如：馬德拉沙（madrassas）是伊斯蘭世界中最重要的這類機構。每一間馬德拉斯都是為了研究某支派的伊斯蘭教法而在慈善資金的資助下創立，而且依然會與創辦人的初衷緊密相連。為了確保不會探究不利於伊斯蘭的事物，馬德拉沙也會受到法律的監管。這意味著伊斯蘭科學家所取得的重大進展，通常是在沒人關注的情況下進行（這些成就也因此更令人折服）。管理中世紀歐洲大學的是一群鬥志旺盛的教授和叛逆的學生，他們並沒有固定成員，是為了要求知識自由、維護準則和制定課綱所集結而成的自我調節的集合團體，至於當時的伊斯蘭馬德拉沙則不是如此。[48]

　　總而言之，就跟我們在特許城鎮、修道院、行會和大學所看

到的一樣，足以自我治理和自我調節的自願組織呈現出自發性組成與傳播的情況，而這正是 11 世紀到 20 世紀的歐洲人的特點之一。根據當代的心理學證據，我們可以推斷這些組織之間的競爭很可能影響了人們的動機、偏好和社會互動。[49]

不同的心理，不同的效應

懂得利用良性的團體間競爭形式的不只有西歐，這樣的形式也出現在其他許多社會並被用來增強社會性。[50] 然而，存在於歐洲的行會、大學和其他組織的團體間競爭之所以顯得不同，是因為這樣的競爭無所不在，並且和這些團體與人們的心理和制度互動的方式有關。想要了解箇中原因，我們就必須記得，大部分地區的人們在成長時都是依附在奠基於緊密親屬關係的社會網絡之中，人們因而很難為了加入新的社會團體而改變關係或移動居所，或是以生命宣誓加入新團體。而且就算他們可以加入這樣的團體，他們的社會連結、動機、道德承諾和世界觀，仍然傾向於讓他們繼續被固定在承繼而來的親屬為本社群及關係網絡中。當然，親屬為本的群體或是承繼而來的社群也存在著良性競爭，只不過其成員無法按照個人意願而「轉換團隊」或是招募新成員。因此，這些團體之間的競爭可能只會讓人們更緊附於所屬氏族和控制關係的規範，讓既有的分裂更加涇渭分明。在這樣的情況下，團體間競爭可能會削弱而不是增進非個人信任。

為了理解這種情形，讓我們來考量一下，在 1980 年代初期崩解的集體農場是如何影響了中國水稻區的社會生活和團體間競

爭（見圖 7.5）。一旦私人可以擁有或控制土地和企業，團體間競爭就可能死灰復燃。中國農村地區的氏族立即開始自我重整、恢復共同儀式、修復宗祠，以及更新定義家族成員身分的族譜。在中斷三十年之後，氏族很快便開始爭奪土地並攫取經濟機會，而這種情形在擁有數個氏族的村落尤其明顯。在這些村落中，勢力強大的氏族會把較弱小的氏族成員當作目標，不只會排擠他們，有時還會不讓他們耕耘良田（你若是農夫，這可是事關重大）。這麼一來，隸屬弱勢氏族的家庭只好「回老家」。許多夫婦離開了居住一輩子的家園，可是返鄉的他們卻不是回到自己的出生地，而是前往父母、祖父母，或者甚至是更久遠的祖先早已離開的村落——也就是由**其所屬氏族**掌控的村莊。[51]

　　這種排外的氏族行徑大獲成功。根據 1990 年代中期對 366 個村落所做的調查顯示，村落若是愈為單一氏族所壟斷，私營企業的數量就會愈多，而且每家企業也會有愈大規模的勞動力。這些效應著實強大。如果最大的氏族人數在村落人口的占比增加 10%（例如：從 20% 提高到 30%），私營企業的數量就會增加三分之一，勞動力的平均規模則會提高四分之一。再者，村落若是有愈多的主要氏族，則會更擅於對公務人員進行問責和提供如灌溉工程等公共財。為了理解其中的意涵，我們可以從反面來思考：社群若是由幾乎不相干的家庭所組成，無論是在開辦企業、聘請員工、提供公共財，或是對當地政府官員進行問責方面，這樣的社群都會舉步維艱。這當然是因為中國人會利用「強連結」並依賴關係鑲嵌（relational embeddedness）來尋找員工、獲得資訊、

影響政治人物、激發勞務合作和建立專業連繫。

　　與中世紀實施「婚家計畫」地區的歐洲人不同，20世紀晚期在鄉村地區的中國人不會主動與志同道合的陌生人一起創立各種自願團體，他們反而會重申與祖居的關聯、強化氏族關係，並且自發性地建立奠基於親屬關係忠誠度的美德（裙帶關係）的排他性團體。即使中國政府曾在1950年代試圖瓦解氏族，採取的部分手段就是焚燒族譜，但是前述的情況依舊發生。

利用競爭的力量

　　持續的政體間競爭帶動了良性的團體間競爭形式，使之得以鑲嵌於歐洲的經濟、政治和社會體制之中。從16世紀到20世紀，這種現象更是快速發展，因為在此期間發展得最繁榮的國家，全都是「破解了」要如何促進和控制自願團體之間的健康競爭的國家。在經濟領域方面，行會慢慢地被各種夥伴關係所取代，最終轉為合股公司。大多數的情況下，在試圖找出分擔風險、移轉所有權和限制責任的新方法等方面，創業家和新組織都是走在政府和立法人士之前。例如：證券交易所在16世紀和17世紀就已經在阿姆斯特丹、安特衛普和倫敦慢慢成形。倫敦的證券交易員因為缺乏教養而不被准許進入皇家交易所，他們便在附近的咖啡館自行開業。當聲名狼藉的交易員名單已經多到黑板寫不下時，他們便創立了證券經紀人協會來制定專業標準，並把不可靠的害群之馬踢出咖啡館。一個世紀之後，紐約證券交易所（New York

Stock Exchange）也在華爾街（Water Street）和沃特街（Water street）拐角處的咖啡館（和小酒館）生根（咖啡館宛如修道院；它們是現代世界誕生的過程中意想不到的要角）。證券交易所准許企業尋覓投資人，並引發了企業之間為了資本投資而競爭。終究會有新的法律和規範整併許多不同組織和社會數世紀以來無心插柳的實驗成果。[52]

在通常由行會主導的政治領域方面，對政策有所共識的個人開始在 17 世紀的英格蘭籌組政黨。為了說服民眾、影響政府決策和爭取更多代表席次，這些政黨無不相互較勁。在美國，開國元勳極為鄙視政黨，故而沒有在《美國憲法》中給予明文規定。儘管如此，政黨仍舊自發形成，很快就主導了政治舞臺。因此，政黨在美國體制中占有極重要的地位，而這是個有意思的例子，因為其正式機構的創造者深深誤解了他們的體制最終得以運作（或無法運作，如同 21 世紀的美國）的方式和原因。[53]

在社會領域方面，隨著團隊運動和運動聯盟的發展，非暴力的團體間競爭形式成了人們休閒時光的重心，通常也成了個人認同的一部分。參與團隊運動變成了養兒育女的重要環節（這麼說吧，至少是撫養男孩的重要項目）。當威靈頓公爵（Duke of Wellington）在滑鐵盧（Waterloo）擊潰拿破崙（Napoleon）之後，他解釋「這是在伊頓公學（Eton）的操場上打贏的戰役」，言下之意即是，英國軍官的品格是在運動場上磨練出來的。耐人尋味的是，包括了板球、橄欖球、曲棍球、足球（美式足球）和籃球在內，這些運動全都可以追溯至工業時代之前的英格蘭。最後面

西方文化的特立獨行如何形成繁榮世界

的兩種美式運動分別源自於橄欖球和英國民俗運動，包含繞圈球（rounders）和凳球（stoolball）等兒童遊戲在內。當然，今日的馬奇根卡人喜歡踢足球，斐濟人熱愛橄欖球，日本人打籃球，而印度人則會玩板球。[54]

我想要說明的是，現代體制的框架包含了各種不同的團體間競爭形式，促使人們傾向於信任陌生人並與之合作，並可能影響到了人們的其他心理面向。人們學習到以臨時團隊的形式一起工作，就算是一群陌生人組成的團隊也不例外。團體間競爭的引擎衝撞著文化演化中的團體內角力，因為後者通常有利於自我利益、零和思維、勾結和裙帶關係。西方的 WEIRD 體制架構於中世紀盛期開始發展，當時人們日益傾向個人主義、獨立、不墨守成規且善於分析，並且開始自行分類，組成自願組織，而這些組織到頭來又會開始相互競爭。長期發展下來，得利於區域性國家間競爭的國家，都是發展出了方法來利用和鑲嵌非暴力團體間競爭的心理與經濟效應的那些國家。當然，這套制度並不是任何一個人設計出來，甚至幾乎沒有人意識到它是如何形塑了人們的心理，或者它為什麼經常奏效。

—————— 注釋 ——————

1. Bellows and Miguel, 2006, 2009.

2. Bauer et al., 2014. 這些研究投入了大量心血來證明，因為大規模戰爭基本上是隨機發生的，故而幾乎沒有理由擔憂特定的心理模式或動機會導致個人或其家人陷入戰火。如同內文的記述，叛軍襲擊村莊時，士兵通常會進入社區開始隨機掃射，沿途燒毀房舍。唯一的例外似乎是遭到特意鎖定的社區領袖。

3. 當然，暴力有可能是某種暗中策畫的非隨機事件，而這就是為何真實實驗要優於自然實驗的原因。關於這些議題的討論，請見：Bauer et al., 2016, 2014.

4. Cecchi, Leuveld, and Voors, 2016. 這項研究本身並未清楚表明戰爭和決策之間的因果關係。不過，有鑑於攸關獅子山的數項趨於一致的證據，我在此使用了因果關係的語彙。

5. Bellows and Miguel, 2006, 2009.

6. Annan et al., 2011; Bauer et al., 2014, 2016; Bellows and Miguel, 2006, 2009;

Blattman, 2009; Buhrmester et al., 2015; Cassar, Grosjean, and Whitt, 2013; Gilligan, Pasquale, and Samii, 2014; Voors et al., 2012; Whitehouse et al., 2014. 其中有些研究表示，受到戰爭最大影響的可能是孩童、青少年和青年。 2008，時值俄羅斯軍隊轟炸南奧塞梯（South Ossetia）僅6個月之後，我們 的團隊使用了爾後運用於獅子山的相同賽局實驗來研究喬治亞（Georgian） 學童。我們的實驗顯示了，這次的襲擊已經改變了年紀最輕只有6歲的喬治 亞學童的社會行為，類似在獅子山成年人身上可以看到的情況。綜合上述， 根據我們在喬治亞和獅子山的研究（獅子山許多參與實驗的成年人都是在戰 時度過童年），結果顯示了戰爭對人類心理產生最大影響的階段，就是從兒 童中期開始的時期，並會延續至20歲出頭（Bauer et al., 2014）。

7. Bauer et al., 2014; Henrich, 2016; Henrich, Bauer et al., 2019; Lang, Kratky et al., 2015; Sosis and Handwerker, 2011.

8. 這些數據和結果是援引自本岑（Bentzen，2013），不過，使用了大量樣本 和其他額外數據而得到的類似支持性分析，也可見於本岑2019年發表的研 究成果。本岑在2019年發表的論文中認為，這樣的結果可能不太適用於佛 教徒。

9. 針對個別地震對於宗教信仰帶來的效應的研究，進一步強化了這些結果 （Sibley and Bulbulia, 2012）。關於探究熱帶風暴和地震與社會動機的關 聯性的研究，請見：Castillo and Carter, 2011; Rao et al., 2011; Vardy and Atkinson, 2019.

10. Henrich et al., 2019.

11. Henrich et al., 2019. 戰爭的影響可能會因為人們反思自己的經驗 —— 即評 注性省思（exegetic reflection）—— 而與日漸增（Newson, Buhrmester, and Whitehouse, 2016）。

12. Cassar et al., 2013; Henrich et al., 2019. 值得一提的是，在受到暴力踐躪的社

群當中，即使衝突已經是十年前的往事，比起非親非故的陌生人，那些受戰爭影響較深的人還是會比較不信任同村的人（非自己氏族的人士）。在此感謝亞歷山卓拉‧凱薩和寶琳‧格羅讓（Pauline Grosjean）提供了有用的背景資訊。

13. Cohen, 1984; Collier, 2007; Morris, 2014; Tilly, 1993; Turchin, 2015.

14. Dincecco and Onorato, 2016, 2018; Pirenne, 1952; Scheidel, 2019.

15. Dincecco and Onorato, 2016, 2018; MacFarlane, 2014; Tilly, 1993. 根據最近關於王室婚姻對於歐洲在 1500 年後的衝突發生率的影響的研究（Benzell and Cooke, 2016），結果發現，可能是天主教會在中世紀早期和盛期對於親屬（包含近親）結婚的限制，衝突的發生頻率才因而增加。值得一提的是，因為第四次拉特蘭會議的召開，尤其是在基督新教興起之後，這些限制就隨之放寬了。

16. 我在此略過了短命的秦朝——故使用了「穩定」一詞。

17. Fukuyama, 2011; Hui, 2005; Levenson and Schurmann, 1971; Morris, 2014.

18. Dincecco and Onorato, 2016, 2018. 兩位作者做了廣泛的分析，沖淡了關於這個方法可能無法確切捕捉戰爭的因果效應的疑慮。

19. 資料來自：Dincecco and Onorato, 2016.

20. Martines, 2013.

21. 為了完成東征，他們出售了一些土地或抵押土地來取得大筆貸款，即使最終君主們還是想出了課稅的方法（Blaydes and Paik, 2016）。菁英階層的賣地需求——自由且明確（通常是出售給商人）——對於教會打擊共同所有權（繼承習俗）且偏好個人所有權的政策，產生了推波助瀾的作用。

22. Blaydes and Paik, 2016. 理想的狀況是我們擁有動員菁英和非菁英兩階層參與

戰事的數據，但我們在此處只能以菁英的動員數據來代表整體參戰狀況。十字軍東征之後，歐洲的貿易量顯著提升，而十字軍在東征途中造訪的諸如法蘭德斯與布魯日等城市，後來都成為香料、絲綢、瓷器和其他貴重物品的集散地。十字軍東征可能也強化了人們對於「歐洲」或「基督教世界」做為一個文化實體的認知。

23. Blaydes and Paik, 2016; Bosker et al., 2013; Cahen, 1970; Dincecco and Onorato, 2016, 2018; Fried, Ettinger et al., 1994; Hoffman, 2015; Stasavage, 2016. 引言來自於：Cahen (1970). 有些伊斯蘭世界的政治自治領地事實上是單一城市，只不過統治那些城市的是埃米爾（emirs），而不是代表大會或議會（Bosker et al., 2013）。

24. Churchill, 2015. 戰爭影響了累進稅制的創設（Scheve and Stasavage, 2010），而這可能是戰爭改變了人類心理的結果。

25. Aghion et al., 2018; Hoffman, 2015; McNeill, 1982; Stasavage, 2011, 2016.

26. Kroszner and Strahan, 1999. 1994 年，這個州級的程序催生了《黎可－尼爾銀行跨州經營與設行效率法案》（Riegle-Neal Interstate Banking and Branching Efficiency Act），自此解除了全美各州設立分行的限制。

27. Nelson and Winter, 1985; Richerson et al., 2016. 公司行號之間相互仿效是眾所周知的事（Davis and Greve, 1997; Shenkar, 2010）。實驗顯示了利社會性行為會如何在社會網絡之中傳播（Fowler and Christakis, 2010）。

28. Francois et al., 2011, 2018.

29. 在此感謝派翠克·法蘭索瓦和湯瑪士·藤原所提供的數據（Francois et al., 2011, 2018）。

30. Francois et al., 2011, 2018.

31. 基於對人類祖先生存環境的了解，我們有充分的理由相信人類已經非常適應

低頻率，以及甚至是一次性的互動（Chudek, Zhao, and Henrich, 2013; Fehr and Henrich, 2003; Henrich, 2016）。

32. 派翠克的團隊所得到的結果並不是因為團體間競爭所造成的所得增加（Francois et al., 2011, 2018）。事實上，依據他們的分析，所得增加並不會提升對人的信任（Francois, Fujiwara, and van Ypersele, 2018）。

33. 在此感謝派翠克·法蘭索瓦和湯瑪士·藤原所提供的數據（Francois et al., 2011, 2018）。

34. Bornstein and Benyossef, 1994; Bornstein, Budescu, and Zamir, 1997; Bornstein, Gneezy, and Nagel, 2002; Puurtinen and Mappes, 2009; Sääksvuori, Mappes, and Puurtinen, 2011.

35. Francois et al., 2011; Peysakhovich and Rand, 2016.

36. Muthukrishna et al., 2017.

37. Shleifer, 2004. 當然，執行長的薪資受到許多程序的影響（Murphy, 2013; Murphy and Zabojnik, 2004）。

38. Greenwood, Kanters, and Casper, 2006; Newson et al., 2016; Wann, 2006; Wann and Polk, 2007.

39. Finke and Stark, 2005; Norris and Inglehart, 2012.

40. Berman, 1983; Cantoni and Yuchtman, 2014; de la Croix, Doepke, and Mokyr, 2018; De Moor, 2008; Ekelund et al., 1996; Epstein, 1998; Gelderblom, 2013; Greif, 2006c; Greif and Tabellini, 2015; Kleinschmidt, 2000; Lynch, 2003; McNeill, 1982; Mokyr, 2013; Serafinelli and Tabellini, 2017; Van Zanden, 2009a, 2009b.

41. Van Zanden, 2009a, 2009b, Table 2.

　　西方文化的特立獨行如何形成繁榮世界

42. Andersen et al., 2017; Mokyr, 2002; Van Zanden, 2009.

43. Andersen et al., 2017; Donkin, 1978; Herbermann et al., 1908; Mokyr, 2002; Woods, 2012. 相關說明亦可參考：en .wikipedia.org/wiki/Cistercians. 關於熙篤會的式微：有人認為熙篤會成員可能已經過於頻繁地飲用自己大量釀製的葡萄酒，尤其是教會裡的役工（Gimpel, 1976）。在中世紀盛期，修道院也如同都市化和市場一樣地快速增長。不過，熙篤會在 10 世紀至 12 世紀期間的迅速發展，其發生地點根本不是城市，而是在鄉村。由於熙篤會喜愛尚未開發的土地，因而常常會落腳在偏遠沼澤地區。因此，這些新的修道院並不僅是「伴隨著」都市化和商業而產生的結果。所有這些自願組織的擴增其實都有著相同的驅動原因：天主教會所促成的社會與心理變化。值得注意的是，儘管許多修道院的普及與城市的成長無關，但是發生最劇烈情況的地區，都是受到西方教會長期統轄而家庭組織早已發生根本變化的地方。

44. Weber, 1958b. 除了修道院，教區教會也出現競爭。對於居所和關係方面具流動性的中世紀歐洲人來說，他們顯然會改去自己喜歡的教區教會（Ekelund et al., 1996）。

45. 行會數據是來自蓋瑞‧理查森編製的「英格蘭行會數據庫」（ "Database English Guilds," 2016）。大學的數據則來自於韋爾熱（Verger, 1991）。

46. Richardson, 2004, 2005; Richardson and McBride, 2009. 宗教在行會生活中發揮著核心作用（Ogilvie, 2019）。

47. Berman, 1983; Cantoni and Yuchtman, 2014; Huff, 1993; Van Zanden, 2009; Verger, 1991; Woods, 2012.

48. Berman, 1983; Huff, 1993; Verger, 1991. 先是從伊斯蘭社會，後來是來自於中亞社會，中世紀歐洲人看起來已經取得、重組和重新闡釋了大學做為一種機構的關鍵要素（Beckwith, 2012）。前現代中國的大學與伊斯蘭世界的大學一樣，兩者皆未發展出歐洲大學所具備的獨立性（Hayhoe, 1989）。

49. Lynch, 2003.

50. Alvard, 2011; Barnes, 1996; Tuzin, 1976, 2001. 例如：伊拉西塔的坦巴蘭就規定儀式團體的相互競爭是採取種植山藥的比賽形式。在這整個地區，農人長期以來都在較勁誰能種出通常重達數百磅的最大最長的山藥。在伊拉西塔，種植山藥比賽成了一種團隊運動，只不過這是發生在儀式團體之間，而不是氏族之間的運動。種植山藥是以團隊的方式來進行，而這種競爭性經驗大概會凝聚儀式團體成員間的向心力。由於團體成員是來自不同的氏族，這種團隊競賽應該會有效地強化氏族之間的人際連繫，並更加鞏固整個伊拉西塔。

51. Greif and Tabellini, 2015; Liangqun and Murphy, 2006; Peng, 2004.

52. Goetzmann and Rouwenhorst, 2005; Stringham, 2015.

53. Christmas, 2014; Hofstadter, 1969. 在 16 世紀，新興宗教組織在歐洲各地如雨後春筍般出現。戰爭不斷，修道院遭人毀壞，信奉不同宗教的群體，內部衝突日益加劇。然而，在 1682 年，貴格會的威廉‧佩恩（William Penn）獲得英格蘭國王的資助，在賓夕法尼亞（Pennsylvania）建立了殖民地。他是貴格會教徒，本可建立一個神權政府，就如同一些清教徒在新英格蘭的做法一樣。但他反而為這個新殖民地撰寫了一部自由憲章，保證了人民的宗教自由和其他的基本權利。費城旋即湧入了眾多新居民，包括了貴格會教徒、猶太人、天主教徒、雨格諾教徒、阿米許人（Amish）和路德宗成員等（一群身懷手藝的人），而且經濟開始蓬勃發展，領先了其他與之競爭但較缺乏包容心的北美城市。

54. Harris, 1998, p. 190; MacFarlane, 2014; www.baseball-reference.com/bullpen/origins_of_baseball.

十一、市場心態

每當商業引進到某個國家，廉潔和守時的觀念總是會跟著引入⋯⋯在所有歐洲國家之中，最重商業的荷蘭人最信守承諾。英格蘭人要比蘇格蘭人好一些，但是完全比不上荷蘭人，而且這個國家偏遠地區的人也比不上商業區的人。不該像有些人妄稱的那樣，這根本和所謂的國民性格無關。沒有任何本質上的理由讓人相信，英格蘭人和蘇格蘭人應該不會和荷蘭人一樣信守協議⋯⋯商人害怕會失去人格，他們會一絲不苟地查看每一份協議⋯⋯當大部分的人都是商人時，人們總是會使廉潔和守時蔚為風氣，故而成為一個商業國家的主要美德。

—— 摘自亞當・斯密，〈關於商業對禮儀的影響〉（1766）[1]

時鐘首度出現於 13 世紀的義大利北部，在米蘭、摩德納（Modena）和帕爾馬（Parma）等城市，不久就流傳到英格蘭、德國、法國與「低地國」（Low Countries）*。時鐘與鐘塔結合，一起讓每一個聽得到鐘聲的人一致化他們的活動，告訴他們何時該甦醒、何時該工作和吃飯；時鐘也主宰了公共聚會、法院審理程序和在地市場的開始。這些首代的機械時鐘逐漸成為中世紀晚期歐洲城市的關注焦點，裝點了市政廳、市集廣場和大教堂。機械時鐘如同傳染病般迅速遍及各個城市中心，較大型的成功市鎮和城市所興建的鐘塔成了其他地方競相仿建的對象。威尼斯（Venice）、布雷斯勞（Breslau）、巴黎和比薩（Pisa）擁有各不相同的時鐘，而其他市鎮明確委託著名工匠要裝設一樣或更好的時鐘。時鐘也入侵了修道院和教堂，開始主宰修士、神父與教區居民的勞動、飲食和崇拜儀式的作息。公共時鐘成了井然有序的市民生活和嚴格宗教信仰的象徵。到了 1450 年，擁有超過 5,000 位居民的城市中心，有 20% 都至少有一座公共時鐘；到了 1600 年，絕大多數的教堂都設有時鐘。[2]

公共時鐘的普及為 WEIRD 時間心理的出現提供了一個有形的歷史標記。如果你曾經在亞馬遜流域、非洲、大洋洲或其他無數地方待過一段時間，你絕對會注意到 WEIRD 時間心理最顯著的特徵：執著於時間節約（time thrift）。我和斐濟的朋友很不一樣，我老是覺得時間不夠用。我老是要「節省時間」、「空出時間」和「抽出時間」。我整天都緊盯著時鐘，只為了要準時出席下一場會議、赴下一個約會或是到日托中心接小孩。相較之下，即使

我提供了科技輔助工具和直接財務獎勵，我的斐濟朋友和田野助理就是無法進入這種**鐘錶時間的思維模式**。當我剛開始進行在太平洋地區的研究計畫時，購買了電子手錶給所有的研究助理，希望這有助於他們準時出席會議、訪談和進餐。可是電子手錶根本沒有幫上忙。儘管他們似乎很享受戴手錶的感覺，或許是帶著某種時尚宣言的意味，但是他們幾乎不曾真正看手錶確認時間。有一次，我與一位相當投入的研究助理使用筆電工作時，我想知道時間，就低頭看了我送給他的手錶。我馬上知道手錶有問題，因為上頭的時間跟我心裡想的時間相差太遠。他的手錶其實慢了 25 分鐘，而我們猜想手錶已經慢了好幾個星期之久。

為了測量時間節約，心理學家亞拉‧諾倫薩揚和勞勃‧勒范恩（Robert Levine）發展了幾個技巧並用來觀察 31 個城市。在這些城市的都會中心，他們的研究團隊先是審慎地記錄下人們走過主要大道的行走時間，其秉持的想法是，擔心時間節約的人會行走得比較快。正如所料，紐約客和倫敦人會飛快走過人行道，不到 18 分鐘就走完 1 英里路。與此同時，在雅加達（Jakarta）和新加坡（Singapore），人們以合理的速度走路，平均要將近 22 分鐘才能走完 1 英里路。這意味著比起生活節奏較緩慢的城市居民，紐約客和倫敦人的行走速度要快上 30%。如圖 11.1 所示，相

---

* 譯注：低地國包括荷蘭、比利時和盧森堡這三個國家。

較於比較不講求個人主義的國家的城市居民，比較崇尚個人主義的國家的城市居民往往行走速度較快。即使我們在統計上控制城市規模的差異，兩者間的關聯依舊存在。

　　該研究團隊另以第二種方式來評估時間節約，他們前往了每個城市市中心的郵局，隨機向至少 8 位郵政窗口人員購買郵票。研究人員使用設計好的規程，除了窗口人員的辦事速度，力求把其他所有影響因素最小化。他們祕密測量了完成整個購買過程所

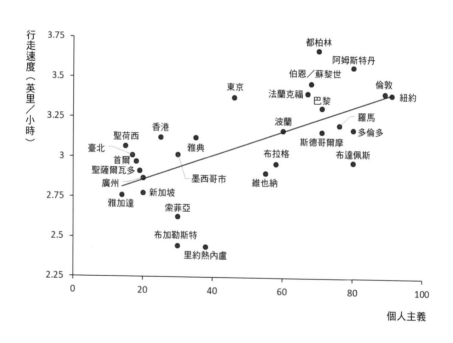

圖11.1　世界28個大都市的行走速度（英里／小時）與個人主義的綜合測量（如圖1.2所示）。較具個人主義傾向社會的城市居民行走速度較快。[3]

　西方文化的特立獨行如何形成繁榮世界

需的時間。結果再次顯示，愈是有個人主義傾向的國家，郵政人員遞交郵票的速度就愈快。這些數據表明了，即使只比較在市中心工作的人，在更具個人主義傾向的社會，人民更在乎時間——擔心時間不夠用、想要節省時間，或是「富有成效地」（不管這意味著什麼）使用時間。由此可知，時間節約似乎與個人主義情結息息相關，並且以各種方式表現出來。[4]

時間節約的全球變異是從何而來呢？

包括了機械時鐘的普及數據在內的多數歷史證據都表明，這種新的時間心理是肇始於中世紀晚期，極可能是個人主義、自我聚焦與分析性思考的混合產物，而這是從歐洲的集鎮、修道院和自由城市醞釀而生的結果。在這些社會世界中，個人要取得成功和建立關係都需要培養自己的特質和技能，而且要勤勉敬業——累積個人的成就。不論是工匠、商人、修士或地方行政官，面對更嚴峻的非個人競爭時，所有人都想打造出守時、自律與嚴謹的聲譽。新的機械時鐘並沒有啟動歐洲這種鐘錶時間心理的轉變，它們只是標記和催化了早已在發生的過程。在時鐘出現的前後，修士都是使用固定長度的蠟燭來計時祈禱的時間，教師、傳道者和建築工則會使用沙漏來確定授課、講道和午休的時間長短。

這種人們對時間的思考方式改變，涉及的不只是時間節約的執念而已。中世紀盛期之前，每一「日」（指的是日出到日落的這段時間）被劃分為 12 個小時。然而，由於日出到日落這段時間會因為季節和地理環境而異，每小時的長短也因此有所不同。生活主要是按照日、季節與年的自然節律來安排，而且「每日」

是依照日常事務來調度。此外，「工作時間」和「社交時間」之間幾乎沒有區別，人們整天都在一面工作、一面交際。

中世紀晚期以降，更趨近 WEIRD 特質的時間心理逐漸滲透了城市生活。在商界，商人開始支付員工週薪。在這個體系裡，「日」是以固定的時數來設定，如此一來，業主就能以時薪來支付超時加班（額外的工作），或是依據因為天氣或生病等因素而未上工的時間來刪減支付時數。工資也是論件計酬，按照工人生產的馬蹄鐵、器皿或毯子的數量（以「件」計數）給薪。這種工資制度迫使工匠開始思考效率的問題——我在 1 小時內可以打出多少馬蹄鐵呢？市場的開市和收市時間逐漸固定下來，競爭也更加激烈——所有的買家和賣家都在同一時間互動。合約開始納入特定日期，並註明通常是依日計算的罰款。在政府領域，市鎮議會開始使用固定時數來安排議程。例如：在 1389 年，紐倫堡（Nuremberg）的市鎮議會通過了一道法令，要求議員必須在午餐（正午）之前和之後各聚會 2 小時（以沙漏計時）來討論議事。遲到的人會被處以罰款。英格蘭的法院也開始要求被告與證人在特定時間出庭並規定出庭時數。[5]

對於鐘錶時間的關注，以及與時間相關的新科技的快速採用，看起來是得到了好結果：1500 年到 1700 年這段期間，歐洲較早（在 1450 年之前）採用公共時鐘的城市，其經濟成長速度比未採用的城市來得更快。值得注意的是，經濟方面的繁榮並非是立竿見影，而是要經過幾個世代的累積，當這些城市居民改造了自己的想法和生活型態之後，城市和鄉鎮才能夠如時鐘般規律

西方文化的特立獨行如何形成繁榮世界

運作。設置時鐘的城市中心後來通常也會使用印刷機。詳盡的分析暗示了，這兩種發明之後各自促成了經濟成長。公共時鐘和大學的出現可說是同樣促進了繁榮，而饒富興味的是，大學的出現使得中世紀城市更有可能採用公共時鐘。[6]

行文至此，讀者可能會認為，採用時鐘或印刷機等實用科技並不需要像我在這裡提及的這種花俏的心理解釋。幸好歷史上有伊斯蘭世界的人們可供比較。伊斯蘭世界的清真寺和城市似乎不受相當普及的時鐘影響，正如他們也不受同一時代的印刷機影響，可說是與鄰近的基督教世界的人極為不同。許多穆斯林都知道機械時鐘，他們只需要雇用義大利鐘匠就能夠擁有。然而，這些地方的人們並不熱衷於遵守鐘錶時間，反而更注重個人關係、家庭連繫和儀式時間。穆斯林長久以來每天都有五次的喚拜，讓生活多了一種可依賴的時間結構（並促發利社會性）。如同許多其他的時間系統，禮拜時間是根據太陽的位置，因此會隨季節和地理環境而不同（而且不同的伊斯蘭學校會使用不同的計算方法）。這就意味著，一天當中，喚拜之間的時間區隔並沒有統一的時間結構——並不像鐘錶那樣安排一天的作息或人們的想法。當然，隨著基督教世界的威望提升，世界各地的統治者終究還是引進了歐洲製造的時鐘。不過，正如伊斯蘭世界或中國的古代水鐘，這些不過是展示品和珍奇異物，而不是工匠、商人、官吏、修士和發明家用來安排生活的東西。我從斐濟朋友身上學到的就是，只有當人們內化了對於鐘錶時間的熱愛，時鐘才能讓人們守時——這跟人的想法有關，跟手錶無關。

當歐洲發展出來的非個人制度已經開始採行計時工資、論件計酬和遲到罰款，可能鼓勵了人們開始以類似的方式來思考時間與金錢。今日，WEIRD 社群總是在「節省」時間、「浪費」時間和「失去」時間。時間總是不夠用，而且許多人都試著要「購買」時間。其他社會的人是以多元的方式看待時間，WEIRD 社群一直以來總是執著於以相同的方式來看待時間與金錢。為了加以比較，請參考以下這段阿爾及利亞（Algeria）的柏柏爾語卡拜爾族（Berber-speaking Kabyle）農夫的時間心理描述：

> 依賴與團結的深厚情感……培育了卡拜爾農夫的一種態度，順從時間的流逝且漠不關心，而且沒有人會夢想要掌控時間、用盡時間或節省時間……一切生活作息都不受時間表的限制，睡眠是如此，甚至連工作都不會理會生產力和產量的執念。匆忙被視為是沒有禮貌和具有惡魔野心的表現。[7]

寫下這段話的民族誌學者是皮耶‧布赫迪厄（Pierre Bourdieu），他接著談到，這個以氏族為基礎的社會，並沒有精準的用餐時間或是確切赴約的概念。時鐘被看做是「惡魔的磨坊」（devil's mill），而且與人會面時，「最失禮的就是到了見面地點只用最少的話來表達自己。」在儀式般的循環中，時間在不同的經驗、任務和事件中會以不同的速度流逝，而非只是不停地滴答報時。倘若這聽來具有異國情調，請記得那只是對西方的你（尤

西方文化的特立獨行如何形成繁榮世界

其是我）而言，而其他人都不是這麼認為。在全球各地的許多社會中，我們都可以發現這種卡拜爾人共有的時間心理的特色和質地。[8]

以下是關於 1751 年的英屬殖民城市的一段寶貴的描述，就讓我們比較一下卡拜爾的時間觀與其中所透露的含義：

> 自從時間被簡化成一個標準，寶貴的一整天被劃分成了數小時，各行各業的辛勤者知道應該如何善用時間的每一片刻：揮霍時間的人實際上就是在浪費金錢。[9]

我們讀到的這段饒富趣味的引文，是出自於當時在美國費城的發明家、印刷商和政治家富蘭克林（Ben Franklin），文中捕捉到了他身處的前工業社會的本質。當富蘭克林向年輕貿易商提出建言時，他也創造了「時間就是金錢」這句格言，而這句格言現在已經遍及全球，進入了數十種語言之中。[10]

到了富蘭克林的時代，懷錶已經相當普及，幾乎所有的成功企業主都人手一只。在英格蘭，根據窮人擁有的財產清單（死後遺物清點），將近 40% 的人都有一只懷錶。巴黎則是大約三分之一的雇傭勞動者和 70% 的僕役都擁有一只懷錶。懷錶很昂貴，而這就意味著許多人花費了大部分的收入，除了要知道時間，也是為了讓朋友、顧客和雇主留下好印象。工匠手中的懷錶傳遞的是其擁有者做事認真、勤勞和守時的訊息，而不是卡拜爾人眼中所代表的「惡魔的磨坊」。[11]

大體而言，在日趨個人主義的社會脈絡之中，沙漏、大鐘、手錶等科技的共同演化，連同「時間就是金錢」等時間隱喻，以及計時工資和按件計酬等文化實踐，這一切都深刻形塑了人們對時間的思考方式。新科技把時間線性化（linearized）和數字化（digitized）到了一種前所未見的程度，使得時間轉化為一種世俗小錢組成的貨幣而不斷流失。透過壁鐘、整點報時和精確會面時間等要素，人們從小就開始有效地自我訓練，可能已內化了形成傳統時鐘鐘面的數字線，並將之融入自己對事物在當下與未來之間的得失（時間折扣）的權衡之中。不管整體的影響為何，這些心理的轉變有著更深的歷史根源，遠超過工業革命，至少可以追溯到 14 世紀。[12]

工作如何成為美德

隨著鐘錶時間心理在歐洲的普及，日漸成長的中產階級工時變得更長且工作得更加勤奮。經濟歷史學者楊‧德弗里斯（Jan de Vries）將此稱為**勤勉**革命（Industrious Revolution），這場革命至少可以追溯到 1650 年左右，但再往前推，就漸漸看不到直接證據的蹤跡。我懷疑這種勤奮精神的提升其實是長期的趨勢。至少是從中世紀晚期開始，一直橫跨整個工業革命時期，與人們的時間心理緩慢地共同演化的是更強的工作倫理和更多的自我規範。這些心理變化可以從以下幾個方面找到線索：機械時鐘的普及、沙漏的廣泛使用、對守時的日漸關注，以及熙篤會的成功（連

西方文化的特立獨行如何形成繁榮世界

同其體力勞動、任勞任怨和自律的宗教精神）。當然，這些關注和承諾正是許多基督新教信仰的核心。舉例來說，富蘭克林就是與貴格會教徒（Quakers）同住的虔誠清教徒（Puritans）之子。[13]

有個研究人們變化中的工作習慣的巧妙資料來源就是英國倫敦老貝利街的中央刑事法庭（Central Criminal Court，英文暱稱為 Old Bailey），保存了從 1748 年到 1803 年的案件書面紀錄。目擊證人出庭作證的時候，通常會說明他們在罪行發生時正在做什麼事情。這些「現場抽查」提供了超過 2,000 份的即時觀察報告，共同勾勒出了當時的倫敦人是如何度過一天的生活。資料表示，在 18 世紀後半葉期間，一週的工作時間延長了 40%。這是因為人們每天延長了約 30 分鐘的工作時間，不再於「聖週一」（Saint Mondays）休息（也就是，除了週日之外，其他每一天都工作），並且開始在年曆上的 46 個聖日中的某些天工作。結果就是，到 19 世紀初的時候，人們每年的工時大約增加了 1,000 小時，或者是每週要多工作 19 小時。[14]

儘管關於工時的歷史證據為人們工時延長提供了強力證明，但是這個時期的所有歷史資料都有著潛在問題。以倫敦中央刑事法庭的證據為例，我們並不清楚是哪些因素使人們成為法庭證人，也不知道情況是如何隨著時間改變——或許法庭慢慢地發展出非正式的政策，只接受「可靠的人」當證人，也就是偏愛選擇工時較長的人。為了解決這樣的問題，我和認知科學家拉胡爾·布伊彙整了一個資料庫，內有 45,019 份觀察紀錄，針對的是世界各地不同的傳統人口使用時間的方式。這些南美、非洲和印尼的

人口涵蓋了各式各樣的農耕社群、放牧人和狩獵採集者。如同老貝利街的觀察紀錄，這些資料也是人們在某個特定時刻做著什麼事情的現場抽查。不過，這些是人類學家所做的觀察紀錄，觀察的對象和時間都是隨機選擇的。

當我們比較各不相同的社會，資料顯示了投入雇傭勞動等較商業性工作的人們，每天會花更多時間在工作上。從這樣的結果看來，從全然自給自足導向的人口轉變為全然商業化社會，會導致每週工時增加 10 至 15 小時，每週的平均工時從 45 小時增加為 55 至 60 小時，即人們每年要多工作 500 至 750 小時。[15]

將歷史資料和跨文化數據放在一起思考，讓我們了解到，都市化的興起（圖 9.5）、非個人市場（圖 9.7）與包含計時工資等等的商業行為，大概是歐洲人工時增加的原因。其中一個關鍵問題是：促使人們工時更長的動機是什麼呢？

歷史資料表明了，儘管有些人肯定是為了生存而工作，但許多人之所以願意工作更長的時間，是為了能購買更多層出不窮的歐洲商品。單單為了廚房，倫敦人就會想要添購茶、糖、咖啡、胡椒粉、鱈魚、肉豆蔻、馬鈴薯和蘭姆酒。出現於 16 世紀的懷錶和擺錘鐘，最終成為了熱銷品。識字的人可以買各種印刷書籍和小冊子。人們之所以想擁有這些東西，除了因為商品本身，也因為這些商品向他人所傳達的關於自己的訊息。身處於個人主義的世界中，你購買的東西向他人透露了你買得起和你看重的是什麼。從聖經到懷錶，人們想要藉由自己購買的物品來向陌生人與鄰居表達自己。德弗里斯主張，就是因為這個緣故而提高了消費

者對各種商品的欲望，以及他們接受更長工時的意願：更強烈的需求和更勤奮的工人也同時帶動了經濟生產和消費者供給。[16]

到此為止，資料佐證了人們的工時逐漸延長的看法，卻無法告訴我們是否人們果真工作得更勤奮或更有效率。儘管這是難以用歷史資料來回答的問題，但是經濟歷史學家設計了一些聰明的方法，藉由使用某些與農地相關的差事來處理這個問題。就一般的農業生產力來說，我們很難衡量隨著時間推展而改變的工人的效率或動機，而這是因為農業創新方興未艾，包括了新科技、技術改良和新作物，如來自美洲新世界（New World）的馬鈴薯和玉米。不過，用來打穀的前工業技術，主要是用棒子敲打穀梗來打落穀粒，而這項技術即使經過數百年也沒有改變多少。根據英格蘭打穀資料的分析，從 14 世紀到 19 世紀初期，打穀人的效率增加了 1 倍。因為打穀很容易學會，效率的變化不太可能是專業分工或技巧改良的關係，這不過表明了是人們更奮力工作的結果。[17]

農村逐漸重視辛勤工作和體力勞動的價值，而這可能是始於中世紀天主教會的某些階層，爾後再向外傳播。誠如我們先前所談論的，熙篤會是我們首先可以觀察的對象。請回想一下，除了重視自律、克己和辛勤工作，熙篤會成員追求的是偏遠鄉間地區的簡樸與寧靜。修士接納不識字的農夫擔任修道會的役工，而這些農夫誓言遵守貞潔和服從。修士還雇用了各種僕役、勞工和技工。一般有著店鋪和工匠的小型社區，有時會聚集於修道院的外圍。這些社區成員、雇工和其他人際往來，共同串成了社會與經濟的連繫，並向外擴展到鄰近的社區，打造出傳遞熙篤會的價值

觀、習慣、修道和實際知識的溝通網絡。圖 11.2 顯示了中世紀熙篤會修道院的分布情況，90% 的修道院都是創立於 1300 年之前。[18]

　　為了評估熙篤會是否在 1300 年之後影響著人們的工作倫理，我們可以利用一份當代問卷調查資料（2008 ～ 2010），這份問卷訪查了散布於 242 個歐洲地區的 3 萬人。該問卷詢問了「辛勤工作」是否為孩童應該要學習的一項重要品行。為了找出問卷評量和熙篤會的關聯，湯瑪斯‧安德森（Thomas Anderson）和珍妮特‧本岑偕同他們的同僚，計算了圖 11.2 所勾勒的每個地區每平方公里的熙篤會成員家戶密度，接著再把所有參與問卷調查的人連結到他們成長的地區。結果顯示了，中世紀熙篤會修道院密度較高的地區，今日來自於該區的人就更可能會認為「辛勤工作」是孩子該學習的重點。這只比較了居住在同一個現代國家之中的人，並且在統計上將人們的教育和婚姻狀態等各種區域性與個人性的差異納入考量之後亦是如此。重視「辛勤工作」的心理也表現在當代的經濟數據上：在中世紀時期受到熙篤會影響較大的地區，其在 21 世紀有著更具生產力的經濟表現與較低的失業率。[19]

　　饒富興味的是，與新教徒相比，熙篤會在某一地區的歷史存在效應，對天主教徒的影響最為強烈。亦即，比起其他地區的天主教徒，在歷史上與熙篤會有深厚淵源地區成長的天主教徒，更有可能會認可「辛勤工作」對孩童的重要性。這是合理的解釋，因為新教徒通常也會強調辛勤工作的價值觀，故而隨著新教社群的擴散，熙篤會成員的早期影響變得鮮為人知。[20]

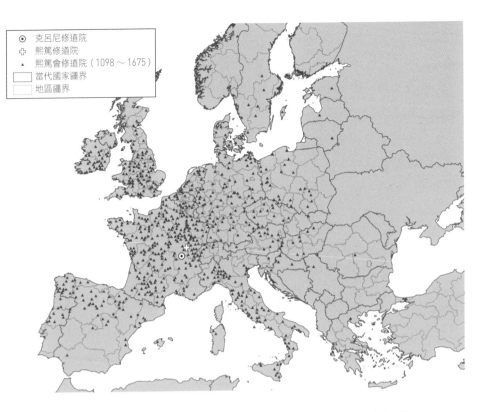

圖 11.2　自 1098 年於熙篤（Cîteaux）成立教會後，熙篤會修道院於歐洲的分布圖，
734 間修道院有 90% 都是成立於 1300 年之前。分布圖也標示了熙篤會創始人的住所
克呂尼修道院（請見第 10 章）。[21]

圖例：
⊙　克呂尼修道院
✚　熙篤修道院
▲　熙篤會修道院（1098～1675）
　　當代國家疆界
　　地區疆界

等待發薪日

　　除了個人更願意投入辛苦工作或困難差事，個人主義與非個
人市場也偏好個人有更好的自制力，並且自願延宕滿足。在一個
對員工、朋友、配偶和生意夥伴開放的市場中，人們會想雇用、
結交、嫁娶和合夥的對象，要能達成長期目標、懂得為了未來的

償付而在當下投資、避免誘惑，還有就是要準時露面。相較之下，在一個由繼承和長久關係所主宰的世界裡，人們無法挑選想要雇用、嫁娶或共事的人。他們考量團體忠誠度，選擇與自己有著緊密社會互連關係的夥伴。這是因為人們倚賴的並不是夥伴或員工的特質，而是對方的鑲嵌性。

把市場和商業與耐性和自我規範的心理測量連結起來的研究有其限度，但依舊發人省思。讓我們思索一下這項巴亞卡人（BaYaka）的研究，他們是非洲剛果盆地的狩獵採集民族。人類學家丹妮茲·薩拉里（Deniz Salali）利用一個簡單的實驗，評估了三個不同巴亞卡社群的 164 位成年人的耐性。其中兩個社群是居住在森林中遷徙覓食的傳統部落，距離最近的集鎮至少有 60 公里（37 英里）。第三個社群則是住在鎮上。丹妮茲給了他們兩個選項：(A) 現在就得到 1 個渴望的高湯塊，或 (B) 明天得到 5 個渴望的高湯塊。較有耐心的人應該會願意為了 5 個美味的高湯塊而多等待一天，較無耐心的人則往往會立刻收下 1 個高湯塊。

住在集鎮上的巴亞卡人比較有耐性：54% 的鎮民願意為了 5 個高湯塊而等待，四處遷徙的部落卻只有 18% 的人選擇等待。根據丹妮茲與她的研究夥伴安德莉亞·米利亞諾（Andrea Migliano）的分析，住在集鎮上的巴亞卡人與生活在森林中的巴亞卡人之間的差異，部分是因為投入雇傭勞動的緣故。由於雇傭勞動通常要求個人當下先工作，而工資則在幾日或幾星期後才給付，因此這種工資制度是一種有效的訓練方式，要求先工作以獲

西方文化的特立獨行如何形成繁榮世界

得延遲的報酬。如同非個人市場的其他交易，雇傭勞動通常也需要符合市場規範且信任陌生人。

在這種情況下，不僅是雇傭勞動這樣的商業制度創造了有利於時間折扣的條件，傳統的巴亞卡制度在這種情況下也不利於延宕滿足。從古至今，巴亞卡部落普遍都是共享食物的，故而對於決策者來說，選擇等待 5 個高湯塊並不會讓她喝到更多美味的湯。對遷徙覓食的那些人來說，為了 5 個高湯塊而等上一天，這只會對他們的部落同伴有好處，對自己則沒有助益：當他們得到 5 個高湯塊，分享的規範要求他們得與所有開口的人一起分享（而沒有人是會羞於啟齒的）。因此，部落成員面臨的抉擇是要今天 1 個高湯塊或是明天 1 塊（額外的高湯塊都要與族人分享）。在這樣的制度環境中展現耐性，並不能在**這個脈絡**中鼓勵人們培養延宕滿足的習慣。[22]

單以這項研究並無法完全回答市場整合是否確實會**激發**耐性的問題。首先是因為耐性在市鎮裡會讓人得到回報，故而較有耐心的人可能會選擇從森林遷入市鎮。再者，除了市場主導的規範，市鎮生活可能有其他的事物造成了這樣的心理變化。不過，我們知道耐性，尤其是延宕折扣，可以透過文化學習來取得（請見第 2 章），並且等到勞動市場和學校出現之後，人們也能因此獲得更多的收入、讀寫能力和教育——更加「成功」。綜合看來，這些事實表示了文化演化與個人經驗可能會慢慢增加人的耐性，以便因應非個人的制度，尤其是市場和學校。[23]

我們是否能夠確認歷史中的這些心理變化呢？這實在是很困

難的事，但是我們或許能夠對此有所認識。

歷史中的耐性與自我規範

　　想要觀察關於人們的耐性或自制力隨著時間所發生的變化，中世紀歐洲的歷史紀錄並無法提供直接的衡量資料。不過，有研究者主張我們可以從逐漸下降的利率和謀殺率來觀察這些心理變化。讓我們就從利率開始談起。[24]

　　利率在很大程度上受人們延宕滿足、低估未來的意願影響。要了解這一點，請先思索一下這樣的選擇：是要花費 100 美元與朋友共進一頓美味的晚餐，還是把 100 美元投入利率 10% 的三十年投資。以這個利率，你三十年後可以得到 1,745 美元而不只是 100 美元。問題是，你是否願意放棄吃一頓很棒的晚餐，等待三十年來獲取一筆豐厚的報酬。如果你沒有過度低估未來的話，你就更有可能會做 100 美元的投資，而不會去吃一頓高級晚餐。不過，倘若三十年似乎還太遙遠而讓人無從擔心的話，你便會享受一頓大餐。在這種情境中，愈有耐性的人愈不會因為較低的利率而可能受到晚餐選項的誘惑。對這樣的一群人來說，我們可以預期利率會下滑。相較之下，倘若人愈是沒有耐性——更傾向於今天就「享受大吃大喝的快樂」（也就是會立刻拿 1 個美味高湯塊）的話，他們只有在未來提供極為龐大的報酬之下才會放棄當下的收益，而這就表示利率會走揚（否則的話就不會投資）。因此，人們延宕滿足的意願可以說是決定利率高低的關鍵因素。

　　有鑑於此，圖 11.3A 顯示了英格蘭的利率在將近一千年來一

直呈下滑趨勢。最早的利率估計是落在 10% 至 12% 的範圍。到了 1450 年，利率降至略低於 5%，而等到英格蘭在 1750 年進入了工業革命的時候，利率已滑落到低於 4%（此時倫敦人的工時變得更長）。隨著工業革命加速進展，利率繼續一路下滑，儘管下滑的速度要比中世紀時期所觀察到的情況來得和緩。[25]

當前而言，由於經濟學家通常假定心理是固定不變的（這可是大錯特錯），他們針對利率變化的預設解釋通常會著重在經濟成長，或者是陷入風險的變化，而後者可能是因為政治衝擊（例如國王主張擁有你的土地）、瘟疫或是戰爭（例如不同的國王都主張擁有你的土地）。快速經濟成長所造成的所得增加可能使得利率降低，這是因為人們可能會──就理論上而言──在當下更加揮霍無度，認為自己以後能夠以較高的所得來支付花費。相對而言，若是在有風險的世界中，個人可能會因為政府沒收而失去了自己的投資。或者，個人可能會因為瘟疫或暴力襲擊而英年早逝。面對這種情況時，個人會選擇當下消費，而不讓未來的事件剝奪了自己的樂趣。

然而，這些制式的經濟解釋似乎沒有考量到英格蘭的長期趨勢。經濟歷史學家葛瑞里・克拉克（Greg Clark）則認為，必定是一些如耐性等根本的心理因素在壓低利率。這樣的下降趨勢在動盪不安的時期一直延續著，如黑死病（1350 年）、光榮革命（1688 年），以及英國對抗法國、西班牙和荷蘭的諸多戰爭。甚至到了 1850 年之後英國史上經濟發展最快速的時期，利率依舊持續走低（而非如同有些人的預期而走升）。至少這個長期趨勢

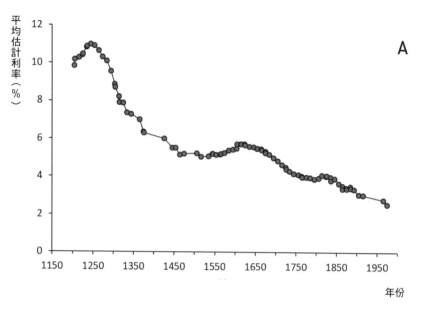

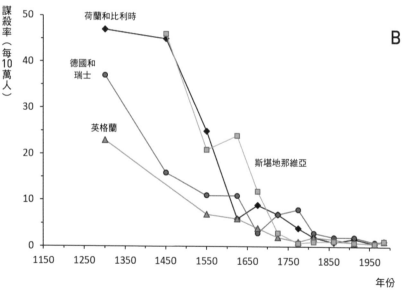

圖 11.3　耐性與自我規範的間接衡量：(A) 英格蘭從 1150 年到 2000 年的估計利率，以及 (B) 英格蘭、德國、瑞士、斯堪地那維亞（Scandinavia）、荷蘭與比利時從 1300 年到 1985 年之間的謀殺率。[26]

　西方文化的特立獨行如何形成繁榮世界

或多或少反映了如耐性或自制力等心理方面的轉變。[27]

　　如同圖 11.3A 的利率下滑趨勢也出現在如荷蘭等歐洲其他地區的資料中，但是我們在同一時代歐洲以外的地方卻看不到類似的情況。舉例來說，即使是在複雜的亞洲經濟體，我們可以觀察到的最低利率約是 10%。在 14 世紀晚期商業開始發達的長江下游平原地區，該處的利率為 50%。在 18 世紀和 19 世紀，韓國的利率是介於 25% 到 50% 之間，平均利率為 37%。17 世紀的日本大阪（Osaka），利率相對比較低，商家之間的貸款利率則介於 12% 到 15% 之間。在土耳其伊斯坦堡（Istanbul），17 世紀和 18 世紀時的私人貸款利率約為 19%。相較之下，英格蘭與荷蘭在工業革命*之前*的利率則固定低於 5%。[28]

　　利率和耐性之間的關聯性契合了其他各種心理學的研究結果。會在孩童時期忍住不要立即吃掉棉花糖的人（請見第 1 章），長大成人後在銀行帳戶的存款金額會更高、會願意多投資教育，並且會避免因罪入獄。比較願意等待的人也比較不可能會有成癮問題，而且更可能會有退休規畫。在成年人之中，對於延宕折扣任務（例如：現在有 100 美元或隔年有 150 美元）較有耐性的人，會儲蓄更多所得、為未來做更多投資，以及有更長的求學時間。在現代世界中，這種關聯性在非洲、南亞和中東最為牢固，而這大概是因為正式制度在這些地方尚不成氣候。即使是在剛開始投入全球市場的偏遠亞馬遜群體之中，那些願意在時間折扣任務中延宕滿足的人，會繼續在新成立的學校裡就讀較長的時間而有較佳的讀寫能力。最後，如第 8 章所述，相較於人口統計上足以做

為比較的人群，被定罪的罪犯表現得比較缺乏耐性和自制力。[29]

不過，耐性與自制力並不總是會帶來好結果，而從中能得到多少好處則端賴非正式和正式制度而定。在賴比瑞亞，經濟學家克里斯‧布拉特曼（Chris Blattman）及其同僚針對近 1,000 名貧窮男性進行了隨機實驗介入研究。有些人接受了 8 週訓練，促使他們的自制力和耐性增加，同時也較不衝動。這些心理方面的變化使得參與者的犯罪率降低，並在短期間有更多儲蓄。然而，儘管這項研究明確證明了耐性與自制力可以從文化上加以調整，但是這些心理變化長期下來並非總是會兌現成效。原因很清楚：70% 的人後來表示自己正在儲蓄的預備金都被偷光了，通常是在警方搜查時被腐敗的警員拿走。在這樣的環境裡，文化演化並不會善待更有耐性的人。

同樣地，緊密的親屬關係是透過對於遠親網絡的強烈規範義務所建立的關係，而這可能會造成壓力，對自制力或耐性的養成有類似的抑制作用。我在斐濟經常看到這種情形：一個勤勞的人努力工作存錢，但後來某個遠房表兄弟要舉行喪禮、結婚或動手術而需要用錢，自己的積蓄就這樣化為烏有了。之所以會如此，是因為緊密的親屬為本制度是以集體方式──透過關係──來處理風險、退休和人際和諧，而不是透過個人的自制力和穩固的儲蓄。[30]

前文所強調的耐性與自制力對犯罪的影響，指出了可以回溯到中世紀的另一個長期統計數據：謀殺率。圖 11.3B 涵蓋了 4 個不同的歐洲地區，顯示了謀殺率從 1300 年的每 10 萬人中有 25

西方文化的特立獨行如何形成繁榮世界

人至 50 人遭到謀殺，下降到了 1800 年的每 10 萬人中不到 2 個人，主要降幅是發生在 1550 年之前。由於 1800 年之後加速了大規模的經濟擴張，這些地區的謀殺率也持續緩慢下降，只是相較於中世紀的降幅顯得較為和緩。如同利率一樣，我們無法從中直接觀察自制力或是自我規範，而且謀殺率肯定受到心理變化之外的其他諸多因素影響。不過，至關重要的是，大多數的這些謀殺事件都是屬於「酒吧鬥毆」的類型，男性（是的，不是女性）都必須要能夠壓抑脾氣、堅定自制並離開現場。讓那個臉上帶著得意竊笑的混蛋再也笑不出來，或許當下感覺很棒，但是接下來呢？讓我們舉例說明，誠如一位 13 世紀的法國王室官員所下的定義，「謀殺」就是「當一個人在激烈的打鬥中殺了另一個人，也就是一旦緊張對立演變成辱罵、辱罵演變成打鬥，通常就會有一個人因此而死」。確實如此，關於 13 世紀英格蘭謀殺紀錄的一份分析揭露了，90% 的謀殺案都是為了回應辱罵或爭吵而出現的一時衝動的攻擊行為，並不是預謀犯罪。在 16 世紀的法國阿哈爾（Arras），45% 的謀殺發生在酒館內或是剛出酒館的地方，而同時期的法國杜埃（Douai）和德國科隆（Cologne）則有一半以上的暴力犯罪都涉及了酒精。[31]

　　這裡要說明的是，人們在心理上正在適應著一個世界，這個世界正從以親屬關係的外部約束和家庭榮譽所激發的誘因為核心，轉變成由獨立的店主、工匠和商人處於主導地位，這些人靈活地與無數陌生人互動，進行互惠互利的交易活動。在這個益發個人主義傾向的世界中，對於微小侮辱或單純誤解報以衝動、暴

力和不守紀律的行為，這樣的名聲是再也行不通的。誰會想要捍衛一個魯莽的人，或是跟這樣的人結婚或做生意呢？在人們到處尋覓與陌生人建立關係的公開市場中，個人就能找到另外一個擁有更佳自制力的朋友、未婚妻或員工。[32] 在《通商條約》（*Traité Genéral du Commerce*, 1781）中，荷蘭律師塞繆爾·里卡德（Samuel Ricard）為此提供了最佳說明：

> 商業透過互利把人與人（男性）連接起來。透過商業，道德與生理的熱情被利益所取代……商業的一個特質就是把自身與所有其他專業區分出來。它強烈影響了男性的情感，足以使驕傲和傲慢的男性突然間變得溫順、屈從，且可供人差遣。透過商業，男性在言行舉止方面學會了深思熟慮、誠實、懂得規矩、謹慎和節制。男性意識到明智和誠實是成功的必要條件，故而會遠離惡習，或至少他會展現正派和嚴肅的態度，好讓現在或未來相識的人不會產生不利的評價；他也不敢讓自己丟人現眼，害怕會因此損害信用等級，而社會可能會為了避免醜聞而必須對之加以譴責。[33]

引人關注的是，當整體的謀殺率日漸下滑，到了 19 世紀末的時候，受害者是謀殺犯的家庭成員的比率卻從零上升到超過五成。男性不再因為在酒吧遭到侮辱和地位受到挑戰而殺害那麼多的陌生人和相識的人，但相對之下則更有可能殺害家庭成員。幾

　　西方文化的特立獨行如何形成繁榮世界

乎沒有什麼統計數據可以比這個更有力地突出非個人利社會性的興起，以及親屬關係的中心地位同時式微的情形。

逐漸普及的自制力和耐性似乎已經從城市中產階級（商人、工匠、專業人士和文職官員）擴展至勞動階級和社會菁英。我們從一個事實中窺見了這個現象，購買首批政府債券和投資早期合股公司的是城市中產階級，而不是財富極多的王公貴族。例如：在 18 世紀下半葉，東印度公司（East India Company）的股東主要是銀行家、政府官員、零售商、軍事人員、神職人員和貿易商。[34]

做自己：WEIRD 性格的起源

心理學家觀察了美國和其他 WEIRD 群體的性格類型和面向，大都相信這是足以代表人類的模式。我認為這是錯誤的。進化途徑反而表示了，個人和各群體會——至少會部分地——調整或校準本身的性格，以符合個人一生中和跨越幾世代所面對的社會、經濟和生態環境中穩定長久的位置。就發展方面來看，我們會期望孩童調整自身性格，以因應成長過程中所面對的世界樣貌、機會與示能性（affordances）*。更微妙的是，我們對於文化

---

*　譯注：此為生態心理學的概念，意指人的行為都受到環境的制約，是隨環境的刺激而產生。

演化所形塑的性格構成的期待，往往會偏好不同套裝的世界觀、動機、標準、儀式化的慣例和生活的常規。[35]

為了要了解性格特質的文化演化，尤其是何謂心理學家所定義的性格（例如：外向性和友善性等等），讓我們回顧一下從農耕的起源到中世紀歐洲商業城市的發展過程。自從農業在大約一萬二千年前出現之後，農夫基本上是開放給大多數人從事的一項主要職業。除了性別的勞力分工，農家必須什麼都做：播種、除草、耙地、採收、收割、打穀、研磨、放養畜群、剪毛和屠宰等等，而這些不過是一些基本工作而已。人們通常也必須要蓋屋、製作器具、織衣、照料牲口，以及保衛他們的社群。隨著社會的規模和複雜度日漸擴大，廣泛的經濟專業化確實出現了，但這並不代表個人能夠自由選擇。通常的情況下，特定的氏族、親類或地方社群會培育出特有的技能或實際知識，並與其他擁有互補性技能的群體發展出受到規範控制的人際關係。

以玻里尼西亞的複雜酋邦為例，當地氏族各自專精於農耕、捕魚、做獨木舟、當然還包括了統治（酋長）。個人到底會是個農夫或戰士則端賴於自己所出身的氏族。首批城市出現之後，職業專業化和分工日漸普及，但是知識的結構與下一代專家的延攬方式並沒有改變太多。身處於這些社群中的個人並無法輕易選擇心儀的職業，反而是在親屬為本制度的宰制下，個人的職業選擇受到家庭、氏族、種姓或族群的強力約束。不同的地方都有賣牛奶的氏族、貿易商的家庭，以及製作便鞋的種姓。人們能做的不是找到一個合適的位置，並調整自己以期更能如魚得水，反而是

西方文化的特立獨行如何形成繁榮世界

要找出融入自己天生的位置的方式。我不想過度強調這個部分，畢竟有時是可能出現某種流動，只不過一般來說幾乎沒有什麼選擇，而且繼承的約束力是很大的。[36]

不過，在中世紀時期，歐洲發展出了一個不同的世界。前文已經解釋過，城市與鄉鎮當時正快速成長；非個人市場正在擴展；專門的自願組織正選擇性地招募和訓練成員；各種多元的職業正萌芽生長，例如：鐘錶匠、律師、會計師、印刷商、槍匠和發明家等等。同一段時期，有鑑於薄弱的親族關係、更大的居住流動性，以及市鎮特許狀持續擴張權利與特權的項目，這些都保障了個人有更多的自由去加入不斷增加的組織、學徒制、行會和職業。這樣的社會環境意味著個人必須要「出賣自己」，依據的是個人屬性、專業能力和特質美德，而不再主要是以個人的友誼、血緣或家族聯盟——當然，關係和人脈的價值正逐漸貶值，但從未消失。[37]

在這樣的世界，人們逐漸能夠選擇適度符合自己性情、喜好和屬性的職業或團體；然後，他們就能努力磨練自己的特質，以便在與他人的競爭中勝出。人要維生可以成為善於交際的推銷員、盡責認真的工匠、一絲不苟的抄寫員，或虔誠的神父，而且性格特點在過程中會被誇大或壓抑。當然，女性的選擇更是稀少，但要比大多數其他社會的女性來得多。請記得，她們是晚婚的，通常可以挑選丈夫，婚前也常有給付薪資的工作。不像其他社會的女性，歐洲女性還可以乾脆放棄婚姻，追隨神的召喚進入教會服務。整體而言，這讓個人擁有更大的自由去選擇符合所承繼的

特質的社會角色、關係和職業。隨著時移事往，人們可以調整、專精和誇大本身最重要的特質。[38]

這段過程的電腦模擬顯示了，這些社會與經濟的發展激發出了更多元的個人特質，而個人也專精於不同的社會位置和職業。或者換句話說，獨特性格面向的數量也開始爬升。隨著時間推移，這個過程開始加劇，因為隨著人口愈多、人口密度愈高、出現愈多關係性的流動，就有愈多個人想尋覓且實際能夠找到最適合自己的才能、特性、志趣、怪僻和愛好的人際關係與組織。[39]

這個了解性格的方法與心理學學科的多數看法可謂大相逕庭。人格心理學家長久以來認為有特定幾個重要且普世的性格，並且想要把性格簡化為某些類型或一小組面向。最著名的一個方法主張人類有五個大抵相互獨立的性格面向：(1) 經驗開放性（性喜冒險）；(2) 勤勉審慎性（自律）；(3) 外向性（相對於內向性）；(4) 友善性（配合度高或心腸軟）；(5) 神經質（情緒不穩定）。這五個面向通常被闡釋為捕捉到了人類性格的內在結構，心理學家把它們命名為「BIG-5」（五大性格），但我稱它們是「WEIRD-5」（五大 WEIRD 性格）。[40]

當心理學家應用這個方法來觀察非 WEIRD 族群的性格時，他們通常可以發現 WEIRD-5，儘管像是香港和日本等地，五個面向中只有四個能夠持續浮現。遺憾的是，這類跨文化的研究對象主要是仰賴城市中心裡有著關係性流動的大學生。使用如此不具代表性的取樣，可說是有效地挑選出了每個群體中最可能擁有 WEIRD-5 的人，並且去除了大部分的制度上、職業上與人口統

西方文化的特立獨行如何形成繁榮世界

計上的變異，而我們預期這些對辨識不同社會的性格差異卻是最重要的，因此使用 WEIRD-5 的方法來觀察這些情境，其展現的粗略適用性並不讓人意外。[41]

為了繼續探索下去，與其使用前述這種亂槍打鳥的方法，檢驗的卻是同質且不具代表性的那些容易觸及的次族群的跨文化差異，我們需要的其實是一種詳盡的性格研究，對象是職業選項稀少、與全球市場幾乎沒有什麼接觸的那些以生計為導向的社會。

幸好人類學家邁克・古爾文及其團隊發表了這樣的研究，重磅刊登於心理學的一份頂尖科學期刊，撼動了人格心理學的現狀。邁克的團隊將最新的心理學工具用於觀察不識字的群體，探索了奇美內人的性格結構。奇美內人是居住在玻利維亞（Bolivia）熱帶雨林的一群狩獵採集者，我們在第 9 章就已經稍微談過他們：圖 9.2 中，代表他們的圓點落在左下方，顯示了在「獨裁者賽局」中提供低額提案金，而且無法融入市場經濟。奇美內人基本上只有兩種工作可選：要麼是丈夫，要麼是妻子。丈夫的工作主要是狩獵、捕魚、蓋房子和製造器具；妻子的工作主要是手編、紡織、煮飯和照料小孩。丈夫或妻子都必須投入農耕。[42]

邁克的團隊進行的嚴謹資料收集和深度分析著實令人折服。他們測試了超過 600 位奇美內人並對他們重複測試，還從另外的 430 對伴侶（伴侶會彼此做出評價）身上取得相同的測試結果，最後再以各種方式來檢驗得到的結果。

到底奇美內人是否顯露了 WEIRD-5 的性格面向呢？

沒有，連邊都沾不上！奇美內人的數據只顯露了兩個性格面向。不管是如何把數據大卸八塊以各種角度分析，就是找不到像是 WEIRD-5 的面向。此外，依據與奇美內人的兩個性格面向各自相關的特質群集，不管是哪一個面向都無法吻合 WEIRD-5 的任何一個面向。邁克及其團隊主張這些面向捕捉到了奇美內人獲得社會成功的兩條主要途徑，我們可以粗略地描述為「人際利社會性」和「勤奮」。概念是，如果你是個奇美內人，你要麼一心一意地進行前面提及的狩獵或編織等生產性活動和技能，要麼就是投注時間和心神來建立更多資源豐厚的社會關係脈絡。除了這些主要策略，每個人還必須是個通才。例如：所有男性都必須學會手造獨木舟、追蹤獵物和製作木弓。就算是外向的人也不能成為保險推銷員或遊輪娛樂總監，而內向的人則與經濟學家或程式設計師無緣。[43]

我們已經掌握了奇美內人的案例，現在讓我們回頭討論性格的跨文化數據。我認為，我們在不同的社會都察覺到 WEIRD-5並不奇怪，因為心理學家幾乎完全以城市中的大學生來做為跨文化研究的對象。不過，儘管研究對象具有這種同質性，我們依舊可能從跨文化數據中偵測到性格的長期文化演化。請回想一下，在 WEIRD 群體之中，性格的五個面向通常是各自獨立而互不相關。這就意味著，例如，就算知道一個人在「友善性」面向的量表分數，也無法告訴我們那個人的「外向性」或「神經質」。

現在想像一下 WEIRD 群體能夠取得社會位置的數量開始減少。隨著選擇變少，社會可能不再有任何位置可以容納同時是外

西方文化的特立獨行如何形成繁榮世界

向和神經質的人（如電影明星），或者是既內向又勇於冒險的人（如野生靈長類動物學家）。社會位置數量的減少，會導致既存性格面向之間的相關性逐漸增加，而這是因為位置和專家人數的縮減意味著每個人都必須成為一個通才，而某些性格的結合已經不再是個選項。隨著這樣的過程持續下去，一些面向會緊密相關到實際融合成單一的全新面向。到頭來，五個變成四個、四個變成三個，而最後是兩個性格面向。

為了測試這個想法，我們可以檢驗不同社會的 WEIRD-5 性格面向之間的平均交互相關性。預想的結果是，職業比較不專業化和社會位置較少的社會，將會表現出 WEIRD-5 性格面向之間具有較高的交互相關性。由於任何群體中可得的社會位置的數目與現代世界的職業專業化及都市化密切相關，我們應該可以預期在都市化和（或）職業專業化較低的地方，WEIRD-5 性格面向之間會呈現出較高的相互依存度（交互相關性）。

亞倫・盧卡謝夫斯基（AaronLukaszewski）、邁克・古爾文和克里斯・凡魯登（Chris von Rueden），以及他們的同僚，使用了 55 個國家、近 17,000 人的數據，發現在都市化愈高或職業愈多元的國家，WEIRD-5 性格面向之間的交互相關性就愈低。圖 11.4 以都市化來闡明這一點：若來自較為窮鄉僻壤的國家，人們的性格面向之間展現了較低的整體相互依存度，而這也表明了趨向更少的性格面向。這個分析表示了 WEIRD 社會性格結構的大部分變異，或許是來自於都市化或職業多元化的差異。[44]

我們已經認識到這些性格類型是如何從中世紀歷史開始，依

據的是急劇的都市化（圖 9.5）、市場整合度（圖 9.7），以及職業行會驟增（圖 10.6）的資料。這些趨勢連同天主教會「婚家計畫」對心理影響的證據，顯示了城市居民擁有不斷擴增的社會與經濟位置，他們可以且也確實是自願進入那些位置。我出於比較的樂趣，在圖 11.4 標記了約略可與西歐相比的都市化程度。讀者可以看到，中世紀西歐與剛邁入 21 世紀時所研究的任一國家相較，都市化程度是相當低的。這表示了中世紀歐洲跟今日相較，大概有著不同的性格構成，但是已經開始朝向 WEIRD 的方向演變。

當然，我們不該太認真看待我反向推估的圖 11.4，這是因為我們預期現代都市化程度會捕捉到──以某種複雜的方式──多樣化職業、關係性流動、勞動移動、個人主義式動機和自願組織的存在。基於這個原因，我們不會預期中世紀時期的中國或伊斯蘭世界的都會區居民有類似 WEIRD-5 的性格結構。

儘管如此，在某個程度上，都市化程度的歷史數據還是粗略捕捉到了一個世界，身處其中的個人有著多樣的社會位置和專門職業的選項，所以我的反向推估圖表或許有其用處。想像一下沿著圖 11.4 的軸線回到過去，回到一個以農業為主的社會，農夫是當時的唯一職業。最初，最都市化的人口身上可以發現的五個性格面向會變得日益相關。接下來，五個面向會彼此融合在一起。最終，如果邁克和他的共同研究者是對的，我們將會來到一個具有一或兩個性格面向的世界，對應的是依據地方性的生態、科技和一套制度而獲得社會成功的主要策略。

西方文化的特立獨行如何形成繁榮世界

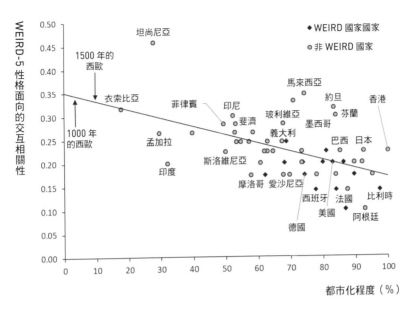

圖 11.4　55 個國家的都市化程度與 WEIRD-5 性格面向的交互相關性之間的關係。都市化程度是都會地區的人口比例。WEIRD-5 性格面向的相互依存度則是取自五個面向的平均交互相關性，交互相關性愈低，五個面向就愈加各不互涉。至於中世紀歐洲的都市化程度歷史數據，我使用的是居住在超過 1 萬人的城市的人口比例。[45]

　　性格的構成反映出的只是文化演化如何形塑人們心理這個方面的一部分而已，但是或許有著更深刻卻更不易察覺的影響。誠如第 1 章所示，緊密的親屬為本制度要求的是，個人要根據自己與他人的關係而展現出對應的各種言行舉止。有些關係明確要求表現出戲謔，有些關係則要求安靜地服從。相較之下，非個人市場和關係性流動的世界則偏好個人在不同情境和關係中有一致

的行為表現，並且要針對不同位置培養獨特的個人特質。至少有一千年的時間，這些文化的演化壓力促成了特質論在一定程度上的興起。個人日益尋求在不同情境中的一致性——做「自己」——而且會對無法表現出一致性的他人做出負面評價。了解這一點有助於解釋 WEIRD 群體為何會比其他人更有可能把個人行為的原因歸咎於個人特質，而不是情境或關係（基本歸因謬誤），以及他們何以對自己行為不一致會感到如此不自在（認知失調）。回應這種文化建構的世界觀，WEIRD 傾向的人將永遠都在尋找「真實的自我」（祝好運！）。因此，儘管一般來說，特質，尤其是性格，確實存在於不同的社會，並且可以回溯到歷史之中，但它們就是對 WEIRD 社會來得更重要。[46]

稟賦效應

一直以來，以狩獵採集維生的哈扎人彼此間不會有商業行為，與其他群體也鮮有交易。有需要時，他們甚至可能會與鄰近的農業和畜牧社群進行沉默貿易（見第 9 章）。長期觀察哈扎人的民族誌學者詹姆士‧伍德柏恩（James Woodburn）強調了這個模式，他寫道：「與其他哈扎人交換東西是要受譴責的。即使是在 1990 年代，跟其他哈扎人進行以物換物、交易或販售，實在是讓人無法接受的行為……」話雖如此，全球市場的無情擴張已經讓哈扎人開始被蜂擁而至的好奇觀光客所吞噬。這些非個人市場正如何影響著哈扎人的心理呢？[47]

柯倫‧艾琵瑟拉是位人類學家和心理學家，她與研究同仁在

一個巧妙的實驗中檢驗了哈扎人中所謂的**稟賦效應**現象。研究會隨機分發可用來生火煮飯的兩個不同顏色的打火機，每位參與者只會拿到一個。參與者接下來有機會去交換不同顏色的打火機。參與者交換的次數有多頻繁呢？因為柯倫是隨機分發給參與者某個顏色的打火機，我們預期他們約有五成的機會交換打火機——如果他們是理性的，且有顏色上的偏好。[48]

在 WEIRD 群體中，人們極少會在這個實驗裡進行交換，故而打火機的交換頻率要遠低於 50%，大約是 10%。WEIRD 傾向的人對於自己擁有的物品會產生心理依附，因而讓他們的行事顯得很不理性——這種情感依附就是稟賦效應。個人擁有一樣物品，這件事似乎會讓那樣物品更有價值。不管是 WEIRD 群體裡的幼兒園孩童或是大學生，都會明顯表現出這種 WEIRD 心理模式，因此這並非與購買或販賣物品的直接個人經驗有關。[49]

哈扎人會有什麼樣的表現呢？

這部分則要看我們觀察的是哪一群哈扎人。在最偏遠的哈扎人部落，由於人們過的是全天候的狩獵採集生活，極少仰賴交易或市場，當地的哈扎人基本上是理性行動者，交換打火機的頻率約為五成。然而，當柯倫在市場整合度較高的哈扎人居住地進行實驗時，當地人日漸仰賴販售箭、弓和頭帶給前來探險的觀光客，實驗參與者保有最初拿到的打火機的頻率是 74%。

兩者的差異實在顯著：幾乎沒有與市場整合的狩獵採集者沒有表現出稟賦效應，但是當其中的部分人口接觸到非個人市場之後，他們對最初收到的東西開始產生非理性的占有心理。儘管所

有的哈扎人普遍共享相同的親屬為本制度、語言、宗教信仰和其他文化層面，這樣的情況還是發生了。

當柯倫以食物（不同種類的袋裝餅乾）取代了打火機，她得到一樣的結果。融入市場的哈扎人有 76% 會保有最初的餅乾，而居住在偏遠部落的哈扎人則只有 45% 會保有最初的餅乾。結果再次顯示，傳統生活型態的哈扎人基本上是理性的交易者，但融入市場的哈扎人就顯現了清楚的稟賦效應。

這是怎麼一回事？市場和稟賦效應有著什麼關聯呢？

這是一個好問題。我認為非個人市場會養成人們對個人特質、獨特能力和個人所有權的重視。這樣的市場也能促進炫耀性消費（如別緻的懷錶），人們會利用消費品來表現自己的個人特質。心理學家主張這種自我關注會導致人們把個人的財產視為自我的延伸，經由與擁有者個人認同的連結，為自己的物品注入更高的價值。只要馬克杯、打火機和餅乾是**我的**，它們就會變得更好。一項比較北美和東亞大學生的稟賦效應規模的研究，支持了這種看法，毫不意外，北美大學生比東亞大學生展現了更強烈的稟賦效應。當然，這兩個團體的市場整合程度是相當的，但是各自擁有明確的社會規範，要麼提升了個人的中心地位，要麼壓抑個人使之成為群體的一部分。[50]

重要的是，不要將沒有融入市場的哈扎人欠缺稟賦效應，視為人性的「自然狀態」。哈扎人自身擁有強大的社會規範，可以促進食物與其他物品的廣泛分享，只不過其方式並不是基於直接交換、夥伴選擇或互惠原則。例如：哈扎人會玩一種賭博遊戲，

玩家可以贏取彼此的箭、刀和頭帶。如果幸運之神眷顧了某個人，而且那個玩家設法贏得了一大堆好東西，那麼他在巨大的社會壓力下就必須繼續賭博下去，賭到好運用盡，直到恢復了某種程度的平等狀態為止。要是他抗拒的話，像是偷偷溜到另一個部落，他就會發現自己陷入了不斷遭人索求所擁有的大量物品的境地。社會規範迫使他必須要分享，因此他所囤積的物品不到幾個星期就會沒有了。總之，在哈扎人之間，個人不能過於執著自己的物品，因為沒過多久就會成為別人的東西。這樣的制度想必會壓抑稟賦效應的浮現。[51]

有鑑於可以取得的跨文化數據是有限的，我對稟賦效應的解釋尚且只是一個建議。我們之所以無法進一步了解，箇中原因乃在於，數十年來經濟學家和心理學家在研究西方的樣本時，他們認為自己衡量的不過是人類心理的一項特徵，而不是對於某個社會的制度、語言和科技的局部認知校準。如同許多其他的心理學研究結果，稟賦效應的強度範疇極廣，可以是 WEIRD 社會的極端狀態，或者是在傳統哈扎人身上根本不存在這種效應。

在本章結束之前，我需要坦承，這一章所呈現的稟賦效應的觀點比起前面的章節更接近推測，儘管有不少足以支持的證據，但通常是拼湊而成的，並且有些重要見解是取自單一個案研究。儘管邁克·古爾文和柯倫·艾琵瑟拉等先驅所做的這些研究都具有最高的品質，但是它們依舊只是單一個案的研究，有時只涉及單一群體。在前面的章節中，我一般會納入不同研究者的眾多彙集數據，還會有來自幾個社會的大量樣本。因此，敬請依據這樣

的情況調整你對文中論述的信心。

又廣又深，但是有多廣多深呢？

本書的重點是要指出，人的心理會改變以因應所面對的制度世界與科技世界，而且通常是歷經幾世紀的文化演化。因此，要了解 WEIRD 心理，我們需要考量西元 1000 年到 2000 年之間於歐洲部分地區開始發展的更趨向個人主義的世界。為了闡明在此過程中所產生的一些相關心理模式，本章著重於兩組相互關聯的事物，其一關注的是我們對於時間、勞動、守時和耐性的想法，其二則包括了 WEIRD 的性格、特質，以及單一「自我」的中心地位。在中世紀盛期和晚期，數量不斷增加的歐洲社群開始調整對於時間和金錢的看法，連帶改變了他們對於勞動、工作和效力的觀感。隨著人際關係和親屬為本制度的重要性逐漸式微，培養出勤奮工作、有效率、自制力、耐性和守時的聲譽也變得日益重要。如行會、修道院和市鎮等自願組織，構思了激勵措施來鼓勵這些屬性，並將這些屬性灌輸給成員，以便能夠挑選和訂定會員資格，讓所屬團體與其他團體有所區別。人們愈來愈相信上帝很在意這些特質，或者擁有這些特質至少彰顯了上帝的恩寵。這樣的想法成為了新興的基督新教的信仰。隨著城市發展、市場擴張，以及自願組織的增加，人們逐漸會選擇最符合自己屬性的社會位置與專門職業。他們接著還會進一步形塑與鍛鍊那些原生的特質、天分和能力，以便契合自己選擇的位置。這個過程重塑了性

西方文化的特立獨行如何形成繁榮世界

格結構──讓我們有了 WEIRD-5，鞏固了重要性高於環境和關係的個人特質的中心地位。

在本書的第二部和第三部，我們探索了 WEIRD 心理的一些重要面向的起源和演變。不過，我們絕對有理由去相信，我們觀察到的心理變化代表的不過是世界各地的整體多樣性中的冰山一角。此外，為了解釋部分的這類心理變化，我考量了親屬為本制度、非個人市場、戰爭、良性的團體間競爭，以及職業專業化的影響和互動。對於形塑人類的腦袋和心理以回應各種制度、宗教、科技、生態和語言的文化演化，這些很可能也只是捕捉到了眾多方式中的冰山一角。我們所做的一切就是進入表層之下探查。這座心理冰山顯然極為巨大，但是潛入它所在的混濁深處，我們仍無從得知到底有多廣或多深。

―― CHAPTER 11 ――
MARKET MENTALITIES
十一、市場心態

―――――――――― 注釋 ――――――――――

1. 引文援引自：Smith, 1997, p. 17.

2. Boerner and Severgnini, 2015; Cipolla, 1977; Dohrn-van Rossum, 1996;
    Thompson, 1967.

3. Levine and Norenzayan, 1999.

4. Levine, 2008; Levine and Norenzayan, 1999. 亞拉和勞勃還使用了第三種方式
    來測量時間節約。他們在每一個城市的鬧區隨機挑選了 15 間銀行，比較了
    銀行的公共時鐘和標準（「準確」）時間的差異，藉此計算出每個城市的平
    均時鐘偏差度量。這個做法的概念是，倘若人們在心理上更適應鐘錶時間且
    更在乎每一分鐘，他們就會把時間設定得更準確，且會更頻繁地校準時間。
    蘇黎世和維也納的時鐘平均最多會慢 25 秒；雅典和雅加達的時鐘偏差則平
    均落在 2.5 分鐘到 3.5 分鐘之間。我將這些差異及其他心理面向串連起來，
    重新分析的結果則揭示了，較具個人主義傾向的群體會出現較少的時間偏
    差——此與對時間節約的關注一致——但是我們也發現「比較緊密」（且
    更重視遵循規範）的社會顯現出較少的時間偏差。造成心理的緊密性有諸多

西方文化的特立獨行如何形成繁榮世界

原因，包括了歷史的親屬關係強度（見第7章），以及環境衝擊和戰爭。因此，時間偏差與心理和歷史的變異的關聯是很複雜的。

5. Cipolla, 1977; Dohrn-van Rossum, 1996; Kleinschmidt, 2000; Richardson, 2004, pp. 19–20. 宗教改革之後（1517 年，見〈序言〉），四處增設的學校會以繫在機械時鐘上的鳴鐘來宣告一天的開始和結束。教師和家庭教師會在開始教學時翻轉沙漏來加以計時。製作配方的書面文件也顯示了更精確的時間觀。12 世紀初始，針對書稿繪圖時所使用的黃金混合物，其配方表示礦石在磨坊中研磨時務必要磨「2 至 3 小時」。到了 15 世紀，關於時間的詳細說明已日漸普遍且更加明確。例如：火藥配方就載明了，硫磺、硝石和氯化銨應該要以火加熱攪拌半小時（Dohrn-van Rossum, 1996, pp. 307–308）。

6. Boerner and Severgnini, 2015; Dohrn-van Rossum, 1996.

7. Thompson, 1967, pp. 58–59. 關於不同社會的人們如何看待時間的研究，請見：Boroditsky, 2011.

8. ourdieu, 1990, p. 222; Hallowell, 1937; Levine, 2008; Thompson, 1967, pp. 58–59; nobaproject.com/modules/time-and-culture.

9. www.franklinpapers.org/franklin/framedVolumes.jsp.

10. Smith, 2015.

11. de Vries, 1994, 2008; Glennie and Thrift, 1996; Thompson, 1967.

12. Alonso, 2013; Cooperrider, Marghetis, and Núñez, 2017; Dehaene et al., 2008; Droit-Volet, 2013; Glennie and Thrift, 1996; Han and Takahashi, 2012; Takahashi, 2005; Takahashi et al., 2009. 韋伯（Weber, 1958b）在討論基督新教和資本主義時，就指出了鐘錶時間的重要性。

13. de Vries, 1994, 2008; Doepke and Zilibotti, 2008; Voth, 1998.

14. de Vries, 2008; Voth, 1998.

15. Bhui and Henrich, 2019. 在這些小型社會中，儘管我們發現女性的工作時數要多於男性，但是我們並沒有發現她們的商業性工作和整體工時之間有任何關聯。

16. de Vries, 1994, 2008; Glennie and Thrift, 1996; Henrich, 1997; Pettegree, 2015; Sahlins, 1998; Thompson, 1967.

17. Clark, 1987. 類似的收割模式也出現於英格蘭（Clark, 1987）和法國（Grantham, 1993）。還有另一個可能性，那就是人們的飲食日漸富足，部分原因是人們可以取得玉米和馬鈴薯等新作物所提供的大幅增加的卡路里（Nunn and Qian, 2011）。

18. Andersen et al., 2017; Donkin, 1978; Gimpel, 1976; Woods, 2012.

19. Andersen et al., 2017. 因為我想要驗證安德森等人的分析中的一些事物，我的實驗室團隊因此取得了他們的數據。我們在數據中加入了幾個非熙篤會的修道院的詳細位置資料，包含了克呂尼修會、道明會和方濟會。如此一來，我們就能夠比較「熙篤會效應」和非熙篤會造成的作用。當我們控制了當時的非熙篤會的相關數據，熙篤會的影響實際上就增強了一些。此外，儘管非熙篤會的修士確實對人們勤奮工作的信念有正面影響，但是與熙篤會造成的影響相比，那可說是微乎其微，而且只有聚焦在天主教徒時，才能勉強辨識出些許影響。我們的比較分析顯示了，熙篤會的效應要比非熙篤會高出 23 倍。再者，因為我們繪製歐洲時是使用亞爾勃斯圓錐等面積地圖投影（Albers equal-area conic projection），而不是安德森等人所用的羅賓森投影法（Robinson projection），因而可以更準確地估算出每個區域的土地面積。整體來說，我們重做的分析確認了安德森等人的研究結果。在此感謝卡米·克汀對這項研究工作的付出。

20. 關於市場思維對人們辛勤工作的效應，我們也可以透過人們在無意識下受到

西方文化的特立獨行如何形成繁榮世界

非個人的「商務」的促發來加以探索。運用金錢來促發人們，尤其是透過現金，可以說是建立人類的商業心理和研究其效用的簡單方式。金錢促發實驗的基本進行方式如下：參與者會被隨機分配到 (1) 處於金錢促發的狀況，要經手一些現金、觀看現金的圖像，或解讀涉及金錢的詞語；或是 (2) 處於用來對照的狀況，進行類似前述實驗狀況中的事情，但是其中不會有任何金錢或市場的提示。參與者接下來會被指派完成一項困難任務，而研究人員會評估他們堅持了多長時間、完成任務的效率，以及整體的表現。重要的是，參與者不會因為在這些任務中的表現而獲得報酬，但是會在某些情況下受到有關金錢的提示。我們得到了普遍一致的結果：參與實驗的大學生來自美國、印度、義大利和土耳其等不同國家，相較於在無金錢（對照）的條件下的大學生，受到現金促發的大學生會在後續任務中努力得更久、更賣力，且更快速，他們也會毫不意外地在這些任務上有更優異的整體表現。以幼童為實驗對象的研究也獲得了相同的結果，顯示了這些文化效應可以從小就產生作用（Gasiorowska et al., 2016; Vohs, 2015; Vohs et al., 2006, 2008）。

21. 資料出處為：Donkin, 1978. 在此感謝珍妮特·本岑分享她團隊的資料。

22. Salali and Migliano, 2015. 丹妮茲也發現，生活在同一集鎮的班圖（Bantu）農人選擇等待獲得 5 個高湯塊的機率約為 58%，故而顯得比居住在集鎮的狩獵採集者（巴亞卡人）稍具耐性。這也支持了一種論點，那就是農業（尤其是特定類型的農業）可能會鼓勵展現更強的延宕滿足的能力，因而為銀行和儲蓄帳戶等類型的制度奠下了心理基礎（Galor and Özak, 2016）。

23. Godoy et al., 2004; Reyes-Garcia et al., 2007; Salali and Migliano, 2015; Tucker, 2012. 另一項研究報告指出，從前蘇聯陣營移居美國的移民會變得比較有耐性。移民接觸 WEIRD 文化愈久，就會愈有耐性，即使返鄉之後也是如此（Klochko, 2006）。

24. Clark, 2007a; Elias, 1981; Pinker, 2011.

25. Clark, 2007a. 因為這些利率只是間接估算值，因此背後還有許多不得而知的因素（Clark, 1987, 2007a）。在近乎沒有通貨膨脹的工業化之前的農業經濟中，幾乎所有的生產性財富都離不開土地，我們因此可以依據土地平均收益或地租來推估利率。例如：倘若土地能夠以 1,000 美元的價格售出，並且每年可以從中（如從經濟作物）生產出 100 美元，預估利率就會是 10%。同樣的道理，地租就如同貸款：我借給你 100 美元，而你以土地做為抵押品並承諾會每年支付我 1 美元，直到永遠。按照這樣的協議，我們可以估計年利率是 1%。與此相關的有用討論，請見：faculty.econ.ucdavis.edu/faculty/gclark/ecn110a/readings/chapter9.pdf.

26. Clark, 2007a; Eisner, 2001, 2003. 若要檢驗如何計算出這些結果，請見：Clark, 1987, 2007a. 我根據土地收益和租金平均估算出利率，並以七個預估值的移動平均線來導出平滑曲線。

27. Clark, 2007a; Dohmen et al., 2015. 克拉克認為這些心理變化的發生可能是因為基因改變的關係，但也沒有排除文化作用的可能性（Clark, 2007b）。但是有幾個證據卻一致表示，文化演化其實在此發揮了驅動的作用。我會在本書最後一章探討文化對基因的可能影響。

28. Clark, 2007a; Rubin, 2017; Van Zanden, 2009. 利率數據一直延續到 2001 年，但是因為移動平均線的關係，圖只標示到 1974 年。

29. Arantes et al., 2013; Block and Gerety, 1995; Blondel et al., 2007; Casey et al., 2011; Cohn et al., 2014; Dohmen et al., 2015; Godoy et al., 2004; Hanoch et al., 2012; Khadjavi and Lange, 2013; Mischel et al., 1989; Pratt and Cullen, 2000; Reyes-García et al., 2007; Reynolds, 2006; Wichary et al., 2015.

30. Blattman, Jamison, and Sheridan, 2016; Squires, 2016.

31. Eisner, 2001, 2003.

32. Eisner, 2001, 2003; Elias, 1981; Lopez, 1976, p. 124.

33. Hirschman, 1982, p. 1465.

34. 有些人可能會主張，耐性和自制力的這種轉變是受到人類生活史對策（life history strategies）的改變所驅動。若此為真，我們應該可以預期，菁英階層會因為飲食富足而有較低的暴力發生率。情況卻非如此。事實上，菁英們到了 19 世紀還在鬥爭，而且如文所述，他們並沒有進行長期的財務投資。相較之下，暴力降低且會做長期投資的都是城市的中產階級：工匠、商人、銀行家、律師、官員和會計師（Appiah, 2010; Doepke and Zilibotti, 2008; Pinker, 2011）。

35. Heine and Buchtel, 2009; Smaldino, 2019.

36. Barth, 1965; Carneiro, 1987; Hallpike, 1968; Henrich and Boyd, 2008; Moll-Murata, 2008; Prak and Van Zanden, 2013; Roy, 2013. 關於 18 世紀的印度，有著幾個類似的民族誌敘述，其中之一寫道：「……印度人並不遵從那種通用且表面的教育方式——對待孩童的方式就好像是所有人都會面對相同的狀況，都要履行相同的職責；印度遵從的是，各個種姓的孩童打從嬰兒時期就已經注定了一輩子會是怎樣的人。」（Roy, 2013, p. 74.）與此同時，在帝制中國晚期，城市職業仍與特定的區域和氏族發源地相關（Moll-Murata, 2013; Winter, 2013）。

37. de la Croix et al., 2018; Lopez, 1976; Mokyr, 2002.

38. MacFarlane, 1978; Van Zanden and De Moor, 2010; Winter, 2013.

39. Smaldino et al., 2019.

40. 因為心理學家對於性格的本質和起源爭論不斷，所以我在此描繪的是一種常見但非普世的觀點（Heine, 2016; Ross and Nisbett, 1991）。在針對非學生成人的一份研究中，其採樣的對象來自迦納、肯亞、斯里蘭卡、雲南、寮國、

越南、菲律賓、哥倫比亞、馬其頓、塞爾維亞和喬治亞，但是這份研究並無法從中辨識出 WEIRD-5 的性格型態（構造／樣態）（Laajaj et al., 2019）。然而，在來自相同國家的極度偏頗的線上樣本中，同一份研究就確實發現了 WEIRD-5 的性格樣態。這個存在歧異的研究結果正可凸顯出我在正文中的論點。線上參與者是受過高等教育且通曉德文、荷蘭文、英文或西班牙文的年輕人——該調查所提供的版本僅限於這些語種。這個線上取樣的方式其實更加偏頗，原因是參與線上調查的人都是為了想要認識自己和自身的性格——這是一種 WEIRD 文化特質，不只與個人主義有關，並且是從我描述的過程所發展而來。當研究者選擇性取樣的對象是來自於能夠全然接觸到所有社會位置和職業的群體時，研究者就可以找到 WEIRD-5 的性格樣態。關於性格的地理變異的有趣研究，請見：Obschonka et al., 2018; Rentfrow et al., 2017.

41. Heine and Buchtel, 2009; Schmitt et al., 2007.

42. Gurven et al., 2013; Gurven et al., 2009. 對於古爾文及其合作夥伴的研究，常見的批評有二：(1)WEIRD-5 特質具高度遺傳性；(2) 非人類的動物也有 WEIRD-5 的性格結構。第一個批評代表了一般的錯誤，也就是未能認知到，純粹經由文化而習得的技能也具高度遺傳性，如打籃球和看電視等活動（Hatemi et al., 2015; Plomin, Defries, and McLearn, 2000; Plomin et al., 2016）。當然，基因可由許多間接途徑而產生眾多影響，但是這些途徑的存在與否則端視機制、生態等許多其他因素。至於非人類的動物的批評，就我所知的具有說服力的證據來說，對於動物展現的 WEIRD-5 的性格結構，都可以使用取材自都市化和職業多樣化的社會的人類編碼器來加以闡釋（Weiss et al., 2012）。當然，這並不代表動物缺少了求新求變或群居等各種性格特徵。這種測透性格（observer-projected personalities）的現象也適用於人類。在一項針對過著採集園藝種植生活的巴拉圭亞契人（Ache forager-horticulturalists in Paraguay）的研究中，當亞契人自己做這份慣常的性格清

西方文化的特立獨行如何形成繁榮世界

單時，結果並沒有呈現出 WEIRD-5 性格結構。然而，若是由與亞契人密切共事了三十年的人類學家，當他們使用相同的清單為亞契人評估分級的時候，我們就可以看到完整的 WEIRD-5 性格結構（Bailey et al., 2013）。

43. Gurven et al., 2013. 值得關注的是，當古爾文的團隊談論到這項研究工作所面臨的困難時，他們注意到參與研究的奇美內人不太能夠理解標準性格清單中所使用的「特質」的術語。奇美內人對跨情境特質的看法顯然不同於 WEIRD 群體。正因如此，倘若我們在一年後讓他們做同樣的性格清單，他們的答案的一致性會不如典型 WEIRD 傾向的參與者——而這可能是因為奇美內人不像 WEIRD 群體那樣地重視要在不同時空情境中保持一致性。

44. Lukaszewski et al., 2017. 應該要留意的是，大部分的 WEIRD 社會都落在圖 11.4 的黑線下方——請見黑色菱形的符號。這意味著除了當前都市化和職業多樣性的程度，可能還有其他因素削減了性格面向間的相互依存度。有個可能性就是，這些極具 WEIRD 特質的地方歷經了較久的廣泛都市化、關係性移動，以及職業選擇——文化演化因此有較長的時間去形塑這些人口的性格樣態。耐人尋味的是，隨著都市化程度的下滑，某些成對的性格面向的關聯性會比其他成對的面向提升得更快。在都市化程度下滑的情況下，友善性、嚴謹性和開放性之間交融的速度，似乎會比外向性和神經質之間要更加快速。這樣的結果之所以分外引人注目，原因我已經提過，那就是這些研究取樣的成年人並不是從每個國家隨機選出來的，相反地，大多數的取樣對象都是居住在城市裡的大學生。倘若我們改以隨機方式從這些國家取樣成年人，我猜想這些結果會更出人意表。

45. 在此感謝邁克‧古爾文所提供的數據（Lukaszewski et al., 2017）。此處，對於中世紀歐洲，我是依據超過 10,000 人（而非圖 9.5 的 1,000 人以上）的城市人口百分比來計算都市化程度，藉此提高與當代都市化程度預估值的可比性（comparability）。

46. Choi, Nisbett, and Norenzayan, 1999; Morris and Peng, 1994.

47. Marlowe, 2010; Woodburn, 1982, 1998, p. 54, 2016.

48. Apicella, Azevedo et al., 2014.

49. Apicella, Azevedo et al., 2014; Plott and Zeiler, 2007.

50. Harbaugh, Krause, and Vesterlund, 2001; Maddux et al., 2010; Morewedge and Giblin, 2015.

51. Smith et al., 2018; Woodburn, 1998.

西方文化的特立獨行如何形成繁榮世界

Part IV

Birthing the Modern World

第四部
現代世界的誕生

十二、法律、科學與宗教

我認為從第一個在美國海岸登陸的清教徒身上就可以看到美國的整體命運，
猶如從第一個人類祖先身上就可以看到人類的整體命運。

——阿勒克西·德·托克維爾（Alexis de Tocqueville），

《民主在美國》（*Democracy in America, 1835*）[1]

在過去幾世紀中，西方的法律、科學、民主政府和歐洲宗教傳播到了全球各地。即使在沒有什麼實質民主或廣泛政治代表的國家，專制政府現在通常也會上演一場包含投票、選舉、政黨和競選活動的政治大戲。在法治不彰的地方，我們依然可以看到成文法和甚至是鼓舞人心的憲法，而且看起來就跟你在美國、英國、德國和法國看到的一樣。同樣的情況，每當我旅行到偏遠的群落，從亞馬遜流域到太平洋，都可以發現一小群基督新教徒閱讀著翻譯成當地語言的《聖經》。到底這些強而有力的正式制度和無孔不入的宗教是來自何處呢？[2]

許多人相信做為西方文明遺產的這些宏偉制度，其代表的是理性（reason）的產物，以及合理性（rationality）的興起。理性主義者的主張是，這些制度是剝除教會的教條並運用「理性」的結果。基督新教更是如此：先前有許多人相信，而有些人繼續如此堅信，當人把理性套用到《聖經》所表達的真相，並且揚棄腐敗的天主教會傳統之後，人所得到的東西就是（某種版本的）基督新教。我想要提出不同的看法，主張要重視中世紀文化演化所造成的持續心理變化的關鍵作用——包括了歐洲親屬為本制度的破壞（第5章到第8章）、非個人市場的擴張（第9章）、馴化的團體間競爭形式的興起（第10章），以及廣泛流動的分工在城市中心日益普及（第11章）。伴隨著社會規範的改變，WEIRD傾向的心理浮現於歐洲四分五裂的社群之中，這些居民因而更可能會設想、擁戴和採納特定類型的觀念、法律、規則、政策、信仰、慣例和主張。關於法律、政府、科學、哲學、藝術

與宗教的許多現代觀念，對於大部分過去的人類歷史中多數複雜社會的人們來說是「不能想像的」、令人嫌惡的，或無法直覺判斷的，但是到了中世紀和早期現代歐洲則開始「吻合」了正在興起的 WEIRD 心理原型。在許多情況中，這些新的觀念、法律和政策的過濾與選擇，都是透過自願組織之間無情的團體間競爭，這些團體包括了城市、行會、大學、修道院、科學學會，以及最終的領土國家。[3]

關於這些全社會發展與人們不停變化的知覺、動機、世界觀和決策偏誤（decision biases），想要描繪兩者之間的無數關聯與互動，可以輕易寫成好幾本書。不過，我在此的目標沒那麼宏大。我想要闡明的是，1500 年之後，日漸浮現的 WEIRD 心理傾向可能如何促成了一些典型西方正式制度，而這些制度開始主宰了法律、政治、科學與宗教領域。[4]

在進入討論之前，由於 WEIRD 心理的四個層面可能廣泛影響了在 1000 年到 2000 年之間於歐洲建立的正式制度，因此讓我們先來考量一下這四個層面。

一、**分析性思考**：為了能夠更妥善應對個人欠缺緊密的社會相互連結的世界，人們日漸多以分析性的角度來思考世界，而較少以整體性／關係性的方式切入。更分析性導向的思想家在解釋事物時，偏好把個人、情況、處境或物件歸類到各自的類別，通常是與特定的屬性有關，而不會關注個人、情況等等

西方文化的特立獨行如何形成繁榮世界

之間的關係。個人行為或物件接著就能以各自的屬性或類別資格來分析解釋（例如：「它是電子」或「他是個外向的人」）。如果出現了矛盾的困擾，較傾向分析性思考的人會尋求以較高或較低層次的類別或區別來「解決」矛盾。相較之下，整體性導向思考的人要麼沒有看到，要麼就是接受矛盾。在歐洲，分析性的途徑逐漸被視為優於整體性的途徑，也就是說，分析性的途徑變成在規範上才是正確的，並且受到高度重視。

二、**內在歸因**：隨著社會生活的關鍵基質（substrates）從人際關係變成個人，思想家日益強調個人內在歸因的關聯性。這包括了特質、愛好與性格等穩定特性，以及信念和意圖等心理狀態。如此一來沒過多久，律師與神學家甚至開始臆斷個人是擁有「權利」的。

三、**獨立與不守成規**：人們受到養成個人獨特性的激勵措施的刺激，不再尊重崇高神聖的傳統、古代智慧和有智慧的耆老。基於良好的演化理由，各地的人們往往會順應同儕、聽從長輩和遵循歷久不衰的傳統；然而，在親屬關係薄弱和非個人市場的社會中，其激勵措施會大力反抗這種狀況，有利於個人主義、獨立與不守成規，至於過度自信和自我推銷，那就更不用說了。

四、**非個人利社會性**：隨著生活對非個人關係或陌生人
　　的應對日益受到非個人規範的控制，人們變得喜愛
　　適用於所屬群體或社群（城市、行會和修道院等等）
　　中的個人公平規則與非個人法律，而這不依賴於社
　　會關係、部落認同或社會階級。當然，我們不該將
　　這些早期的跡象與現代世界中發展成熟的權利、平
　　等或公正的原則混為一談。

中世紀盛期，以上這些 WEIRD 心理及相關層面，已經在散
居西歐各地的一小群具影響力的群體中生成、蔓延。在這本書裡，
我偶爾會指出這種 WEIRD 心理原型對於創造出新的正式制度的
影響，但是現在讓我們統述這些觀念，就從法律和政府開始談起。

普遍法則、相互衝突的原則，與個人權利

更趨近 WEIRD 的心理於中世紀盛期逐漸浮現，尤其是在教
會與自由城市之中，這意味著構成西方政府與法律概念的想法
變得「更容易想像」，並且逐漸更為自覺。與此同時，由於緊密
親屬關係的瓦解和部落隸屬關係的消散，不只更容易施行治理個
人的法律，也更容易發展出運作良好的代表議會。這樣的改變並
非是肇始於異想天開的知識份子、哲學家或神學家所設想的「民
主」、「法治」或「人權」的大理論。這些觀念反而是隨著較有
個人主義心理傾向的一般人 —— 不管是修士、商人或工匠 ——

開始組成彼此競爭的自願組織時，一點一滴地慢慢形成。組織必須決定本身的管理方式，不僅要現有成員能夠接受，也要能吸引新成員，以便與其他組織競爭。經過目光短淺地摸索的琢磨過程——而不是因為得到根植於某種抽象合理性的智識頓悟——不斷成長的社會規範與組織實務被拼湊起來，寫成了章程，並制定為成文法。例如《商人法》就演變成了商事法。

讓我們思考一下為日後許多重要聲明奠定基礎的個人權利或自然權利的概念，如聯合國大會（UN General Assembly）於 1948 年通過的《世界人權宣言》（Universal Declaration of Human Rights）。誠如我們所見，中世紀的城鎮為了爭取成員而賦予市民持續擴充的一套特權，且正式集結成城市特許狀。擁有能夠吸引更多成員的特許權的城市中心——推測是提供了人們想要的東西，並同時帶動了經濟繁榮——開始被其他地方複製、修改和重組。隨著時移事往，城市特許狀日漸提供了更多法律保護（「正當程序」〔due process〕的形式）、免稅、財產權、互助保險，以及免於被（地方統治者）徵召入伍。逐漸增多的中產階級城市居民藉由要求更多權利、自由與特權來逼迫統治者，而增加的歲收與更多的可得信貸說服了王公、公爵和其他統治者，他們通常會屈服於市民的要求。[5]

到了 1200 年，教會法學家（canonists）有效運用已經四處傳播的觀念與想法，開始正式發展自然權利的概念。這些想法很快就滲入了這段時期正在快速廣設的大學機構（見圖 10.6B）。經過了幾個世紀，這些概念慢慢地往上滲透到國家級的政府。例

如：英格蘭議會在 1628 年和 1689 年分別通過了《權利請願書》（Petition of Right）和《權利法案》（Bill of Rights），都主張個人和議會的權利高於君主，《權利請願書》更影響到了日後的《美國權利法案》（U.S. Bill of Rights）10 項修正案中的 4 項。[6]

我們透過考量人們的心理變化，就可以推斷這些攸關個人權利的概念是如何出現及其出現原因。當居所流動的個人湧入中世紀歐洲不同地區的城市中心，他們怎麼會想到法律呢？由於脫離了親屬關係連繫的保護網，且被迫要熟悉一個充滿非個人市場、相互競爭組織和職業日趨專業化的世界，他們日漸重視自身的屬性、意圖與特質。他們擁有新的分析性傾向，故而在解釋和辯護規定與法律時會試圖援引個人的內在屬性，而不採用自身的人際關係或譜系。必要時，他們寧願編造像是「權利」這樣的無形資產來編制法律，而不是出於調和既有（繼承而來的）關係的需求來合理化編造的法律。

相對於這些中世紀以個人為中心的法律發展，同一時期的中國對於犯罪的懲罰則要看涉及其中的個人之間的關係。一般而言，比起非親屬關係的罪行，犯下違背親屬關係的罪行要受到更嚴厲的懲罰，然而比起年幼者對年長者犯下的罪，年長者對年幼者犯下罪行會受到比較輕微的罰則。事實上，即使是在 20 世紀，謀害兒子的中國父親可能只會得到警告，但是兒子傷害父親或是兄長則要面臨較強硬的懲罰。儘管這種不對等的情況可以受到儒家思想的辯護，並訴諸於對長者的深刻敬重，但具有 WEIRD 心理的人是不能接受這種情況的。我們可以理解，但對我們大多數

人來說，支持關係取向的法律態度並無法做為良好的論證。[7]

　　讓我們再從另一個方向來探索。《美國獨立宣言》（The Declaration of Independence）宣稱：「我們認為下面這些真理是不言而喻的：人人生而平等，造物者賦予他們若干不可剝奪的權利，其中包括生命權、自由權和追求幸福的權利。」*如果人被賦予如此抽象的資產的觀點對你來說是有意義的，那麼你可以說至少有一點 WEIRD 傾向。倘若個人 (1) 傾向於指涉內在和持久的屬性（不是人際關係或血緣關係）來對事物進行分析性的解釋或辯護，以及 (2) 偏好廣泛適用於不同範疇或階級（例如「地主」或「人」）的公正規定，那麼關於「不可剝奪的權利」的宣稱似乎是不言而喻的。相對來說，就大多數人類社群的觀點來看，對於個人擁有與自身的社會關係或傳承無關的天生權利或特權，這樣的概念並非不言而喻。就科學的角度而言，我們身上的 DNA 或其他地方並無法檢測出有任何隱藏的「權利」。這個概念之所以能被人接受，是因為它訴求的是某種特定的文化心理。[8]

　　隨著個人權利的發展，教會法學家也開始就與心理狀態的作用有關的法律概念來協商刑事責任。在評估刑事責任時，羅馬法及其他早期法律制度都會考量人們的某些心理狀態，通常會區分故意殺人行為與意外殺人行為。不過，西元 1000 年之後的西

* 譯注：譯文取自美國在台協會網站：https://web-archive-2017.ait.org.tw/zh/declaration-of-independence.html。

方法律則日益重視心理狀態。中世紀歷史學家布萊恩·蒂爾尼（Brian Tierney）寫道：

> 對個人意圖、個人合意〔與〕個人意志的關注是 20 世紀文化的特徵，並且影響到教會法的許多領域。在婚姻法方面，到了 20 世紀末，只要兩造雙方合意，就足以構成有效的聖婚（sacramental marriage），而不需要經過其他正式手續。在契約法方面，無償的承諾就足以建立有約束力的義務——重要的是立約人的意圖。在刑法方面，犯罪和懲罰的程度同樣是與個別被告的意圖有關，並且引領出了如同現代法律系統中對於過失行為與減輕責任的複雜考量，而我們現今認為這些領域調解了個人權利與公共秩序的維持。[9]

　　教會法學家在決定某人的刑事罪責時，會仔細地剖析犯罪者的信念、動機與意圖。讓我們思考一下這個案例：有位鐵匠將一把鐵鎚砸向他的助手而殺了對方。中世紀的法學家不只會開始詢問鐵匠到底是否**想要**殺害助手（動機：死者與鐵匠的妻子打情罵俏），同時也會詢問鐵匠是否**企圖**要殺死助手，而且**相信鐵鎚可以達到目的**。倘若鐵匠原本企圖在隔週殺害助手（下毒），卻以為他是闖入者而提早意外用鐵鎚殺死了對方，這有關係嗎？他們決定鐵匠的罪責時，會因為處於數個不同心理狀態的哪一個而有差別。分析這些心理狀態時，法學家建議只要犯罪者是出於自身

防衛，或者是因為年紀尚輕、心生困惑或精神上無行為能力而無能理解自己當下的作為，即可減輕謀殺和毆打的刑事罪責。先前的羅馬法學家，其主要目標是為了強制執行政策和維護重要利益（如財產），教會法學家則是一直關心著被告的心理狀態。不同於早期中世紀歐洲或前現代中國的法律與習俗，聚焦在心理狀態的這種情況意味著，親屬若是缺乏罪責的必要心理狀態，便沒有充分理由要共同承擔犯罪者的罪行、責任或懲罰。[10]

我們在前幾章就已經討論過這些法律發展與心理運作的關聯。克拉克・巴瑞特的人類學團隊除了研究小型社會中的人們對違規者的判斷是如何受到意圖的影響，也研究了不同的「減輕刑責因素」可能會如何影響人們對犯罪者心理狀態的推斷，以及此推斷如何影響人們對於像是毆打（用拳頭揍打他人的臉）等暴力攻擊行為的罪責判斷。在行為（揍打）和結果（流鼻血）保持不變的情況下，該研究團隊探索了五項減輕刑責的因素：犯罪者是 (1) 出於自身防衛、(2) 對於處境有錯誤的看法、(3) 擁有的道德承諾與他剛來到的這個地方的社群人士不同、(4) 精神失常，或者是 (5) 出於必要性。就第二個條件（錯誤的看法）來說，犯罪者相信自己是為了阻止攻擊事件才介入，但事實是所謂「打架的人」不過是在鬧著玩。就包括了道德承諾的第三個條件而言，犯罪者之前所處的社會認為，為了讓看來懦弱的年輕人堅強起來而把他打一頓並無過當，甚至是可敬之舉。至於最後一個條件（必要性），犯罪者打算提一桶水來撲滅危險的火災，卻身處於喧鬧擁擠的房間裡，為了盡速拿到那桶水，他不得不迅速推開一個擋

路不走的人。

在所有十組不同地方的研究群體中，自衛和必要性都是重要的減輕刑責因素——因此，沒有任何一組完全不顧心理狀態。不過，在有些社會中，這是唯一與上述相關的區別：犯罪者不會因為錯誤的看法或精神失常而獲得寬容。與這極為不同的是，洛杉磯的 WEIRD 社群會根據這些減輕刑責因素來細分犯罪者的「惡劣」程度和其應得的懲罰。自衛和必要性分別激發了最多的寬容，接下來依序是錯誤的看法和精神失常。饒富興味的是，不同的道德信念確實會促使 WEIRD 社群對犯罪者有更嚴厲的判斷——蓄意揍人並且相信自己做得很好，就似乎比蓄意揍人但覺得自己做錯了來得更糟。從這十組研究群體來看，當一個社會的親屬為本制度較不緊密，人們就更常會根據減輕刑責的五項因素來關注犯罪者心理狀態的細微差異。[11]

首重個人——其權利與心理狀態——闡明了西方法律傳統發展的核心趨勢，然而中世紀盛期其實醞釀著與法律有關的更深層事物。法學家暨史學家哈洛德·伯爾曼（Harold Berman）在權威著作《法律與革命》（*Law and Revolution*）中主張，當 12 世紀的教會法學家研究古羅馬法《查士丁尼法典》的時候，他們窺見了某個其實並不在其中的東西。《查士丁尼法典》於 6 世紀在東羅馬帝國彙集而成，是一部長達數千頁的龐大法律彙編，包括了令人眼花撩亂的大量法規、判例與法律評論。中世紀的法學家由於有著分析性傾向，以及衍生自基督教的道德普遍主義，自然會認為特定法律與實際決策都是根植於某一套普世的法律原則、

西方文化的特立獨行如何形成繁榮世界

類別或公理，而所有具體細節都能從中衍生。因此，他們著手試著從這些特定的羅馬例證和判例抽取出一般法律和原則，但是伯爾曼強而有力地指出，羅馬的法律傳統其實並沒有如此的基礎原則或是健全的法律概念。他寫道：

> 早期的羅馬法的確充斥著所有權、占有、侵權行為、詐欺、盜竊和數十種其他的概念。那是其一大優點。然而，這些概念並沒有被視為是普及法則並決定法則的適用性。它們並未經過哲學上的思量。羅馬法的概念就如同其眾多法則是與特定情境類型緊密相關的。羅馬法是由錯綜複雜的規則網絡所組成；但是這些並沒有呈現出一套知識體系，而不過是針對特定法律問題的實際解決方式的複雜鑲嵌組合。因此，縱然有人認為羅馬法含有概念，但是那些概念其實稱不上是概念。[12]

羅馬的法學者力求在他們的法律適用方面具有一致性，而不是在一套基本原則、公理或權利中追求統一與融合。相較之下，教會法學家身為教化性宗教的分析性思考者，尋求的則是普世化的原則。[13]

由於分析性思考的人厭惡矛盾，當人們試圖離析出一套原則並使其更廣泛適用時，就浮現了矛盾，西方法律的大部分發展因此都是為了要揪出和解決這些矛盾。某人的權利可能會與另一個人的權利或團體的好處有所衝突。如果某人較為傾向整體性，矛

盾就既不會特別顯著、也不會讓人困擾。由於沒有兩個真實的處境是完全相同的，總是會因為特定的脈絡和涉及的人際關係而有所不同，有誰能夠說兩個法律決定相互矛盾呢？此外，在許多社會中，法律是攸關著恢復和諧與維持和平，與較具分析性思考的人所想的不同，法律並不是要捍衛個人權利或確保「正義」的抽象原則獲得伸張。[14]

　　中世紀教會法學家認為自己正在演繹或推斷神聖或普遍的法則——上帝的律法。他們相信真有這些法律（不在人的經驗之內），所以學者必須弄個明白。這意味著中世紀統治者與先前在日耳曼法（Germanic law）或羅馬法之下的統治者不同，他們受限於自己的法律。重要的法律都是源自於在任何一位皇帝、國王或王公之上的權威。對於具有 WEIRD 心理原型的基督教徒來說，這個取向變得益發是直覺的，而且對於約束行政權——憲政政府——以及法則概念的發展，這個取向也至關重要。[15]

　　後來，自然哲學家跟隨著法律領域的弟兄們，也想要以法律來解釋物理世界。如同教會法學家，這些科學家相信確實有隱藏的（神聖）法則在主宰著宇宙，並且能夠將之揭露。身為心理普遍主義者的許多人相信，若有不同的兩種範式或兩套原則都聲稱可以解釋某個物理現象，那不可能兩種都是對的——宇宙只能用其中之一來解釋。做為分析性思考者，他們通常試圖把複雜的系統拆解成其組成的部分（元素、分子、行星和基因等等），並且會為了解釋其作用而援引內在的（且通常是無形的）屬性，像是質量、電荷、重力和幾何。他們是個人主義者與不墨守成規的人，

　　西方文化的特立獨行如何形成繁榮世界

即使面對的只是朋友和同儕，也會受到激勵而炫耀自己的才華、創造力與獨立思想。

讓我們就尼古拉・哥白尼（Nicolaus Copernicus）的例子來思考一下。哥白尼取得教會法的博士學位之後，在 1514 年發展出一個太陽系模型，把太陽置中，行星則繞著太陽運行——日心模型（heliocentric model，於 1543 年出版成書）。為了理解哥白尼的貢獻，讓我們考量兩個背景重點。首先，至少在 14 世紀以前，伊斯蘭的天文學家都領先於歐洲的天文學家。事實上，這些伊斯蘭天文學家是從托勒密（Ptolemy）的古模型來著手，而他們似乎比哥白尼更早摸索出哥白尼模型的大多數主要元件。例如：在 13 世紀，伊本・沙提爾（Ibn al-Shatir，大馬士革〔Damascus〕的一位清真寺計時員）就已經想出了形式上與哥白尼模型完全一致的數學模型，差別只在於沙提爾的模型仍舊是以地球為中心。然而，儘管這些伊斯蘭思想家很聰明，卻從未取得如哥白尼在概念上的突破。再者，雖然哥白尼把太陽放在相對正確的位置，但他認為行星是依著圓形軌道運行。這個錯誤就意味著沙提爾的模型仍然做出了較為準確的預測。儘管如此，哥白尼的模型還是發表了，與競爭的模型相互抗衡，並啟發了後續的探究。約翰尼斯・克卜勒（Johannes Kepler）就以哥白尼的日心模型為基礎，試著讓行星在橢圓形軌道運行，而他的模型著實打敗了先前的所有努力。想當然耳，克卜勒相信自己發現了上帝賦予宇宙的某種神聖法則。既然如此，那麼哥白尼的巨大貢獻到底是什麼呢？[16]

在我看來，他的巨大貢獻就在於他願意冒險，衝撞了希臘和

基督教的基本世界觀，膽敢把太陽置於中心，而地球不過是另外一顆行星。他無視權威且勇於挑戰古代智者，提出了自己的想法來讓其他人思索借鏡。他也始終堅持不懈，就算事實上支持其模型的實徵證據並非特別有力——還好他是個過度自信的人。不過，比起哥白尼本人，或許更重要的是他所生活的是一個相對開放的社會世界。他的想法招致了一些學者的批評，但也得到了一些人的讚揚。就天主教會本身而言，長達七十年的時間並沒有嚴厲反對他的想法，一直到伽利略（Galileo）努力推動這個議題。當然，我們沒有個別科學家或其所屬群體的心理資料，但是哥白尼的例子還是足以闡明我在本書中鋪陳解釋的心理差異類型，如何形塑了科學的洞見、體制與論述。

當哥白尼排除了地球在中心地位的角色，更趨向 WEIRD 的心理影響也同時以各種方式開始顯現。讓我們思考其中的兩個面向。首先，近代早期的知識份子愈來愈願意打破傳統，開始理解到如亞里斯多德（Aristotle）等偉大的古代智者可能是錯的；事實上，這些智者對很多事物的看法都不正確。這意味著個人可以發掘嶄新的知識——人們都還不知曉的事物。歷史學者大衛·伍頓（David Wootton）就主張所謂「發現」的概念是出現在這個時期的一種有意識的作為，其顯現在「發現」這個字詞傳入不同的歐洲語言之中——「發現」的變體首度出現在 1484 年（葡萄牙語）和 1504 年（義大利語）；後來出現在 1524 年（荷蘭語）、1553 年（法語）、1554 年（西班牙語）和 1563 年（英語）所出版的書籍名稱中。

　　　　　西方文化的特立獨行如何形成繁榮世界

再者，由於知識份子逐漸看重心理狀態，便開始把新的想法、概念和洞見連結到特定個人，而且只要有機會就會讚揚創立者人、首位觀察家或是發明家。我們這種理所當然地把發明物與其發明家連結起來的傾向，其實在歷史上和跨文化方面都是很罕見的。這個轉變的標記就是以人名命名的情況增加了，如新土地（美洲〔America〕＊）、科學定律（波以耳定律〔Boyle's Law〕）、思想方法（牛頓的〔Newtonian〕）＊＊、解剖部位（輸卵管〔fallopian tubes〕＊＊＊），可說是族繁不及備載。大約是在1600 年之後，歐洲人甚至開始以據稱的創立者或發現者來重新標示舊時的洞見與發明。例如：以「畢氏定理」（Pythagoras's theorem）來指稱「勾股定理」（Dulcarnon，其為源自阿拉伯語的單詞「兩個角的」，用來描述畢氏定理的附圖）。最後則是早在專利法出現之前，人們就開始接受一種觀念，即在未承認某人貢獻的情況下，就逕自複製、公布其手稿、數學證明或甚至是想法，這是不對的。人們開始認為，新穎的心理狀態 —— 想法、概

＊　譯注：義大利探險家亞美利哥・韋斯普奇（Amerigo Vespucci）有抵達南美洲的紀錄，德國地圖學家馬丁・瓦爾德澤米勒（Martin Waldseemüller）繪製世界地圖時以亞美利哥名字的拉丁寫法變格來標誌美洲。

＊＊　譯注：例如牛頓流體（Newtonian fluid）、牛頓力學（Newtonian Mechanics）等。

＊＊＊譯注：發現者為義大利修士暨解剖學家加布里列・法洛皮歐（Gabriele Falloppio）。

念、方程式和配方——都要以某種方式與第一位公開宣稱的人士有關聯或是歸其「所有」（owned）。這樣的所有權或許對我們來說是很直覺的事，卻與可以回溯到古代的習慣做法背道而馳。關於想法、歌曲或概念等無形的事物可以為個人所擁有，人們開始在直覺上認為這是合乎情理的看法。英語本身也顯示了這一點，隨著衍生自拉丁文中劫持之意的英文字「plagiary」（剽竊）於 1598 年被引入之後，英文中有關「plagiarism」（剽竊）的字彙在 16 世紀就開始廣泛使用。[17]

我的看法是：某些前工業時期的歐洲群體呈現出更趨近WEIRD 心理的狀態，支持了包括處理人群關係與物理世界在內的某類法律、規範和原則的發展與傳播。當然，隨著西方的法律和科學開始出現，兩者也會反過來形塑 WEIRD 心理的面向。或許最容易看到新的法律改革影響的地方就在民主制度的心理效應研究之中。科學的影響也同樣不容小覷，不過，誠如所見，科學家可能是透過形塑了何謂良好證據或是正當理由，來對我們的認知規範（epistemic norms）造成最深遠的影響。

代議制政府與民主

參與式和代議制治理的元素在中世紀盛期開始傳播，自願組織愈來愈常透過選舉來選擇領導人和做出決策。例如：我們可以看到 11 世紀的熙篤會修士開始從會員中選出修道院院長。與此同時，當行會和其他團體競相爭奪權力，某些城市社群開始籌組

代表大會。這些大會的成員所代表通常是社群中的行會或宗教組織，反而不是鄰里。有些城市的市政會不過是商人的寡頭政治，但有些地方則是擴大特許權並囊括了愈來愈多的組織成員，而這些成員日漸堅持自己所代表的「權利」。單打獨鬥的個人幾乎無力維護自身的權利，但是當他們聯合起來組成具有共同利益的團體時，就能發揮真正的影響力。由於城市、行會、大學和教團競相爭取成員，擁有最吸引人的政府形式的組織往往會發展得最快速，並會吸引最具 WEIRD 心理特質的人。[18]

這些社會與政治改變得到了教會法初期發展的支持，而該發展為現代的公司法奠下了基礎。教會法堅持被任命的領導人或自治體（自願組織）的代表必須獲得成員的同意才能採取重要行動。這種想法演變成一項憲法原則，概要可見於以下的羅馬格言：「每個人關心的事應該要得到所有人的考量和認可。」然而，中世紀的歐洲法律學家（legalists）是在不自覺的情況下重新闡釋了他們自認為在羅馬法窺見的事物，故而得出了新的原則。羅馬帝國肯定不覺得需要得到受其統治之人的同意──上述引言是出於特定情境和特定案例。但是經過 WEIRD 心理原型的稜鏡過濾之後，上述引言開始聽起來宛若常理，幾乎是不言而喻的事實。因為受過大學訓練的法學家相當了解教會法，對於整個歐洲與其他地區往後的公司法和憲政政府的發展，教會法的這些層面及其他面向成了起始點。[19]

正式的民主實踐和觀念之所以會在中世紀盛期開始出現，有著社會與心理方面的原因。就社會方面來說，當堅固的親屬為

本制度位居高位時，投票和建立共識的做法就格外難以運作。想了解箇中原因，讓我們思考一下阿富汗裔美籍作家塔米‧安薩里（Tamim Ansary）的這段描述：

但是我一直記得阿富汗在塔利班（Taliban）逃離之後所舉行的選舉。全國各地的人們選出代表，讓他們代表自己出席由美國籌組的國家會議，以便打造出新的民主政府，完備了國會、憲法、總統和內閣……我遇見一個說自己參與了選舉投票的人……他看起來像是我年輕時就認識的傳統鄉下村民，身穿長衫和寬鬆的褲子，頭纏頭巾，臉上蓄著鬍子，所以我請他為我描述一下投票的過程——到底實際的活動是怎麼一回事呢？

「先生，是這樣的，」他說道，「來了幾個城裡的人，他們帶著一疊紙條，告訴我們要如何在紙條上做記號。我們客套地聽他們說完，因為他們大老遠跑來，我們不想要顯得沒有禮貌，可是我們不需要那些城裡人來告訴我們誰是我們要的人。我們做了他們想要的記號，但我們一直知道誰會是我們的代表——當然是阿嘉‧伊‧沙耶夫（Agha-i-Sayyaf）。」

「你們是如何選定沙耶夫的？」我問著。

「選定？先生，你到底在說什麼？他的家族早在多斯特‧穆罕默德汗（Dost Mohammed Khan）的時代之前就住在這裡了……你知道我的連襟就有一個表親娶了沙

耶夫的小姨子嗎？他是我們的自己人。」[20]

　　這段文字反映出了強烈的內團體忠誠度，意味著阿富汗人只會考慮投給是自己人的候選人，因此會用一長串的親屬關係來描述跟候選人的關係：「**我的連襟就有一個表親娶了沙耶夫的小姨子。**」這種影響力代表著選舉主要是取決於不同投票集團的規模。一般來說，較大的氏族、部落或族群會選贏──有時甚至會轉變成政黨──而且人們無法輕易轉換陣營。當中世紀歐洲的緊密親屬關係和部落組織瓦解之後，意味著更有機會落實民主制度。同樣的道理，倘若每個人的意見都只跟所屬氏族的領袖或者共享族群標記或宗教的人一致，針對新政策的團體討論或爭辯也將會成效不彰。[21]

　　就心理方面來說，參與式治理的實踐模式透過幾個方式來得到人們的認同。比較個人主義和獨立的人喜歡透過表達意見來表現自己與眾不同，而且通常不在乎違背常理。團體辯論或公眾投票給了個人一種與他人區隔的方式，去表達自身的獨特性與自我認同感，這不同於偏好從眾行為、敬重長輩、避免羞恥感和尊重傳統權威的心理傾向。在最複雜的社會中，膽敢與團體意見相左或指出古代智慧的缺陷，並不是足以讓人欽佩的方式。

　　與這相關的是個人主義情結的另一個面向，也就是對選擇或控制的偏好。具備 WEIRD 特質的人喜歡自己挑選出來的東西，對於自己選擇的任務會做得比較賣力，但若是當權者交辦了相同任務就不會如此盡力。相較之下，比較沒有個人主義傾向的群體，

並不會因為有機會自行選擇或握有控制權而特別受到鼓舞。[22]

這些心理模式影響到了研究者所謂的**民主溢價**（democracy premium），特別是人們衝撞權威和渴望自行選擇的傾向。不論是實驗室實驗或田野實驗都顯示，當某些群體在決策過程中有發言權（通常是藉由投票的方式），他們就會為團體貢獻更多，也會更謹守團體的規則。如同往常，針對這個部分的實驗室研究幾乎完全只從 WEIRD 群體取樣；不過，近來有幾項研究並未在蒙古和中國發現民主溢價的情形。在中國鄉村進行「公共財賽局」的實驗時，當從外部施加「法律」在人身上而非經過選舉決定時，人會做出最多的貢獻。就心理方面而言，那些較傾向服從權威、較無控制欲望的人，在面對加諸於身的外來法律的要求時會比較願意合作，而對民主投票的結果則較為冷淡。唯有等到這些心理傾向在大部分群體中大幅式微之後，才會出現民主溢價。這是一種新興的文化心理學。[23]

這份證據顯示了，不只是中世紀的歐洲人在社會和文化上更能接受正式的民主制度，而且民主制度若要在實際上運作得更好，就要鼓勵具有 WEIRD 心理原型的人們為群體做出更多貢獻並且遵循規則。我也懷疑，改變中的心理基質也影響了人們認為什麼才是可接受的政府正當性的根源。中世紀歐洲的統治者如同人類歷史進程中的多數最高統治者，所能找到的正當性根源是神聖使命與血統特殊性的某種結合。然而，逐漸地，尤其是在 1500 年之後，個人逐漸開始認為「人民」或「被統治的人」是潛在的正當性根源——不再是神祇、血統，或兩者的混合。這個主張是

西方文化的特立獨行如何形成繁榮世界

透過心理而連結了緊密的親屬為本制度和民主制度，當代研究都是圍繞這個主張展開，並且大部分是在大學實驗室完成。是否有任何方式可以在真實世界建立這樣的連結，並且將之連結到歷史當中呢？

我們有三種方式來處理這件事。首先，在現代世界中，如果我們觀察遷移到歐洲的移民的成年子女（誠如我們在第 7 章所探究的非個人信任、個人主義和從眾行為），我們會發現，要是他們的出身能夠追溯到親屬關係較為緊密的社會，他們就比較不會投入政治活動：比較少投票、比較不會簽署請願書、比較少支持抵制運動，也比較少參加示威遊行。不要忘記，雖然這些個人的父母都是來自於其他國家的移民，但他們都是在相同的歐洲國家成長。儘管如此，當個人有著親屬關係較不緊密的文化背景，會比較投入政治活動，即使我們把年齡、性別、宗教、所得、就業狀態和任何歧視感受（及其他因素）的影響在統計上保持不變，仍舊有這樣的效應。這些研究結果顯示，緊密的親屬關係——經由文化傳遞的運作——會從心理方面抑制參與式治理、政治多元主義和民主制度的品質。同樣的情況，如果我們再次聚焦義大利，會發現一個在 20 世紀有較高表親婚比例的義大利省份，在 21 世紀的投票率就會比較低。[24]

再者，重提第 9 章的討論，當一個城市因為接近主教轄區而接觸教會的「婚家計畫」愈久，該城市就愈有可能發展出代議制的政府（見圖 9.6）。因此，接觸「婚家計畫」確實會兌現更為參與式的治理，比較不會出現專制。顯而易見的是，同一時期的

伊斯蘭世界或中國採取參與式或代議制政府的可能性是零——畢竟那是「無法想像的」。[25]

最後，進行國家的比較時，我們可以看到緊密親屬關係與民主之間的關係也有相似的情況。當一個國家擁有較緊密的親屬關係，其政府在國際排名上會獲得較不民主的評價。事實上，了解一個國家在歷史上的表親婚比例，有助於我們說明國家層次的民主制度品質中約半數的總變差（total variation）（見圖 12.1）。當緊密的親屬為本制度持續存在，國家層次的民主制度就會窒礙難行。[26]

綜合來看，這些明確的證據支持了一種看法，那就是教會藉由瓦解緊密的親屬關係和轉變人們的心理，開啟了政治多元主義和現代民主的緩慢擴張。[27]

必須說明的是，這並非是單向的因果關係。心理、規範與正式制度是以某種回饋迴路的方式相互影響。群體中出現的特定心理模式，能夠為新的制度奠下基礎，包括了法律、民主和代議制政府；與此同時，新的正式制度的創建——符合群體的心理和社會規範——能夠接著催化出進一步的心理變化。想要了解這一點，讓我們考察一下前工業時代採用正式民主制度所帶來的長期心理效應。

從 13 世紀開始，後來成為現代瑞士的區域發展出了各式各樣的鄉鎮和城市。其中的一些都會地區開始採用參與式治理的形式，其他地區則依然是世襲貴族的專制統治。這種民主與專制在各地混雜並存的情況一直延續到了 1803 年，拿破崙征服這個區

西方文化的特立獨行如何形成繁榮世界

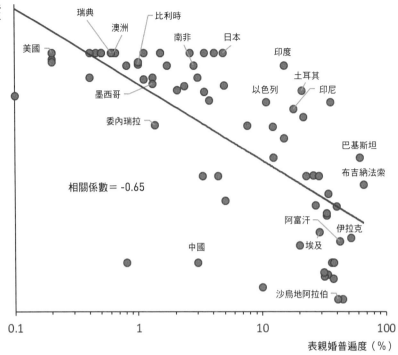

圖 12.1 表親婚普遍度和國家層級民主制度品質之間的關係。表親婚普遍度較高的國家，民主程度較低。[28]

域後授予所有群體自治權，至此民主才取得優勢。

經濟學家瑪塞拉‧韋羅內西（Marcella Veronesi）和德維許‧羅斯塔基注意到了這個自然實驗，便執行了一項兩人一組的「公共財賽局」，對象是來自瑞士各地 174 個社群的 262 個人。這是個一次性的實驗，就如同德維許針對衣索比亞的奧羅莫人所做

的市場整合研究（見第9章）。這個實驗會徵詢個人可能每次會因為夥伴捐獻的金額而願意捐出多少金額（如果夥伴先行捐獻的話），而且必須兌現每次決定的金額。這個方法讓研究人員能夠評估人們與陌生人有條件合作的傾向，評估依據是每位參與者對於他人捐獻金額的正面或負面反應，給予100分到-100分之間的評分。這份瑞士實驗樣本的平均評分是65分。為了評估不同的瑞士社群是從何時開始建立起民主式或參與式的正式制度，兩位經濟學家深入探查了歷史數據。由於瑞士的所有社群都是在拿破崙抵達之後才以某種方式落實民主，經濟學家計算了每個社群在1803年之前有多長的時間歷經某種形式的民主式或參與式治理。

分析結果顯示，人們若是來自參與式治理歷史較悠久的瑞士社群，就會更願意與陌生人有條件地合作。事實上，就接觸民主政府的時間來說，每增加一個世紀，當代個人願意有條件合作的傾向就會增加近9分。因為平均得分是65分，9分可以說是差別極大。換句話說，比較了拿破崙抵達前就有參與式治理的社群與拿破崙抵達之後才發展的社群，結果顯示，來自於「前拿破崙民主」的個人（得分83分）有條件合作意願大約是「後拿破崙民主」個人（得分只有42分）的2倍。

當然，或許較早採行民主政府形式的社群別具一格，故而促成了早熟的政治發展，並足以用來解釋當代的心理差異。這並不算是真正的實驗，因為我們無法以隨機的方式把「民主」分配到某些社群，而不分配給其他社群。

為了解決這個問題，瑪塞拉和德維許利用了一個隨機發生的政治衝擊事件。1218 年，貝特霍爾德公爵（Duke Berthold）突然過世，因為他沒有子嗣，扎林根王朝（Zähringen dynasty）就此出乎意料地驟然和平結束了，王朝前屬地內的城市和鄉鎮故而可以自由發展各自的治理形式，其中許多城鎮都發展出參與式或代議制的制度。與此同時，因為鄰近的其他王朝並沒有突然結束的情況，其屬地內的社群只能等待之後的機會，有一些必須等到拿破崙抵達之後才得以自主發展。公爵沒有留下子嗣就驟逝，這提供了我們需要的隨機性。得知這個歷史衝擊事件讓我們得以「抽取出」——連同某些令人眼花撩亂的統計數據——歷史民主治理的單一變異，我們知道它是有效隨機的，並檢視是否能夠僅以這個變異來解釋當代的人們與陌生人有條件合作的情況。

不出所料，分析結果確認了，就接觸民主治理的時間來說，每增加一個世紀，當代瑞士人有條件合作的意願就會增加近 9 個百分點，與前述的完整分析結果幾乎相同。看來正式民主制度確實會讓其人民更願意有條件合作，至少在瑞士的情況是如此。[29]

我的觀點是：日益增強的 WEIRD 心理促進了更趨近民主和參與式治理的發展，而且一旦建立之後，這些政治制度會連帶推動 WEIRD 心理的發展，至少在某些面向是如此，或許是透過進一步降低大家庭和緊密關係網絡的價值，同時也加劇了非個人商業和自願團體之間的競爭情形。[30]

最具 WEIRD 特質的宗教

在基督新教的宗教信仰中，個人的自身承諾及其與神之間的關係被置於精神生活的核心。繁複儀式、宏偉大教堂、偉大犧牲和受命的牧師，通常並沒有受到重視，可能還會被公開譴責。個人是經由自身的選擇力量而直接與上帝建立個人連繫，部分是經由自己或在小型團體中閱讀和沉思聖經。為了與上帝連繫，信徒不需要遵從先人、偉大聖人、宗教層級組織或教會傳統。原則上，新教徒唯一需要遵從的是聖經。在許多教派中，任何人都可以成為宗教領袖，不需要接受特別的訓練。縱然這些領袖的威信當然會賦予他們某些特權，但是他們與信眾在形式上是平等的。獲得救贖——視條件而定的來世——一般而言是依據個人的內在精神狀態——信仰。儀式和善行幾乎是毫無用處。意圖和信仰，或者說是個人的內心世界，才是最重要的。單單只是想到謀殺、偷竊或通姦，通常本身就是一種罪。主要教派也強調每個人都有只符合其屬性與稟賦的天職（calling）——一份自由選擇的職業或使命。只要勤奮、秉持耐性和自律，不辭辛勞地成就自己的天職，就是在完成上帝的工作。這麼做有時候有助於個人上天堂，但是有時候不過就是公開表示自己是上帝的選民之一。[31]

這些是不是看來很熟悉呢？我希望這段敘述能夠讓人聯想到我們在本書比較和解釋的心理模式：個人主義、獨立、非關係性道德觀、非個人利社會性（對陌生人一視同仁）、不守成規、反抗傳統、會因羞恥而內疚、努力工作、自律、精神狀態在道德判

西方文化的特立獨行如何形成繁榮世界

斷的核心部分，以及形塑個人特質以契合所選使命。

基督新教在 16 世紀所做到的是把一種心理情結神聖化，而這在宗教改革之前的幾個世紀就已經開始鋪陳並流傳歐洲。我想要提出的理由是，許多歐洲人早已發展出了一種個人主義心理，而這種心理就算尚未臻至完善的形式，也體現了建構基督新教的 16 世紀宗教運動的心理核心。馬丁・路德本身是個奧古斯丁修會的**修士**（Augustinian monk），聘用他的**大學**位於**特許鎮**威登堡（有三個自願組織）。新教信仰之所以會如此快速傳播，部分原因是其宗教核心價值和世界觀吻合了該時代的 WEIRD 心理原型。當然，不同的國王、公爵和王公之所以願意順應這股風潮，其中有許多政治和經濟的原因——例如：這些統治者可以沒收天主教會所擁有的廣大土地。但是這些統治者之所以沒有因此而受到追究，多少是因為新教信仰與重要的大眾群體產生了深刻共鳴。換句話說，我在整本書裡所描述的——核心家庭的出現、非個人市場和競爭性自願組織——都在歐洲心理領域埋下了宗教改革的種子。[32]

當然，基督新教的宗教改革並非是完全意想不到的事，也最好不要以單一運動或事件來加以理解。它其實是呈現了一種文化演化過程，志同道合的人在過程中發展出了各種宗教組織，每個組織都擁有各自的信仰、儀式和修道。在這些不同的宗教組合中，有一些比在主流的羅馬天主教教會中找到的組合來得更符合正在興起的心理模式。宗教改革的許多預兆早在中世紀就已經顯現。例如：觀察家追溯到，至少韋伯的著作就已經注意到基督新教與

熙篤會具有相似之處（1089 年）。接下來，在 14 世紀的時候，英格蘭的約翰·威克利夫（John Wycliffe）即主張基督徒應該要自己閱讀聖經，而不是仰賴主教和神父。威克利夫與路德在一個世紀之後所做的事情一樣，把聖經翻譯成了地方語言——中古英文。就像路德及其同時代的人，威克利夫也敬仰奧古斯丁，並猛烈抨擊天主教會聖統制和贖罪券。雖然如同威克利夫等人所發起的宗教運動還來不及生根即被扼殺，但是比起天主教競爭對手，它們與當時在許多歐洲人口中發展的 WEIRD 心理原型更相容。認識到基督新教多少是對於改變中的心理景觀的一種回應，我們因此就能夠了解它出現和傳播的原因，以及它為何會呈現出個人主義、講求紀律、平等主義、自我聚焦、信仰導向，以及唯心主義傾向。[33]

天主教會是——或許是諷刺地——建立在一種父權的（羅馬的）家庭模式之上，而這跟許多新教教派不一樣。權威就像是父系體系，是由上而下且嚴格的。宗教長老，後來被稱為「父」或「宗」（教宗），享有接近神聖真相與特殊力量的恩典，包括了有能力賜予（引導）上帝的寬恕。教會領導人被賦予了智慧與聖潔，本該受到人們的敬重和順從。只有透過教會及其特殊儀式與菁英修道者，一般民眾才能找到通往上帝與來世的道路。沒有所謂不需中介的個人與上帝的關係。[34]

當然，面對來自不同新教教派的競爭，天主教會也隨著時間而有所演變，在一些方面變得與 WEIRD 心理更為相容，尤其是包含耶穌會（Jesuit Order）在內的某些教團。不過，天主教會的

西方文化的特立獨行如何形成繁榮世界

這些改革有其限度，畢竟每當教會改變了進入天堂的教規時，也就削弱了自身的永恆權威。在宗教改革之前，由於來自信眾的競爭不多，天主教會並沒有隨著信徒心理的變化而做出任何變通。

基督新教是否如同民主治理一樣，也與心理互惠互利呢？這些激增的宗教社群所發展出的制度和信仰，是否促進了後來的心理變化呢？基督新教——或至少是某些新教教派——是否以助長經濟繁榮的方式，催化了人們心理的下游效應呢？

沒錯，或許如此，只是誠如讀者所見，情況是很複雜的。讀者已經在〈序言〉的章節中了解到，新教信仰認為基督徒應該自己閱讀聖經的信念，是如何促進了讀寫能力和正規教育的普及，先是在整個歐洲，然後擴及全球各地。透過普及讀寫能力，基督新教讓人們的大腦胼胝體（corpus callosa）變厚，強化了人們的語文記憶，並削弱了人們的臉部識別能力，但是基督新教又是如何形塑了人們的心靈呢？[35]

加強針

基督新教表現得彷彿是我們在書裡檢視過的許多 WEIRD 心理模式的加強針。我們在第 6 章檢視過，在國家的層級上，親屬關係強度和接觸天主教會的程度對於許多心理量度的影響。相同的這些分析也揭露了，除了親屬關係強度或教會接觸程度的影響，新教徒占大多數的國家與天主教徒為主的國家，相較之下，前者有著更高的個人主義傾向（圖 1.2 和圖 6.4）、較多的非個人信任（圖 1.7 和圖 6.6），並且更注重創造力。一般而言，新教

徒國家的人民更樂於匿名捐血，而且這些國家駐聯合國的外交官也比較不會積欠違規停車費。若只有比較歐洲境內同地區的個人（見第 7 章），其中認同自己是新教徒的人（相對於天主教徒）展現了更強烈的個人主義—獨立性、較低的從眾行為—順從，並對陌生人表現出較多的非個人信任與公平。由此來看，基督新教的「加強針」可以說是超越了天主教會的歷史性影響。[36]

使用不同資料集的其他分析則進一步凸顯並擴展了上述結果。經濟學者貝尼托・阿魯納達（Benito Arruñada）比較了 32 個國家的數千人，而他發現到新教徒 (1) 比較少與家庭連繫、(2) 比較不能忍受稅務詐欺，並且 (3) 比較信任陌生人，而這是與相同國家中在人口統計與經濟方面都相似的天主教徒相較的結果。在「乘客難題」中，新教徒也比較不願意為了拯救輕率駕駛的友人而在法庭上說謊（圖 1.6）。這表示了相對於天主教，歐洲的基督新教展現出了甚至更強的非關係性道德觀和非個人利社會性。[37]

亞當・柯恩（Adam Cohen）主持的心理研究進一步探究這個情況，比較了美國境內的新教徒、天主教徒和猶太教徒的心理狀態對各自團體的重要性。請思考一下這段針對賓州大學研究參與者所做的簡介：

K 先生是賓州大學 1992 年的畢業生，他相當投入自己任職的市場研究公司的工作。K 先生當初急於從大學畢業，這樣就可以不用再依賴雙親，因為說實話，K 先生從來就不是很喜歡自己的父母。K 先生打從心底覺得父

西方文化的特立獨行如何形成繁榮世界

母過於干涉自己的生活，而且和自己有極為不同的性格與目標。

讀者接著會了解到，K 先生要麼 (1) 多數時間都忽視他的雙親，忘記要在父母生日時打電話問候或是探訪他們，要麼就是 (2) 會打電話、探訪和送上很棒的生日禮物來假裝很喜歡他們。

K 先生是否有良好的品格呢？是否即使你個人不喜歡父母也最好「裝裝樣子」，表示尊敬父母而敷衍了事？還是說應該要忠於自己的感覺（或改變自己的感覺）？

賓州的新教徒與猶太教徒有不同的表現。一般來說，猶太教徒認為，當 K 先生善待父母時，他是有良好的品格。當他的感覺與行為一致而對父母很差時，他們就會給他品格不佳的評價。相較之下，新教徒認為 K 就是一個品格惡劣的人；他們給他的評價幾乎都一樣——惡劣——不管他的行為如何。對新教徒來說，K 先生的心理狀態至為重要——他顯然對父母有「錯誤的」感覺。

若是讓猶太教徒和新教徒評價一個想與迷人同事發生外遇——左思右想許久——但終究沒有那麼做的人，也會得到相同的結果。猶太教徒關注的是他的實際作為，故而往往會輕饒他。相較之下，就算他展現鋼鐵般的自制力，新教徒也會對他比較嚴厲。值得注意的是，如果男人果真發生外遇，美國的猶太教徒和新教徒對他的評價並無不同：唯有當他的行動與心理狀態不一致時，他們才會有不同評價。美國前總統吉米・卡特（Jimmy Carter）是喬治亞州（Georgia）的浸信會教友（Baptist），而他

的一段受訪談話充分說明了新教徒的看法:「我帶著欲望看著許多女性,我的心已經外遇了許多次。」相較之下,許多非新教徒則認為若始終只是心理狀態的話,那就不算外遇。[38]

比較美國的新教徒和天主教徒,兩者顯露了有些微小的差異,但看起來新教徒還是比天主教徒要來得更關注人們的內心狀態、信仰、感覺和特質。柯恩和他的共同研究者進行了一系列研究,顯示了新教徒要比天主教徒更容易做出基本歸因謬誤——WEIRD群體評價他人時會比較傾向於關注其內在特質,而不是明顯的脈絡因素。柯恩的團隊藉由一系列的實驗對此提出了充分的理由,認為這個效應是受到新教徒認為靈魂獨立的想法所致。不同於天主教徒擁有教會、神父、聖事(如告解與懺悔)、社群、親友的禱告來幫助他們的靈魂進入天國,新教徒是孑然一身、赤裸且獨自接受上帝的審判。

既然如此,當韋伯透過新教教義對心理的影響而將之連結到資本主義的起源,我們該如何看待這個假說呢?是否誠如這位著名的德國社會學者所言,新教徒——或一些新教教派(如喀爾文教徒〔Calvinists〕)——真的表現得更敬業、更節約、更有耐性嗎?

神聖工作、性的禁戒和自殺

想在新教教義與較為敬業這類心理結果之間建立起確實的因果關係,其實是很棘手的,其中有幾個原因。首先,根據我們的了解,宗教改革之前的一些歐洲宗教運動可能就已經造成了相似

西方文化的特立獨行如何形成繁榮世界

的心理效應。在宗教改革前的五個世紀之間，像是熙篤會強調工作的淨化力量這類隱修生活運動已在歐洲四處湧現。我們可以看到，「經過熙篤會洗禮」的天主教徒在工作倫理方面看起來如同「新教徒」，而這意味著若要找出新教教義的影響，我們就需要說明熙篤會。第二個原因是天主教會與新教教義的持續競爭，這可能也縮小了新教徒和天主教徒之間的差異，至少在競爭激烈的地區是如此。例如：歷經反宗教改革（Counter-Reformation）爭戰的淬鍊之後，耶穌會就強力推動學校教育、讀寫能力、自律和勤奮，而其方式與許多新教信仰雷同。近來的證據顯示，耶穌會會士——至少在他們完全掌控的地方——所造成的長期心理遺存，似乎還比熙篤會更像是「新教徒」。第三個原因則可能也會因為其他種族或宗教團體獨立發展出了自己的工作倫理，因而使得研究結果模糊不清——文化上的猶太人和中國漢人就是我們可以馬上想到的例子。最後，我們需要充分的理由來說明有些清教徒的心理面向擺脫了自身宗教的牽絆，並且廣泛融入了美國文化與心理的基礎之中——誠如阿勒克西・德・托克維爾在本章開頭的引言所示，即使是不信教的美國人（像我這樣的人）似乎都有點像「新教徒」。[39]

　　儘管有上述挑戰，愈來愈多的研究都支持，新教的信仰與實踐鼓勵努力工作、耐性和勤勉。讓我們先從整體情況切入。在全球範圍內，如果我們把國家拿來比較，在圖示了「延宕折扣任務」的圖 1.4 中，當參與者來自新教徒人口比例較高的國家，會表現得較有耐性。如果我們使用的是新教教徒在 1900 年的人口比例

而不是當代價值，其效應甚至會更大。[40]

這項研究想要找出新教教義與心理量度（如延宕折扣）或實際行為（如工作時數）的關聯，但如同大多數這樣的研究，其問題是現今的人們可以改變宗教信仰或是完全不信教。正因如此，我們無法辨別到底是較有耐性的人喜歡新教教義，或者較高的所得是否會促使人們變得更有耐性且採納新教教義。這兩種情況都能夠造成我觀察到的相關性。所幸 16 世紀神聖羅馬帝國的複雜政治造就了一個自然實驗，至少姑且表明了新教教義確實促進了較強的工作倫理。1555 年的《奧格斯堡和約》（Peace of Augsburg）終結了神聖羅馬帝國皇帝查理五世（Charles V）與路德宗王公之間的戰爭，而此合約決定了帝國境內的每位地方統治者都可以決定自己的子民是天主教徒或新教徒。這些地方統治者所做的決定有著不同的特殊理由，包括了個人的宗教信念與區域政治的必要性。德國人終將獲得宗教信仰的自由，但是當時大局已定，《奧格斯堡和約》之後碰巧在位的地方統治者已經選妥了信仰，因此大多數人民也只能遵從這樣的安排。時至今日，這些王公當時的決定所造成的影響，依舊足以解釋德國各郡分別隸屬於新教或天主教的大部分變化（圖 P.2 顯示了 1871 年的變化）。

讀者可以由此看到自然實驗的布局，要是我們把 16 世紀統治者的決定視為對帝國境內不同人口所強行加諸的新教或天主教的「洗禮」——有些人接受的是「新教的洗禮」，有些人則是「天主教的洗禮」。我們了解了統治者的決定，就能夠只從中提取和研究那些肇因於統治者的決定的當代宗教變化——是天主教，還

西方文化的特立獨行如何形成繁榮世界

是新教。將此與人們的當代工時數據放在一起研究，詳盡分析的結果揭示了，接受新教「洗禮」的人與接受天主教洗禮的人相比，前者現在的工時更長。更確切地說，新教教義促使德國人平均每週工時大約多了 3 至 4 小時。這個效應並不會因為人的年齡、性別、教育程度、婚姻狀態和其他諸多因素而有所不同。結果就是新教徒的工資並不會高於天主教徒（考量了教育的差異之後），但是他們最終確實會有較高的所得，原因是他們的工時較長且傾向選擇工作量更大的工作，如創業。這與其他研究的結果一致，即相較於天主教徒，失業更容易降低新教徒的幸福感；我們可以推想，新教徒的職業往往對自我感知或與上帝的親近感更為重要。[41]

心理學家在實驗室的研究開始探索新教信仰可能讓人們更自律且更賣力工作的一些方式，而這補足了前述真實世界的證據。犯罪之後，有愧疚感的天主教徒可以向神父告解和懺悔來糾正錯誤。懺悔之後，天主教徒即能得到寬恕而再度融入通往天堂的捷徑（或者他們是這麼想的）。新教徒就不是如此，對他們來說，並沒有任何從犯罪到告解、懺悔和寬恕的簡單路徑。反而是當人做了罪惡之事，包括像是想著被禁止的性等等，似乎就會挑起人要多做「善事」的補償反應。由於許多新教徒視自己的職業為神聖的天職，或是把有生產性的工作當成淨化，他們的補償反應通常就是更賣力工作。

愛蜜莉‧金（Emily Kim）及其同僚在實驗室對此進行探索，首先是使用一種聰明的技巧來催生出新教、天主教和猶太教男性

考慮要跟姊妹發生性關係的樣本，接著再使用字謎任務來提醒其中一些男性永恆救贖的觀念。最後，研究人員讓這些男性參與不同的計畫。當新教徒被催生出手足亂倫的想法，他們進行計畫時會加倍努力且更富創造力；當提醒他們救贖的觀念後，這個效應顯得尤其強烈。相較之下，猶太教徒或天主教徒的愧疚感——如果真的有的話——反而會使他們減少對計畫的努力。這種效應可能是因為新教徒更強烈認知到有亂倫想法是不道德的，或者是因為他們沒有簡易的方式來消除那些罪惡。

這項研究顯示了，透過修改天主教信仰，新教教義的某些形式偶然發現了一種巧妙的方式，利用男性對禁制的性渴望來激勵他們要更努力工作、工作得更久且更富創造力。新教徒可以透過有生產性的工作，也就是投注到自己的天職來消解罪惡感。如果這個初步研究經得起考驗，那就讓我們有了一個極佳的管道，得以一窺宗教信仰的演化是如何開發出創意活力的深沉泉源。

不管人們的動力來源為何，我們可以從眾多不同面向觀察到新教的工作倫理，其中包括了投票模式。研究人員利用瑞士的一項自然實驗，論證了新教如何影響公民在全民公投中的投票行為的一段歷史。由於瑞士具有高度的直接民主，因此對許多特定法律都有投票紀錄。結果顯示了新教徒傾向於投票反對限制工時的法規，例如強制要求更多休假、降低法定退休年齡和縮短每週工時的規定。新教徒就是想要工作——這是神聖的價值。[42]

1500 年之後發生在歐洲的大規模經濟擴張，尤其是被稱為「工業革命」的經濟起飛時期中，新教教義又發揮了什麼樣的作

西方文化的特立獨行如何形成繁榮世界

用呢？我必須在處理這個問題之前先強調，對奠基於心理狀態、個人信仰和個人意圖的宗教個人化，我在書中所描述的心理變化已經為其打好了深厚的基底。在 1521 年的渥姆斯審判（Diet of Worms，為了要消滅新教宗教改革）中，如果查理五世立即處決了路德，不久還是會有類似新教的事物取而代之。我有自信這麼說，那是因為早在路德之前就已經出現了類似新教的運動。例如：14 世紀期間，有個名為「共同生活兄弟會」（Brethren of the Common Life）的運動已經遍布荷蘭的許多城鎮，並傳入德國。這個兄弟會如同後來的新教運動，也會宣講體力勞動的價值，鼓勵人們自己與上帝建立個人關係。當然，其中有部分就是認為人們應該要為了自己讀經。與新教不同的是，「共同生活兄弟會」設法取得了地方主教的批准，因此是正式屬於天主教會的一支。在路德於 1517 年登場之前，「共同生活兄弟會」已經在許多荷蘭城市和一些德國城市普及讀寫能力，並可能促進了都市發展。這裡的關鍵是要理解到，新教是由主題相關的不同宗教運動所組成，是圍繞著早已在數個歐洲群體中發展的心理模式以多種方式凝聚而成。[43]

　　就我所強調的這一點，新教（或是其某個版本）的傳播可能真的改變了人們的心理、偏好和行為，從而促使了經濟成長與政治變遷。1500 年之後，即使很多天主教地區原先都較為富裕，卻有較多的歐洲新教地區在經濟成長上比天主教地區更快速。1800 年之後，新教信仰大概對所得與經濟成長造成了最深遠的影響。除了灌輸了節約、耐性與內化的工作倫理，同時也獲取了讀寫能

力和鼓勵學校教育，新教教義已經從心理上為鄉村人口做好了參與和推動工業革命的準備。19世紀德國工業革命時期的證據顯示了，相較於天主教，早期的新教促進了識字率的提高、所得的增加和製造業與服務業的積極參與（相較於農業而言）。[44]

在政治方面，新教或許鼓勵了民主和代議制政府的形成，首先在歐洲發軔，後來影響擴及全球。之所以會發生（以及現在仍持續發生）這種情況，有幾個相關的原因。首先，不同於有層級制的天主教會，新教要求所屬社群發展出秉持民主原則的自治宗教組織。一路回溯到烏利希・慈運理（Ulrich Zwingli）所帶領的早期新教改革運動，瑞士的鄉鎮都被鼓勵要以多數投票制來制定地方決策。這讓新教徒有了打造自治組織和貫徹民主原則的經驗。在19世紀和20世紀期間，新教傳教士在世界各地鼓勵建立政治行動團體和非政府組織。再者，我也解釋過了新教提倡讀寫能力、學校教育和印刷出版。這些往往會強化中產階級、促進經濟生產力，並容許更多的言論自由。最後，由於新教為WEIRD心理所注入的加強針，使得公正無私的法律、個人獨立和言論自由甚至在心理上更具吸引力且是社會的必需。就全世界來看，曾在歷史上經歷過更密集的新教傳教士活動的非歐洲國家，在20世紀後半葉會變得更為民主。[45]

除了促進讀寫能力、學校教育、民主與經濟成長，新教教義還有另一個重要影響，那就是讓人們願意接受自殺。在這些最為個人主義傾向的信仰中，通往上帝的旅程最終是個獨自的行動，而這可能會使人感到疏離與孤單。韋伯就曾提到新教教義可能會

西方文化的特立獨行如何形成繁榮世界

誘發「一種前所未有的孤獨感」。其他觀察家長久以來也懷疑，相較於天主教，至少某些強調自立與個人責任的新教形式可能會提高人們的自殺機率。這個存在很久的爭論至少可以追溯到 19 世紀末，當時的法國社會學家涂爾幹（Émile Durkheim）就凸顯了這個問題。

研究人員現在有更好的資料集能為這個老問題提出新見解。特別是我們在〈序言〉中提到的經濟學家薩沙‧貝克和路德格‧沃斯曼，他們兩人彙集了 19 世紀普魯士 305 個郡的自殺統計數據，這是所能找到的最古早資料。他們首先就確定了，19 世紀新教人口比例較高的郡擁有較高的自殺率。比起全是天主教徒的郡，全新教徒的郡平均每年會多出 15 件自殺事件（每 10 萬人）。一個郡的平均自殺率是每 10 萬人中有 13 件，因此多出 15 件是很大的差異。即使移除了統計上的其他重要因素，如讀寫能力、家戶規模、都市化、製造業／服務業的規模，前述的關聯性依然存在。

接下來，貝克和沃斯曼仿照處理讀寫能力的部分，使用一個郡到德國宗教改革中心的距離做了一項自然實驗：距離威登堡愈近的郡，會注入愈高的新教「劑量」。然後他們使用歷史數據，檢視了那些郡歷經數世紀「焙燒」（baked）之後的自殺率。結果顯示了更強烈的效應：接受路德宗教義（Lutheranism）較高歷史劑量的郡，自殺率都高出了許多。在 19 世紀，每接近威登堡 100 公里（62 英里）的距離，該郡的新教徒比例會提高 7 至 9 個百分點。此外，每當一個郡的新教徒比率（相較於天主教徒）增

加了 20 個百分點，自殺率則會每 10 萬人中增加 4 至 5 人。其他研究顯示，這些結果也出現在瑞士，大概大部分的歐洲都是如此。整體來說，數據顯示了新教教義可能會讓人感到孤單無助，故而提高了自殺的機率。[46]

我需要說明的是，此處所發展的論述中，新教的出現既是人們心理產生變化的**結果**，也是**原因**。新教是信仰的群集，代表了 WEIRD 原型的思考方式和情感的宗教凝結，而該原型心理已經在中世紀的許多城市中心歷經了文化演化。但是當我們把這些價值、動機和世界觀全部彙集在一起，賜予上帝的祝福且連結到可能的來生，一些新教信仰創造了強大的文化重組，不僅產生了更傾向 WEIRD 特質的心理，也促成了經濟的成長、民主制度的運作效能，以及較高的自殺率。

暗物質（Dark Matter）或啟蒙？

17 世紀和 18 世紀時，在約翰·洛克（John Locke）、大衛·休謨、伏爾泰、孟德斯鳩、湯瑪斯·潘恩和亞當·斯密等頂尖知識份子的腦海中，關於憲政政府、自由、公正法律、自然權利、進步、合理性和科學等相關概念的複合體開始鞏固成形。這些零碎雜亂的 WEIRD 概念已經累積了好幾世紀，隨著我在整本書裡分析的心理暗物質——個人主義、特質論、分析性思考和非個人利社會性——的洪流而在時代中推進。這個心理暗物質——如同物理暗物質般無形且難以偵測——早已顯現在自由城市、修道會

和大學的特許狀與章程中，也昭示於教會法裡。啟蒙時代的思想家已經具備了 WEIRD 心理原型的心靈，藉此擷取和組合了這些概念與想法。例如：洛克和盧梭（Rousseau）都認為社會是建立在個人之間的一種社會契約之上，其中的政府權威是源自於被統治者的許可。也就是說，他們已經開始了解到社會是一種自願組織──更確切地說，是一種法人團體（corporation）。在數世紀之前，教會法已經規定了法人團體的領袖必須獲得成員的許可，才能採取會影響全體成員的行動。此外，因為非個人市場和商人的重要作用，奠基於《商人法》規範的契約法在中世紀歐洲已經發展至前所未見的程度。關於個人能夠自由行動，不受氏族、親類或世系群的影響去達成社會獨立的協議（契約）的概念，預設了一個特殊的非個人交換的個人主義傾向的世界。[47]

　　啟蒙時代的思想家就像天主教會那些知識份子的先輩一樣，在建構政治和科學理論的時候，也是透過分配個人或物件屬性的方式──他們是分析性思考者。尤其是啟蒙時代的政治理論，將自然權力賦予了個人，如洛克的「生命、自由和財產」，並就此開始發展。我們可以看到這個取向早已在 12 世紀的獨立城市中付諸實行（儘管規模不大），並且會在之後輸入教會法時被重整融入哲學建構之中。14 世紀時，如奧卡姆的威廉（William of Ockham，讀者大概聽過他著名的剃刀原理）等方濟會修士讓自然權利──就哲學方面而言──甚至益加備受尊崇。相較之下，大多數非西方的政治理論所賦予的政治權力和經濟特權都是奠基於血緣關係、世系繼嗣或神諭，而不是個人權利。不過，當你的

心理愈具備 WEIRD 傾向，你就愈不會關注關係紐帶，而會更有動力去開始建構無形的屬性，進而將屬性分配給個人，用其來證明普世適用的法則。[48]

此處的重點是，啟蒙時代的思想家並非是突然解開了潘朵拉盒子的密碼，自盒中拿出了理性的鼻煙壺或是理性的蘭姆酒瓶，而現代世界後來就從中孕育而生。他們其實是長期累積的文化演化過程的一部分，而該過程早已在形塑著歐洲人如何看待彼此、思考彼此、說服彼此，以及彼此產生關聯的方式，並且可以回溯到古典時代晚期。當趨近 WEIRD 特質的思考方式終於向上滲入了歐洲最後一批頑固的貴族時，這些知識份子和作家不過是剛好出現在那裡罷了。

——— CHAPTER 12 ———
LAW, SCIENCE AND RELIGION
十二、法律、科學與宗教

——————————— 注釋 ———————————

1. Tocqueville, 1835, p. 279.

2. Rockmore et al., 2017.

3. Pinker, 2018.

4. 相關例子請見：MacFarlane, 1978, 2014; McCloskey, 2007; Tierney, 1997.

5. Bartlett, 1993; Berman, 1983; Lilley, 2002; Stephenson, 1933; Tierney, 1997.

6. Tierney, 1997, p. 76.

7. Boswell, 1988; Burguiere and Klapisch-Zuber, 1996; Gellhorn, 1987; Greif and Tabellini, 2015; Lape, 2002; Slingerland, 2008, 2014. 同樣的道理，中國官員的親屬所得到的懲罰，會因為官員的職等及其與犯罪者的親疏遠近而不同。當然，今日的 WEIRD 社會也會有這些偏見，只是不會納入正式法規之中，而且這些都讓人難以接受。如同中國的父親，對於自己的小孩是否該被處死、被流放，或有時被販賣為奴，古羅馬和古希臘的父親都擁有極大的決定權（Boswell, 1988; Burguiere and Klapisch-Zuber, 1996; Lape, 2002）。關於 20

世紀初中國的思考和論證，中國人自己的看法可見：Yutang, 1936.

8. 當然，美國開國元勛始終難以釐清前後明顯不一致的行為，包含了涉入奴隸制度的程度。不過，很重要的一點是，這樣的矛盾一直困擾著這些開國元勛和其他許多分析性思想家。他們知道矛盾究還是要化解，要麼終結奴隸制度，要麼就是把奴隸制度歸結為不同的產物，故而不受制於有關不可剝奪的權利的不言自明的主張。較不善於分析的思想家則不會如此受到這種歸類矛盾的困擾（Buchtel and Norenzayan, 2008; Ji, Nisbett, and Su, 2001; Nisbett, 2003）。

9. Tierney, 1997, p. 56.

10. Berman, 1983; Tierney, 1997. 伯爾曼（1983, p. 195）寫道：「上帝以法而治，受命於祂的基督教會和世俗當局因此宣告法律原則，並對於違規言行強制施以制裁和糾正。基督教會和世俗當局無法如同上帝一般直視人心，但是可以設法找到近似上帝的判決。」

11. Barrett et al., 2016; Curtin et al., 2019.

12. Berman, 1983, p. 150.

13. Berman, 1983, Chapters 3 and 4; Tierney, 1997. 伯爾曼寫道：「一方面，羅馬人並不會使用判例來闡明原則，或者也可以這麼說，就是他們不會為了檢視原則的應用之道而跳出框架來試驗之。另一方面，羅馬人認為判例不過是最基本的文件，而不會在乎其中的所有細節……」（Berman, 1983, p. 139）。

14. Nisbett, 2003; Yutang, 1936. 想要了解我的意思，不妨思考一下著名的地方官與暴民的困境：「人們都知道有一個身分不明的族群要為鎮上的一樁謀殺案負責……因為這個小鎮有著嚴重的族群衝突和暴動的過往經驗，鎮上的警察局長和法官因此知道，若是無法立即查明並懲治罪魁禍首，鎮民就會展開反族裔的暴動，不僅該族群成員的財產會被大肆毀壞，也會使得該族群大量傷

西方文化的特立獨行如何形成繁榮世界

亡⋯⋯警察局長和法官這就面臨了一個困境。他們可以為了防止暴動發生而誣陷該族群的某個成員，把無辜的史密斯先生定罪送入大牢。或者，他們可以繼續追捕罪犯，就讓反族裔的暴動爆發，然後再奮力抗暴，直到逮到罪犯為止⋯⋯警察局長和法官為了遏止暴動發生，於是決定要誣陷該族群的無辜成員史密斯先生，將他定罪入獄。如此一來，不但防止了暴動，也避免了該族群出現大量傷亡。」（Doris and Plakias, 1998, p. 324）讀者對警察局長和法官的決定有何看法呢？

因為警察局長和法官居然將無辜之人定罪，美國人極有可能對他們嚴厲批判；但對許多中國人來說，社會平和凌駕於個人權利和正義之上。美國人呈現的這些差異都是直接的直覺反應，不僅獨尊個人、重視個人權利，也強調了公正規則凌駕於特定道德觀之上的核心價值（Doris and Plakias, 1998）。

15. Berman, 1983; Fukuyama, 2011. 隨著自願組織的出現和普及，教會和世俗的統治者都紛紛開始制定新的法律來處理這些集合組織。由於西歐各地開始廣設主教轄區和修道院，在 11 世紀晚期和 12 世紀，天主教會率先制定了部分教會法來處理自願組織——合法的「法人團體」。教會安排大學所培訓的新律師投入制定綜合法律的工作，以便讓教會得以處理宗教兄弟會、學生團體、修道院、教區教堂和濟貧院。這些律師必須釐清這樣的問題：這些實體組織是否可以擁有財產、繼承土地、訂立契約、毀約、犯罪和受到懲罰呢？要是可以的話，這樣的情況與個人成員或組織領導階層有什麼關係呢？再者，實體組織是否應該為成員的行為、罪行和債務負責呢？為了處理這些問題，天主教會針對「法人團體」給予了新的解釋。

這些新的法律有幾個來源，尤其是羅馬法。不過，教會法學家在幾個重要方面並未遵循羅馬法的先例。例如：教會法揚棄了自願組織唯有經由皇家法令才能具備法律資格的羅馬法概念，並進而主張，任何團體透過自願承諾的方式（通常是立下神聖誓言），即能構成法人團體並獲得法律資格——也就是所謂的「法人資格」。教會法也規定法人團體可以為成員制定新的法律

並懲罰違法之人。這是個很不錯的做法，畢竟城鎮早就這麼做了（Berman, 1983）。

16. Barker and Goldstein, 2001; Huff, 1993. 有些人認為薩摩斯的阿里斯塔克斯（Aristarchus of Samos）在西元前 3 世紀也提出了某種太陽系日心說。

17. Wootton, 2015.

18. Blaydes and Paik, 2016; Dilcher, 1997; Isaacs and Prak, 1996; Serafinelli and Tabellini, 2017; Stasavage, 2011. 不可否認地，商人行會對經濟表現的影響和地理的實際挑戰，這些都讓情況更為複雜（Stasavage, 2011, 2014, 2016）。

19. Berman, 1983.

20. Ansary, 2010, p. 352.

21. Ansary, 2010, p. 352; Ben-Bassat and Dahan, 2012.

22. Heine, 2016; Henrich, Heine, and Norenzayan, 2010a. 相較於美國父母，在萬那杜進行的研究顯示，當地的成年人認為，比較循規蹈矩的孩子是「比較聰明的」（Clegg, Wen, and Legare, 2017; Wen, Clegg, and Legare, 2017）。

23. Campos-Ortiz et al., 2013; Dal Bó, Foster, and Putterman, 2010; Iyengar and De-Voe, 2003; Iyengar, Lepper, and Ross, 1999; Vollan et al., 2017.

24. Schulz, 2019.

25. Bosker et al., 2013; Cahen, 1970, p. 520; Schulz, 2019; Van Zanden, Buringh, and Bosker, 2012.

26. Schulz, 2019; Woodley and Bell, 2012.

27. Schulz, 2019.

28. 在此感謝強納森‧舒茲所提供的這部分資料。

29. Rustagi and Veronesi, 2017. 義大利北部出現了類似的模式。該地區的城市——具有主教轄區——若受到了「婚家計畫」的廣泛影響，就極有可能會創建出通常具有某種參與性質的正規自治機制。然而，除此之外，達成自治似乎也對市民的心理造成了長期影響。在邁入 11 世紀之際，從中世紀就已經設法落實自治的義大利城市，不僅每千人擁有的非營利組織數目增多（有更多的自願團體），而且成年的市民更有可能會捐贈器官給陌生人（更強的非個人利社會性）。來自這些歷史上的自由城市的孩童也比較不會在全國數學考試中作弊（較高的非個人誠實度）（Guiso et al., 2016）。

30. Bosker et al., 2013; Guiso et al., 2016; Van Zanden et al., 2012.

31. Durant, 2014; MacCulloch, 2005; McGrath, 2007; Weber, 1958b.

32. 基督新教的種子在歐洲各地萌芽滋長，特別是在人們的心理已經因為天主教會而產生變化的地方。不過，這些幼苗有時候會遭到通常互為盟友的強大主教或專制政府所扼殺。例如：法國許多地方都紛紛湧現了雨格諾派教徒（改革後的喀爾文教徒），尤其是南部和西部，在人口中的占比可以高達 10%。令人遺憾的是，法國王室無情地迫害了新教徒，到了 1774 年路易十五駕崩的時候，法國的基督新教已被剷除殆盡（Hornung, 2014; Scoville, 1953; Squicciarini and Voigtländer, 2015）。

33. Andersen et al., 2017; Baumol, 1990; Kieser, 1987; Pettegree, 2015; Weber, 1958. 宗教改革思潮的所到之處正如人們所料：神聖羅馬帝國的 65 個自由城市中有 50 個接納了新教思想。在這些地方，改革者必須說服行會會員、商人和其他市民所組成的議會。這並不表示，基督新教可以僅憑贏得思想之戰就傳播開來。要不是因為奧圖曼土耳其人入侵，天主教會可能會採取對待其他競爭對手一樣的手段，在新教才剛崛起時就將之扼殺（Iyigun, 2008）。因此，可能就是與伊斯蘭的戰爭（請見第 10 章），或者是戰爭的威脅所產生的綜效，方才使得初期岌岌可危且孱弱的基督新教得以倖存了下來。

34. Burguiere and Klapisch-Zuber, 1996.

35. Becker et al., 2016.

36. 即使是以正規制度的質量來解釋心理變異，我們也可以看到相似的結果。基督新教凌駕於政府效能的影響之上（Hruschka and Henrich, 2013b）。

37. Algan and Cahuc, 2014; Arruñada, 2010; Guiso, Sapienza, and Zingales, 2003.

38. Cohen, 2015; Cohen and Hill, 2007; Cohen and Rozin, 2001; Li et al., 2012. 相關作品請見：Sanchez-Burks, 2002, 2005; Uhlmann and Sanchez-Burks, 2014. 柯恩和羅津（Cohen and Rozin, 2001）的著作，援引了吉米·卡特的話，而該引文是來自《花花公子》（*Playboy*）雜誌所做的訪談報導。

39. Baumol, 1990; Caicedo, 2017; Kieser, 1987; Tocqueville, 1835; Uhlmann et al., 2010; Uhlmann and Sanchez-Burks, 2014. 耶穌會的傳教活動造成了許多與基督新教相同的心理和經濟效應，包括了與方濟會等其他修會正面較勁的結果（Caicedo, 2017）。

40. Ashkanasy et al., 2004; Casey et al., 2011; Dohmen et al., 2015.

41. Spenkuch, 2017; Van Hoorn and Maseland, 2013. Also see Becker and Woessmann, 2009; Nunziata and Rocco, 2014; Schaltegger and Torgler, 2010.

42. Basten and Betz, 2013. 瑞士新教徒往往也會投票反對那些支持大規模再分配的法律，如失業保險、失能保險和資本利得稅。

43. Akçomak et al., 2016.

44. Becker et al., 2016; Becker and Woessmann, 2009; Cantoni, 2015; Cavalcanti, Parente, and Zhao, 2007; de Pleijt, 2016; C. Young, 2009. 耐人尋味的是，在1517 年後的幾個世紀，基督新教可能並沒有對歐洲城市的發展帶來任何顯著影響，而這是因為都會區長期以來都是率先培育出相關價值觀、實踐和動

西方文化的特立獨行如何形成繁榮世界

機的地方，鼓勵人們勤奮工作、守時（時鐘的普及）、非個人信任、創造力、獨立、個人主義和讀寫能力。除此之外，有些城市更早已受到「共同生活兄弟會」及其相關活動的薰陶，因此基督新教的加強針只顯得多餘。

因為基督新教釋出了大量土地，並且關閉進入天主教會的教育管道，故而也為經濟成長帶來一些重要效應。當統治者改信新教之後，他們便會沒收修道院和其他天主教會相關組織的土地。這些土地有些時候會被拋售，如此一來就讓仕紳和企業家階級擁有了更多財富（Heldring et al., 2018）。或者，統治者會把這些土地用來興建行政中心和宮殿（Cantoni, Dittmar, and Yuchtman, 2018）。

45. MacCulloch, 2005; McGrath, 2007; Woodberry, 2012. 當然，儘管有著這些廣泛的心理潮流，但是當新教徒在努力建立新的正統信仰時，許多新教運動很快就會變得高壓專制。不過，心理的效應早就難以遏止。

46. Becker and Woessmann, 2016; Torgler and Schaltegger, 2014. 追加的分析進一步顯示了，經常上教堂可以抑制新教誘導自殺的效應。在人們會規律參與星期日禮拜的新教地區，新教徒的自殺率與天主教徒的自殺率相差無幾。此外，較常去做禮拜的新教徒比較不會接受或合理化自殺行為。值得一提的是，歐洲現在出現了新教與天主教信仰漸趨一致的情況，故而宗教的標籤已經日漸失去意義。

47. Israel, 2010; Pinker, 2018.

48. Davies, 2004; Israel, 2010; Lape, 2002; Tierney, 1997.

十三、逃逸速度*

在商業方面有所進展的國家之間,最常見的就是會以懷疑的眼光來看待鄰國的進展,不只把所有的貿易國家都當成是競爭對手,而且總認為他國的繁榮必然會讓本國蒙受不利……但我要對此進一步提出看法,那就是只要各國之間的交流保持開放,每個國家的國內產業就必然能受惠於他國產業的改善而增加。比較大不列顛目前和兩百年前的情況即可明白。兩百年前的農業和製造業的所有技藝都顯得極不精湛和極不完善。我們從那時之後所做出的每一項改進,都是仿效外國的結果;對於外國先前在技藝與創新方面的進展,我們理當直到今日還要為其感到慶幸。而這樣的交流至今依然讓我們受益良多:儘管我們的製造業處於領先地位,但我們的各項技藝依舊時時刻刻都在吸收著鄰國的發明和革新。首先從國外進口的是商品,而這讓我們心生不滿,因為我們想到這會賺走我們的錢;接下來逐漸輸入的是技藝,而這顯然對我們有利……要不是有這些技藝當初的指引,我們可能至今還是野蠻人;要不是它們後來還繼續指引我們,我們的技藝肯定會陷入沉寂的狀態,也就不會有促進它們本身大幅進展的仿效和創新。

——大衛·休謨,寫於英國工業革命肇始之際(1777)[1]

18 世紀後半葉，英格蘭中部地區爆發了工業革命，也連帶激起了一場經濟海嘯。這一波的經濟變化至今依舊以許多方式衝擊著全球各地，促使英國人的平均所得從 1800 年的 3,430 美元（等同於 21 世紀的肯亞人均所得）提高到 1900 年的 8,000 美元，再提高到 2000 年的 32,543 美元（見圖 13.1A）。面對席捲而來的英國浪潮，其他西歐國家和美國的人民很快就全身投入了這場驟然而至的巨變。更為繁榮的經濟帶來了其他改變，包括預期壽命提高、嬰兒死亡率下降，以及饑荒的實質消失。英國人的平均壽命從 1800 年的 39 歲，先是在一個世紀後提高為 46 歲，再於 2000 年提高至 78 歲（圖 13.1B）。如同大多數的西歐國家，我們現在可以預期英國的新生兒會活超過 80 歲。[2]

改變的還不只如此。城市首次使用煤氣燈照亮了夜晚，住家終於因為帶電線圈的照明而透著微光。人們把黑色的石頭（煤）變成了蒸汽動力而能在陸地和海面快速旅行。之後，利用從地底冒出的黃黑色沉渣（石油），旅行甚至變得更快速、更簡單和更安全，一直到人們可以坐在鋁製管狀物裡從 3 萬英尺高的天空噴射而過，同時還可以一小口一小口地吃著蜜烤花生。人們也找到了如何透過金屬絲而最終經由空氣中的無形電波傳送聲音的方

---

* 　譯注：Escape Velocity，此物理學用語的意思是某物體要脫離地球引力所需的速度，現被人挪用到經濟學上，意指一個經濟體要逃離衰退情況所需的經濟成長速度。

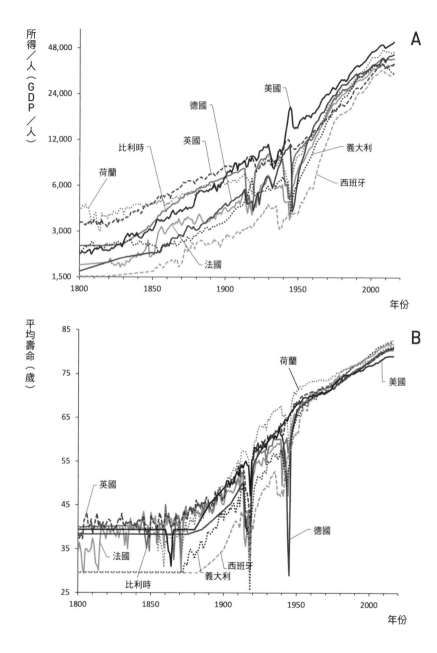

圖 13.1　8 個歐洲國家從 1800 年到 2018 年的 (A) 人均所得（人均國內生產毛額）以及 (B) 平均壽命（歲）。所得是以國際元（international dollars）計算，以 2011 年的價格為基準，並據以調整不同時間和地點的購買力。[3]

法。醫學偵探標示出死亡來隔離公共健康的威脅，像是來自於受汙染的抽水機的霍亂，醫師也找出了注射弱化或已死的病原體來幫助嬰兒免疫的方法，以便對抗長久以來造成全球各地都會社群人口大量死亡的致命瘟疫。

這場革命為歐洲人帶來了經濟力、政治力和軍事力，不僅激發了全球商業的擴展，同時也助長了歐洲的法律、教育、宗教與政治制度的傳播。當然，伴隨著這場全球擴張而來的是侵略、暴行和災難，其中包括了種族滅絕、征服、混亂、鎮壓、奴隸制度和環境破壞。儘管如此，不論我們想要聚焦的是經濟和科技的勝利，或者是侵略和暴行，我們都面對著一個相同的問題：1500年之後從歐洲爆發的這場由創新驅動的經濟與軍事擴張，到底是如何發生，又是為何發生的呢？[4]

請回想第1章，文中描述了約在西元1000年從銀河軌域棲息地探查地球的外星人。或者是透過穆斯林學者薩伊德·伊本·阿曼德（Said ibn Ahmad）於1068年的眼光，思考一下來自於西班牙托雷多的世俗觀點。薩伊德把世上的人們區分為兩大群體：其中之一是對科學和知識有所貢獻的「文明人」，另外的一群則是沒有提出任何貢獻的「野蠻人」。對薩伊德來說，文明人包括了印度人、猶太人、埃及人、波斯人、希臘人和羅馬人（他指的是拜占庭人）。他還把野蠻人細分出包括中國人和土耳其人（令人欽佩的戰士）在內的上層階級，而剩下的野蠻人則涵蓋了南方的「野蠻黑人」（撒哈拉沙漠以南的非洲人）和北方的「野蠻白人」（歐洲人）。為了釐清當時的穆斯林學者普遍共有的觀點，

薩伊德對 11 世紀的英格蘭人和荷蘭人做出了以下的評價：

> 在這個群體中，那些沒有培育科學的人更像是野獸而不像人。他們住在最北之地，就位於七種氣候的最後一種氣候和有人居住的世界的邊緣之間，而且當地的太陽與天頂線過遠的距離使得空氣冰寒且烏雲密布。他們因而性情冷酷、情緒粗野、肚腩腫脹、膚色蒼白、髮長稀疏。正因如此，他們缺乏敏銳的理解力和清晰的智識，過於無知冷漠、欠缺辨別力，而且愚蠢到無法思考……[5]

薩伊德眼中的北方人大概也不會讓我的外星人類學家留下深刻的印象。大概沒有幾個外星人想像得到，在進入 2000 年之前，這些野蠻人已經連同他們在北美的文化後代一起征服了大部分的世界、點亮了夜間的地球、消滅了多數的瘟疫、學會飛行、分裂了原子、漫步月球、製造了會學習的機器，並且開始擺弄構成生命的信息碼（informational code）。

如果這群外星人類學家曾在 1500 年回來觀察地球的話，當時的歐洲會顯得更加都市化，有著許多令人讚嘆的大教堂和眾多城堡。在威尼斯、熱那亞（Genoa）、米蘭、佛羅倫斯和波隆那等義大利北方的城市，文藝復興正如火如荼地展開。然而，當時的英國還沒有突出到讓人覺得那裡將是工業革命的誕生地。早在一個世紀或更久之前，穆斯林的觀察家就注意到有種東西正在歐洲醞釀著。大約是 1377 年，著歷史學家伊本‧赫勒敦（Ibn

西方文化的特立獨行如何形成繁榮世界

Khaldûn）就帶著些許訝異地評論道：「我們近來聽到，在法蘭克人的土地上，也就是在羅馬帝國及其位於地中海北岸的屬地，哲思學科（philosophic sciences）正在蓬勃發展，他們的作品正在復興、研究的會議增加、集會的內容包羅萬象、擁護者眾多，並且有大量的學生。」外星人大概也會注意到一些外觀穩重的船隻，從伊比利半島啟航，跨越大西洋後繞過非洲南端的航行軌跡。[6]

儘管這些事情讓人心生好奇，大多數的事件依然是發生在世界上的其他地方。在土耳其，約在 15 世紀中葉，奧圖曼帝國（Ottoman Empire）擊潰了「文明的」拜占庭帝國在君士坦丁堡（即今日的伊斯坦堡）的最後殘餘勢力，之後便開始快速擴張。奧圖曼帝國皇帝蘇萊曼一世（Suleiman the Magnificent）很快就把帝國擴展到了匈牙利（Hungary）、塞爾維亞（Serbia）、斯洛伐克（Slovakia）和克羅埃西亞（Croatia）等地。中國探索了印度與非洲的海岸，其派遣的遠航船隊極為雄偉，讓日後克里斯多福・哥倫布（Christopher Columbus）和瓦斯科・達伽馬（Vasco da Gama）的船隻都顯得相形見絀；此時的明朝已經修復了大運河和長城、建造了紫禁城，並組成了強大的軍隊和龐大的後宮。

重點就是從 11 世紀到 15 世紀的這段時期，在其中的大半時間，歐洲一直是個相對落後的地方，至少當時的其他強國都會如此判斷。不過，誠如伊本・赫勒敦在困惑中所透露的先見之明，觀察家已經開始注意到 15 世紀的「北方野蠻人」之間正在醞釀著什麼。

關於工業革命到底為什麼會發生，以及，有鑑於它確實發生

了，那麼到底為何是發生在歐洲而不是其他地方，探究其中緣由的書籍可謂汗牛充棟。在 11 世紀到 15 世紀的這段時期，這個驚天動地的經濟轉型的主要可能發源地應該是中國、印度和伊斯蘭世界，而不是歐洲。對於「為何是發生在歐洲」，提出來的解釋都會強調代議制政府的發展、非個人商業的崛起、美洲大陸的地理大發現、英國取得煤炭、歐洲海岸線的長度、啟蒙時代思想家的才智、歐洲戰爭的激烈程度、英國勞動力的價格，以及科學文化的發展。我認為所有這些因素可能都發揮了某些作用，即使在某些情況下其作用不大：不過，其中欠缺的則是對於某些歐洲人心理差異的了解，而這些差異是天主教會消弭了歐洲親屬為本制度之後所發展出來的結果。這些心理變化促進了隨後發展出來的非個人市場、相互競爭的自願組織、新的宗教信仰、代議式治理，以及科學，而這些隨後的發展也反過來強化了心理變化。我在此並不是要駁斥既存的解釋，而是想為大多數工業革命的解釋所依據的變動事物，鋪陳出更深沉的社會與心理基礎。[7]

在我繼續說明之前，且容我先強調其中的關鍵點：就我在先前的 12 個章節中所記敘的心理變異和變化，沒有其他針對工業革命的解釋足以提供說明。因此，即使這些其他解釋有部分是正確的，卻都忽視了明明擺在眼前的真相。假裝無法從心理上來區分所有的人，或是假裝文化演化不會有系統地改變人們的思考、感覺或察覺的方式，這樣的看法已經站不住腳了。

我們有許多關於工業革命成因的理論，但是人們普遍同意，為了解釋經濟何以自 18 世紀中葉以後開始加速成長，我們必須

西方文化的特立獨行如何形成繁榮世界

解釋技術創新的加速情況。因此,不管做出的解釋是根據光榮革命期間偶然出現的代議制政府,或是依據英國勞動力的高價格,工業革命或多或少都是大約在 1750 年之後提高且維持的創新速度所造成的結果。要了解創新的起源,我們得回頭檢視關於人性的研究。

我們已經了解到,人類成功的祕密並非根植於天生的智力或推理能力,而是在於我們具有向周遭事物學習並將學習所得向外傳播的能力,不只是透過我們的社會網絡傳播,而且會代代相傳。隨著時間推進,因為我們是選擇性地從其他人身上學習,把來自不同個人或群體的洞見融會貫通,文化演化的過程因而足以成為我們不斷成長和改良事物的百寶箱,包括了工具、技巧、技術、目標、動機、信仰、規則和規範。這種文化的技能知識被集體保存於社群或網絡的心智和行為之中。要了解創新,我們必須叩問關鍵問題:是什麼決定了累積文化演化的速度?是什麼因素促使包括高超技術在內的這種適應性資訊能夠累積得更快?[8]

許多人都以為所謂的**創新**——得以成功傳播和實行的改良——主要是仰賴**發明**,也就是由單一個人或團隊所創造出來的前所未有的單項改良。許多人也認為創新需要聰明絕頂的個人——天才——的投入,而這樣的人擁有極多的自由時間和巨大的物質獎勵(極高的報酬)。當然,這些因素有其作用。不過,文化演化的研究顯示了兩個更為重要的因素。第一個因素是投入創新的人才愈多,累積文化演化的速度就會愈快。也就是說,人們學習或做事的網絡愈廣,不論是因為靈光乍現、幸運的錯誤、

謹慎的實驗，或是以上任意組合的結果，激發個人改良的機會就愈多。第二個因素是人與人之間——學習者與其導師間好幾個世代的傳承——的互連程度愈強，累積文化演化的速度就愈快。換句話說，學習者能夠接觸更多元的師長、專家等人士，他們能夠選擇的學習對象和習得的事物就愈多。擁有良好關係的學習者在「發明」新事物的時候，不論是刻意或意外的情況，僅需模仿不同專家的技巧、做法或想法，接著再加以重組即可。即使不是在有意識的發明狀態中，也能夠有所創新——這樣的過程可能是人類在大部分的演化歷史中逐漸累積文化演化的主要驅力。[9]

倘若這讓讀者感到不對勁，那大概是因為讀者受到科技史學家口中的「英雄式發明家神話」所迷惑。這個 WEIRD 群體的創新之道推崇天才的單一發明行為（這個模式對個人主義者尤具吸引力）。然而，從科技發展的歷史可以得出打破該神話的四個事實。首先，繁複的創新幾乎總是誕生於許多小小的添加或修改的累積，故而即使是最重要的貢獻者也往往只是漸進地添加了某些部分罷了。這就是為什麼這麼多轟動的創新都是因為有不同的人在同一時期各自發展的結果——關鍵概念早已存在，只不過是分散在不同人的腦袋裡，而終究必然會有某個人集其大成。[10] 再者，大多數的創新真的就只是既存想法、技術或方法的新穎重組：把某個領域的某個工具應用在另一個領域。此外，幸運的錯誤、美麗的誤解和意外的領悟，都對發明起了重要作用，而且通常代表了著名發明家和匿名修補師之間的唯一差異。最後，需求**絕非**是發明之母。在整個人類歷史中，人們通常會長久忽視能夠救命的

西方文化的特立獨行如何形成繁榮世界

發明，有時只有當某種發明出現許久之後才會理解到有多麼需要它（例如：盤尼西林、一氧化二氮〔笑氣〕和輪子）。瘟疫、掠奪者、饑荒和旱災一直為人類帶來許多攸關生存的創新激勵，但是源自於需求極少會滋養出足以讓人類創造出重要發明的聰明才智。在大多數情況下，人類反而得經歷苦痛、死亡或逃離，而不是透過發明來讓自己安度危機。[11]

為了闡明以上論點，請讀者思考以下五個重要的創新事物：

一、**印刷機**（1440～1450年）：約翰尼斯・古騰堡重組了早已在歐洲各地流傳數十年的諸多工具、技術和零組件，尤其是他把當時用來壓製起司和酒的螺旋式壓榨機，結合了板塊印刷技術與金屬活字。古騰堡之所以會有最後的這個關鍵想法，是因為他結合了從他父親（曾是德國美因茲的鑄幣匠）那裡學得的軟金屬知識，以及活字印刷的想法（這可能是他向一個遊歷四方的學徒學來的，那個學徒的荷蘭師傅已經試過了木板活字印刷）。當然，古騰堡的印刷機快速傳播的驅力是因為其與當時新興宗教致力提升聖經經文的讀寫能力有相輔相成的關係。[12]

二、**蒸汽引擎**（1769年）：當儀器製造員詹姆斯・瓦特（James Watt）在進行修復工作時，找出了藉由添加冷凝器來改善紐科門（Newcomen）蒸汽引擎的方法。早在1712年，鐵器商和浸信會長老湯瑪

斯‧紐科門（Thomas Newcomen）就已經發展出了早期的蒸汽引擎。紐科門將有關氣泵的洞見結合了使用活塞的想法，可能是從一本壓力鍋的書籍（出版於 1687 年）發現可以使用活塞，該書作者是法國雨格諾派（Huguenot）教徒德尼‧帕潘（Denis Papin）。紐科門持續改良他的重組引擎，而他的突破之一就是其引擎鍋爐的一個焊接接縫真的被「沖破」，讓冷水噴灑到蒸汽室裡。這就造成壓力驟降，連帶使得活塞被用力往下拉扯而搞壞了引擎。儘管冷水直接注入蒸汽造成突然真空狀態是個意外，但其所產生的力量則是無庸置疑。正當紐科門的引擎開啟了一個新時代之際，德尼‧帕潘和英國軍事工程師湯馬士‧塞維利（Thomas Savery）也同時提出了各自的蒸汽動力。[13]

三、走錠精紡機（Spinning mule，1779 年）：塞繆爾‧克朗普頓（Samuel Crompton）的發明之所以被稱為「騾機」，顯然是因為它結合了理查‧阿克賴特（Richard Arkwright）的水力紡紗機（1769 年）和詹姆斯‧哈格里夫斯（James Hargreaves）的珍妮紡紗機（spinning jenny，1764 年）。哈格里夫斯會想出珍妮紡紗機，是因為他有一次看到單線軸織布機意外翻轉掉落地面；線軸和紡錘都繼續旋轉，但紡軸是直立的，這顯示了能夠將數個紡錘豎起使

　　西方文化的特立獨行如何形成繁榮世界

用的可能性。儘管沒有取得專利，哈格里夫斯仍舊公開了自己的發明，也開啟了克朗普頓重組紡織機的契機。走錠精紡機很快就改變了棉織品的製造方式，使其從家庭手工業邁入工廠企業。[14]

四、**硫化橡膠**（Vulcanized rubber，1844～1845年）：查爾斯・固特異（Charles Goodyear）開發了今日用於製作輪胎的橡膠工序——硫化。固特異的關鍵突破發生在他所買的一些經過硫化處理的天然橡膠接觸到火熱暖爐的意外。固特異注意到，天然橡膠被燒焦變硬但沒有融化。他在1839年受到納撒尼爾・海沃德（Nathaniel Hayward）的啟發，萌生了用硫磺處理天然橡膠的想法，而海沃德是在與一位德國化學家共事時，得知可以用硫磺處理天然橡膠來去除惱人的黏性。當時的歐洲人都還未意識到天然橡膠的有用性質，直到兩位法國博物學家注意到，亞馬遜原住民會使用天然橡膠來製作靴子、頭罩、帳篷、容器和其他許多東西。不過，與亞馬遜原住民不同的是，當歐洲人偶然發現天然橡膠的性質之後，橡膠工廠隨即如雨後春筍般在英國、法國和美國出現，開始製造橡皮、橡膠靴和雨衣。[15]

五、**白熾燈泡**（1879年）：湯瑪斯・愛迪生（Thomas Edison）偕同其位於門洛帕克（Menlo Park）的團隊所「發明」的白熾燈泡，其實是透過改良一系列

在 1841 年到 1878 年之間取得專利的幾近二十來種燈泡，分別是蘇格蘭、比利時、法國和俄國發明家的成果。在愛迪生取得專利的那一年，英國的喬瑟夫·斯旺（Joseph Swan）也同時取得了類似燈泡的專利。這個累積的過程可以回溯到班傑明·富蘭克林，他在 1743 年拜訪出生地波士頓的時候，目睹了蘇格蘭人阿奇博爾德·斯賓塞（Archibald Spencer）於一場公開演講所展示的靜電效果。富蘭克林買下了斯賓塞的設備，並向他在費城的三位生意夥伴引介了這個現象。在 1761 年，三位夥伴中的埃柏奈澤·肯納斯理（Ebenezer Kinnersley）證明了將電線加熱可以發光——白熾。[16]

我要說明的是，所謂創新其實是受到概念、洞見和技術的重組所驅動，再加上機緣巧合和無心插柳的結果。正因如此，任何的制度、規範、信仰或心理傾向，只要能夠促進想法在不同的心智之間流通，或者是開啟更多讓幸運之神眷顧我們的機會，都會激發創新。

當然，結合不同的想法是一回事，可是說到科技，那就需要發明家親力親為了。由於沒有人具備完成任何複雜發明所需的一切技巧或技能知識，我們因此需要思考分工，或者應該將什麼視為社會的資訊分工（division of information）。隨著大多數社會在人類歷史中持續擴大，以及文化知識共享資源的擴張，不同群

體開始專精某種技能，並且創造出如鐵匠、鞋匠、織工、農夫和戰士等專家。鐵匠可以用自家的犁和馬蹄鐵來交換便鞋、繩索、小麥和保護。在這個具有複雜分工的社會中，累積的文化演化和創新依舊仰賴著人口的規模和相互連繫，但是人們現在各自擁有不同的技能、知識和專長，故而需要找到彼此並且建立互信，以便能夠一同共事。詹姆斯・瓦特以蒸汽動力闡明了這一點，他曾在給夥伴約翰・羅白格（John Roebuck）的信中寫道：「我安裝引擎主要遇到的障礙一直是與鐵工有關。」瓦特仰賴的是幾個熟練工匠的技能與專長，其中包括了鐵器製造商，如約翰・威爾金森（John Wilkinson）就擁有製造搪孔砲筒的技術，而這被證實是瓦特製造引擎的汽缸不可或缺的元件。[17]

結果顯示了，累積的文化演化 —— 創新也包括在內 —— 基本上是一種社會和文化的進程，而社會因此轉變成**集體大腦**（collective brains）。每個人類社會的創新特質都不盡相同，而這主要是因為透過投入心智的群體和跨越世代所傳播的資訊流通性皆有所差異，同時也端視個人嘗試新穎的做法或接受新的信仰、概念和工具的意願有多高。[18]

我們現在可以把對於集體大腦的理解應用在過去一千年以來的歐洲，也就是我所強調的社會與心理變化方面，不僅足以說明從 18 世紀後半葉開始的引人注目且創新驅動的經濟加速成長情況（圖 13.1），也解釋了工業化之前較為和緩的經濟擴張模式。在第 9 章中，我們認識到大多數西歐國家的都市化程度 —— 經濟繁榮的標誌 —— 在西元 900 年之後皆日益攀升。我們可以看到歷

史資料顯示了與此一致的情況，荷蘭至少是從 13 世紀開始，英格蘭則是 16 世紀，兩者皆歷經長期的所得成長階段。因此，雖然工業革命確實註記了一段驚人的經濟加速時期，但事實上是可以回溯數百年的長期趨勢的一環。[19]

17 世紀之前，大部分的經濟成長大都是來自於商業與貿易的擴張，也就是發生於 13 世紀的「商業革命」，是奠基於伴隨市場規範與自願組織間競爭所發展而日益提高的非個人的信任、公平和誠實的層次。不過，這部分的早期成長有一些也是來自於包括許多科技發展在內的創新。在中世紀初期，逐漸改良的農業生產是得力於水磨（6 世紀，源自羅馬）、重犁（7 世紀，源自斯拉夫人）、輪作（8 世紀），以及馬蹄鐵與輓具（9 世紀，大概是源自中國）。人們有效運用水磨來機械化生產各式產品，包括啤酒（861 年，法國西北部）、麻（990 年，法國東南部）、布料（962 年，義大利北部；瑞士）、鐵（約於 1025 年，德國南部）、油（1100 年，法國東南部）、芥末（1250 年，法國東南部）、罌粟（1251 年，法國西北部）、紙（1276 年，義大利北部），以及鋼（1384 年，比利時）。我們也了解到，機械鐘錶和印刷機在中世紀晚期已廣泛流傳，帶動了較早採用它們的城市的經濟成長。對於無論是來自何處的新想法、新科技和新做法，我描述過的社會與心理轉變有助於解釋，歐洲何以會抱持開放性的原因。歐洲人吸收了愈多想法，愈多的重組事物就隨之出現，也連帶加快了創新的速度。[20]

為何這些歐洲群體會變得如此創新呢？[21]

　　西方文化的特立獨行如何形成繁榮世界

連接集體大腦

　　歐洲集體大腦的成長所受到的滋養，就是我在本書中敘說的心理變化與制度發展的同時演化。諸如較多的非個人信任、較不墨守成規、較高的讀寫能力，以及較為獨立等心理發展，這些都開啟了想法、信念、價值和做法在歐洲內部的個人與社群之間的流通。與此同時，由於自願組織的普及與都市化程度的提高，尤其是自由城市的發展，各式各樣的人因而聚集在一起並協調彼此的利益，如此一來也擴展了集體大腦。事實上，四種自願組織——特許城市、修道院、學徒制和大學——都對擴大歐洲各地的知識與科技的流通有所貢獻。就個人的層次而言，個人為了獨具一格而會渴望提出新想法並且改善技術，而這會與不斷提升的耐性、時間節約、分析性思考、過度自信，以及正和思考（樂觀主義）產生協同互動。當我們將之放在已逐漸累積了一千年的這些社會、心理和制度變化的脈絡之中來看，歐洲的科技與經濟的加速情況似乎就不會那麼令人困惑。[22]

　　我們要從天主教會消弭了歐洲緊密的親屬為本制度開始說起。當親族團體分裂成核心家庭之後，這對集體大腦就產生了複雜的效應。年幼的學習者被孤立於核心家庭中，只能從父母親身上學習許多重要的技能、能力、動機和技術——任何需要緊密接觸、延伸觀察或耐心指導的事物。相較之下，氏族或親類等親屬為本制度提供了較多元的學習對象和更多的學習機會。例如：氏族裡的有企圖心的少女學習紡織技術的潛在指導者，除了母親，

也可以是堂表親、姑婆或是嬸嬸。當然，因為緊密的親族團體會培育出較高的從眾傾向和順從性，她那些經驗豐富的親戚可能會相當不能接受新技術或新組合，更不用說是過於激進的事物。如此一來，這樣的學習者往往不會為了彰顯自己的獨特性或個別性而尋求新事物或違背傳統。

不過，儘管大型親族團體把更多人綁在一塊，因而在規模與互連性方面都優於核心家庭，但是核心家庭具有潛力成為規模甚至更龐大的集體大腦的一部分，只要它們能夠建立更寬廣的人際關係或加入自願團體，就能與不斷延展的專家網絡連結起來。此外，學習者不再受到親屬關係連結的束縛之後，就可能從這個更寬廣的網絡中選出極具知識或技能的導師。若想了解這為何重要，請思考一下，學習農作物的輪作策略時，最佳導師可以是來自所屬大家族（就以某個叔叔為例）或者是居住城鎮的居民（擁有大宅院的富有農夫），但兩者之間是有差異的。你的叔叔有機會接觸的農業知識技能，大概跟你的父親相同，只不過他或許比你的父親來得更細心，或者是能夠納入一些自己的洞見。相較之下，社群裡最成功的農夫極可能擁有你父親的家族從未取得的文化知識，而你或許能把從他身上學到的洞見融入你所屬家族的想法中，故而能創造出一套更優良的常規或做法。[23]

若想了解互連性的力量，請思索一下我與麥可・穆圖克里西納針對 100 名大學生所做的簡單實驗。我們創造了「傳輸鏈」（transmission chains），其中由參與實驗的人所組成的連續團體會各自面對十回合（或十「代」）的困難任務。在第一代的時候，

西方文化的特立獨行如何形成繁榮世界

一無所知的參與者進入實驗室後會被授予任務，但不會得到任何指示：在分秒必爭的情況下，他們必須摸索出方法，使用極為困難的影像編輯程式來仿製複雜的幾何圖形。當時間到了，每位參與者都要為下一代的參與者（他們的「學生」）寫下指示或訣竅。至關重要的是，參與者會被隨機分配到兩個不同的實驗組別，其中一組只會得到前一代的一位參與者的指示（一對一實驗），而另一組則能獲得前一代多達五位參與者的指示（五對一實驗）。一對一的實驗組會創造出單一的文化譜系（如同核心家庭中親代向子代的傳遞），而五對一的實驗組則允許資訊在代際之間廣泛流傳，就像是自願組織一樣。第一代之後，每一組新的參與者都會得到原初的目標影像、前一代的典範所做出的一張或數張影像，以及相應的訣竅與指示。[24]

結果不出所料。在整個十代之間，五對一實驗組的個人平均表現有著顯著的改善，從第一代才剛過 20 分的平均分數，提高至第十代超過 85 分的平均分數（完美複製目標影像可以得到 100 分）。相較之下，一對一實驗組的個人就沒有在代際之間呈現循序漸進的改良成果。到了第十代時，五對一團體中**最缺乏技能**的人也會比一對一團體中**最具有技能**的人表現得更優異。

我和麥可也想要知道，到底五對一實驗組的參與者就只是挑出了前一代中最好的老師來加以模仿，或者他們是學習了不同老師的訣竅和技術。我們的詳盡分析顯示了，儘管影響參與者最深的是其中最有技能的典範，學習者幾乎是從所有的老師身上來學習。一般而言，學生會完全忽略的是最缺乏技能的老師。藉由結

合不同老師的技術和洞見，參與者會重組從各個老師身上學到的元素而想出等同於「新發明」的東西。

如果有個旅人突然來到實驗室，見到了分別在一對一和五對一實驗組別的人，他有可能會推斷五對一組別的人要比一對一組別的人來得更聰明。當然，我們實驗中顯現的差異是源於我們加諸在參與者身上的社會網絡結構的差異，以及該結構對不同世代之間的互連性影響的結果，而不是因為個人的智力有所差別。然而，五對一實驗組別的參與者依舊看起來比較聰明。[25]

從歷史角度來看，這是很重要的，因為一直回溯到中世紀，我們可以看到歐洲人在社會與經濟生活上呈現了一個不尋常的特徵，那就是他們會雇用沒有親屬關係的人（和不是奴隸的人）來擔任家僕和農場工人（請見第5章）。許多少年、青少年和年輕人在結婚和成家立業之前，會有數年的時光是在其他家庭當幫手，而這些家庭通常都比較富有和成功。這種少年離家去從事「生命週期僕役」的現象，是緊密親屬關係瓦解後的歐洲所獨有的。[26]

這個習俗意味著年輕人在成家立業之前，常常有機會看到更富裕和成功的家庭的運作方式。當新婚夫婦建立自己的家庭時（因為教會鼓勵新居制，他們通常會照此行事），他們就會把從寄居家庭中耳濡目染習得的訣竅、技術、偏好或動機付諸實行。這些文化傳輸的小事物可說是包羅萬象，包括了農作輪作和馬軛的使用、家庭計畫，以及自我克制在家庭出現紛爭時的重要性。

要求新婚夫婦建立獨立的家庭可能也鼓勵了人們要勇於實

驗。男性和女性在各自的領域（犁地、烹飪、縫紉等等），從年輕時期就開始當家做主。男性發現自己在 25 歲左右（這是平均年齡）就成了所屬小家庭的一家之主，而不是等到祖父、父親或兄長紛紛凋零之後才掌管一切。因為年紀較輕的人比較願意承擔風險，也比較不受傳統羈絆，任何支持年輕人掌管一切的機制因此會更有活力，如此就會加速實驗與創新。[27]

修士與熟練工人

技藝、技術的知識技能和工藝的創新速度之所以會加快，除了家庭和農場等組織，修道院、學徒制（通常受到行會的控管）、城市中心，大學和非個人市場的普及也全都發揮了一些作用。最早的效應開始發生作用，大概是在修道院發展為跨國特許組織，並擴散到基督教世界各個角落時（見圖 10.5）。修道院有著最新的農作物、農業技術、生產方法和產業，並將啤酒釀造、養蜂和畜牧的技術推廣到各不相同的區域。例如：修士發展了愛爾蘭的鮭魚養殖、帕爾馬的起司製造，以及倫巴第（Lombardy）的灌溉工程。

特別值得一提的是熙篤會，其所建立的修道院工廠的龐雜網絡，採用的都是研磨小麥、鑄鐵、鞣皮、織品縮絨和種植葡萄的最新技術。大多數的熙篤會修道院都會有一座水磨坊，有些還會為了不同的勞務而有四座或五座磨坊。例如：在法國的香檳區（Champagne），約從 1250 年到 1700 年，熙篤會一直是該地區主要的鐵製品生產者。在熙篤會位於法國勃根地（Burgundy）的

母院，其種植的葡萄園所生產的葡萄酒是世上極著名的上等葡萄酒之一，而其位於德國的子院也設計出了在山坡的梯田培植葡萄藤的巧妙方法。在每年召開的強制性集會中，數百位熙篤會修道院院長會與整個教會分享各自發展出的最佳技術、產業和農作技法。這基本上就是經由熙篤會的神經串連了歐洲的集體大腦，以此把最新的技術進展推送到甚至是最偏遠的修道院（如圖 11.2 所示）。修士恪遵刻苦的生活，可以自由地向地方社群傳播他們的知識技能、策略和技巧。[28]

與此同時，在日益成長的中世紀的城市中心，學徒制的出現為居住流動的工匠和技師開啟了大門。這些更傾向非個人的機構有別於其他組織，成為跨世代的技術技能和工藝知識的重要傳輸管道。技藝最精湛的師傅會有無數慕名而來的學徒，而這些學徒會以各種方式來支付培訓費用，包括了直接給付和藉由延長實習以勞力支付給師傅的方式。行會有時會監管這個過程，通常是為了保證師傅與學徒都有實踐行會所規定的義務。[29]

果不其然，師傅通常想要培訓的是自己的兒子或親戚，而不會想教陌生人。不過，相較於如中國和印度等有著類似知識技能的強烈世襲傳承的地方，歐洲的師傅還是將他們的技能傳播到了範圍更廣的人口中，也因此促進了更多的重組事物，並且加速了累積文化演化。明確數值的硬資料並不多，但是荷蘭有一份中世紀行會的資料庫顯示了，八成的學徒都不是他們師傅的兒子。再過些時候，在 17 世紀的倫敦，不是由親戚所訓練出來的工匠的比例為 72% 到 93%。相較之下，在印度和中國，這個比例極可能

　　　西方文化的特立獨行如何形成繁榮世界

正好相反，幾乎所有技能熟練的工匠都接受過某個親戚或緊密家庭成員的訓練。即使是在今日的中國，當地的新進工人和缺乏親屬關係的人都被禁止學習最重要的工藝技巧；獨占技術依然只限於特定的傳承譜系。[30]

除了容許來自各式家庭的學徒得以向頂尖師傅學習（如同前述五對一的實驗），這些機構也從其他幾個方面刺激了快速的創新。首先是學徒和師傅之間發展出了延長的培訓時期：**熟練工人階段**。剛期滿藝成的熟練工人（如同此英文字「journeyman」的含義）會轉到其他師傅的店鋪工作，而且通常是在另一個鄉鎮或城市，如此一來，他們就能夠觀察另一位專家的做事方式。此外，備受尊崇的師傅，店鋪裡通常會聚集來自不同城市和店鋪的幾位熟練工人，這就意味著不同師傅的知識會被一群熟練工人與學徒加以彙集、重組和琢磨。後來成為師傅的熟練工人會借鏡這種多樣性，發展出自己的獨門絕活，而他們之所以會想要如此，無非是想要獨樹一格而讓他人對自己刮目相看。如同前文所述，古騰堡可能就是從先前四處遊歷過的一名學徒身上得到了活字印刷的想法。[31]

第二，由於城市和行會忙於團體間的競爭，技能精湛的師傅就變得炙手可熱，並且可能會被延攬而把店鋪搬遷到不同城市。不同於大多數的地方和時代，此時的人們不再因為緊密的親屬關係和對某個特定地方的義務而受到束縛，許多師傅因此會遷徙。例如：到了 1742 年，維也納的 4,000 名師傅中，有超過四分之三的人都是出生於其他地方。他們來自於德語世界的各個角落，但是主要的核心地區是從多瑙河（Danube）到萊茵河上游（Upper

Rhine）一帶。英格蘭在居住流動上比當時其他地方都要來得更頻繁，歐洲各地的青年蜂擁到倫敦當學徒，其中之一就是先前提過的詹姆斯・瓦特，他曾到倫敦當儀器製造的學徒。第三，各類工匠都是獨立且可自由流動，而他們往往會群集在市鎮之中，並且經常會是在同一條街和街區。這麼一來就會造成競爭、刺激改良，以及產生更多彼此切磋的機會。相較之下，中國的工藝技術和技巧都是在氏族內部傳遞，以致於工匠始終是散布和固守在農村的家鄉。[32]

　　當然，所有的國家、城市，甚至連技術熟練的師傅都想要保有寶貴的知識祕密。狹隘的自利心態偏好採取保密的做法，但是集體大腦卻會因為開放性和資訊流通而茁壯成長。不過，歐洲不像其他社會，其家庭結構、居住流動、團體間競爭和非個人市場極力抵制保密的做法。師傅們繼續被富有野心的城市搶奪，而熟練工人尋求著最佳機會。阻礙資訊流通的法律不受歡迎且窒礙難行，也讓產業間諜變得猖獗。有些行會甚至開始發展出在行會內部分享知識的明確規範，例如：荷蘭的造船師傅會在年度強制性集會上交換彼此的祕密和洞見。他們願意分享的動機大概是摻雜了卓越獎勵（被賦予聰明的聲望）和非正規的懲罰（拒絕分享時會被認為小氣）。[33]

更大的城市，更好的大腦

　　當某個城市擁有為數眾多且更豐富的文明（人口），這

個城市的居民就會過著比起不如它的其他城市（居民）來得更加舒適的生活。

——伊斯蘭歷史學家伊本‧赫勒敦，《歷史緒論》（*The Muqaddimah*, 1377），第 4 章

　　城市與鄉鎮的增加與發展以更大的規模擴展了歐洲的集體大腦。就在即將進入 11 世紀之際，鄉村的人口開始湧入歐洲幾個地區的城市中心，整個途徑是從義大利北部開始，經由瑞士和德國抵達低地國，終點是倫敦。市政自治體激增，而居住於人口超過 1 萬人的城市的居民總數增加了 20 倍，從西元 800 年的約 70 萬人，增加到 1800 年的近 1,600 萬人。在同樣的這一千年之間，伊斯蘭世界的人口則沒有翻倍成長，中國的人口更是持平。[34]

　　城市中心——尤其是城市的群集街區——把人、想法和技術凝聚在一起而擴展了集體大腦。城市的群眾行動，尤其是在尋求互惠互利關係的個人主義者推動之下，隨著人們的想法相互碰撞、重組而產生創新。城市也讓不同專長領域且擁有不同技能的個人能夠相遇、發現互補的利益，並能進行合作。不妨想像你是詹姆斯‧瓦特，你剛設計好的蒸汽引擎需要有個精密搪孔的汽缸。你居住的地方最好能進行這種精密工作，而且還要可以找到有能力做這種工作的人。城市或城市群集的規模愈大且流動性愈高的話，那就會愈理想。[35]

　　為了圖示大都會的力量，圖 13.2 繪製了當代美國城市的工作年齡人口規模，對照他們的年度創新比率（在此使用的是 2002

年的專利申請總件數）。知道城市人口的多寡使我們得以解釋，
美國城市在創新方面所呈現的 70% 的差異。我以對數尺度描繪出
這種關聯性，而這向我們透露了城市具有綜效作用。人口規模每
增加 10 倍（例如從 1 萬人增至 10 萬人），創新的事物就會多出
13 倍。如果所有城市都促成了人口集中，我們可以預期人口規模
每增加 10 倍，就會促使發明以相同比例成長，但是我們反而得
到增加 13 倍的結果。我在這裡使用的是 2002 年的專利申請件數，
但即使是回溯到 1975 年，那個不在我們的資料集範圍之內的年
代，這種強烈的關聯性依舊可見。[36]

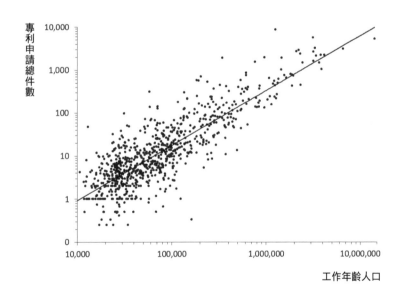

圖 13.2　2002 年的專利申請件數顯示了，人口愈多的城市，發明會愈多。這是依據
來自 800 個美國都會地區的數據。圖上顯示兩者的相關程度是 0.84。[37]

　　西方文化的特立獨行如何形成繁榮世界

這份數據來自當代美國，讀者可能會擔心這種關聯性並不存在於過往時代。然而，英格蘭前工業時期的創新率分析也同樣顯示了，人口較多和較密集的都會地區，主宰了創新和技術改良，其中包括了專利數據。事實上，在飛機、電話和網際網路尚未問世的時代，城市的綜效作用大概會有更強烈的效應。[38]

　　基督教世界的都會地區不斷成長，彼此的連繫也日益緊密。為了勾勒這種情況，不妨想像一下，一個城市居民要向他人學習或與人合作時，這位居民——原則上——可以接觸到多少其他的心智。若要了解這一點，我們先假設每個人都可以接觸到自己居住城市的所有人，接著再權衡為了接觸其他城市的人所付出的交通費用。如此一來，倘若你所居住的城市人口眾多，可以使用低廉的運輸與周遭城市緊密連結，你等於隸屬於一個更龐大的大腦的一部分——即使你沒有親身移動亦是如此。我們接著就可以計算出每個現代歐洲國家在每個不同世紀的平均數字。圖 13.3 顯示了 1200 年到 1850 年之間的城市互連性。首先該注意的一件事就是，除了 14 世紀的黑死病所造成的衰退，自 1200 年以降，整個歐洲的城市互連性都在不斷提高，不過，有些地區在互連性上的發展速度要比其他地區來得更快速。值得一提的是，荷蘭的發展比較早，約在 1400 年左右開始快速發展，至於英國則是大約在 1600 年之後才急遽加速。

　　歐洲集體大腦擴展的影響是表現在不斷提升的經濟生產力。例如：歐洲人在 12 世紀就發展出了編織毛織品的紡車。這項發明代表的是人類所知最早的皮帶驅動動力應用裝置，而羊毛紡織

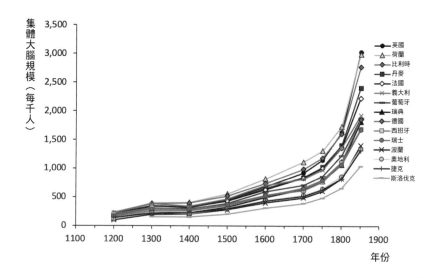

圖 13.3　1200 年到 1850 年之間，集體大腦在歐洲的成長情況。此處集體大腦的估量是依據歐洲都會地區的規模和互連性。首先，我們假定每個人都可以與自己居住城市的所有人互動。再者，我們還假定每個人都可以與其他城市的人互動，或至少可相互學習，但是能否這麼做則端視兩個城市之間的交通費用。如此一來，我們就能夠依照兩個不同的歐洲城市之間的交通費來區分其他城市的人口，再加總到個人生長城市的人口，藉此得出整體互連性的分數。我們接下來會總計分數，並加以平均來得出個別國家的互連性分數。隨著個人生長城市的成長、鄰近城市的擴張，以及交通費用的降低，城市居民的互連性就會愈來愈高。[39]

者的生產力也因此提高了 2 倍，甚至是 3 倍。後來，在行會的帶領下，大約是在 1300 年到 1600 年之間，高質量毛紡業的織造效率提高了 300%。在滾金邊書籍的製造方面，16 世紀期間，生產力提高了 750%。1685 年到 1810 年之間，倫敦的手錶價格大約下降了 75%，意味著其製造效率顯著改善。當然，這些生產力之所

　西方文化的特立獨行如何形成繁榮世界

以會提高，有一些大概是因為個人更辛勤工作且工時更長的結果（參見第 11 章），但是許多特定發明和科技改良也對創新發揮了重要作用。[40]

我在此想要說明的是，緊密親屬關係的瓦解不僅推升了歐洲的都市化程度，同時也改變了新的城市居民的心理，而這使得他們有別於世界其他地方的群體。因為他們有更高的個人主義傾向、非個人信任，以及居住流動性，他們因而更可能會尋求與所屬社會網絡無關的人來建立人際關係。攸關公平、誠實和合作的非個人規範為這樣的社會互動提供了架構，正式契約則給予了各種協議具體的防護網。所有的這些心理與社會的改變都會提高群體之間的互連性，激發出更多創新。我們到此為止已經考量了修道院、學徒制和城市對於引導創新的影響，接下來讓我們探究另外兩類自願組織：大學與知識協會（knowledge societies）。

知識協會與新教徒

我們已經知道大學是在 12 世紀末開始普及，並且也有助於歐洲集體大腦的神經分布。在本書的敘述中，雖然大學要等到晚期才會對技術訓練或工程產生重大影響，但是大學促進了受過教育的個人和書籍在歐洲各地的流通，並且鼓勵人們快速採用機械時鐘和印刷機，故而也對此時的創新有所貢獻。大學創造了由具有高度文化修養且居住流動的知識份子和專業人士組成的階級，而這些人在基督教世界各地擔任律師、醫師、行政人員、教授與公證人等工作。由於大學為許多領域的知識份子——包括艾薩克‧

牛頓（Isaac Newton）和丹尼爾・白努利（Daniel Bernoulli）在內——提供了安身之處和一定程度的自主性，這就造成了人數漸增的富有貴族之間的競爭，原因是當這些貴族完成了大學教育之後，他們想要與頂尖的思想家為伍，後來也包括科學家。[41]

到了 16 世紀，一群四處流動且具有個人主義和分析性導向的思想家，開始構成了維繫大部分西歐和中歐的所謂**文人共和國**（Republic of Letters）的鬆散關係網。這個實體社群的成員會彼此傳送親筆信，通常是藉著商務之便或郵寄服務等公共和私人管道。知識份子親筆寫下自己的想法寄給朋友和同儕，也會與其他歐洲各地的人通信交流。重要的信件寄送到主要的中轉站時，通常（在必要時）會請人翻譯、手抄備份，並以一種放射狀模式送往其他網絡成員手中。這不僅連結了法國、英國、荷蘭、德國和義大利北部的思想家，同時也串連起相距甚遠的知識份子，例如：建構了第一個拋物面鏡的克羅埃西亞數學家馬里諾・蓋塔爾迪（Marino Ghetaldi），以及波蘭克拉科夫（Krakow）的揚・布洛傑克（Jan Brożek），後者從數學上說明了蜜蜂使用的六邊形蜂窩代表的是儲存蜂蜜的最有效解方。這兩位科學家都曾待過位於文人共和國中心的一所中轉站大學（位於義大利北部的帕多瓦〔Padua〕），而且蓋塔爾迪還是伽利略的筆友。至關重要的是，這些集體大腦的神經軸突連結公然挑戰了政治的疆界，例如：英國和荷蘭的知識份子在 17 世紀的三場英荷戰爭期間仍保持互動：在英國和法國持續交戰的年代，法國思想家依然可以在《原理》（*Principia*, 1687）中學到牛頓的貢獻。[42]

與此同時，當文人共和國以親筆信持續交流之際，包含印刷機、造紙廠、讀寫能力和基督新教在內的四要素，則一起催生了書籍、小冊子、技術手冊、雜誌，以及最終的學術期刊與公共圖書館，進一步連結了歐洲的集體大腦。[43]

在地方與區域的層面，文人共和國發起並培育了歐洲境內的各種哲學和科學組織。這些知識協會定期集會，通常是在沙龍或咖啡館討論政治、科學、哲學和科技的最新發展。許多協會都有小型圖書館，大多數都會每個月或每一季舉辦講座。這些自願組織之所以重要，是因為它們為地方知識份子和階層更廣泛的人士搭建起了關係，其中包含了工程師、創業家、工匠和修補匠。例如：伯明罕月光社（The Birmingham Lunar Society）就促成了各界人士的交流，像是科學家班傑明・富蘭克林與喬瑟夫・布萊克（Joseph Black，潛熱〔latent heat〕的發現者）、力學家詹姆斯・瓦特與約翰・懷特赫斯特（John Whitehurst，水力學〔hydraulics〕），以及創業家馬修・博爾頓（Matthew Boulton）與約翰・羅白格。如果你跟詹姆斯・瓦特一樣是位發明家，而你現在正試著檢修格拉斯哥大學（University of Glasgow）的一臺壞掉的紐科門蒸汽引擎，這時若能跟喬瑟夫・布萊克聊一聊熱力學，還能夠聯絡上博爾頓旗下的鐵匠和工匠的話，那就再好不過了。圖 13.4 所繪製的是知識協會從 1600 年到 1800 年之間激增的情形，標示了知識協會的數量，而科學與技術的專屬協會數量自 1750 年之後更是急遽攀升。[44]

著名經濟歷史學者喬爾・莫科為了充分說明文人共和國以及

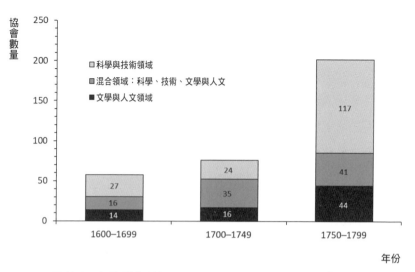

圖 13.4　歐洲知識協會於 1600 年到 1800 年之間的增加情形。[45]

　　這些激增的協會的重要性，特別指出了社群如何發展出一套關於
自由分享知識的社會規範。了解這些規範起源的最佳方式，就是
依據在歐洲各地顯現的日漸 WEIRD 的心理傾向。這些自願組織
相當重視新想法和新發現的分享，所以成員的聲譽就是來自於他
們所貢獻的原創洞見或新發現。這種攸關聲譽的激勵作用會使成
員想要盡快把新的想法「分享出去」，如此一來，他們的貢獻就
可以被記錄下來，並在其他人的腦海中留下印記。規範也要求成
員對於社群內部提出批評的人有所回應，畢竟對社群貢獻的評斷
是來自於同儕——也就是因為本身的貢獻而建立威信的那些獲得
認可的專家。這就導致了某些規範的發展，一方面會稱許知識的

　　　　　　西方文化的特立獨行如何形成繁榮世界

公開分享，另一方面會制裁那些保守祕密、捏造證據或竊用他人想法的人。[46]

　　隨著知識的分享，新的認知規範也開始發展。認知規範會對於什麼才算是「好的」證據和「明智的」論點，設定出文化標準。雖然針對這一點的研究有限，但是有些研究顯示，認知規範在不同的社會和不同的歷史中，重要性各不相同。例如：即使到了現在這個年代，在許多群體中，一個人的夢境經驗也「算得上」是證據，且可做為個人行動的理據。當一位母親用夢見的植物種籽熬煮的湯汁來治療自己的孩子，只要孩子的情況確實好轉，就可以判定那是聰明之舉。不過，倘若這是發生在 WEIRD 群體眾多的其他地方，不管那位母親的孩子情況如何，她都會被認定是很糟糕的人。同樣地，不同群體對古代先賢與耆老的建議，重視程度也不同。大多數的複雜社會都相當重視古代先賢。不過，歐洲慢慢意識到，像哥白尼這樣的人已經開始讓我們明白，古代人對自然世界的許多層面都存在錯誤的看法，從醫藥到天文學都是如此，所以一個人的新發現或最近的提議是否符合或違背古老先賢的看法，愈來愈無關緊要。個人和團體仰賴的是更好的認知標準 —— 而何謂標準本身就備受爭論 —— 以便能夠更常取得正確的答案，而且社會世界的聲譽競爭也驅使了對這些認知規範的磨礪。

　　知識協會的規範逐漸演變為 WEIRD 科學的制度，例如在 17世紀中葉，有個醫師與自然哲學家（即科學家）的非正式組織在倫敦四處集會。在 1660 年，當英王查理二世（King Charles II）

頒布了一紙官方特許狀之後，這個「隱形學院」就正式轉變為皇家學會（Royal Society），使其成為英國第一個全國性科學組織。幾年後，這個團體開始出版世上的第二份科學期刊《皇家學會自然科學學報》（*Philosophical Transactions of the Royal Society*），而這是迄今依舊運作良好的一份出版品。這份期刊自創刊以來，都會對投稿論文進行同儕評閱，並且會謹慎地戳蓋投稿日期，藉此確保會優先審閱新的稿件。[47]

　　近來的分析證實了知識協會確實刺激了工業革命之前和其發展期間的創新。經濟學家詹姆斯·道威（James Dowey）利用英國於 1752 年到 1852 年之間的專利數據，揭示了在每個十年期間的一開始，倘若某個區域有較多的知識協會，該地區的人在之後的十年間就會取得較多的專利。即使只是就同一地區在不同十年區間的數據來加以比較，或者是比較同一個十年區間的不同地區的數據，我們都可以看到相同的結果。就算只觀察具有重大影響的專利也是如此——也就是那些會被融入之後創新的專利。比起攀升的都市化程度、人口密度、讀寫能力和現有知識的儲存，這些知識協會對創新的效應更為遠大——但是這些因素全都促成了更高的創新率。[48]

　　這項分析的問題是，專利可能不是一種很好的創新量度，尤其是對於這個較早的年代來說，因為我們知道有許多著名的發明家從未替自己的發明申請專利。為了解決這個問題，道威審視了 1851 年於倫敦舉行的萬國博覽會（Great Exhibition），也就是第一個世界博覽會中的精選創新事物。大約有 8,200 件英國發明家

的申請，其中約有 6,400 件創新事物獲選參展，而在這 6,400 件
參展事物中，約有 30% 因為其效用和新穎程度而獲獎。根據針
對參展作品和得獎事物所做的分析，結果顯示了英國知識協會的
重要性。擁有較多協會成員的地區，其在博覽會上的參展品會比
較多，因此可能會獲得更多獎項。具體來說，當一個地區的協會
成員人數每增加 750 人，該地區參展和獲獎的件數就會提高將近
50%。[49]

　　然而，為何有些地區會比其他地區有較多的知識協會呢？

　　請回想一下基督新教在 16 世紀打破天主教會獨占局面的情
況，各種宗教信仰萌芽生長且開始競相爭取信徒。雖然基督新教
的信仰強力推動普遍的讀寫能力，但是許多人依然敵視科學、創
新和進步的想法。不過，一些新教信仰以不同的方式擁抱了科
學、科技改良和創業精神，通常將其視為是為上帝服事的手段。
道威的分析表示了，一些後來被歸類為唯一神教派（Unitarians）
的新教信仰鼓勵了知識協會的創立。相較於其他地區，有唯一神
教派信眾的地區在發展知識協會方面的可能性要高上將近 4 倍。
這意味著唯一神教派地區發展出知識協會的時間，一般而言會比
沒有這種教派信徒的地區提早近半個世紀（四十六年）。一段時
間之後，這些新教教派的社會與經濟成就，刺激了其他信仰出現
競爭性的仿效 —— 大多數人因而變得更樂於接受科學。這顯示
了，唯一神論促進了英國知識協會的建立，而知識協會推動了當
地的創新。[50]

　　在法國，創新也與知識協會、城市互連性及特定的基督新教

形式有關。如同英格蘭的情況，1750 年之前就擁有知識協會的法國城市，至少持續到 1850 年都有較快的經濟成長。在這裡，我們可以進一步審視，利用啟蒙時代最著名的出版品狄德羅（Denis Diderot）《百科全書》（Encyclopédie）的（人均）訂閱數據，做為城市互連性的量度。除了頂尖思想家關於政府、宗教和哲學的短文，《百科全書》向數千名訂閱者傳播了有關新科技和工藝的資料，而那些訂閱者是散居於 118 個法國城市中的中產階級。詳盡分析顯示了，一個法國城市的《百科全書》（人均）訂閱數愈高，該城市就有愈多的創新事物（參展作品）出現在 1851 年的倫敦萬國博覽會，而且該城市在 1750 年之後的一個世紀也會更加欣欣向榮。換言之，城市與歐洲集體大腦的關聯性愈深，相較於關聯性較弱的城市，會迸發出更多創新且更蓬勃發展。法國大革命前後都可見到經濟成長與城市互連性脫不了關係，但是在 1750 年之前則非如此，故而我們看不到先前所積累的人類知識、富裕或基礎建設之間的關聯。[51]

　　為何有些法國城市會比其他城市更能有效地與歐洲的集體大腦建立網絡呢？

　　就像英格蘭有唯一神教派信眾，一個重要的因素大概是有支基督新教喀爾文教派的普及，並因而打造出了分布區域廣泛的雨格諾派社群。1700 年左右的觀察家比較了雨格諾派教徒和法國天主教徒，對前者的描述是「嚴謹」、「勤奮」，並致力於學習閱讀、書寫和做算術。觀察家也注意到雨格諾派教徒「積極參與貿易」，且「真心全力」投身其中。半世紀之後，另一位作家觀察到雨格

　　　　　　西方文化的特立獨行如何形成繁榮世界

諾派教徒的「簡樸」、「熱衷工作」、「老派的節儉」、反對「奢侈和懶惰」，以及有能力「掌握一切新想法」。他暗示了雨格諾派教徒「對上帝審判的極大恐懼」，因而讓他們注重經濟的成就。這些觀察結果趨近於我在前一章所討論的新教信仰對人類心理影響的當代研究。這樣的心理傾向使得雨格諾派教徒對《百科全書》有著強烈的興趣。

果不其然，在 17 世紀和 18 世紀，擁有愈多雨格諾派教徒的法國城市，付費訂閱《百科全書》的人數愈多，之後則會比其他社群有更繁榮的經濟發展，而這至少有一部分要歸功於更多的創新。[52] 不過，與此同時，雨格諾派教徒面對的是法國政府日益嚴重的迫害，故而有好幾萬人逃往英國、丹麥、瑞士和荷蘭共和國（Dutch Republic）等地。而當地的許多創新者和創業家都無法跟來自法國的這些對手競爭。我們先前提過的德尼・帕潘就是其中一位；德尼・帕潘關於壓力鍋的書籍可能為紐科門的蒸汽引擎提供了關鍵洞見。如果法國沒有壓迫宗教少數團體的話，蒸汽引擎的發明可能是出現在法國。[53]

儘管如此，如喀爾文教派等新教信仰依舊為天主教會製造了競爭，也因而驅動了重要的改變。新教教徒推動教育和實作知識，耶穌會對此的回應就是也開始推動學校教育、工藝技能和科學思考。包括了伏爾泰、笛卡爾、狄德羅和康多塞（Condorcet）在內，許多著名的法國啟蒙時期知識份子都是在耶穌會的學校就學，而且許多耶穌會的神父都成為重要的科學家。

讓我們從更廣泛的角度來看。為了說明歐洲的集體大腦不斷

擴大的網絡連結，我先前聚焦的是基督教世界內部的想法與技能知識的流通。然而，至為重要的是，因為天主教會的「婚家計畫」造成了歐洲人的社會與心理變化，相較於更加尊敬祖先、崇尚傳統和傾向從眾行為的社會，歐洲人因而會更快速地吸收來自世界各地的想法、習俗和產品。與火藥、風車、造紙、印刷機、造船和航海有關的重要想法與技能知識，通常都是輾轉從中國、印度和伊斯蘭世界的繁榮社會學習而來。例如：在中世紀盛期，返回歐洲的十字軍大概就從中東帶回了風力的想法。不過，當歐洲人開始發展這個想法時，他們的風車坊是採橫式配裝，而不是如波斯地區的直式安裝，因而效率更好。歐洲社群除了如往常般使用風車坊來研磨穀物，也利用風車坊做愈來愈多的工作，包括了加撚絲線、提煉油品和製造火藥。歐洲人後來也放棄了彆扭的羅馬數字（I、II、III 等），而改採易於使用的阿拉伯數字（1、2、3等），還納入了起源於印度的符號「0」。1500 年之後，當歐洲人開啟了全球貿易路徑並征服了龐大的海外帝國，來自其他遙遠社會的產品、技術和習俗就湧入了歐洲，進一步激發了科學、創新和生產：橡膠、奎寧、肥料（海鳥糞）、馬鈴薯、糖、咖啡和軋棉機（受到印度手紡車〔charka〕的啟發），可說是族繁不及備載。毫無疑問，近代早期的歐洲人自認要比上述其他民族優越，但他們還是樂於吸取所接觸到的有用想法、農作物、技術和習俗。我們可以看到很多案例，那就是產品和技術傳入歐洲集體大腦之後，很快就會被調整和重組，以便打造出新的創新事物。[54]

在這部分的討論結束前，且讓我重申一個重要觀點：城市、

　　西方文化的特立獨行如何形成繁榮世界

政府、宗教、大學和其他自願組織之間的競爭有助於維持歐洲集體大腦的活力。在歐洲以及整個人類歷史當中，國王和菁英往往會打擊任何懷有顛覆性的新想法、新技術或新發明而可能動搖既有權力結構的人。在歐洲，這個問題的緩解則要倚賴兩方面，一方面是政治的分裂（許多政府都在相互競爭），另一方面是相對而言的文化一致性（經由包括了教會、大學、行會和文人共和國等眾多自願團體交織組成的跨國網絡所涵養而成）。這兩個方面相輔相成，使得歐洲的創新者、知識份子和熟練的工匠能夠有所選擇，而這是他們在世上其他地方的同行通常無法擁有的。不論是個人或整個團體的反抗者，都能夠藉由更換贊助人、大學、城市、國家或居住的大陸來逃避壓迫。每一次，當某個國王、行會、大學或宗教社群打擊一些具有經濟生產力的個人或創新團體時，就失去了與更開放寬容的國王、行會、大學或宗教社群競爭的能力。在英國於北美的殖民地中，費城之所以會繁榮和成長，部分原因就在於其提供了某種程度的宗教自由和容忍，而那是與之競爭的城市所欠缺的。這種團體間競爭推崇社會規範、文化信仰與正式制度，進而促進容忍、公正和自由。在後來的 19 世紀和 20 世紀期間，對移民的開放性足以解釋美國的整體創新性和快速的經濟成長，以及美國各郡和各州的發展差異。美國接納較多移民的郡 —— 即使是迫於情勢所需 —— 之後都會激發出更多的創新，教育程度較高，且更加蓬勃發展。[55]

更具創造力？

在工業革命時期，雖然加速創新的主要推動力是日益擴張的歐洲集體大腦與互連性，但是當時出現的變化或許也使個人——就算是單獨一人——更可能發明出東西。要了解這一點，我們需要考量的不只是特定的 WEIRD 心理原型特徵如何激發個人的創新力，也要思考新的經濟與社會條件會如何以自催化互動（autocatalytic interaction）的方式進一步強化這些特徵。首先，請回想一下我們已經討論過的一些心理特徵：耐性、工作勤奮和分析性思考。根據愛迪生的觀察，發明（或「天才」）是 1% 的靈感加上 99% 的努力，可能的情況是，當個人更加勤奮且更有耐性，其成功發明事物的機率也會隨之提高。再者，持續邁向更具分析性的思考，可能會從幾個方面來促進創新，包括讓人更有興趣去做實驗、更相信普遍法則的存在、更願意以和情境無關的方式來將這個世界分門別類（如物種、要素和疾病等等）。[56]

除了這些心理層面，更傾向正和思考也對創造力具有重大的影響。這個想法的意思是，人們日漸認為社會與經濟的互動（尤其是與陌生人的互動）足以創造雙贏的局面。這之所以重要的原因就如同許多人類學家的觀察（與本章開頭大衛·休謨的引文），農業人口往往是以零和思維來看待這個世界。這意味著如果有些人的收穫較多（更豐碩的收成或更漂亮的小孩），其他人都要為此付出代價，而這就會引發羨慕、憤怒和強烈期望重新分配的社會壓力。個人若以零和思維來看待這個世界，那就不太可能會

浪費時間去改良工具、技術或製程，因為他們暗自相信任何促進生產力的提升都是犧牲他人利益的結果（當然，這有時只是短期的情況），而且其他人都會對自己有不良的評價。此外，由於以零和思維來看待這個世界的那些人往往認為別人會眼紅自己的成功，他們因此可能會隱藏自己的改良成果和生產力，而如此一來就封鎖了集體大腦。這就表示，當個人更願意以正和的思維來看待這個世界時，他們就會變得更勇於追求技術的改良。[57]

當以正和的思維看待這個世界成為一種普遍傾向，可能會讓人們敞開心門接納那些關於「人類進步」的普及信念。歷史學家長久以來一直主張這些文化承諾對工業革命和科學革命發揮了一定的作用，更遑論啟蒙時代的興起了。對於人類進步和科技進展的信念通常是奠基於宗教信仰，而這樣的信念似乎驅動了許多創新者和科學家的作為而終致工業革命的發生。經濟歷史學家安東‧豪斯（Anton Howes）為了說明這一點，分析了 1547 年到 1851 年期間的近 1,500 位英國發明家，主張刺激發明的是一種「精益求精的心態」（improving mentality）的傳播，主要是從聲望極高的導師傳給受其教導的門生。這些擴展的網絡依循的是歐洲獨特的學徒制所建造出來的結構，使得「精益求精的心態」隨之廣泛流傳，而此情況也受益於擁抱正和思維的一種普遍心理傾向。這裡要說明的是，進步和改良的想法對於以正和角度看待這個世界的人來說深具魅力。[58]

催化了這些緩慢演變的心理變化的是日益改善的經濟與社會條件，使得愈來愈多的人得以實際轉換想法──就個體的發

生——來面對新的制度、規範與價值。新的條件包括了營養改善（更多卡路里和蛋白質等等）和成員減少的家庭，不只降低了手足競爭壓力，也讓每個孩子得到更多親代投資。如同其他物種，人類似乎也在遺傳上演化出了能夠適應性地回應幼年信號的一種系統，而在某種意義上，這些信號可以用來預測個人應該要為了長期發展而對生理成長和心智技能注入多少投資。倘若生活是險惡、野蠻和短暫的，投資的動力就會遞減。就人類來說，這意味著兒童、嬰兒，甚至是胎兒似乎都能感應到身處的環境（例如：「我總是覺得又餓又冷」），接著再運用或多或少的自制力，以便習得所屬環境的重要屬性和技能。更確切地說，較為富足的狀況暗示了年輕一輩會投注心力在個人心靈的形塑，以便符合所屬社群的社會規範和期望，包括了激勵人往高處爬的那些想法。例如：在視個人榮譽與傳承為一切的軍事貴族階級中，富足的信號會促使男孩子的內心更投注於內化家族榮譽的想法、深化宗族忠誠度、追蹤競爭對手的聯盟，以及發展出對榮譽有絲毫損害就會即刻採取攻擊性的反應。相較之下，在近代早期的歐洲城市中心，由於強調的是學校教育和非個人市場，為人重視的心理屬性涉及了正和的世界觀、更信任陌生人、更注重守時、更傾向分析性思考和卓越的閱讀技能（如雨格諾派教徒）。不管是何種情況，與這些適應性反應相關的認知改變在某方面讓人變得「更聰明」，因為他們從認知上更能適應其需要正確應對的文化建構的世界。

來自現代世界的證據證實了，只要提升妊娠和嬰幼年時期的食物與營養，即可促進重要的認知能力與社會動機的發展。若是

西方文化的特立獨行如何形成繁榮世界

在 5 歲前經歷過饑荒和食物短缺的衝擊，則會抑制自制力、正和思維，以及獲取攸關解決抽象問題和模式辨識的心智技能發展。諸如非個人信任和合作等社會規範，幼年的匱乏可能也會壓抑這些規範的內化而使人付出極高的代價。在現代世界中，這會造成個人在成年後的教育程度與所得收入較低落的長期效應。[59]

從歷史的角度來看，在工業革命之前，出於科技與心理方面的因素，前現代歐洲的農業生產力持續成長了幾個世紀。然而，在 1500 年之後，隨著接觸到世界各地的不同群體而來的是珍貴新農作物的輸入，特別是來自於美洲大陸。最值得一提的就是出現了馬鈴薯、玉米（玉蜀黍）和甘藷等主食作物，以及有價值的營養來源，像是番茄、辣椒和花生等等。歐洲人把馬鈴薯和玉米──這兩種作物分別是被征服的印加帝國（Incan Empire）和阿茲特克帝國的重要作物──融入到自己的食物系統當中。從多項分析中得知，自 1700 年到 1900 年，單單馬鈴薯就加速了至少 25% 的歐洲城市成長。重要的是，這些新的農作物不只是提升了整體食物的數量與質量，同時也有助於解除歐洲的饑荒。這些營養和食物的取得變化也加速了我所描述的心理改變和創新率。饒富興味的是，在工業革命準備快速起飛之際，英格蘭的食物供給和人口健康情況的改善就已經優於一般的情況。[60]

至於營養不足或是饑荒衝擊對認知與社會技能所造成的影響，政府推行的社會安全網可能也讓其得到了緩解。當作物歉收或父母親失去工作時，孩童可能會遭受因貧困而生的被剝奪感，進而影響到成年後的心智能力。隨著新教改革之後，因為當時拼

湊而成的社會安全網大部分都是由天主教會運作，歐洲各個政府因而開始以政府主導的世俗安全網來取而代之。英國是在伊莉莎白女王（Queen Elizabeth）主政時期開始認真進行這個部分，並為此於 1601 年頒布了《舊濟貧法》（Old Poor Law of 1601）。這個早期制度一直實行到 1834 年為止，主要是要求每個教區肩負起照顧窮人的義務，並且讓教區擁有透過地方稅收來資助濟貧事務的合法權利。在這段期間，有 5% 到 15% 的英國人直接受惠於《舊濟貧法》。這種涵蓋範圍更廣且更強大的安全網，可以提高整體人口的平均認知與社會技能。不論是這些心理效應，還是這類保障讓個人能脫離家庭和教會而更獨立的情況，都有助於解釋何以強固的安全網能夠促進更多的創新，而且在前工業時期的英格蘭和現代世界皆是如此。[61]

隨著營養不良和食物短缺的情況改善，攸關讀寫能力的正規教育與社會規範，就可以為前工業時期的歐洲的認知發展帶來更深遠的影響。誠如我們在〈序言〉中的了解，基督新教驅動了讀寫能力和學校教育於歐洲各地的早期傳播，也使天主教會承受了必須發展出本身的教育選項的壓力。馬丁·路德促使政府負起教育青年的責任，而隨後於德國發展出來的學校教育也成了其他國家效法的典範。例如：在 1630 年代清教徒的美國新英格蘭地區，地方政府創辦了公立學校和一所大學（哈佛）來訓練牧師，而其中大部分都是要服務唯一神教派的信眾。不過，在正規教育還沒開始之前，新教徒的父母早已尋求各種方式來教導孩子閱讀、書寫和算數。新教徒認為女孩也需要受教育，如此一來就有了更多受過教育且具讀寫能力的母親。誠如〈序言〉所言，母親的讀寫

能力對於孩子的健康和認知發展的影響尤其深遠。[62]

總而言之，我們有很好的理由去推想，許多前工業時期的歐洲社群中的個人都培養出了讓自己更創新的心理特質，而這會進一步強化歐洲的集體大腦。

現代世界的心理與創新

一旦認識前現代歐洲人的心理如何悄悄地在幕後演化了至少800年，我們就比較容易了解推動工業革命的創新引擎的裝配。當然，還有許多其他重要的經濟與地理因素，但如果要說是什麼造就了歐洲集體大腦的祕密組件，那肯定是醞釀了好幾世紀的心理套組，其中包括了個人主義、分析性導向、正和思維及非個人利社會性。我們今日依舊可以看到這種心理與創新之間的關係。圖13.5是利用專利數據來評估創新率，顯示了更具個人主義傾向的國家就會有更大的創新力。即使針對正規學校教育、自由度、法律保護、宗教教派與歐洲後代的人口占比差異所造成的影響，我們在統計上維持定值，或者我們只比較在同一大洲的不同國家，上述關係依然存在。就算我們只觀察影響重大的創新（後來的專利所引用的那些專利），而不是全部的專利，我們也可以看到相同的關係。當然，在這項分析中，我們無法確定個人主義情結與不同國家所展現的創新差異的因果關聯。儘管如此，有鑑於連結了WEIRD心理與集體大腦擴張和較高創新力的一切證據，這肯定是我們可以預期看到的關係。[63]

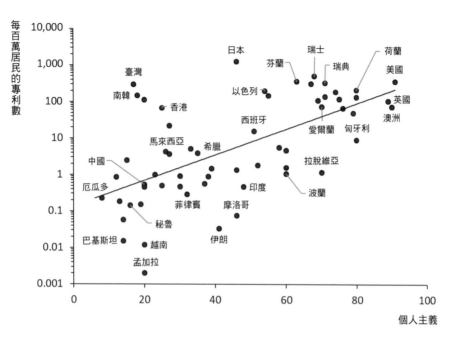

圖 13.5　創新率與個人主義心理。此處的創新是以年的每百萬人的專利數來估量,而個人主義的剖析則是使用圖 1.2 所示的綜合量度。[64]

　　這樣的數據顯示了,不同群體之間的心理與社會差異——完全獨立於正規制度與政府之外——使得創新率出現極大差異。至少要到 18 世紀中葉,創新才成為經濟成長、繁榮和長壽的主要驅動力。因此,藉由了解文化演化是如何形塑家庭與婚姻的基本制度,以及這樣的演化如何轉而促進社會與心理的變化,我們就能更清楚地闡明現代社會的起源,包括了國家的財富和貧窮。

　　　　　　　西方文化的特立獨行如何形成繁榮世界

逃脫陷阱

　　若是談到長期（在 1800 年之後）維持所得成長，基督教世界的群體還有一個我尚未多加討論的優勢。在歷史上，全世界有許多社會都經歷過快速的經濟爆炸性成長，但是這些往往難以守成，而想要加快發展速度更是難上加難。最大的挑戰就是隨著繁榮所帶來的生育力提高──婦女生了更多孩子。這就造成了經濟歷史學家所謂的「馬爾薩斯陷阱」（Malthusian Trap）：人口會以幾何速率（極快的速度）擴張，使得經濟成長難以跟上。不過，在過去的兩個世紀，或者可能是更長的時期，創新所推動的經濟增長足以應付人口成長速度，因此我們可以看到人們普遍都更加富有。我至此都是聚焦在 WEIRD 心理和其相關制度對創新的助益，但是相同的這些要素也會限制生育力。

　　在前工業時期的歐洲，有許多與家庭和婚姻有關的不尋常規範，不僅會降低婦女的生育力，也會減少人口的成長。首先，根據當代研究，實行一夫一妻制和終止包辦婚姻都會減少每位婦女一生所孕育的嬰兒總數。情況之所以會如此，不外乎是因為這些規範提高了婦女的結婚年齡（降低了懷孕的可能性），並且增加了婦女在婚姻中的權力，而這兩個因素都會降低婦女生育力。再者，教會的「婚家計畫」鼓吹婚後要有新的居住地，助長了年輕人的高度流動性（不再受到親屬關係義務的牽絆）。大體而言，任何讓婦女與自己的血親或近親分離的情況都會降低其生育力，這是因為她在養兒育女方面的支援比較少，也比較不會因為愛管

閒事的親戚而有懷孕的壓力。此外，跟其他複雜社會不同的是，許多歐洲女性會終生不婚或不生孩子——教會提供了婦女進入修女會（女修道院）而得以逃避結婚壓力的管道。最後，在基督新教的推動下為女孩提供的正規學校教育，也普遍降低了生育力。這種情況的發生有幾個原因，但最簡單不過的原因就是學校教育容許女性為了完成學業而不需早婚。在 1500 年之後，歐洲的人口確實因為經濟繁榮而成長，但是親屬為本制度和婚姻規範也約束了人口的擴張，並使其移往城市（透過遷移的方式）。簡言之，拜親屬為本制度的瓦解所賜，歐洲才得以同時藉由鼓勵創新與壓制生育力而逃脫「馬爾薩斯陷阱」。[65]

在本章尾聲，就讓我們扼要總結重點。為了解釋過去幾個世紀因創新而推動的經濟擴張，我主張，天主教會瓦解了緊密親屬關係而造成社會與心理的變化，促使資訊開始在不斷擴張的社會網絡之中流通，串連起基督教世界各地不同人才。為了鋪陳這一觀點，我凸顯了挹注歐洲集體大腦的 7 個來源：(1) 學徒制、(2) 都市化與非個人市場、(3) 跨區域修道院、(4) 大學、(5) 文人共和國、(6) 知識協會（和其《百科全書》等出版品），以及 (7) 新的宗教信仰，不只推廣了讀寫能力和學校教育，同時也讓人推崇勤奮、科學洞見與實際成就。這些制度和組織以及一套心理方面的變化，促使個人更具有創造力，但也降低了生育力，一方面驅動了創新，另一方面則控管了人口成長，如此一來才終於激發出了前所未見的經濟榮景。

―― CHAPTER 13 ――
ESCAPE VELOCITY
十三、逃逸速度

―――――――――――― 注釋 ――――――――――――

1.　Hume, 1987, p. 34.

2.　Pinker, 2018, www.gapminder.org/data.

3.　數據出處網址：www.gapminder.org/data。

4.　答案不可能是因為早期現代歐洲人是「邪惡的」。首先，人類歷史屢見不鮮的就是充滿著侵略和征服他人野心的殘暴帝王（Hoffman, 2015; Keeley, 1997; McNeill, 1982, 1991; Pinker, 2011）。再者，就算「邪惡」果真出現在歐洲，這樣的解釋反而讓人不得不面對這樣的問題，那就是歐洲社會為何打從一開始就發展出這個不幸的特性，而這又是如何造成歐洲發展出強大的經濟和軍事力量。

5.　Lewis, 2001, p. 52.

6.　Khaldûn, 1377.

7.　Acemoglu, Johnson, and Robinson, 2005; Acemoglu and Robinson, 2012; Allen, 2009; Hoffman, 2015; Landes, 1998; Mitterauer and Chapple, 2010;

Mokyr, 2016; Pinker, 2018; Robinson, 2011; Sowell, 1998.

8. Boyd, Richerson, and Henrich, 2011; Henrich, 2016; Muthukrishna and Henrich, 2016.

9. Creanza, Kolodny, and Feldman, 2017; Henrich, 2004, 2016; Kolodny, Creanza, and Feldman, 2015; Muthukrishna and Henrich, 2016. 在數學模型和實驗室實驗中，群體可能會有「過度的」互連性，造成無法獨力發展出多元的取向，進而導致較低的創新率（Derex and Boyd, 2016）。儘管這個理論發現或許能以實驗室實驗來加以證實，但是我還沒有看到其與現實世界相關的任何證據。由於語言、部落主義、政治瓦解和族群的演化動態關係，真實的人類群體會自然而然地拆分和斷裂（McElreath et al., 2003）。人類一直面對的問題就是要如何團結在一起，並維持大規模的合作關係（Boyd, 2017; Turchin, 2015），而不是拆分成一個個狹隘的地方團體。

10. Basalla, 1988; Henrich, 2009; Mokyr, 1990. 隨著由上而下的科學發展，這樣的情況大概從 19 世紀中葉以降就開始有些改變，但是在 1800 年以前肯定仍是如此（Mokyr, 2002）。

11. Akcigit, Kerr, and Nicholas, 2013; Basalla, 1988; Diamond, 1997, 1999; Hargadon, 2003; Meyers, 2007; Miu, Gulley, Laland, and Rendell, 2018; Mokyr, 1990, 2002; Muthukrishna and Henrich, 2016; Sneader, 2005; Williams, 1987. 關於神話發生作用的例子，請見：Pinker（1997, p. 209），其中有著生動的描述。

12. Briggs and Burke, 2009; Burke, 2012; Cipolla, 1994; Diamond, 1999; Dittmar and Seabold, 2016; Pettegree, 2015; Rubin, 2014. 古騰堡也可以說是很幸運，畢竟歐洲文字只有幾十來個字母，而不像中文有著成千上萬個，再加上從伊斯蘭世界傳入的中國造紙技術，歐洲以此為基礎而發展出蓬勃的造紙業。歐洲造紙業結合了中國與伊斯蘭的技術與水磨，而讓紙張的生產機械化。早在

古騰堡之前，韓國顯然改良了中國在 11 世紀發展出來的燒烤黏土鑄字技術，在 14 世紀改採青銅來鑄造活字。

13. Basalla, 1988; Mokyr, 2002, 2011, 2016; Rolt and Allen, 1977; Wootton, 2015. 歷史學家李約瑟（Joseph Needham）追溯了許多蒸汽引擎零件的歷史，並下了這樣的結論：「沒有單一的個人可以被視為『蒸汽引擎之父』，而且沒有單一的文明可以被看做『蒸汽引擎的搖籃』」。（1964, p. 50）只是不知何故，所有的蒸汽引擎零件都在 18 世紀聚集到了英國。

14. Baines, 1835; Mokyr, 2002.

15. Goodyear, 1853; Nunn and Qian, 2010; Saccomandi and Ogden, 2014. 至少早在哥倫布發現美洲之前的兩百年前，馬雅社會就已經發展出一種硫化工序（Hosler, Burkett, and Tarkanian, 1999）。這可能是個雙重發明的狀況，因為英國人托馬斯‧漢考克（Thomas Hancock）也取得了類似的硫化工序專利，時間比固特異早了 8 個星期，只是有些證據顯示，漢考克可能是使用了可回溯自固特異的樣本，再透過逆向工程而取得該硫化工序。

16. Blake-Coleman, 1992; Conot, 1979; Diamond, 1997; Hargadon, 2003.

17. Henrich, 2016; Meisenzahl and Mokyr, 2012; Mokyr, 2002; Muthukrishna and Henrich, 2016.

18. Allen, 1983; Nuvolari, 2004; Sasson and Greif, 2011.

19. 經濟歷史學家長久以來都主張，一直到 1800 年左右，歐洲始終是停滯於零成長的狀態——處於馬薩爾斯陷阱（Malthusian Trap）之中（Clark, 2007a; Galor and Moav, 2002）。然而，愈來愈多的證據都顯示，有些群體早已逐漸擺脫這個陷阱，而這樣的正向成長可以回溯到中世紀（Fouquet and Broadberry, 2015; Humphries and Weisdorf, 2017; Van Zanden, 2009a）。

20. Algan and Cahuc, 2010, 2014; Basalla, 1988; Cantoni and Yuchtman, 2014;

Cipolla, 1994; Gelderblom, 2013; Gimpel, 1976; Guiso et al., 2004; Guiso, Sapienza, and Zingales, 2008; Karlan, Ratan, and Zinman, 2014; Lopez, 1976; Mokyr, 1990, 2002; White, 1962.

21. 到了 18 世紀，重要的創新幾乎是接二連三地湧現：華氏溫度計（1709 年）、用來測量經度的哈里森（Harrison）的航海鐘（1736 年）、羅白格的硫酸製作程序（1746 年）、惠特尼（Whitney）的軋棉機（1793 年）、詹納（Jenner）的天花疫苗（1798 年），以及梅德赫斯特（Medhurst）的空氣壓縮機（1799 年），而這些不過是其中的幾項重要發明而已。

22. Andersen et al., 2017; Buringh and Van Zanden, 2009; Cantoni and Yuchtman, 2014; Mokyr, 2016; Wootton, 2015.

23. Coy, 1989; de la Croix et al., 2018; Henrich, 2009.

24. Muthukrishna et al., 2013. 現在已經有大量針對這種效應的實驗文獻（Derex et al., 2013, 2014; Kempe and Mesoudi, 2014）。

25. 累積的文化演化確實能以簡單的方式讓人變得「更聰明」——也就是更可能會發明出新事物（Henrich, 2016; Muthukrishna and Henrich, 2016）。不管是工業機器、科學理論或藝術形式，與這些有關的新想法和新發明，大多數都是現存的想法、手段、工具和思考方式的重新組合的表現。隨著想法和工具的文化累積不斷增加，潛在的重新組合也急遽湧現。例如：初代的手推車輪子終將會與其他組件被一起重新配置，做為陶器、水力、風力、滑輪和齒輪之用。對於來自文化積累深廣的社會的個人，他們不只會擁有更多可供使喚的工具和概念，包括了輪子、彈簧、滑輪、槓桿、彈性能、蒸汽動力、核融合等等，而且甚至也會有更多的概念可以思索。機械時鐘形塑了人們的宇宙觀；蒸汽機形塑了人們對於蒸解（digestion）的看法；數位電腦繼續形塑著人們看待思考（大腦）的方式。當人們能夠觸及更多的累積的工具、概念和隱喻，就更有可能會創造出、或意外發現有用的新事物。

西方文化的特立獨行如何形成繁榮世界

26. Laslett, 1977; Laslett and Wall, 1972; MacFarlane, 1978; Mitterauer and Chapple, 2010; Mitterauer and Sieder, 1982; Lynch, 2003.

27. Acemoglu et al., 2013; De Moor and Van Zanden, 2010; Falk et al., 2018; Hajnal, 1982; Laslett, 1977; Laslett and Wall, 1972; Mitterauer and Sieder, 1982.

28. Donkin, 1978; Gimpel, 1976; Mokyr, 1990; Woods, 2012.

29. de la Croix et al., 2018; Epstein, 1998; Van Zanden, 2009a, 2009b.

30. Coy, 1989; de la Croix et al., 2018; Epstein, 1998, 2013; Moll-Murata, 2013; Ogilvie, 2019; Prak and Van Zanden, 2013; Roy, 2013; Van Zanden, 2009a, 2009b.

31. Ogilvie, 2019. 在中世紀期間，社會規範通常會讓四處遊歷成為一種「道德和社會義務」，使得四處遊歷變成了學徒制的一環。行會後來開始日益堅持落實這項四處遊歷的要求，有些時候會透過幾種方式來促進這個過程，包括：把得到行會所屬地區認可的官方證書授予熟練工人，並且制定出行會和師傅之間的互惠協議（de la Croix et al., 2018）。

32. de la Croix et al., 2018; Epstein, 1998; Leunig et al., 2011. 在 18 世紀的法國，超過 80% 的熟練工人的出生地都不是他們當下工作的城鎮。有些人則主張，因為戰爭本質的差異，歐洲的工匠比起中國的工匠呈現出更集中於城市的現象（de la Croix et al., 2018）──這一點與我在第 10 章針對戰爭的探討有關。

33. Cipolla, 1994; de la Croix et al., 2018; Epstein, 1998; Leunig et al., 2011.

34. Bosker et al., 2013.

35. Meisenzahl and Mokyr, 2012; Mokyr, 1995, 2002, 2011, 2013.

36. Bettencourt, 2013; Bettencourt, Lobo, and Strumsky, 2007; Gomez-Lievano,

Patterson-Lomba, and Hausmann, 2017; Pan et al., 2013.

37. 在此感謝安德列‧戈梅茲所提供的這些數據。如果專利的發明人不止一位，不同的城市就會得到「均分」的專利數據。也就是說，倘若專利有三位發明人，每個發明人出身的城市就會各得三分之一的專利。此圖並沒有標示出只有 10,000 人或更少人口的城市的三個數據點。

38. Bettencourt, Lobo, Helbing et al., 2007; Carlino, Chatterjee, and Hunt, 2007; Collard et al., 2012; Dowey, 2017; Henrich, 2016; Kline and Boyd, 2010; Lind and Lindenfors, 2010; Lobo et al., 2013; Mokyr, 1995; Simon and Sullivan, 1989; Squicciarini and Voigtländer, 2015; van Schaik et al., 2003. 這些模式其實可追溯至前工業時期並不令人意外，因為適用此處的深層文化演化原則，也同樣能夠解釋世上的傳統農耕人口之間的技術複雜性的差異。然而，人們對於人口規模與狩獵採集者之間的互連性對於技術的影響則是爭論不休（Henrich et al., 2016）。

39. 在此感謝諾爾‧強森（Noel Johnson）和馬克‧小山（Mark Koyama）提供了這些數據（Johnson and Koyama, 2017）。

40. Epstein, 1998; Gimpel, 1976; Kelly and Ó Gráda, 2016; Mokyr, 1990; Van Zanden, 2009a, 2009b.

41. Cantoni and Yuchtman, 2014; Mokyr, 2016.

42. Inkster, 1990; Mokyr, 2016. 也可參考：en.wikipedia.org/wiki/MarinoGhetaldi，以及 en .wikipedia.org/wiki/JanBro%C5%BCek。想當然耳，隨著這個信息網絡催生了新的傳輸與溝通技術，網絡內的信息傳動速度也隨之加快。從運河、船閘、驛馬車，到最終的鐵路，這些發展都大幅強化了歐洲集體大腦的內部神經。以英國為例，從倫敦到愛丁堡的這段路程，驛馬車在 1750 年需要走上 10 至 12 天，但是到了 1836 年只費時不到 2 天（確切的時間是 45.5 小時），而驛馬車在這個時期也出現足以與之匹敵的蒸汽火車。同樣的情形

西方文化的特立獨行如何形成繁榮世界

也出現在法國，從 1765 年到 1785 年，許多城市間的往返時間都減少了一半（Daunton, 1995; Mokyr, 2011）。

43. Dowey, 2017; Mokyr, 2002, 2011, 2016; Pettegree, 2015. 首先提到「文人共和國」的資料可回推到 1417 年的義大利，但是情況似乎在之後的幾個世紀並沒有什麼改變，至少就現有的歷史證據看來是如此。1697 年，托馬斯‧布雷牧師（Reverend Thomas Bray）呼籲要在英國各地建立 400 座借閱圖書館。他主張要讓人們更容易取得知識，如此一來，圖書館就可以「激發那些學術協會爭相效仿的崇高精神，並鼓勵更多協會成員發揮所長為世界服務」（引用於：Mokyr, 2011, p. 299）。

44. Dowey, 2017; Mokyr, 2011, 2016.

45. 此圖改繪自：Mokyr, 2011. www.references.net/societies/1600_1699.html。

46. Mokyr, 2016.

47. Mokyr, 2011, 2016.

48. Dowey, 2017.

49. Dowey, 2017; Inkster, 1990; Simon and Sullivan, 1989. 公共圖書館和共濟會會所（Masonic lodges）的出現——可能是以各自本身的不同方式來傳播知識——可能也造成了一些影響，只是我們很難區分這兩者和所有其他因素的影響。1717 年，共濟會（Freemasons）在倫敦成立了第一個總會所，接著就以這個據點開始進行組織的擴散。到了 1767 年，英格蘭就有 440 個共濟會會所，其中有 206 個會所在倫敦，而倫敦以外的地區則有 234 個會所。到了 1800 年，共濟會把許多「科學先鋒」都算入 50,000 名會員之中。

50. Dowey, 2017; Jacob, 2000; Merton, 1938; Mokyr, 2016. 關於工程師的人口密度與創新的關聯性的相關研究，請見：Maloney and Caicedo, 2017。

51. Squicciarini and Voigtländer, 2015. 我在正文中指的是四開本《百科全書》。

雖然《百科全書》的初版大多數都是賣給了國外的一小群有錢人，但是四開本（1777 年至 1779 年）的價格較為親民。廣泛的創新性似乎也滋養了人類的實際成長發育：在 1819 年到 1826 年之間，來自《百科全書》訂閱者較多的地區的法國軍人，與訂閱者較少的區域的義務兵相較，前者的身材比較高大。這意味著他們從小吃得更營養且更健康，進而表示了社會的各個階層皆能感受到創新所帶來的繁榮。耐人尋味的是，儘管狄德羅的《百科全書》有著較響亮的名氣，但是該書其實脫胎自 1728 年首次於倫敦出版的《百科全書》（Cyclopadeia）的法國翻版（Mokyr, 2011, 2016）。我們從這個例子又看到了模仿的威力。最後，使用《百科全書》所造成的結果可以藉由另一個重要出版品來加以印證：《藝術與工藝的描述》（Descriptions des arts et métiers）是總計有 116 冊的對開本和增刊本的叢書，由巴黎皇家科學院（Parisian Royal Academy of Sciences）於 1761 年至 1788 年之間出版。叢書內容涵蓋了冶金、銑削、採礦和紡織等工藝。以購買《藝術與工藝的描述》的人數來看，購買人數較多的法國城市在 1750 年之後的百年間就會出現更快速的經濟成長。

關於法國、知識協會，以及狄德羅《百科全書》和《藝術與工藝的描述》訂閱數的所有研究結果，皆未考量到城市的初始榮景、平均識字率、地理位置，以及城市是否擁有大學或印刷機等因素。至關重要的是，關於互連性的這三個量度（知識協會的會員身分、《百科全書》的訂閱數，以及《藝術與工藝的描述》的訂閱數），不論是哪一個，都與它們出現前的經濟成長無關。例如：《百科全書》的訂閱數並不能解釋出現在 1750 年之前的經濟榮景或是士兵的身高。這一點很重要，因為我們可能會因而懷疑，知識協會和文獻的傳播是否只限於早已繁榮的地方，或者只不過是追隨長期的歷史趨勢。這些分析顯示，我們其實並沒有勾勒出法國這些不同區域的深沉歷史，反而是看到了不同城市如何自行融入歐洲集體大腦所帶來的影響。

52. 援引自：Scoville, 1953, pp. 443–44; Squicciarini and Voigtla, 2015. 18 世紀的

西方文化的特立獨行如何形成繁榮世界

法國雨格諾派教徒必須祕密修道。不過，我們知道他們咬牙熬了過來：等到拿破崙確立了宗教自由之後，他們突然又重現江湖──而且他們在後拿破崙時代於各個城市的人口規模，往往與其在 1700 年前在各城市的人數有著極大的關聯。值得一提的是，因為喀爾文教徒取消了很多天主教的例假日，他們的工作量因此比天主教徒多了 15 ～ 20%。

53. Hornung, 2014; Inkster, 1990.

54. Basalla, 1988; Cipolla, 1994; Hoffman, 2015; McNeill, 1982; Mokyr, 2011, 2016; Seife, 2000. 中世紀的歐洲醫師採用了「來自拉齊的札卡里亞之子的穆罕穆德」（Muhammad ibn Zakariya al-Razi）的醫學概念和療法，這位波斯人提筆寫下了實驗方法（治療與控制）、天花和麻疹的症狀學，以及酒精蒸餾術（酒精的英文 alcohol 即源自於阿拉伯文 al-kuhl）。歐洲人到頭來也開始使用代數（algebra，即源自阿拉伯文 al-jabr），那是波斯的「來自花剌子模的摩西之子的穆罕穆德」（Muḥammad ibn Mūsā al-Khwārizmī）和其他伊斯蘭博學者所發展出來的。同樣的情況也可見於由 WEIRD 心理原型所孕生的歐洲大學，可能就是先從伊斯蘭社會、後來再由中亞社會汲取了相關制度元素而重新組成（Beckwith, 2012）。

55. Bosker et al., 2013; McNeill, 1982; Sequeira, Nunn, and Qian, 2017; Serafinelli and Tabellini, 2017; Stasavage, 2011, 2016. 或者，就算反抗者本人逃離不了自己的國家，但是他的著作卻常常可以跨越疆界。當伽利略的最後一本著作被天主教會禁止發行之後，他便在教會管轄之外的荷蘭出版了該書。儘管如此，這本荷蘭出版的書還是輾轉傳回了羅馬並隨即銷售一空。

56. Ji, Zhang, and Guo, 2008; Nisbett, 2003. 當然，相較於傾向分析性思考的人，傾向全方位思考的人會更善於理解複雜的互動，只是這可能會阻礙個人設計出簡單的實驗，以便從真實世界錯綜複雜的因果關係網絡中找出單一的因素。分析性思考也有著盲點。例如：從實驗中得知，分析性思考的人往往預期股價會依循當前的趨勢而上漲或下跌，卻不會想到反轉或週期性循環的狀

況。

57. Foster, 1965; Henrich, 2009.

58. Howes, 2017; Mokyr, 2011, 2016. 耐人尋味的是，豪斯針對英國發明家的研究顯示，許多發明家都鮮少或根本沒有受過其進行創新的領域的任何專門訓練（例如紐科門或瓦特）。他們因此反而經常能以嶄新的視角來看待老舊的問題、技巧，或科技，並且會自我學習，或者是跟擁有必要技巧或技能知識的人合作。發明家都擁有韌性、「精益求精的心態」、與其他發明家的社會連結（經常是經過知識協會），通常還要有一點好運。

人們的勤奮可能是得力於新的飲品：茶和咖啡等摻糖的含咖啡因飲料。當海外貿易自 1500 年開始急劇擴增之後，這些產品才開始大量運抵歐洲。例如：糖的消耗量在 1663 年至 1775 年期間增加了 20 倍。時至 18 世紀，含糖的咖啡因飲料不僅成為城市中產階級的日常消費品，也開始普及到工人階級。我們從塞謬爾・佩皮斯（Samuel Pepys）的著名日記得知，他在 1660 年即開始品嘗咖啡。這些飲料能夠迅速補充能量（葡萄糖和咖啡因），因此可能得以提升人們所需的自制力、心智敏銳度和生產力，不管飲用者是發明家、實業家、勞動者，或者是那些在咖啡館（而非小酒館）進行知識交流的人。儘管世界上其他地方的人們早已在使用糖、咖啡和茶，但是還未曾有人把糖加入含咖啡因飲品（Hersh and Voth, 2009; Nunn and Qian, 2010）。心理學家已經發現葡萄糖的攝取與更強的自制力之間互有關聯，只不過其作用原理尚有爭議（Beedie and Lane, 2012; Gailliot and Baumeister, 2007; Inzlicht and Schmeichel, 2012; Sanders et al., 2012）。人類學家西敏司（Sidney Mintz, 1986, p. 85）認為糖促進了產業工人階級的興起，他曾寫到：「〔糖〕大幅降低了為了製造和再製都市無產階級所需付出的整體成本，其手段就是讓農場和工廠工人吃糖而產生滿足感——這實際上就是下藥。」

59. Almond and Currie, 2011; Baumard, 2018; Clark, 2007a; Flynn, 2007,

2012; Frankenhuis and de Weerth, 2013; Hanushek and Woessmann, 2012; Haushofer and Fehr, 2014; Hersh and Voth, 2009; Hoddinott et al., 2011; Jaffee et al., 2001; Kelly, Mokyr, and Gráda, 2014; LeVine et al., 2012; McNeill, 1999; Muthukrishna and Henrich, 2016; Nisbett, 2009; Nisbett et al., 2012; Nores and Barnett, 2010; Nunn and Qian, 2011; Rindermann and Thompson, 2011; Whaley et al., 2003. 近親生育率的降低也可能改善了健康和認知能力。

60. Kelly et al., 2014.

61. Greif and Iyigun, 2012, 2013; Iyigun, Nunn, and Qian, 2017; Muthukrishna and Henrich, 2016.

62. Davis, 2014; LeVine et al., 2012; Nisbett, 2009; Nisbett et al., 2012; Nores and Barnett, 2010; Whaley et al., 2003.

63. Gorodnichenko and Roland, 2011, 2016. 就算比較的是世界各地的公司而不是國家，相同的模式也會浮現。比較不同的公司，位於具個人主義特質的國家的公司往往會聘用較年輕的執行長，之所以出現這種現象，想必是因為這樣的國家中的群體會比較不順從長輩。比較年輕的執行長所帶領的公司不只會比較創新，而且極可能會創造出具高度影響力的創新事物（Acemoglu et al., 2013; Acemoglu, Akcigit, and Celik, 2016）。我為這同一篇論文列了兩條書目，這是因為較早的版本包含了支持我此處論點的寶貴分析，但在較晚發表的版本則沒有納入。

這些效應也可見於以美國學生為對象的經濟學實驗。在一項實驗中，研究者要求大學生一起集思廣益，激盪出挽救生意一落千丈的餐廳的創意點子。以拋擲錢幣的隨機方式，一半的參與者會在毫不知情的情況下被促發而從自己和本身獨特性（個人主義）來思考，另外一半的人則會被促發而從自己與他人的關係和相似性（關係主義）來思考。比起從關係主義來思考的人，那些

從個人主義出發的人會提出更多的點子，而且點子會比較獨特。個人主義會激發創造力，即使是在極度崇尚個人主義的美國人身上也是如此（Goncalo and Staw, 2006）。

64. Gorodnichenko and Roland, 2016. 我們使用的只有經濟學人智庫（Economist Intelligence Unit）於 2009 年的創新數據，以及來自於霍夫斯泰德的網站的個人主義數據。

65. Clark, 2007a; De Moor and Van Zanden, 2010; Lee and Feng, 2009; Mitterauer and Sieder, 1982; Newson, 2009; Newson et al., 2007; Van Zanden, 2009a.

十四、歷史的暗物質

人類是極度文化的物種。在迄今已超過一百萬年的時間裡，人類累積文化演化的產物——複雜的科技、語言與制度——驅使了基因的演化，其所形塑的不只是我們的消化系統、牙齒、雙腳和肩膀，還有我們的大腦和心理。文化變遷的核心意味著，一代又一代的年輕學習者都必須調整和校準身心，以便因應共有規範、食物禁忌、性別角色、技術要求（如拋射武器和水下覓食）、文法慣例的不斷變動的面貌。與此同時，文化演化偏好儲存大量用於打磨心智的資源，包括儀式、社會化實踐（如床邊故事）和遊戲等形塑心理的方式，以便讓人們能夠更有效地回應所屬的文化建構世界。這個文化與基因共同演化的過程所造成的結果就是，想要了解人們的心理，我們需要考量的不只是人類的遺傳，同時也要思索人類的心智是如何在個體遺傳和文化方面去適應在地的——不論是當下或甚至是過去幾個世代——科技與制度。因此，我們應該預期會出現契合不同社會的豐富龐大的多元文化心理。心理的文化演化可以說是漂流於整部人類歷史背後的暗物質。

　　我會開始專注深究人類最古老和最根本——與親屬關係和宗教有關——的制度，為的是要理解制度與心理之間的互動。鑑於這些制度緊繫於人類的演化心理之中，對於居住流動的狩獵採集者來說，親屬為本制度在文化上演化為他們組織和擴展協作網絡的主要管道，也就不足為奇了。然而，人類開始農耕定居之後，面對激烈的團體間競爭，控制領地的需求強化了親屬為本制度，進而出現了組織氏族、表親婚、共同所有權、從夫居、分支世系

制和祖先崇拜的規範群集。隨著社會擴展，最成功的政治制度依舊與親屬關係密切糾纏在一起。在前現代國家出現之後，即使擁有軍事力量和稅務官僚，親屬為本制度仍然主宰著社會菁英及其以下階層的生活。以上的一切意味著，我們根據觀察到的一些當代的心理差異，即可從各種途徑回溯影響親屬為本制度與國家的生態、氣候和生物地理等因素。

除了親屬關係，宗教和儀式也歷經過相當漫長的文化演化，進而控制了人類演化的心理面向，不僅因此擴大了社會領域，也促進了大型團體的內部合作。不過，各種普世宗教的出現，以及世界主義帝國的發展，都為文化演化另闢蹊徑，使其能夠「實驗」各種攸關婚姻和家庭的神聖指令與禁令。有些普世信仰認可近親婚姻（瑣羅亞斯德教），但有些信仰則禁止如表親或姻親之間等先前常見的結合。同樣地，有些宗教容許男性迎娶的妻子人數可盡其所願（或盡其能力所及），但有些宗教則限制男性只能迎娶四位妻子，而且必須公平對待每一位妻子（伊斯蘭教）。進入西元第一個一千年之初，羅馬帝國是個宗教競爭激烈的大熔爐，包括了古羅馬國教、猶太教、瑣羅亞斯德教、密特拉教（Mithraism）、一種混合多種基督信仰的宗教，以及各種地方宗教。在這個大熔爐中，有一支基督教教派偶然發現了與婚姻和家庭有關的一套獨特的禁忌、禁令和指令，而教會的「婚家計畫」就是其具體化的結果。

在西方教會長達數百年的管轄下，基督教化的人口受到了這些禁令和指令的洗禮（見圖 14.1 的箭頭 A），透過消弭緊密的親

屬為本組織而改變了人們的社會生活（箭頭B）和心理（箭頭C）。這些改變讓人們在心理上更傾向個人主義、更為分析性導向、更有負罪感、更看重個人意圖（評斷他人的時候），但也比較不受傳統、長者權威和一般從眾的束縛。消除一夫多妻制婚姻，以及緊縮男性性欲的約束，可能也制止了男性追求地位和競爭，進而壓抑了零和思維、缺乏耐性和追求風險的行為舉止。

　　緊密親屬關係的瓦解帶來了社會與心理的改變，而這也造成了都市化程度的提高、非個人市場的擴張（箭頭D和E），以及如特許鎮、行會和大學等自願組織的相互競爭。城市中心和商業市場有利於強化各式非個人互動，進而不僅促進了非個人利社會性以及對公正規定的遵循，也激勵了培養耐性、正和思維、自律和時間節約等個人屬性（箭頭F和G）。因為這些新的社會環境引發了愈來愈多的分工，其中不斷擴展的個人階級因此得以選擇自身的職業和社會位置，而這些新的社會環境或許也因而造就了更具差異化的性格輪廓──最終擴大為WEIRD-5──使人們更傾向於以個人特質來看待他人和團體。

　　這些心理與社會變化默默發酵，影響了中世紀後半葉之後的政府、法律、宗教信仰和經濟制度的構成。例如：倘若個人所生活的社群有著薄弱的家庭關係、實質的關係性流動，以及一種以個人特質（「她值得讓人信賴」）來解析世界的發展中個人主義心理，在這種情況下制定出側重個人及其所有權（「權利」）的法律才有其意義。相對而言，如果個人所生活的社群，其核心是關係紐帶，而且對人的評價主要是依據其社會和家庭的人際關

　　西方文化的特立獨行如何形成繁榮世界

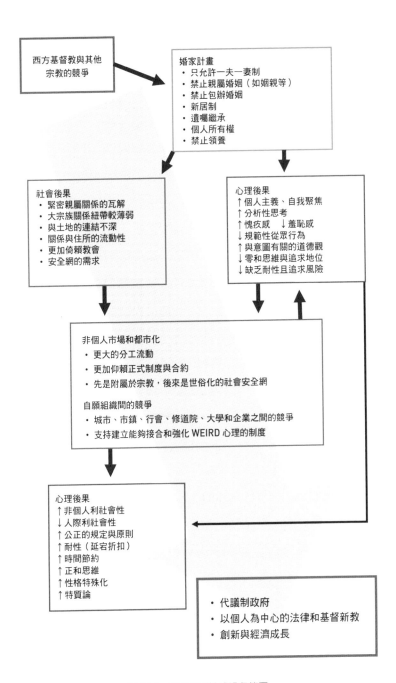

圖 14.1　本書主要論述過程簡圖。

係，就個人權利來制定法律和建立政府似乎就顯得不合情理，畢竟這並不「符合」人們的心理傾向。

我在前一章檢視了文化演化——歐洲親屬關係的轉型和都市化程度提高的結果——是如何擴展了基督教世界的集體大腦，以及如何改變了人們的心理面向，進而觸發了創新、壓抑了生育力和推動了經濟成長。我們了解到這些持續的社會與心理變化，是如何逐漸開啟想法、信念、實踐和技術在相互連結的龐雜心智網絡之中的流動，而每一個想法、信念、實踐和技術又是如何激發出新洞見，並挑戰了舊時的臆斷。有無數方式造成了這種情況的發生，包括了讀寫能力的普及（因為基督新教的緣故）、科學協會的增加，以及工匠、學者和商人在分布廣泛的歐洲城鎮之間加速流動。這個不斷擴展的集體大腦引發了啟蒙時代、驅動了工業革命，並且持續推動了全球各地的經濟成長。

謹記著以上的概要說明，現在就讓我們回到我在第 1 章所提出的三個核心問題：

一、**我們該如何解釋全球的心理差異，特別是這整本書裡所凸顯的差異呢（表 1.1）？**

答：若想要廣義地解釋心理差異，我們需要檢視歷史是如何以不同的方式在不同地方發展，並且考量人們的心智與不同的制度、科技和語言的共同演化。針對表 1.1 所強調的心理模式，我側重的制度演化是關於：(1) 緊密的親屬關係；(2) 非個人市場和都市化；

西方文化的特立獨行如何形成繁榮世界

(3) 自願組織之間的競爭；(4) 具有實質個人流動性的複雜分工。

二、為何 WEIRD 社會特別不尋常，以致於往往處於心理與行為全球分布的極端？

答：演變為羅馬天主教會的基督教教派，偶然發展出了一套婚姻與家庭方針，消弭了歐洲緊密的親屬為本制度。這個社會生活的基層轉型促使歐洲人走向了先前無法取得的全社會演化的路徑，造成了自願組織、非個人市場和自由城市等等的興起。

三、在過去幾個世紀中，這些差異對歐洲的工業革命及其全球性擴張起了什麼作用？

答：到了中世紀盛期，天主教會所引發的社會與心理變化，使得有些歐洲社群更願意接受攸關個人權利、個人課責、抽象原則、普遍法則和以心理狀態為核心的概念。這滋養了心理的土壤而孕育出代議制政府、憲法合法性和崇尚個人主義的宗教信仰，同時也促成了西方法律與科學的興起。這些變化加速了社會與心理的持續轉型，進而激發了創新和經濟成長。

槍炮、病菌，和其他因素

時至西元 1000 年的歐洲轉型初期，世界的經濟已經變得

極度不平等，並且可能有著形形色色的心理。在早期食物生產發展的推動下，當時最為繁榮和都市化的社會都是位於歐亞大陸（Eurasia）——中東、印度和中國。賈德‧戴蒙（Jared Diamond）的普立茲獎（Pulitzer Prize）得獎著作《槍炮、病菌與鋼鐵》就強調了這樣的模式，他在文中主張，歐亞大陸在建構複雜社會方面，尤其是在中東，可說是從起步就搶得先機，這是因為這些地區終究有著世界上產量最豐盛的許多作物，以及最可能為人馴養的哺乳動物。歐亞大陸擁有小麥、大麥、小米、燕麥、稻米的野生原種，以及牛、馬、豬、山羊、綿羊、水牛和駱駝。與此同時，美洲大陸最終只有少數既容易馴養又多產的野生植物或動物。玉米是美洲新世界的主食，但是其野生種還需要歷經多次基因演變才能成為多產作物——而這需要相當漫長的時間。至於馴養動物方面，美洲大陸最終有了駱馬、豚鼠和火雞——但並沒有牛、馬、水牛或驢子等可以用於拉犁、負重和拖磨等一般粗活的動物。澳洲的潛在作物和可被馴養的動物則比美洲大陸要來得更少。[1]

　　歐亞大陸的複雜社會凸顯了這些動植物的不平等分布狀態，而東西向的地理方位也造成歐亞大陸的複雜社會發展得比較快。這就促成了新的作物、農業知識、家畜和科技技能知識的快速發展與傳播。如同第3章的討論，這種地理方位進一步增強了各個社會之間的激烈競爭，提升了政治與經濟的複雜度。

　　整體來看，戴蒙簡練論點的要素提出了很好的解釋，說明我們為何可以預期最大型和最強大的社會首先會出現在歐亞大陸，

而不是美洲大陸、澳洲、非洲、新幾內亞或大洋洲，而且更指出了我們可以預期在哪裡找到這樣的社會：橫跨了中國、印度、中東和地中海的「幸運緯度帶」（lucky latitudes）。[2]

戴蒙的主張解釋了我們所觀察到的西元 1000 年的世界，當時全球不平等的大部分現象。隨後的分析進一步檢視了他的看法，證實了諸如馴化動植物的可得性、灌溉潛力和大陸軸線的方位等生物地理因素都與密集農業的發展有關，而這反過來催生了早期國家的形成。由於比其他地區的人具有起步的優勢，這些群體後來就發展出了大型社會、政治層級、複雜經濟、城市中心和精密科技。[3]

然而，大約在 1200 年之後，這些起步的優勢和後來的經濟繁榮之間的強烈正向關係開始式微，而未曾經歷過發展較早的政府與初期農業的歐洲人卻開始經濟起飛。事實上，在這段起飛的期間，領先的經濟體都是農業和政府在歐亞大陸的脈絡中發展得比較晚的一些地方：英格蘭、蘇格蘭和荷蘭。在過去兩個世紀中，這些地區連同像是美國等有著英國血統的社會，都出現了人類歷史從未見過的經濟成長（圖 13.1）。[4]

戴蒙對全球不平等狀態的說明只談到了 1000 年左右，我的記述是接續他的說明，並且聚焦在制度與心理的共同演化。就深層的歷史意義來說，戴蒙的探討方式合理解釋了，在進入 1000 年的初始階段，薩伊德・伊本・阿曼德為何會認為伊斯蘭文明和其他少數文明優於北方和南方的「野蠻人」。古代中東社會和地中海社會的起源，都可以回溯到地球上最早的農業，而這兩個

地區的社會都保留了極佳的文化遺產，是薩伊德口中那個到 16 世紀仍維持著主宰地位的伊斯蘭世界。不過，戴蒙生物地理學的探討方式並無助於我們解釋何以工業革命是發生在英國，或者是蘇格蘭的啟蒙運動為何是從愛丁堡（Edinburgh）和格拉斯哥開始發光發熱。唯有考量了因為天主教會重新組織家庭而造成的社會與心理變化，我們才能理解歐洲的獨特路徑，以及其所造成的在過去數世紀發展出來的全球不平等狀態。[5]

不過，透過辨識出全社會複雜度的悠久歷史所造成的文化與心理影響，這有助於理解，諸如日本、南韓和中國等一些國家，何以能夠相對快速地因應 WEIRD 社會所創造出來的經濟配置和全球機會。這可能有兩個重要因素。首先，這些社會都經歷過一段漫長的農業和全國性政府的歷史，促進了文化價值、習俗和規範的演化，其鼓勵正規教育、勤奮和延宕滿足的意願。在某種意義上，這些已調適過的文化特質恰巧與來自 WEIRD 社會的新制度完美吻合。再者，這些社會具有上行下效的強大取向，故而能夠迅速採行從 WEIRD 社會複製而來、重要的親屬為本制度。例如：日本在明治維新時期的 1880 年代就開始複製 WEIRD 的民事制度，其中包括禁止一夫多妻制婚姻。類似的情況我們先前也有所提及，那就是中國共產黨政府在 1950 年代發起了一項計畫，要廢除氏族、一夫多妻制、包辦婚姻、近親聯姻和純父系繼承（亦即，女兒也要得到公平分配的遺產）。南韓政府則是在 1957 年通過了一部西式民法，要求新郎和新娘雙方合意才能結婚、禁止一夫多妻制婚姻、禁止透過血緣或婚姻與三等之內的表親通婚。

西方文化的特立獨行如何形成繁榮世界

自此之後，不同的修正案使得南韓出現改變，甚至更加脫離緊密的父權親屬關係。1991 年，男女終於都能享有繼承權，故而兒子和女兒現在要平分繼承。「歐洲的婚姻模式」主宰了天主教會轄下的中世紀歐洲，而這三個亞洲社會也迅速自上而下開始落實。[6]

相較於前工業時期的歐洲，這裡顯現的最大差異就是，這些 19 世紀和 20 世紀的亞洲社會可能也仿效了某種可行的代議制政府、西方法典、大學、科學研究方案和現代企業組織，因而才能直接與全球經濟接軌。現代正規制度現在已經到了「現成」可得的程度，但是這些制度的成效則有賴於民眾抱持著什麼樣的文化心理。[7]

我的探究方式可能也闡明了，擁有相當漫長農耕歷史的埃及、伊朗和伊拉克等地的人口，為何無法全然融入首先於歐洲興起的現代正規政治與經濟制度。大概是因為宗教之故，這些社會一直維持著某種極為緊密的親屬關係形式。伊斯蘭主要是因為擁有神所認可的繼承習俗（女兒必定可以繼承兒子所繼承的一半遺產），才能夠推動另一種相當罕見的內婚制婚姻（endogamous marriage）的流傳，或者至少是協助維持了這樣的習俗，那就是女兒會嫁給自己父親的兄弟的兒子。確切來說，當農業社會和游牧社會接受了伊斯蘭教之後，為了維持家族的土地所有權，防止每次女兒嫁給外人（及嫁入另外一個氏族）時可能失去土地，這樣的需求有利於鼓勵族內通婚，藉此避免財富持續折耗——土地是許多這類社會的主要財富形式。這個習俗尤其支持緊密的親屬

關係形式，而我說明過，這不只會提倡特定的思考與感知方式，也會有利於實行特定的正規制度（例如非民主的制度）。[8]

富足與心理

許多 WEIRD 群體的人們都抱持著一套民間信念，因而認為任何可察覺的群體之間的心理差異都是源自於經濟差異──指的是人們的所得、財富和物質保障的不同。這個直覺是有些道理的。當個人面對突然的匱乏時，心理轉變就會（飛快地）油然而生；或者，改變可能是發生在嬰幼兒的成長時期，為了因應比較富有或穩定的環境所產生的身心校準的結果──我在檢視社會安全網對創新的影響時就提過這樣的效應（請見第 13 章）。心理出現變化也可能是因為人們適應性地向所屬社群或社會網絡的他人學習，取得那些最成功的策略、動機和世界觀──擁有不同的心理傾向、方法和能力，這會讓人在較為貧困、困頓或不確定的處境中取得大致的成就。[9]

不過，我們沒有理由去懷疑，財富的增加確實引發了點燃現代世界的最初火花。在歐洲基督教世界，至少在一開始，所得和物質保障的增加，是親屬為本制度和心理模式轉變所造成的結果──而不是成因。為了對此有所了解，請考量以下四點。第一點，歷史變遷的順序表明了，財富、所得和物質保障（穩定性）──下文皆以「富足」來統合表示──不可能是最先的促發因素，畢竟它們會因循著我勾勒出來的制度與心理模式發展。具體來說，根據法庭紀錄、親屬稱謂、教會歷史和其他資料來源，

歐洲親屬關係的改變遠早於與日俱增的富足。同樣地，從文學出處、個人移動性和法律文書來評斷，個人主義和獨立自主的最初心理轉變的出現，也早於實質增加的富足。第二點，誠如我再三論及的關於財富、所得、甚至是個人對物質保障的主觀經驗的影響，這整本書所呈現的諸多心理變異的分析都顯示了在統計上持平的情況。這些富足量度有時確實呈現出一些與人類心理特質之間的獨立關係，但通常根本沒有任何效應。相較於我所強調的因素，也就是宗教、親屬為本組織、非個人市場和團體間競爭等因素，倘若富足確實產生了效應，那些效應一般來說都不大。[10]

　　為了對此有更清楚的認識，讓我們思量一下第三點：菁英階級和窮人身上都可以見到可預期的心理變異模式。在所有階層化的社會中，菁英都吃得好、很富有且通常覺得有保障（至少跟窮人比起來是如此）——他們因此都應該會表現出富足的心理效應。具體而言，請思考一下第6章所研究的聯合國外交官、企業經理人，或高階主管。他們每個人在物質方面都過得很舒適，但是在 (1) 非個人誠實（違規停車，請見圖6.11）、(2) 普遍道德（為了保護魯莽的哥兒們而在法庭上說謊，請見圖6.7），以及 (3) 任人為親（雇用親戚擔任主管職務）等方面，他們就表現出極為不同的傾向，這可以透過我們對親屬關係緊密度和接觸教會的程度來加以解釋。事實上，我們在這些富足的菁英身上所觀察到的心理變異，跟在全國代表性調查和大學生樣本上看到的並無二致。這就表示了，富足對於形塑這些全球心理差異的影響幾乎微乎其微。[11]

考量是誰啟動了工業革命則更凸顯了這些模式。早期近代歐洲的菁英把持著大部分財富。財富可以用來購置軍隊，軍隊則會帶來安全保障。倘若就是富足造就了更趨近 WEIRD 傾向的心理，那麼推動工業革命創業引擎的應該是歐洲貴族。但我們看到的是，投資第一批合股公司，以及發明印刷機、蒸汽引擎和走錠精紡機的人，反而都是都市化中產階級裡的個人、工匠和神職人員。相較之下，菁英只會為了過奢華的個人生活而讓自己一再債臺高築，既不會投資財富，也不懂得為長遠著想而儲蓄。這恰好與富足驅動導向的看法所預測的情形完全相反。[12]

在富足光譜的另一端，我們再度看到了實質的心理變異。請回想一下世界各地的狩獵採集者、牧人和自給自足的農夫，在他們身上和彼此之間所觀察到的非個人利社會性。他們當中的許多人每天只有不到 2 美元的生活費。對每個人的生活和家庭來說，饑荒、颶風、旱災、受傷和疾病都是實實在在的威脅。不過，研究人員揭露的不只是存在於這些群體之間的實質心理變異，還有與市場整合度和宗教有關的關鍵因素，足以藉此說明人們願意公平對待陌生人的動機。即使我們在統計上讓影響很小且不一致的富足因素維持不變，這些關聯性始終相當強烈。[13]

這就讓我們可以來了解一下第四點。儘管有些研究人員企圖主張財富和物質保障的提升會直接改變人們的某些心理面向（諸如耐性或信任），但是我在書裡描述的諸多心理面向卻從未顯示與富足有任何關聯。例如：沒有人能解釋或指出比較富有會讓人在思考時更具分析性、會在道德判斷時強調人的意圖，或者是會

西方文化的特立獨行如何形成繁榮世界

因為愧疚而有更深的罪惡感。

這裡要說明的重點是，財富、所得和物質保障的提高，是整個發展中的一環，而且可能具有某些效應；不過，在過去 15 個世紀的心理變化過程中，它們既不是最初的源頭，也不是最重要的驅力。

是基因造就了全球心理的多樣性嗎？

為了解釋 WEIRD 心理和工業革命的起源，我主張人們心理的變化是源於適應性的文化與發展過程，而不是依據基因的天擇產生大幅改變。這是明智之見，畢竟就我們現在所知，文化學習、制度、儀式和科技確實形塑了我們的心理、大腦（如讀寫能力）和激素（如一夫一妻制婚姻），但其中都不涉及基因的修改。[14]

不過，也有可能是，我所描述的文化與經濟發展會對基因造成淘汰的壓力，使其偏好某些相同的心理差異。出於以下幾個原因，正視這個可能性是重要的。首先，誠如前文，文化演化的產物形塑了人類的基因演化，而這可以回溯至石器時代。過去數千年來，農業革命和動物馴化已經在眾多方面進一步改變了人類基因體（human genome），包括偏好讓人體可以更有效率地消化牛奶和酒精的基因。因此，關於文化會影響人類基因體的看法，如今已經獲得了廣泛認可。再者，因為我們已經演化的部落心理，以及會以特質來解釋行為的 WEIRD 傾向，我們因此更有可能去看到所謂的天生或必不可少的差異，但其實並不存在那些差異。這種解釋性的偏見會讓有些研究人員認為，不同群體之間任何可

觀察到或可推斷的心理差異皆是基因差異所致。正是因為這種偏見經久不衰，徹底了解證據就顯得是格外重要的事了。[15]

　　整體來說，本書所探索的許多研究取向都顯示，文化進程宰制了心理多樣性的形成，不只在全球各地顯而易見，在歐洲、中國和印度境內也能看到。對於我已描述的宗教信仰、制度和經濟變遷所打造的世界，儘管可能有著相當遲緩的基因的天擇，但是有一些原因足以讓我們認為基因大概沒有對當代的變異產生什麼影響。即使基因果真有所影響，可能也與一般認為的方向背道而馳。

　　從最廣泛的層面來看，文化演化的過程要比於基因的天擇更快速且更強大。這意味著經過幾個世紀之後（如同這裡談及的情況），文化適應往往會超過基因適應，但是長遠看來（數千年之後），基因演化會產生更大的影響，並且在許多情況下比文化本身更能夠進一步推進發展。此外，文化演化讓人們能適應性地「融入」──從心理上──其身處的制度環境，在面對相同的適應挑戰時，通常（但並非永遠如此）會抵銷天擇的力道。誠如我提過的，一個經典的例子就是基因變異的演化，經過數千年之後，成年人已經因此而能夠分解牛奶中的乳糖。這些基因變異的淘汰是從（牛、羊等）動物放牧開始，基因和文化演化都對此加以回應。在一些群體中，人們發展出製作起司和優格的技術，使得成年人不需要擁有特別的基因就能夠攝取牛奶的豐富營養。只有在文化上沒有發展出這類製品技術的其他群體，基因的變異才得以傳播而讓成年人能夠消化乳糖。[16]

近來，從基因與文化對 20 世紀教育程度的影響的研究中，我們明顯看到了文化對於基因演化的力量。在歐裔人口中，研究人員辨識出了大約 120 個與教育結果有關的基因。基因可能以多種方式影響人們的教育程度，包括會影響人們坐著不動、集中注意力、控制生育、遠離毒品和做作業的意願，也有助於增進人們的先天認知能力。耐人尋味的是，美國和冰島的研究都顯示，天擇降低了這些基因出現的頻率，結果是每個世代的整體就學時間減少了 1.5 個月，也就是說，美國人和冰島人的身上更頻繁地出現會讓人比較不願意繼續受教育的基因。不過，這種基因導致抗拒教育的推力卻因為反方向快速發展的文化演化而潰散。在同一時期，文化促成每個世代的就學時間提高了 25.5 個月（而且智商提高了 6 至 8 分）。整個 20 世紀，文化把美國人受教育的年數拉長了 9 至 11 年，而天擇則是將其縮短了不到 8 個月。[17]

　　就我展開的歷史論述中，文化與基因演化所造成的適應性過程可能 —— 原則上 —— 是往相同方向推進。只要社會與經濟成就，可以和生存與生育之間，維持正向的關聯，不論是基因演化或文化演化，都會偏好一種更具 WEIRD 特質的心理。然而，我們有充分理由去懷疑情況並非如此，而且比起文化演化，天擇面對的是強烈的逆風。大部分的制度與心理活動都是源起於歐洲的都市化地區，也就是我所強調的特許鎮和自由城市。這是居住流動的個人叢聚之處，也是行會萌芽增長、非個人市場繁盛、城市特許權與大學蓬勃發展之所在。

　　有鑑於如此的布局，一個問題出現了：歐洲的城市地區是基

因的死亡陷阱，也就是所謂「城市墓地效應」的一種狀況。在現代之前，歐洲城市居民比同時代的鄉村居民更常死於傳染病（可能還有戰爭），而且出生時的預期壽命短了一半左右。因此，可能讓人想要住在城市裡的基因所產生的心理或行為傾向**本來應當會被淘汰**。例如：倘若有些人具有信任陌生人或分析性思考的遺傳預先傾向性（genetic predisposition），他們便會受到城市生活的機會所吸引，天擇應該會快速扼殺這些基因，或者至少會降低它們的出現頻率。[18]

但是並非如此，歐洲的城鎮之所以能夠存活和成長，主要是因為不斷有鄉村移民湧入。想要維持城市的人口，就要有龐大的人口流入，以致於不管是在哪個時期，30% 的城市居民都是異鄉人。想要人口每 10 年實際成長 10%，城鎮需要 2 倍的流入人口。這種墓地效應，再加上來自腹地幾乎不間斷的移民潮，實在讓人難以想像基因演化在發展 WEIRD 心理時，發揮了什麼作用——如果真有任何作用，天擇其實是**不利於**人們**發展**出某種心理，其足以適應稠密人口、非個人市場、個人主義、專業化職業定位，以及匿名互動。[19]

我也主張一些關鍵的文化演化活動，是發生在如熙篤會等修道院。當然，從天擇的觀點來看，修道院也是基因的墓地。即使我們假定禁欲的隱修誓言經常被違背（修士與女性），但就算修士沒有加入這個特別的自願組織，他們擁有的子女人數還是會比較少。

不同於根據基因的天擇，文化演化的淘汰過程受墓地效應

西方文化的特立獨行如何形成繁榮世界

的影響較小。大多數的城市移民都是單身無子的年輕人。他們加入了行會等自願組織，並與其中有成就的同儕和聲望很高的耆老交往且接受文化洗禮。一旦他們被接受了，即可與原本就在組織中的人結婚，藉此更加鞏固自己的地位。來自鄉間的殷切新來者，會向最成功的生存者學習，而他們很快就會取代那些死去的成員。不像基因遺傳的後代，文化學習者不會仰賴從遺傳的父母親身上所獲得的東西，而是會從擁有聲譽和榮華富貴的生存者之中，選擇性地挑出自己的「文化父母親」。

城市因為文化戰勝了基因而得以存活和繁盛。我所描述的文化演化過程鍛造出有效的治理制度，同時串連出一個龐大的集體大腦，最終會透過如疫苗接種、水處理、衛生和菌源說（germ theory）等創新事物來改善公眾健康。不過在上個世紀期間，墓地效應的致死成分就消失了，或者至少是進入了緩解期，而且許多城市現在都比鄉村地區來得更為健康。不過，城市居民所生育的小孩人數還是比鄉村居民來得少。

整體來說，城市的墓地效應表明了，倘若真有任何效應，那就是出現了淘汰任何支持更趨近 WEIRD 心理的基因作用。文化必須要向上拚搏，才能抗拒更緩慢、更屢弱的基因對手。

全球化及其不滿

在理解、思考、感受、解釋和道德判斷等方面，個人和群體擁有不同的方式，這到底重不重要呢？這些差異是文化演化的產

物，而且這些變化中的心理面貌會影響到政府、法律、宗教和商業的特質，但是這又為何重要呢？

這確實是很重要的。這樣的觀點改變了我們的理解，不只是對於自己，也包括了人類最珍視的制度、信仰和價值的來源。備受推崇的西方文明的理想，如人權、自由、代議制民主和科學等，並不是像許多人所想的一樣是純粹理性或邏輯的歷史遺跡。在 17 世紀和 18 世紀的啟蒙時代，人們絕非是突然間變得理性，接著再創造出現代世界。這些制度其實代表的是累積的文化產物——誕生於特別的文化心理——而其起源可以回溯好幾個世紀，經由涉及了戰爭、市場和修士的一連串因果鏈，以及由一個激進的宗教教派——西方基督教——發展出來的成套規定，其包含了亂倫禁忌、婚姻禁令和家庭訓令（「婚家計畫」）。經過數世紀，基督教領袖不斷地在大公會議（ecumenical councils）加強、實施和強制執行「婚家計畫」，但是對於要如何創造出一種新的世界，他們並沒有展露任何有助益的遠見，不過他們無疑具有一些非宗教性的動機，而且擁有想要服事一個強大的超自然存在的欲望，因為他們相信此一超自然存在極為關心人類的性生活。話雖如此，「婚家計畫」在重構中世紀歐洲人的過程中竟然成效顯著，把全社會的演化導向了一個新的路徑。

1500 年之後，歐洲社會開始在全球各地進行擴張，並且通常造成了破壞性的後果，對於那些不屬於歐亞大陸或屬於比較不複雜的社會的人來說更是如此。在現代世界裡，我們口中所謂的「全球化」，說穿了不過就是我描述過的始於古典時代晚期進程的延

西方文化的特立獨行如何形成繁榮世界

續。如代議制政府、大學和社會安全網等，這些非個人制度都是在歐洲發展出來的（啟蒙時代之前），並且向外移植到其他許多群體之中。情況往往如此，特別是在先前不受國家統治的社會，新植入的制度會與人們的心理格格不入，導致政府、經濟和公民社會運作不良，不僅之後常常會造成貧窮、腐敗和營養不良的狀況加劇，也會使得氏族、部落和種族之間爆發內戰。許多政策分析家之所以無法識別出這些格格不入的狀況，那是因為他們暗自假設了所有人都擁有一致的心理，或者是他們認為人們的心理會為了遷就新的正規制度而快速轉變。不過，除非人們的親屬為本制度和宗教能夠從基層重新連結，否則群體就會陷入一種動彈不得的狀態，一方面是被氏族或分支世系等「低層次」的制度推往某一套心理方向，另一方面則是被民主政府或非個人組織等「高層次」制度拉往另一個心理方向：我到底是應該只重視對親屬的忠誠，還是要遵循攸關公正無私的正義的非個人準則？我應該聘用我的連襟，還是找最適合的人來工作？

這樣的研究取向有助於我們了解，世界上有些地區的「發展」（也就是採行 WEIRD 制度）要比其他地方來得緩慢且更令人不安。不管是過去或現在，愈是仰賴奠基於親屬關係及其相關制度的群體，面對歐洲於西元 1000 年後所發展的政治、經濟和社會的非個人制度，其融入過程會更痛苦、更困難。提高對這些非個人制度的參與，則通常意味著受到都市化、全球市場、世俗安全網，以及關乎成功和保障的個人主義概念的侵蝕，以致於逐漸瓦解了曾經讓人安居、受到約束和得到保護的社會關係網。除了經

濟失調，人們還面對自己做為廣泛關係性連結網絡一份子的意義的喪失，而此網絡不只是回溯至他們的祖先，也會延續至他們的後代。「自我」（the self）的本質已經因為這樣的社會與經濟重組而改變了。

當然，歐洲的統治、殖民主義和當今的全球化過程是很複雜的，更不用我強調奴隸制、種族歧視、掠奪和種族滅絕是相當真實且普遍的恐怖，而且很多的書籍都處理過這些主題。我在這裡想要說明的是，因為人類心理的文化適應，經過幾個世代以後，那些與全球化有關的大規模社會轉型，必然會造成人們的文化心理和新制度或實務做法之間出現不協調的情況，因而撼動了他們對意義和個人認同的感知。即使沒有前述的恐怖，這樣的情況也會發生，且會在那些恐怖結束之後延續下去。

遺憾的是，社會科學和標準的政策研究途徑欠缺了良好的工具，好讓我們得以理解或處理隨著全球化而出現的制度與心理的失調情況。這不只是因為人們幾乎忽視了不同群體之間的心理變異，也是因為鮮少付出心力去解釋何以會出現這些變異。例如：心理學家大都（通常是暗地裡）認為自己所研究的是如同桌上電腦般的計算機器的基因演化硬體，至於載入人們心理硬體的軟體（文化內容），那就交給人類學家和社會學家去費心好了。然而，結果證明人類的大腦和認知已經透過基因演化而在很大程度上可以自我編程，打從呱呱落地就準備好了要調整自身的計算處理，以便因應所面對的社會、經濟和生態環境。這就意味著，若想要確實了解人們的心理，那就必須考量文化演化如何形塑群體的心

智。在許多研究中，最引人注目的莫過於那些涉及美國和歐洲等地移民子女的研究，我們可以發現，影響人們心理的不只是他們成長的社群，也包括了過往制度的鬼魅——亦即，他們的祖先在身處的世界，所建立起來的包含信仰、習俗、儀式和認同的豐富體系。結果就是，有關「心理學」或「社會心理學」的教科書，都需要改成像是「20世紀晚期的美國人文化心理學」這樣的書名。文化之所以會進入心理學的學科之中，顯然是為了解釋何以日本和韓國等地人民的心理會不同於美國人。若想獲悉日本人或韓國人的心理，就需要閱讀文化心理學的教科書。心理學家把美國人和更普遍而言的WEIRD群體視為無文化的群體；這使得其他人就是因為有「文化」而顯得異常。我希望現在我已經說清楚了，我們才是「特異」（WEIRD）的一群人。

同樣的道理，經濟學學科依舊秉持著一種思維，認為文化演化的差異並沒有顯現於動機或偏好方面，因此更不用提及感知、注意力、情感、道德觀、判斷和推論了。人們的偏好和動機被視為是僵化不變的。即使思考的是如人們的信仰等直白的事物，經濟學的標準研究取向也會假設這些信仰反映的是經驗現實（empirical reality）。然而，文化演化並不需要在現實與人們的信仰之間建立某種一致性。讓我們以非洲為例，當地人的行動無疑都是受到對於巫術的普遍信仰和擔憂的影響。儘管竭盡心力要理解非洲的經濟成長為何會如此遲滯，但是針對非洲或其他地方的巫術的經濟學研究卻是少之又少——大多數經濟學家根本不考慮這個可能性。當然，人們通常都傾向於相信超自然事物的存在：

大約有一半的美國人相信有鬼魂，也大約有一半的冰島人接受世上是有精靈的。關鍵就在於，我們要找出某些特定信仰是如何，以及為何會在不同地方以不同方式演化並延續下來。超自然信仰和儀式絕不是微不足道，某些類型反而是政治複雜的大型社會邁向成功的助力。[20]

這樣的心理多樣性帶來了一個問題，特別是考量到 WEIRD心理的特性，亦即，我們一般都會就自身的文化模式和在地直覺來審視和理解這個世界。當政策制定者、政治人物與軍事戰略家推斷其他社會的人們會如何理解自己的行動、評價自己的作為，並據之回應時，他們往往會認為對方的感知、動機和判斷跟自己一樣。殊不知，政策——就算被徹底實施——在倫敦或蘇黎世所造成的效應，會跟在巴格達（Baghdad）或摩加迪休（Mogadishu）產生的效應極為不同，因為這些地方的人各自有著不同的心理。

政策分析家必須考量如何為了特定群體而調整自己的付出，以及新的政策長期執行下來可能會如何改變人們的心理，而不是去忽視心理的變異。例如：對於認為一夫多妻制或表親婚是慣常做法的社群，如在特定的國家、宗教社群或移民群聚區，就要考量允許這樣的婚姻制度對該社群可能造成的心理影響。當法律降低了企業之間的競爭，導致只有少數巨型公司主宰整個市場，會造成什麼樣的影響呢？對於相互競爭的自願組織，或者是鄉村地區的市場整合，到底是應該鼓勵還是勸阻？這些決策不只會造成經濟效應，長期下來也會產生心理和社會影響——人們的大腦將會因此而改變。就算只是產生很小或正面的即時經濟效應，還

西方文化的特立獨行如何形成繁榮世界

是值得仔細思量可能會隨著心理變化而來的政治與社會的連鎖反應。

最後，無庸置疑，不管是在文化方面，或是還要再歷經數千年的基因方面，人類的心理必將在未來繼續演化。在許多社會中，新的科技增強了人們的記憶、形塑了人們的認知能力，並且重新安排了人們的個人關係與婚姻模式。與此同時，更加平等的性別關係和教育水準的提高都改組並縮減了家庭規模。人力作業和許多最為耗時費力的認知工作，現在都逐漸由機器人和人工智慧來進行。電子商務和更嚴格的金融交易安全可能會降低對於無懈可擊的聲譽的需求，也可能會消除人類信任陌生人並與之合作的內化動機。面對這樣的新世界，人類的心智似乎毫無疑問會繼續調適和改變。未來的人類會有不同的思考、感受、感知和道德判斷，而他們將會努力去理解生活在 21 世紀初的人是什麼樣的心理狀態。

—— CHAPTER 14 ——
THE DARK MATTER OF HISTORY
十四、歷史的暗物質

———————————— 注釋 ————————————

1. Chanda and Putterman, 2007; Diamond, 1997; Hibbs and Olsson, 2004; Morris, 2010. 我並沒有談及抵抗傳染病的演化差異。當歐亞人開始向外擴張而與美洲大陸和澳洲的群體發生衝突時，這一點就變得息息相關。

2. Diamond, 1997; Kremer, 1993; Morris, 2010; Turchin, 2015; Turchin et al., 2013.「幸運緯度帶」是莫里斯的用詞。

3. Chanda and Putterman, 2007; Hibbs and Olsson, 2004; Putterman, 2008; Putterman and Weil, 2010.

4. 有個方法可以讓我們了解事情的發展，那就是回溯緊密親屬關係和經濟繁榮的關係強度。就以現代世界來看，當群體擁有較緊密的親屬關係或較強大的家族紐帶，這樣的群體都會表現出較低度的經濟繁榮。不過，當我們回溯歷史卻會發現到，在西元 1000 年到 1500 年這段期間，這樣的關聯性則是減弱且幾近消失無蹤（Enke, 2017, 2019）。鑑於本書第 6 章和第 7 章的分析，也就是關於天主教會和親屬關係瓦解之間的關聯，似乎很有可能是天主教會有效地破壞了本當極為強固的關聯：一方面是生物地理因素和糧食生產，另

西方文化的特立獨行如何形成繁榮世界

一方面是早期國家的形成和經濟繁榮。

5. Hibbs and Olsson, 2004; Olsson and Paik, 2016; Putterman, Bockstette, and Chanda, 2001; Putterman and Weil, 2010.

6. Baker, 1979; Greif and Tabellini, 2015; Henrich et al., 2012; Wha-Sook, 1995.

7. Bentzen, Kaarsen, and Wingender, 2016; Buggle, 2017; Chanda and Putterman, 2007; Galor and Özak, 2016; Hamilton and Sanders, 1992; Putterman and Weil, 2010; Sowell, 1998. 對於 11 世紀到 20 世紀期間的 WEIRD 心理的根源和歐洲社會的興起，我所提出的理由大致近似於社會學大師韋伯的論點，也與我的優秀同儕暨《國家為什麼會失敗》（Why Nations Fail）的作者戴倫·艾塞默魯和詹姆斯·羅賓森的觀點一致。就韋伯的論點而言，我的論述也同意宗教與歐洲城市的本質發揮了核心作用，並且體認到文化與制度會形塑人類心理的基本面向。就某種意義來說，基於對文化和基因演化的現代理解，以及新取得的歷史、心理和經濟資料，我更新了韋伯的論點。另一方面，戴倫和詹姆斯主張，「政治體制」在現代世界建立繁榮國家之中發揮了核心作用。他們所謂的「制度」是指某種正規組織和法律（加諸於行政部門的憲法制約）的組合，也包括了「非正規制度」（指的是形塑正規制度在公眾之中的運作方式的社會規範、期望和相關實踐）。他們所認為的「制度」就是我所謂的「正規體制」和「文化」（社會規範等）的混合物。讀者可以從這整本書裡看出來，我認為正規和非正規的政治制度都很重要。不過，我也主張我們需要考量，這些「高層級」的政治經濟制度會如何與「低層級」的制度產生連結，至於後者指的是與親屬關係、婚姻、宗教和人類文化心理等相關的制度。唯有考量了制度的核心部分，對於「多元」政治制度最早是出現在西歐的這一件事，我們才能夠解釋戴倫和詹姆斯為何會如此重視。戴倫和詹姆斯就如同許多經濟學者一樣，他們的研究方法不僅避談心理的文化演化，也迴避關於存在著不會消失的重要心理差異的看法。根據我擔任經濟學教授的九年經驗來看，我懷疑之所以如此，那是因為這種變異的看法很難融入經

濟學學科傳統的理論架構或世界觀——亦即經濟學的文化和非正規制度規範（Acemoglu, Johnson, and Robinson, 2002; Acemoglu and Robinson, 2012; Weber, 1958a, 1958b, 1978）。在此感謝丹‧史邁爾提醒我要更深入審視韋伯的論述。

8. Korotayev, 2000, 2004; Schulz, 2019.

9. Baumard, 2018; Hruschka et al., 2014; Hruschka and Henrich, 2013b; Mullainathan and Shafir, 2013.

10. Goody, 1983; Greif, 2006; Greif and Tabellini, 2010; MacFarlane, 1978; Mitterauer and Chapple, 2010; Mitterauer and Sieder, 1982; Serafinelli and Tabellini, 2017.

11. 有些研究者則認為，我們可以藉由「快」和「慢」的生活史對策的差異來解釋大多數的心理變異（Baumard, 2018），而生活史對策通常是孩童經驗的幼年環境所引起的。儘管生活史對策是很有意思的研究且可能發揮了某些作用，但是仍舊存在著嚴重的疑慮，不管是在理論方面（Baldini, 2015; Barbaro et al., 2016），還是在經驗方面（Purzycki, Ross et al., 2017），皆是如此。

12. Doepke and Zilibotti, 2008; Jacob, 2013.

13. Ensminger and Henrich, 2014; Henrich, Ensminger et al., 2010; Henrich et al., 2004; Lang et al., 2019.

14. Henrich, 2016.

15. Clark, 2007a; Wade, 2014.

16. Durham, 1991; Henrich, 2016.

17. Beauchamp, 2016; Flynn, 2007; Kong et al., 2017; Nisbett, 2009; Okbay et al.,

2016. 此處的預估數值是由強納森‧波尚所提供。

18. Dincecco and Onorato, 2018; Ogilvie, 2019; Winter, 2013. 當然，有人可能會主張，要是鄉村在某個時刻受到了非個人市場、自願組織和新法律的影響，這可能會在沒有出現墓地效應的農村地區，引發淘汰趨近 WEIRD 心理的基因壓力。這樣的情形確實有可能會發生，但是以下的三個因素降低了其相關性：(1) 這種情形要在本書論述範疇的幾個世紀之後才顯得重要；(2) 鄉村中最具 WEIRD 特質的人依舊會受到誘惑而離鄉前往城市墓地；(3) 倘若鄉村的社會網絡與城市的網絡愈相似，這些地區就愈容易出現傳染病——促進創新和商業活動的陌生人之間的網絡也會引起病原體的傳播。

19. Dincecco and Onorato, 2018; Winter, 2013.

20. Gershman, 2015; Nunn and De La Sierra, 2017. 關於鬼魂的統計請見：www.economist.com/graphic-detail/2018/10/31/pagan-beliefs-persist-in-the-new-world. 關於精靈的討論請見：www.theatlantic.com/international/archive/2013/10/why-so-many-icelanders-stillbelieve- in-invisible-elves/280783.

婚家計畫的重大事件

表 5.2　婚家計畫的重大事件擴充版：西元 300 年至 2000 年

年份	教會和世俗統治者針對婚姻頒布的禁令與宣言
305-6	埃爾維拉宗教會議（西班牙格拉納達）下令任何人若是迎娶已故妻子的姊妹為新妻子（妻姊妹婚）應戒領聖體五年。迎娶自己的媳婦為妻者，至死都應戒領聖體。
315	新凱撒利亞宗教會議（土耳其）下令禁止人們迎娶自己兄弟的妻子（夫兄弟婚），可能也禁止妻姊妹婚。
325	尼西亞會議（土耳其）下令禁止人們迎娶已故妻子的姊妹，以及猶太人、異教徒和異端份子。
339	羅馬皇帝君士坦堤烏斯二世依據基督教情操禁止叔姪婚，違者處以死刑。
355	羅馬皇帝君士坦堤烏斯二世禁夫兄弟婚。
374	凱撒利亞的巴西流（Basilius of Caesarea）在致塔爾蘇斯的狄奧多（Diodor von Tarsus）的信件中反對妻姊妹婚。
384/7	身為基督徒的羅馬皇帝狄奧多西重申禁止妻姊妹婚與夫兄弟婚，並禁止人們與一代堂表親通婚。409 年，西羅馬帝國皇帝霍諾留鬆綁禁令，予以特許。目前並不清楚這樣的教規在西方維持了多長時間。隨著西羅馬帝國瓦解，繼續執行的可能性不大。
396	同樣是基督徒的東羅馬帝國皇帝阿卡狄奧斯再度禁止一代堂表親通婚，但並沒有祭出嚴厲懲罰。然而，他在 400 年或 404 年改變了心意，讓表親婚在東羅馬帝國合法化。
約 400	教宗在致法國主教們的數封信函中主張禁止基督徒迎娶妻子的姊妹，並且要求懲罰和廢除這類婚姻。

402	教宗英諾森一世（Pope Innocent I）所主持的羅馬宗教會議禁止男性迎娶亡妻的姊妹。
506	阿格德宗教會議（今法國境內的西哥德王國）禁止兩代之內的表親婚，也不准迎娶兄弟的遺孀、妻子的姊妹、繼母、叔伯母舅的遺孀和女兒，或任何女性親屬。這些都被認定為亂倫。
517	埃蓬宗教會議（今法國或瑞士境內的勃艮地王國）規定兩代之內的表親婚皆屬亂倫，縱然沒有解除既存的表親婚，但今後禁止這樣的結合。此會議也明令禁止迎娶繼母、兄弟的遺孀、有姻親關係的女性。在之後成為加洛林帝國的這個地區所召開的許多宗教會議，都是參考這場會議來規範亂倫。
530	東羅馬（拜占庭）帝國的查士丁尼皇帝下令禁止教父和教女以及養父和養女結合。
527/31	第二次托雷多宗教會議（西班牙）規定所有涉及亂倫婚姻的人一律逐出教會。逐出教會的年數應該要等同於該婚姻的年數。在 535 年、692 年和 743 年召開的宗教會議皆認可這樣的懲罰。
533	奧爾良宗教會議（Synod of Orleans，法國）禁止與繼母結婚。
535	克萊蒙宗教會議（Synod of Clermont，法國）重申埃蓬宗教會議與阿格德宗教會議的教規。
535	拜占庭帝國的查士丁尼皇帝加重了夫兄弟和妻姊妹婚的懲罰，包括沒收財產、禁止擔任行政職務、流放，以及社會地位較低的人要被施以鞭刑。
538	法蘭克國王與教宗之間首封記錄在案的信件，內容涉及亂倫（與已故兄弟的遺孀結婚）。教宗不同意，但他將有關懺悔禮的相關決定交給主教們定奪。
538	第三屆奧爾良宗教會議（法國）禁止個人迎娶繼母、繼女、兄弟的遺孀、妻子的姊妹、兩代之內的堂表親，以及叔伯母舅的遺孀。
541	第四屆奧爾良宗教會議（法國）延續了第三屆奧爾良宗教會議的教規。

546	萊里達宗教會議（Synod of Lerida，西班牙）重新執行托雷多宗教會議的禁令，但是減輕了懲罰。
567	第二屆圖爾宗教會議（法國）禁止迎娶姪女、堂表姊妹，或是妻子的姊妹，並且確認了在奧爾良、埃蓬和奧弗涅（Auvergne）等宗教會議所頒布的教規。
567/73	巴黎宗教會議（法國）禁止迎娶兄弟的遺孀、繼母、伯叔母舅的遺孀、妻子的姊妹、兒媳婦、姑姨、繼女與繼孫女。
583	第三屆里昂宗教會議（Synod of Lyon，法國）延續反對亂倫的教規。
585	第二屆馬孔宗教會議（Synod of Macon，法國）延續反對亂倫的教規，並且施以較先前宗教會議更嚴厲的譴責。
585/92	奧塞荷宗教會議（Synod of Auxerre，法國）禁止迎娶繼母、繼女、兄弟的遺孀、妻子的姊妹、堂表姊妹，或是叔伯母舅的遺孀。
589	西哥德國王雷卡德一世（西班牙）下令解除亂倫婚姻，違逆者施以流放之刑，並將其財產轉移給子女。
596	法蘭克國王希爾德貝特二世下令與繼母結婚者將被判處死刑，但將其他亂倫行為的懲罰交由主教定奪。倘若被定罪者抗拒教會的懲罰，財產將被沒收並重新分配給他的親戚。
600	教宗格雷戈里一世在致盎格魯－撒克遜使團（請見本書內容）的一封信件中，禁止（盎格魯－撒克遜人）一代堂表親和近親之間的婚姻（例如叔姪婚），亦不准許夫兄弟婚。亂倫至此被定義為包含親近的姻親與屬靈親屬（教父母的子女）的關係。
615	第五屆巴黎宗教會議（法國）延續了頒布於奧爾良、埃蓬、奧弗涅和奧塞荷所召開的宗教會議的教規。
627	克利希宗教會議頒布的罰則與執行程序，與希爾德貝特二世於596年所頒布的規定相同。約在此時，約束亂倫的教規被人有系統地彙編集結，成為高盧人最古老的教規集《古高盧教規集》的部分內容。
643	羅薩里的《倫巴第法》禁止人們迎娶繼母、繼女，或是有姻親關係的女性。

　　西方文化的特立獨行如何形成繁榮世界

673	赫特福宗教會議禁止亂倫（未明定範圍），並規定男性只能迎娶一位妻子，只有在妻子不忠實的情況下才能離棄她。如果他真的棄妻離去，則無法再娶。
690	坎特伯里大主教西奧多（Bishop Theodore，英格蘭）廣發悔罪規則書，禁止妻姊妹婚、夫兄弟婚，以及與包含姻親在內的一代堂表親通婚，但並未要求解除表親婚。
692	在特魯洛宗教會議（土耳其）上，東正教會終於下令禁止與一代堂表親和相對應的姻親結婚。一對父子迎娶一對母女或是兩姊妹，兩兄弟迎娶一對母女或兩姊妹，都是被禁止的。
716	教宗格雷戈里二世透過派至巴伐利亞的使節團，傳達禁婚令擴及一代堂表親，違者將被逐出教會。
721	羅馬宗教會議（義大利）禁止迎娶兄弟的妻子、姪女、孫女、繼母、繼女、堂表姊妹，以及包含與血親結合的所有親屬。該會議也禁止與自己的教母結婚。726 年，教宗格雷戈里二世明確表示，出於傳教目的，此禁令在傳教地只限及一代堂表親，但是對於其他人，所有已知的親戚皆在禁婚範圍之內。繼任教宗格雷戈里三世對此禁令加以闡明，教規允許個人可與三代堂表親通婚，但是不允許個人與禁婚範圍的所有親族結婚。這個會議的決議流傳甚廣。
723/4	倫巴第國王利烏特普蘭德（Liutprand，義大利）下令禁止迎娶繼母、繼女、有姻親關係的女性，以及堂表兄弟的遺孀。
725	羅馬宗教會議以詛咒來威脅迎娶教母的人。
741	教宗匝加利亞下令禁止教父與教女或教子女的母親結婚。
741	拜占庭皇帝利奧三世在位時，東正教會的禁婚令擴及了二代堂表親，不久之後，又將二代堂表親的子女輩也納入禁婚之列。表親婚的懲罰改為鞭刑。
743	教宗匝加利亞主持的羅馬宗教會議，命令基督徒不得與表親、姪女和其他親屬結婚。犯下這類亂倫之罪，得開除教籍，必要時會降下詛咒。
744	蘇瓦松宗教會議（Synod of Soissons，法國）下令禁止與親戚結婚。

753	梅斯宗教會議（Synod of Metz，法國）禁止迎娶繼母、繼女、妻子的姊妹、姪女、孫女、堂表姊妹，以及雙親的姊妹或雙親兄弟的妻子。違者處以罰款。無法繳交罰款者，自由之身者要坐牢，非自由之身者要處以鞭刑。此會議也禁止：〔1〕父親迎娶自己孩子的教母；〔2〕讓孩子與其教母結婚；〔3〕領受堅振禮（Confirmation，天主教的一種通過儀式〔rite of passage〕）的教徒與帶領其領受堅振禮的人共結連理。
755	法蘭克國王丕平主持的韋爾訥伊宗教會議（法國）下令婚姻必須舉行公開儀式。
756	韋爾比耶宗教會議（法國）禁止與三代堂表親以內的親屬通婚，並且下令終止與二代堂表親結合的既存婚姻。那些與三代堂表親結婚的人只需要懺悔贖罪即可。
756/7	阿什罕宗教會議（Synod of Aschheim，德國）禁止亂倫婚姻。
757	貢比涅宗教會議（法國）裁示必須廢止二代堂表親以內的既存婚姻關係。法蘭克國王丕平威脅要對不同意的人施以世俗的懲罰。
786	教宗的駐英格蘭使節團禁止與家族親戚結合的亂倫婚姻（未指明範圍）。
796	弗留利宗教會議（義大利）著重於針對潛在亂倫婚姻的婚前調查，並且禁止祕婚。該會議明定了婚前等待期，鄰居和長輩可以在這段期間揭露準新人之間是否存在會被禁止結婚的血親關係。該禁令還規定，儘管妻子紅杏出牆是離婚的正當理由，但只要配偶雙方仍舊在世就不能再婚。查理曼大帝在802年以其世俗權威支持了這些裁決。
802	查理曼大帝於敕令中強調，在主教和神父還沒有與長輩共同調查準新人的血緣關係之前，任何人都不得妄自成婚。
813	亞爾宗教會議（Synod of Arles，法國）重申了先前宗教會議的禁令。
813	美因茲宗教會議（Synod of Mainz，德國）禁止個人與三代堂表親以內的親屬通婚，也不准與教子女、教子女的母親或引導領受堅振禮的孩子的母親結婚。860年，教宗尼古拉斯一世也在致保加利亞人民的回應中確認了此後半部的禁令。

西方文化的特立獨行如何形成繁榮世界

874	杜西宗教會議（法國）敦促信徒不要與三代堂表親通婚。為了強化這項裁示，此會議也規定在這類亂倫婚姻中所生下的孩子沒有資格繼承遺產。
909	特洛斯萊宗教會議（法國）闡明並確認了杜西宗教會議的主張，認為亂倫婚姻所生的孩子不具有繼承財產和頭銜的資格。
922	科布倫茲宗教會議（Synod of Koblenz，德國）重申 813 年美因茲宗教會議的規定。
927	特里爾宗教會議（Synod of Trier，德國）規定，與有血親和姻親關係之人結婚要懺悔贖罪九年。
948	英格爾海姆宗教會議（德國）禁止個人與記憶可溯及的所有親屬結婚。
997	君士坦丁堡牧首（Patriarch of Constantinople）西西尼烏斯的托莫斯（Tomos of Sisinnios），禁止近親婚姻：(1) 兩位兄弟與兩位堂表姊妹結婚；(2) 兩位堂表兄弟與兩位姊妹結婚；(3) 一位叔伯母舅和一位姪子或外甥與兩位姊妹結婚；(4) 兩位兄弟和一位雙親的姊妹及其姪女結婚。
1003	在迪登霍芬宗教會議（德國）上，神聖羅馬帝國皇帝亨利二世將亂倫的禁令擴大到涵蓋六代堂表親，禁止個人與共有的 128 位祖先（從太祖父母到祖父母）的後代親屬結婚。
約 1014	在英格蘭，約克大主教（Archbishop of York）伍爾夫斯坦（Wulfstan）為統治者艾瑟爾雷德（Aethelred）和克努特（Cnut）制定法典，納入禁止個人與四代堂表親以內的親屬通婚亂倫的禁令。亂倫的懲罰為奴役。
1023	塞利根斯塔特宗教會議（德國）同樣禁止六代堂表親以內的表親婚。沃爾姆斯的布爾查德主教所編纂的《教令集》也把亂倫婚姻的定義範圍延伸涵蓋至六代堂表親。
1032	布爾日宗教會議（Synod of Bourges，法國）禁止表親婚，但是並沒有明定範疇。
1046	深具影響力的本篤會修士，日後成為紅衣主教的聖伯多祿達彌盎（Peter Damian），支持擴及包含六代堂表親之內的婚姻禁令。

1047	圖盧加宗教會議（Synod of Tulujas）禁止表親婚。
1049	漢斯宗教會議（Synod of Rheims）禁止表親婚。
1059	在羅馬宗教會議上，教宗尼古拉斯二世下令禁止人們與六代堂表親或可追溯關係的親戚結婚。他的繼任教宗亞歷山大二世同樣頒布了禁止六代堂表親以內的親戚通婚。達爾馬提亞王國獲得暫時恩准，禁婚令只溯及四代表親以內的親屬。
1060	圖爾宗教會議（法國）重申了 1059 年羅馬宗教會議的規定。
1063	羅馬宗教會議下令禁止六代堂表親以內的親屬通婚。
1072	盧昂宗教會議（法國）禁止與非基督教徒成婚，並且下令神父必須調查即將成婚者的關係。
1075	倫敦宗教會議禁止六代堂表親以內的親屬通婚，包含姻親在內。
1094	沙特爾的伊沃（Ivo of Chartres）的《教令集》：禁婚令擴及六代以內的堂表親。
1101	在愛爾蘭，卡舍爾宗教會議引進了羅馬天主教會的亂倫禁令。
1102	倫敦宗教會議廢止了既存的六代（以內）堂表親之間的婚姻，並且裁定知悉親屬通婚的第三方也涉及亂倫罪。
1123	第一次拉特蘭會議（義大利）譴責了血親之間的結合（但未明定相關細節），並宣布亂倫結婚者將被褫奪世襲權利。
1125	倫敦宗教會議重申了 1075 年所召開的倫敦宗教會議的規定，並將亂倫禁令擴及六代堂表親。
1139	第二次拉特蘭會議（義大利）譴責了血親之間的結合（但未明定相關細節）。
1140	格拉提安《教令集》（Decretum of Gratian）：禁婚令擴及六代堂表親。
1142	彼得・倫巴都（Peter Lombard）編纂的《四部語錄》（Books of Sentences）載明了六代堂表親的婚姻禁令。

西方文化的特立獨行如何形成繁榮世界

1166	君士坦丁堡宗教會議（土耳其）再次強調先前東正教會對表親婚（二代堂表親子女輩以內的親屬）的禁令，並嚴加落實該禁令。
1174	倫敦宗教會議禁止祕密結婚，想必是為了要加強監管亂倫婚姻。
1176	巴黎主教奧多協助引進「結婚預告」（banns of marriage），就是在教區會眾面前昭告即將結婚的消息。
1200	倫敦宗教會議要求發布「結婚預告」，並明訂要舉行婚禮公開儀式。禁止近親結婚（但並未具體說明禁婚的親等關係）。
1215	第四次拉特蘭會議（義大利）將禁婚範圍限縮至三代堂表親，以及所有血緣更近的親屬和姻親。此會議也正式將先前的教令統整入教會法的規章中，如此一來，婚前調查和禁婚令就被正式納入法規。
1917	教宗本篤十五世放寬了禁令，只禁婚至二代堂表親和所有血緣更近的親屬。
1983	教宗若望保祿二世進一步放寬了亂倫禁令，准許個人與二代堂表親及血緣更遠的親戚結合。

此列表的主要來源為：Ubl (2008) and the Dictionary of Christian Antiquities (Smith and Cheetham, 1875 [vol. I]). 其他出處包括：Goody (1983; 1990; 2000), Gavin (2004), Sheehan (1996), Addis (2015), Brundage (1987), Ekelund et al. (1996), and Smith (1972).

補充圖表

A

傳統的重要性

相關係數＝ 0.23

喬治亞

阿爾及利亞　約旦

突尼西亞

墨西哥

俄國

伊拉克

中國

印度

德國

巴林

日本

迦納

南韓

親屬關係緊密度指數

西方文化的特立獨行如何形成繁榮世界

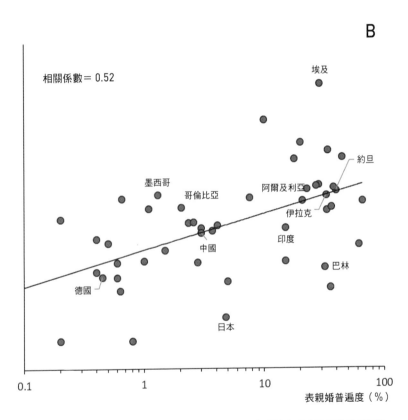

B

相關係數 = 0.52

埃及

約旦

墨西哥

哥倫比亞

阿爾及利亞

伊拉克

印度

中國

巴林

德國

日本

0.1   1   10   100

表親婚普遍度（%）

圖 B.1　傳統的重要性與〔A〕親屬關係緊密度指數（96 個國家）及〔B〕表親婚姻普遍度（56 個國家）之間的關係。傳統的重要性是基於個人回答以下問題的全國平均值：「傳統對於他（她）很重要。他（她）試圖遵循所屬宗教或家庭傳承下來的習俗」，請評估您自己與文中描述的人的相似程度（以 1 分到 7 分來評分）。表親婚普遍度是以對數尺度所繪製。

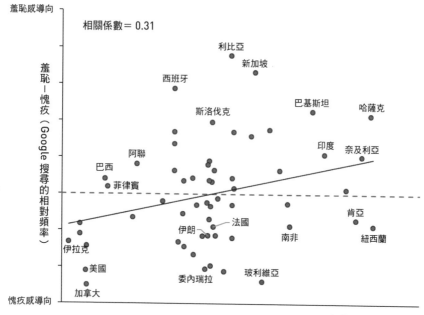

圖 B.2　使用 Google 搜尋「羞恥」和「愧疚」兩個詞彙的相對頻率和親屬關係緊密度指數（KII）之間的關係。虛線是基準線；基準線之上的國家搜尋「羞恥」的頻率多於「愧疚」；基準線之下的國家搜尋「愧疚」的頻率多於「羞恥」。此圖在統計上消除了所使用的 9 種語言的差異，以便讓我們專注進行這 56 個國家的比較。需要說明的是，恩柯的分析（Enke, 2017, 2019）並沒有使用表親婚。此圖是援引了恩柯的羞恥與愧疚的數據所得出的局部迴歸圖。

西方文化的特立獨行如何形成繁榮世界

附錄三

關係性流動與居住流動的心理影響

當你進入心理實驗室後，迎接你的實驗人員將你帶到一個小房間。實驗人員向你說明，你將協助他們測試一份新的問卷調查，而且你已經被選定為「審閱人」。旁邊的實驗室還有兩位參與者，你的工作就是審閱他們兩人剛填完的問卷。你需要根據這兩份問卷，從中挑出一位擔任你在第二階段實驗的協同任務的夥伴。那兩位參與者已經回應了問卷中的一連串情境。在每個情境中，當事人都會面臨一個困境，要麼平均分配時間來幫助一位朋友和一位陌生人，要麼投注所有時間來幫助朋友。問卷接下來會詢問回應人比較喜歡哪一種人：是把時間平均分配給朋友和陌生人的平等主義者，還是只出手幫助朋友的忠實友人呢？你的潛在夥伴中，總是會有一位是始終偏愛幫助別人的平等主義者，另外一位則總是比較喜歡忠實的友人。現在問題來了，你會想跟哪一位合作呢？

你小時候搬過家嗎？

在 WEIRD 群體的大學生中，**從未搬過家**的大學生有 90% 的比例會傾向選擇忠實的友人，而不會選**幫助別人的平等主義者**。

如果他們曾經搬過一次家，比例會下降至75%。而在成長過程中曾搬過兩、三次家的參與者，對於總是選擇「忠實的友人」的人的偏好會再下滑，比例會降至62%。小時候擁有搬家經驗的人也會表示，他們更「喜歡」那些幫助別人的平等主義者，以及總是選擇幫助別人的平等主義者（Lun, Oishi and Tenney, 2012; Oishi, Kesebir, Miao, Talhelm, Endo, Uchida, Shibanai, and Noraskkunkit, 2013; Oishi, Schug, Yuki, and Axt, 2015; Oishi and Talhelm, 2012）。

這樣的實驗顯示，遷移住所的經驗不僅會強化人們對於平等主義的偏愛，也會改善他們對待陌生人的方式。這些經驗似乎有某種東西會消弭內團體與外團體的分野，讓人不再過度依賴長期隸屬的社會網絡。

至於這些心理效應，有一些可能是發展出來的，肇始於孩童在住所遷徙之後需要建立新關係的經驗。然而，心理學家也能夠**以兼性的方式**（facultatively）得到一些這樣的效應。在一個實驗中（Oishi and Talhelm, 2012），參與者被隨機分配去想像一個自己身處的地方，要麼是想短期探訪的地方，要麼是想永久定居的住所。做完這個心理實驗之後，參與者接著會被要求寫下自己的感受。讓人們想起這些不同的情境，會促使他們的偏好出現微妙改變的思想傾向。促發了居所穩定的想法，會讓參與者偏好忠實友人的傾向只比偏好平等主義者多一點而已，但是促發了居所的流動性——短期探訪——卻足以扭轉偏好，使得對於平等主義者的偏好稍微超越忠實友人。這些心理的提示（促發物）也會增

西方文化的特立獨行如何形成繁榮世界

強人們拓展社會網絡的動機——會想建立和培養新關係。整體而言，這個研究顯示了居所流動會導致人們尋求新關係和偏好平等主義者。促發的結果總是會因為無法重複出現而讓人心有疑慮。我在此提及這個研究是要表明，除了發展性影響，居所的改變也可能會造成兼性的影響。

居所的實際遷徙顯然會造成想要建立新關係的需求，也就是會產生心理學家所指涉的**關係性流動**的可能性，涵蓋了新關係的形成或舊關係的瓦解的一切箝制或促進因素。例如：對於生活在極度緊密的父系氏族當中的人們來說，他們不僅會因為共有祖傳土地的羈絆而被限制了地理性流動，也會因為必須負起族人之間的責任和義務而被抑制了關係性流動（Oishi, Schung, Yuki, and Axt, 2015; Yuki, Sato, Takemura and Oishi, 2013）。

從社會和心理的角度來看，研究顯示了，當人們有了更大的居所和關係性流動，他們就比較不會去區分內團體和外團體，而且會建構更廣大的社會網絡、喜歡新經驗、偏愛新奇事物，並且更具創意性思考（Hango, 2006; Li et al., 2016; Mann, 1972; Oishi, 2010; Oishi et al., 2015; Oishi and Talhelm, 2012; Park and Peterson, 2010）。

再者，藉由比較關係性流動較低的社會（如日本）和關係性流動較高的社會（如美國），相關研究揭露了流動性會如何影響人們的社會網絡。不管是美國人還是日本人，兩者皆偏愛跟本身背景、目標、個性、價值觀和興趣相仿的人士往來。不過，即使人們是跟最親近的朋友在一起，唯有美國人看起來真的跟在這些

面向與自己顯然相似的人有所連結，而不只是暗地裡偏好他們而已。這樣的模式之所以會浮現，那是因為美國人有別於大部分的日本人，在尋求和建立新關係方面，美國人相對而言比較不會那麼拘束。相較之下，在如同日本這種關係僵化的社會中，個人無法自由地跟有著相同的興趣、目標和其他特徵的人一起建構自願團體。

　　這個以日本人和美國人為對象的研究顯示了，任何促進個人的地理性或關係性流動的因素都能夠以獨特的方式翻轉人們的心理。因為中世紀的教會破壞了歐洲奠基於親屬關係和部落的制度，居所和關係性的流動就因而提高了。在社會方面，因為通常會控制親屬為本制度的規範已經不存在，個人和核心家庭因此比較不會受到大家族的責任義務與共有財產的牽絆，進而能夠更自由地發展不再以親屬為本的新關係，並且能夠自主遷徙，如此一來就造成了更大的關係性流動。同樣地，因為失去了以親屬為本的社會安全網，並且基於尋求無血緣關係的婚姻伴侶之所需，個人因此就有了更多遷徙他處的誘因，而比較不想留在原地，如此一來就提高了居所的流動。在現代世界，較不重視家庭紐帶的人確實會更願意進行地理性流動。事實上，即使是以移民下一代的成年人來看，比起雙親來自於家庭紐帶較鬆散的國家的人，雙親來自家庭紐帶較緊密的國家的人就比較不會遷移住所。在中世紀和現代早期的歐洲，可能是因為弱化的親屬關係，大量的移民才會從鄉村遷徙到城市地區──造成都市化程度的提高（Alesina et al., 2015; Alesina and Giuliano, 2013, 2015; Dincecco and Onorato,

西方文化的特立獨行如何形成繁榮世界

2018; Kleinschmidt, 2000; Winter, 2013）。

　　整體來說，親屬為本制度會以數種不同的方式來操控人類的心理，而且我認為在關係或居所這兩方面的流動，對於本書最後一章所討論的全球變異的影響相對較小。不過，關係性流動的效應很重要，因為這些效應會相當迅速地顯現在兼性方面和發展方面，完全不同於可能需要歷經數十年或數百年文化演變的價值觀、信仰、世界觀、動機和教養策略。

　　在中世紀的歐洲，當時的文化演化還不足以讓人們建構非個人交換的獨特社會規範，也未能完備心理條件來形塑個人主義情結，因此，當我們思考著特許鎮、自由城市、修道院和大學會如何回應來自鄉村的移民，流動所帶來的快速效應就顯得極為關係重大。根據上述的研究，前往特許鎮和自由城市的移民會在心理上更傾向於 (1) 把陌生人、朋友和家人都一視同仁，並且 (2) 與志同道合的人攜手建立更廣大的社會網絡。

參考書目

Abrahams, R. (1973). Some aspects of levirate. In J. Goody (ed.), *The Character of Kin-ship*. Cambridge: Cambridge University Press.

Acemoglu, D., Akcigit, U., and Celik, M. A. (2013). Young, restless and creative: Open- ness to disruption and creative innovations. Working Paper No. 19894, National Bureau of Economic Research. www.nber.org/papers/w19894.

Acemoglu, D., Akcigit, U., and Celik, M. A. (2016). Young, restless and creative: Open- ness to disruption and creative innovations. Working paper, static1. squarespace

.com /static /57fa873e8 419c230ca01eb5f /t /5935737a8 419c282eb2c1756

/1496675232862/CreativeInnovation_170605_fin.pdf.

Acemoglu, D., Johnson, S., and Robinson, J. (2005). The rise of Europe: Atlantic trade, institutional change, and economic growth. *American Economic Review* 95 (3), 546–79.

Acemoglu, D., Johnson, S., and Robinson, J. A. (2002). Reversal of fortune: Geography and institutions in the making of the modern world income distribution. *Quarterly Journal of Economics* 117 (4), 1231–94.

Acemoglu, D., and Robinson, J. (2012). *Why Nations Fail: The Origins of Power, Prosperity, and Poverty*. New York: Random House Digital.

Ackerman, J. M., Maner, J. K., and Carpenter, S. M. (2016). Going all in: Unfavorable sex ratios attenuate choice diversification. *Psychological Science* 27 (6), 799–809.

Addis, W. E. (2015). *A Catholic Dictionary*. Aeterna Press.

Aghion, P., Jaravel, X., Persson, T., and Rouzet, D. (2019). Education and military

西方文化的特立獨行如何形成繁榮世界

rivalry. *Journal of the European Economic Association* 17 (2), 376–412.

Ahmed, A. M. (2009). Are religious people more prosocial? A quasi-experimental study with madrasah pupils in a rural community in India. *Journal for the Scientific Study of Religion* 48 (2), 368–74.

Ahmed, A. S. (2013). *The Thistle and the Drone: How America's War on Terror Became a Global War on Tribal Islam*. Washington, DC: Brookings Institution Press.

Akbari, M., Bahrami-Rad, D., and Kimbrough, E. O. (2017). Kinship, fractionalization and corruption. *Journal of Economic Behavior and Organization* 166, 493–528.

Akcigit, U., Kerr, W. R., and Nicholas, T. (2013). The mechanics of endogenous innovation and growth: Evidence from historical U.S. patents. Working paper, siepr

.stanford.edu/system/files/shared/1311.

Akçomak, S., Webbink, D., and ter Weel, B. (2016). Why did the Netherlands develop so early? The legacy of the brethren of the common life. *The Economic Journal* 126 (593), 821–60.

Alcorta, C. S., and Sosis, R. (2005). Ritual, emotion, and sacred symbols: The evolution of religion as an adaptive complex. *Human Nature* 16 (4), 323–59.

Alcorta, C. S., Sosis, R., and Finkel, D. (2008). Ritual harmony: Toward an evolutionary theory of music. *Behavioral and Brain Sciences* 31 (5), 576–77.

Alesina, A. F., Algan, Y., Cahuc, P., and Giuliano, P. (2015). Family values and the regulation of labor. *Journal of the European Economic Association* 13 (4), 599–630. Alesina, A. F., and Giuliano, P. (2010). The power of the family. *Journal of Economic*

Growth 15 (2), 93–125.

Alesina, A. F., and Giuliano, P. (2013). Family ties. In Philippe Aghion and Steven N. Durlauf (eds.), *Handbook of Economic Growth* 2A (pp. 177–215). Oxford, UK: North Holland/Elsevier.

Alesina, A. F., and Giuliano, P. (2015). Culture and institutions. *Journal of Economic Literature* 53 (4), 898–944.

Algan, Y., and Cahuc, P. (2010). Inherited trust and growth. *American Economic Review* 100 (5), 2060–92.

Algan, Y., and Cahuc, P. (2013). Trust and growth. *Annual Review of Economics* 5 (1), 521–49.

Algan, Y., and Cahuc, P. (2014). Trust, growth, and well-being: New evidence and policy implications. In Philippe Aghion and Steven N. Durlauf (eds.), *Handbook of Economic Growth* 2A (pp. 49–120). Oxford: North Holland/ Elsevier.

Allen, R. C. (1983). Collective invention. *Journal of Economic Behavior and Organization* 4 (1), 1–24.

Allen, R. C. (2009). *The British Industrial Revolution in Global Perspective*. Cambridge: Cambridge University Press.

Almond, D., and Currie, J. (2011). Killing me softly: The fetal origins hypothesis. *Journal of Economic Perspectives* 25 (3), 153–72.

Alonso, S. (2013). Temporal discounting and number representation. *Journal of Behavioral Finance* 14 (3), 240–51.

Alquist, J. L., Ainsworth, S. E., and Baumeister, R. F. (2013). Determined to conform: Disbelief in free will increases conformity. *Journal of Experimental Social Psychology* 49 (1), 80–86.

Altrocchi, J., and Altrocchi, L. (1995). Polyfaceted psychological acculturation in Cook Islanders. *Journal of Cross-Cultural Psychology* 26 (4), 426–40.

Al-Ubaydli, O., Houser, D., Nye, J., Paganelli, M. P., and Pan, X. S. (2013). The causal effect of market participation on trust: An experimental investigation using ran- domized control. *PLoS One* 8 (3), e55968.

Alvard, M. (2011). Genetic and cultural kinship among the Lamaleran whale hunters. *Human Nature* 22 (1–2), 89–107.

西方文化的特立獨行如何形成繁榮世界

Alvard, M. S. (2003). Kinship, lineage, and an evolutionary perspective on cooperative hunting groups in Indonesia. *Human Nature* 14 (2), 129–63.

Alvard, M. S. (2009). Kinship and cooperation. *Human Nature* 20 (4), 394–416.

Alvergne, A., Faurie, C., and Raymond, M. (2009). Variation in testosterone levels and male reproductive effort: Insight from a polygynous human population. *Hormones and Behavior* 56 (5), 491–97.

Ambrose. (1881). *The Letters of Saint Ambrose, Bishop of Milan.* London; Oxford: James Parker.

Amorim, C. E. G., Vai, S., Posth, C., Modi, A., Koncz, I., Hakenbeck, S., . . . Veeramah, K. R. (2018). Understanding 6th-century barbarian social organization and migration through paleogenomics. *Nature Communications* 9 (1), 3547.

Andersen, T. B., Bentzen, J., Dalgaard, C.-J., and Sharp, P. (2017). Pre-Reformation roots of the Protestant ethic. *The Economic Journal* 127 (604), 1756–93.

Anderson, R. T. (1956). *Changing Kinship in Europe.* Berkeley: University of California Press.

Annan, J., Blattman, C., Mazurana, D., and Carlson, K. (2011). Civil war, reintegration, and gender in northern Uganda. *Journal of Conflict Resolution* 55 (6), 877–908.

Ansary, T. (2010). *Destiny Disrupted: A History of the World Through Islamic Eyes.* New York: PublicAffairs.

Apicella, C. L., Azevedo, E. M., Christakis, N. A., and Fowler, J. H. (2014). Evolutionary origins of the endowment effect: Evidence from hunter-gatherers. *American Economic Review* 104 (6), 1793–805.

Apicella, C. L., Carre, J. M., Dreber, A. (2015). Testosterone and economic risk taking: A review. *Adaptive Human Behavior and Physiology* 1 (3), 358–85.

Apicella, C. L., Dreber, A., and Mollerstrom, J. (2014). Salivary testosterone change following monetary wins and losses predicts future financial risk-taking.

Psycho-neuroendocrinology 39, 58–64.

Appiah, A. (2010). *The Honor Code: How Moral Revolutions Happen* (1st ed.). New York: W. W. Norton.

Arantes, J., Berg, M. E., Lawlor, D., and Grace, R. C. (2013). Offenders have higher delay-discounting rates than non-offenders after controlling for differences in drug and alcohol abuse. *Legal and Criminological Psychology* 18 (2), 240–53.

Arruñada, B. (2010). Protestants and Catholics: Similar work ethic, different social ethic. *The Economic Journal* 120 (547), 890–918.

Asch, S. E. (1956). Studies of independence and conformity: A minority of one against a unanimous majority. *Psychological Monographs* 70 (9), 1–70.

Ashkanasy, N., Gupta, V., Mayfield, M. S., and Trevor-Roberts, E. (2004). Future orientation. In R. J. House, P. J. Hanges, M. Javidan, P. W. Dorfman, and V. Gupta (eds.), *Culture, Leadership, and Organizations: The GLOBE Study of 62 Societies* (pp. 282–342). Thousand Oaks, CA: SAGE Publications.

Ashraf, Q., and Michalopoulos, S. (2015). Climatic fluctuations and the diffusion of agriculture. *Review of Economics and Statistics* 97 (3), 589–609.

Atkinson, Q. D., and Bourrat, P. (2011). Beliefs about God, the afterlife and morality support the role of supernatural policing in human cooperation. *Evolution and Human Behavior* 32 (1), 41–49.

Atkinson, Q. D., and Whitehouse, H. (2011). The cultural morphospace of ritual form. *Evolution and Human Behavior* 32 (1), 50–62.

Atran, S. (2002). *In Gods We Trust: The Evolutionary Landscape of Religion*. New York: Oxford University Press.

Atran, S., and Medin, D. L. (2008). *The Native Mind and the Cultural Construction of Nature*. Cambridge, MA: MIT Press.

Atran, S., Medin, D. L., and Ross, N. (2005). The cultural mind: Environmental decision making and cultural modeling within and across populations. *Psychological Review* 112 (4), 744–76.

Atran, S., and Norenzayan, A. (2004). Religion's evolutionary landscape: Counter-intuition, commitment, compassion, communion. *Behavioral and Brain Sciences* 27 (6), 713–70.

Aubet, M. E. (2013). *Commerce and Colonization in the Ancient Near East*. Cambridge: Cambridge University Press.

Augustine (1998). *The City of God Against the Pagans*. Cambridge: Cambridge University Press.

Ausenda, G. (1999). Kinship and marriage among the Visigoths. In P. Heather (ed.), *The Visigoths from the Migration Period to the Seventh Century: An Ethnographic Perspective* (pp. 129–68). Woodbridge, UK: Boydell Press.

Aveyard, M. E. (2014). A call to honesty: Extending religious priming of moral behavior to Middle Eastern Muslims. *PLoS One* 9 (7), e99447.

Bacon, M. K., Child, I. L., and Barry, H. (1963). A cross-cultural study of correlates of crime. *Journal of Abnormal and Social Psychology* 66 (4), 291–300.

Bahrami-Rad, D., Becker, A., and Henrich, J. (2017). Tabulated nonsense? Testing the validity of the Ethnographic Atlas and the persistence of culture. Working paper.

Bai, Y., and Kung, J. K. S. (2015). Diffusing knowledge while spreading God's message: Protestantism and economic prosperity in China, 1840–1920. *Journal of the European Economic Association* 13 (4), 669–98.

Baier, C. J., and Wright, B. R. E. (2001). "If you love me, keep my commandments": A meta-analysis of the effect of religion on crime. *Journal of Research in Crime and Delinquency* 38 (1), 3–21.

Bailey, D. H., Hill, K. R., and Walker, R. S. (2014). Fitness consequences of spousal relatedness in 46 small-scale societies. *Biology Letters* 10 (5), 20140160.

Bailey, D. H., Walker, R. S., Blomquist, G. E., Hill, K. R., Hurtado, A. M., and Geary, D. C. (2013). Heritability and fitness correlates of personality in the Ache, a natural-fertility population in Paraguay. *PLoS One* 8 (3), e59325.

Baines, E. (1835). *History of the Cotton Manufacture in Great Britain.* London: H. Fisher,

R. Fisher, and P. Jackson.

Bairoch, P., Batou, J., and Chèvre, P. (1988). *La population des villes Europeennes de 800 à 1850: Banque de données et analyse sommaire des résultats.* Geneva, Switzerland: Librairie Droz.

Baker, H. D. R. (1979). *Chinese Family and Kinship.* New York: Columbia University Press. Baksh, M. (1984). Cultural ecology and change of the Machiguenga Indians of the Peruvian Amazon. Dissertation, University of California, Los Angeles.

Bal, P. M., and Veltkamp, M. (2013). How does fiction reading influence empathy? An experimental investigation on the role of emotional transportation. *PLoS One* 8 (1), e55341.

Baldini, R. (2015). Harsh environments and "fast" human life histories: What does the theory say? Preprint. www.biorxiv.org/content/10.1101/014647v2.full.pdf.

Barbaro, N., Boutwell, B. B., Barnes, J. C., and Shackelford, T. K. (2017). Genetic confounding of the relationship between father absence and age at menarche. *Evolution and Human Behavior* 38 (3), 357–65.

Barbieri, C., Hübner, A., Macholdt, E., Ni, S., Lippold, S., Schröder, R., . . . Pakendorf, B. (2016). Refining the Y chromosome phylogeny with southern African sequences. *Human Genetics* 135 (5), 541–53.

Barker, P., and Goldstein, B. R. (2001). Theological foundations of Kepler's astronomy. *Osiris* 16 (1), 88–113.

Barnes, M. H. (2010). *Stages of Thought: The Co-evolution of Religious Thought and Science.* New York: Oxford University Press.

Barnes, R. H. (1996). *Sea Hunters of Indonesia: Fishers and Weavers of Lamalera.* Oxford: Clarendon Press.

Baron, A. S., and Dunham, Y. (2015). Representing "us" and "them": Building blocks

西方文化的特立獨行如何形成繁榮世界

of intergroup cognition. *Journal of Cognition and Development* 16 (5), 780–801.

Barrett, H. C., Bolyanatz, A., Crittenden, A. N., Fessler, D. M. T., Fitzpatrick, S., Gur- ven, M., . . . Laurence, S. (2016). Small-scale societies exhibit fundamental variation in the role of intentions in moral judgment. *Proceedings of the National Academy of Sciences* 113 (17), 4688–93.

Barro, R. J., and McCleary, R. M. (2003). Religion and economic growth across coun- tries. *American Sociological Review* 68 (5), 760.

Barry, H., Child, I. L., and Bacon, M. K. (1959). Relation of child training to subsistence economy. *American Anthropologist* 61 (1), 51–63.

Barth, F. (1965). *Political Leadership Among Swat Pathans*. Toronto: Oxford University Press.

Bartlett, R. (1993). *The Making of Europe: Conquest, Colonization and Cultural Change, 950–1350* (1st ed.). London: Allen Lane.

Barwick, D. E. (1984). Mapping the past: An atlas of Victorian clans 1835–1904. In

I. McBryde (ed.), *Aboriginal History* (Vol. 8, pp. 100–131). Canberra: Australian National University Press.

Basalla, G. (1988). *The Evolution of Technology*. Cambridge Studies in the History of Science. Cambridge: Cambridge University Press.

Basten, C., and Betz, F. (2013). Beyond work ethic: Religion, individual, and political preferences. *American Economic Journal: Economic Policy* 5 (3), 67–91.

Bastiaansen, J. A. C. J., Thioux, M., and Keysers, C. (2009). Evidence for mirror systems in emotions. *Philosophical Transactions of the Royal Society B: Biological Sciences* 364 (1528), 2391–404.

Bauer, M., Blattman, C., Chytilová, J., Henrich, J., Miguel, E., and Mitts, T. (2016). Can war foster cooperation? *Journal of Economic Perspectives* 30 (3), 249–74.

Bauer, M., Cahlíková, J., Chytilová, J., and Želinský, T. (2018). Social contagion of ethnic hostility. *Proceedings of the National Academy of Sciences* 115 (19), 4881–

86.

Bauer, M., Cassar, A., Chytilová, J., and Henrich, J. (2014). War's enduring effects on the development of egalitarian motivations and in-group biases. *Psychological Science* 25, 47–57.

Baumard, N. (2018). Psychological origins of the Industrial Revolution. *Behavioral and Brain Sciences*, 42, E189.

Baumeister, R. F., Bauer, I. M., and Lloyd, S. A. (2010). Choice, free will, and religion. *Psychology of Religion and Spirituality* 2 (2), 67–82.

Baumeister, R. F., Masicampo, E. J., and Dewall, C. N. (2009). Prosocial benefits of feeling free: Disbelief in free will increases aggression and reduces helpfulness. *Personality and Social Psychology Bulletin* 35 (2), 260–68.

Baumol, W. J. (1990). Entrepreneurship: Productive, unproductive, and destructive. *Journal of Political Economy* 98 (5), 891–921.

Beauchamp, J. P. (2016). Genetic evidence for natural selection in humans in the contemporary United States. *Proceedings of the National Academy of Sciences* 113 (28), 7774–79.

Becker, B. E., and Huselid, M. A. (1992). The incentive effects of tournament compensation systems. *Administrative Science Quarterly* 37 (2), 336–50.

Becker, S. O., Hornung, E., and Woessmann, L. (2011). Education and catch-up in the Industrial Revolution. *American Economic Journal: Macroeconomics* 3 (3), 92–126.

Becker, S. O., Pfaff, S., and Rubin, J. (2016). Causes and consequences of the Protestant Reformation. *Explorations in Economic History* 62, 1–25.

Becker, S. O., and Woessmann, L. (2008). Luther and the girls: Religious denomination and the female education gap in nineteenth-century Prussia. *Scandinavian Journal of Economics* 110 (4), 777–805.

Becker, S. O., and Woessmann, L. (2009). Was Weber wrong? A human capital

西方文化的特立獨行如何形成繁榮世界

theory of Protestant economic history. *Quarterly Journal of Economics* 124 (2), 531–96.

Becker, S. O., and Woessmann, L. (2010). The effect of Protestantism on education before the industrialization: Evidence from 1816 Prussia. *Economics Letters* 107 (2), 224–28.

Becker, S. O., and Woessmann, L. (2016). Social cohesion, religious beliefs, and the effect of Protestantism on suicide. *Review of Economics and Statistics* 98 (2), 209–25.

Beckwith, C. L. (2012). *Warriors of the Cloisters: The Central Asian Origins of Science in the Medieval World.* Princeton, NJ: Princeton University Press.

Beedie, C. J., and Lane, A. M. (2012). The role of glucose in self-control: Another look at the evidence and an alternative conceptualization. *Personality and Social Psychology Review* 16 (2), 143–53.

Beletsky, L. D., Gori, D. F., Freeman, S., and Wingfield, J. C. (1995). Testosterone and polygyny in birds. *Current Ornithology* 12, 1–41.

Bellemare, C., Kröeger, S., and Van Soest, A. (2008). Measuring inequity aversion in a heterogeneous population using experimental decisions and subjective probabilities. *Econometrica* 76 (4), 815–39.

Bellows, J., and Miguel, E. (2006). War and institutions: New evidence from Sierra Leone. *American Economic Review* 96 (2), 394–99.

Bellows, J., and Miguel, E. (2009). War and local collective action in Sierra Leone. *Journal of Public Economics* 93 (11–12), 1144–57.

Bellwood, P. (2001). Early agriculturalist population diasporas? Farming, languages, and genes. *Annual Review of Anthropology*, 30, 181–207.

Ben-Bassat, A., and Dahan, M. (2012). Social identity and voting behavior. *Public Choice* 151 (1–2), 193–214.

Benedict, R. (1946). *The Chrysanthemum and the Sword: Patterns of Japanese Culture.* Boston: Houghton Mifflin.

Benson, B. L. (1989). The spontaneous evolution of commercial law. *Southern Economic Journal* 55 (3), 644–61.

Bentzen, J. S. (2013). Origins of religiousness: The role of natural disasters. Working paper, ssrn.com/abstract=2221859.

Bentzen, J. S. (2019). Acts of God? Religiosity and natural disasters across subnational world districts. *The Economic Journal* 129 (622), 2295–321.

Bentzen, J. S., Kaarsen, N., and Wingender, A. M. (2017). Irrigation and autocracy. *Journal of the European Economic Association* 15 (1), 1–53.

Benzell, S. G., and Cooke, K. (2016). A network of thrones: Kinship and conflict in Europe, 1495–1918, 1–5. Working paper, kmcooke.weebly.com/uploads/3/0/9/4

/30942717/royals_benzellcooke.pdf.

Bergreen, L. (2007). *Marco Polo: From Venice to Xanadu* (1st ed.). New York: Al- fred A. Knopf.

Berman, H. J. (1983). *Law and Revolution: The Formation of the Western Legal Tradition*. Cambridge, MA: Harvard University Press.

Bernardi, B. (1952). The age-system of the Nilo-Hamitic peoples: A critical evaluation. *Africa: Journal of the International African Institute* 22 (4), 316–32.

Bernardi, B. (1985). *Age Class Systems: Social Institutions and Polities Based on Age*. Cambridge: Cambridge University Press.

Berns, G. S., Capra, C. M., Moore, S., and Noussair, C. (2010). Neural mechanisms of the influence of popularity on adolescent ratings of music. *NeuroImage* 49 (3), 2687–96. Berntsen, J. L. (1976). The Maasai and their neighbors: Variables of interaction. *African Economic History* 2, 1–11.

Berry, J. W. (1966). Temne and Eskimo perceptual skills. *International Journal of Psychology* 1 (3), 207–229.

Berry, J. W., and Bennett, J. A. (1995). Syllabic literacy and cognitive performance

西方文化的特立獨行如何形成繁榮世界

among the Cree and Ojibwe people of northern Canada. In I. Taylor and D. R. Olson (eds.), *Scripts and Literacy: Reading and Learning to Read Alphabets, Syllabaries and Characters* (pp. 341–57). Norwell, MA: Kluwer.

Bettencourt, L. M. A. (2013). The origins of scaling in cities. *Science* 340 (6139), 1438–41. Bettencourt, L. M. A., Lobo, J., and Strumsky, D. (2007). Invention in the city: Increasing returns to patenting as a scaling function of metropolitan size. *Research Policy* 36 (1), 107–120.

Bettencourt, L. M., Lobo, J., Helbing, D., Kühnert, C., and West, G. B. (2007). Growth, innovation, scaling, and the pace of life in cities. *Proceedings of the National Academy of Sciences* 104 (17), 7301–7306.

Betzig, L. L. (1982). Despotism and differential reproduction: A cross-cultural correlation of conflict asymmetry, hierarchy, and degree of polygyny. *Ethology and Sociobiology* 3 (4), 209–221.

Betzig, L. L. (1986). *Despotism and Differential Reproduction: A Darwinian View of History*. Piscataway, NJ: Aldine Transaction.

Betzig, L. L. (1992). Roman polygyny. *Ethology and Sociobiology* 13 (5–6), 309–349.

Betzig, L. L. (1993). Sex, succession, and stratification in the first six civillizations. In L. Ellis (ed.), *Social Stratification and Socioeconomic Inequity* (Vol. 1). Westport, CT: Praeger.

Bhui, R., Chudek, M., and Henrich, J. (2019a). How exploitation launched human cooperation. *Behavioral Ecology and Sociobiology* 73 (6), 78.

Bhui, R., Chudek, M., and Henrich, J. (2019b). Work time and market integration in the original affluent society. *Proceedings of the National Academy of Sciences* 116 (44), 22100–22105.

Bittles, A. H. (1998). Empirical estimates of the global prevalence of consanguineous marriage in contemporary societies. Working paper. researchrepository. murdoch

.edu.au/id/eprint/13494/1/empirical_estimates.pdf.

Bittles, A. H. (2001). A background summary of consanguineous marriage. Working paper, consang.net/index.php/Summary.

Bittles, A. H., and Black, M. L. (2010). Consanguinity, human evolution, and complex diseases. *Proceedings of the National Academy of Sciences* 107 (Suppl. 1), 1779–86. Blake-Coleman, B. C. (1992). *Copper Wire and Electrical Conductors: The Shaping of a Technology*. Philadelphia: Harwood Academic.

Blattman, C. (2009). From violence to voting: War and political participation in Uganda. *American Political Science Review* 103, 231–47.

Blattman, C., Jamison, J. C., and Sheridan, M. (2016). Reducing crime and violence: Experimental evidence on adult noncognitive investments in Liberia. Working paper, www.nber.org/papers/w21204.

Blaydes, L., and Paik, C. (2016). The impact of Holy Land crusades on state formation: War mobilization, trade integration and political development in medieval Europe. *International Organization* 70 (3), 551–86.

Block, M. K., and Gerety, V. E. (1995). Some experimental-evidence on differences between student and prisoner reactions to monetary penalties and risk. *Journal of Legal Studies* 24 (1), 123–38.

Blondel, S., Lohéac, Y., and Rinaudo, S. (2007). Rationality and drug use: An experimental approach. *Journal of Health Economics* 26 (3), 643–58.

Blume, M. (2009). The reproductive benefits of religious affiliation. In E. Voland and W. Schiefenhovel (eds.), *The Biological Evolution of Religious Mind and Behavior* (pp. 117–26). Berlin: Springer-Verlag.

Bockstette, V., Chanda, A., and Putterman, L. G. (2002). States and markets: The advantage of an early start. *Journal of Economic Growth*, 7, 347–69.

Boehm, C. (2008). A biocultural evolutionary exploration of supernatural sanctioning. In J. A. Bulbulia, R. Sosis, E. Harris, R. Genet, C. Genet, and K. Wyman (eds.), *Evolution of Religion* (pp. 143–52). Santa Margarita, CA: Collins Foundation Press. Boerner, L., and Severgnini, B. (2015). Time for growth. Working paper, ssrn.com/abstract=2652782.

Bolyanatz, A. H. (2014). Economic experimental game results from the Sursurunga of New Ireland, Papua New Guinea. In J. Ensminger and J. Henrich (eds.), *Experimenting with Social Norms: Fairness and Punishment in Cross-Cultural Perspective* (pp. 275–308). New York: Russell Sage Foundation.

Bond, R., and Smith, P. B. (1996). Culture and conformity: A meta-analysis of studies using Asch's (1952b, 1956) line judgment task. *Psychological Bulletin* 119 (1), 111–37.

Bondarenko, D. M. (2014). On the nature and features of the (early) state: An anthro- pological reanalysis. *Zeitschrift für Ethnologie* 139 (2), 215–32.

Bondarenko, D. M., and Korotayev, A. V. (2003). "Early state" in cross-cultural per- spective: A statistical reanalysis of Henri J. M. Claessen's database. *Experimenting with Social Norms: Fairness and Punishment in Cross-Cultural Perspective* 37 (1), 105–132.

Booth, A., Granger, D. A., Mazur, A., and Kivlighan, K. T. (2006). Testosterone and social behavior. *Social Forces* 85 (1), 167–91.

Booth, A., Johnson, D. R., and Granger, D. A. (1999). Testosterone and men's health. *Journal of Behavioral Medicine* 22 (1), 1–19.

Boppart, T., Falkinger, J., and Grossmann, V. (2014). Protestantism and education: Reading (the Bible) and other skills. *Economic Inquiry* 52 (2), 874–95.

Bornstein, G., and Benyossef, M. (1994). Cooperation in inter-group and single-group social dilemmas. *Journal of Experimental Social Psychology* 30, 52–67.

Bornstein, G., Budescu, D., and Zamir, S. (1997). Cooperation in intergroup, N-person, and two-person games of chicken. *Journal of Conflict Resolution* 41 (3), 384–406.

Bornstein, G., Gneezy, U., and Nagel, R. (2002). The effect of intergroup competition on group coordination: An experimental study. *Games and Economic Behavior* 41 (1), 1–25.

Boroditsky, L. (2011). How languages construct time. In S. Dehaene & E. Brannon (eds.), *Space, Time and Number in the Brain: Searching for the Foundations of Mathematical Thought* (pp. 333–41). Cambridge, MA: Elsevier Academic Press.

Bos, P. A., Hermans, E. J., Ramsey, N. F., and van Honk, J. (2012). The neural mechanisms by which testosterone acts on interpersonal trust. *NeuroImage* 61 (3), 730–37. Bos, P. A., Terburg, D., and van Honk, J. (2010). Testosterone decreases trust in socially naive humans. *Proceedings of the National Academy of Sciences* 107 (22),

9991–95.

Bosker, M., Buringh, E., and van Zanden, J. L. (2013). From Baghdad to London, un- raveling urban development in Europe, North Africa and the Middle East, 800– 1800. *Review of Economics and Statistics* 95 (4), 1418–37.

Boswell, J. (1988). *The Kindness of Strangers: The Abandonment of Children in Western Europe from Late Antiquity to the Renaiassance*. New York: Pantheon Books.

Bothner, M. S., Kang, J., and Stuart E., T. (2007). Competitive crowding and risk taking in a tournament: Evidence from NASCAR racing. *Administrative Science Quarterly* 52 (2), 208–247.

Botticini, M., and Eckstein, Z. (2005). Jewish occupational selection: Education, restrictions, or minorities? *Journal of Economic History* 65 (4), 922–48.

Botticini, M., and Eckstein, Z. (2007). From farmers to merchants, conversions and diaspora: Human capital and Jewish history. *Journal of the European Economic Association* 5 (5), 885–926.

Botticini, M., and Eckstein, Z. (2012). *The Chosen Few: How Education Shaped Jewish History*, 70–1492. Princeton Economic History of the Western World. Princeton, NJ: Princeton University.

Bourdieu, P. (1990). Time perspectives of the Kabyle. In J. Hassard (ed.), *The Sociology of Time* (pp. 219–37). London: Palgrave Macmillan.

Bowles, S. (1998). Endogenous preferences: The cultural consequences of markets and other economic institutions. *Journal of Economic Literature* 36 (1), 75–111.

Bowles, S. (2004). *Microeconomics: Behavior, Institutions, and Evolution*. Princeton, NJ: Princeton University Press.

Bowles, S. (2006). Group competition, reproductive leveling, and the evolution of human altruism. *Science* 314 (5805), 1569–72.

Bowles, S. (2011). Cultivation of cereals by the first farmers was not more productive than foraging. *Proceedings of the National Academy of Sciences* 108 (12), 4760–65. Bowles, S., and Choi, J. K. (2013). Coevolution of farming and private property during the early Holocene. *Proceedings of the National Academy of Sciences* 110 (22), 8830–35.

Bowles, S., Choi, J. K., and Hopfensitz, A. (2004). The coeevolution of individual behaviors and group level institutions. *Journal of Theoretical Biology* 223 (2), 135–47.

Bowles, S., and Gintis, H. (2002). Behavioural science: Homo reciprocans. *Nature* 415 (6868), 125–28.

Boyd, D. (2001). Life without pigs: Recent subsistence changes among the Irakia Awa, Papua New Guinea. *Human Ecology* 29 (3), 259–81.

Boyd, R. (2017). *A Different Kind of Animal: How Culture Formed Our Species*. Princeton, NJ: Princeton University Press.

Boyd, R., and Richerson, P. J. (2002). Group beneficial norms can spread rapidly in a structured population. *Journal of Theoretical Biology* 215, 287–96.

Boyd, R., and Richerson, P. J. (2009). Culture and the evolution of human cooperation. *Philosophical Transactions of the Royal Society B: Biological Sciences* 364 (1533), 3281–88.

Boyd, R., Richerson, P. J., and Henrich, J. (2011). The cultural niche: Why social learning is essential for human adaptation. *Proceedings of the National Academy of Sciences* 108 (2), 10918–25.

Boyer, P. (2001). *Religion Explained: The Evolutionary Origins of Religious Thought*. New York: Basic Books.

Boyer, P. (2003). Religious thought and behaviour as by-products of brain function. *Trends in Cognitive Sciences* 7 (3), 119–24.

Brass, M., Ruby, P., and Spengler, S. (2009). Inhibition of imitative behaviour and social cognition. *Philosophical Transactions of the Royal Society B: Biological Sciences* 364 (1528), 2359–67.

Bray, F. (1984). *The Rice Economies: Technology and Development in Asian Societies*. Berkeley: University of California Press.

Briggs, A., and Burke, P. (2009). *A Social History of the Media: From Gutenberg to the Internet* (3rd ed.). Cambridge, UK: Polity Press.

Broesch, J., Barrett, H. C., and Henrich, J. (2014). Adaptive content biases in learning about animals across the lifecourse. *Human Nature* 25 (2), 181–99.

Brown, P. (2012). *Through the Eye of a Needle: Wealth, the Fall of Rome, and the Making of Christianity in the West, 350–550 AD*. Princeton, NJ: Princeton University Press. Brundage, J. A. (1987). *Law, Sex, and Christian Society in Medieval Europe*. Chicago: University of Chicago Press.

Buchtel, E. E., and Norenzayan, A. (2008). Which should you use, intuition or logic? Cultural differences in injunctive norms about reasoning. *Asian Journal of Social Psychology* 11 (4), 264–73.

Buggle, J. C. (2017). Irrigation, collectivism and long-run technological divergence. Working paper, www.unil.ch/de/files/live/sites/de/files/wo.

Buhrmester, M. D., Fraser, W. T., Lanman, J. A., Whitehouse, H., and Swann, W. B. (2015). When terror hits home: Identity fused Americans who saw Boston bombing victims as "family" provided aid. *Self and Identity* 14 (3), 253–70.

Burguiere, A., Klapisch-Zuber, C., Segalen, M., and Zonabend, F. (1996). *A History of the Family: Distant Worlds, Ancient Worlds*. Cambridge, MA: Belknap Press of Harvard University Press.

Buringh, E., and Van Zanden, J. L. (2009). Charting the "rise of the West": Manuscripts and printed books in Europe, a long-term perspective from the

西方文化的特立獨行如何形成繁榮世界

sixth through eighteenth centuries. *Journal of Economic History* 69 (2), 409–445.

Burke, J. (2012). *Connections*. New York: Simon & Schuster.

Burnham, T. C., Chapman, J. F., Gray, P. B., McIntyre, M. H., Lipson, S. F., and Ellison, P. T. (2003). Men in committed, romantic relationships have lower testosterone. *Hormones and Behavior* 44 (2), 119–22.

Burton, R., and Whiting, J. (1961). The absent father and cross-sex identity. *Merrill-Palmer Quarterly* 7 (2), 85–95.

Bus, A. G., Van Ijzendoorn, M. H., and Pellegrini, A. D. (1995). Joint book reading makes for success in learning to read: A meta-analysis on intergenerational transmission of literacy. *Review of Educational Research* 65 (1), 1–21.

Bushman, B. J., Ridge, R. D., Das, E., Key, C. W., and Busath, G. L. (2007). When God sanctions killing: Effect of scriptural violence on aggression. *Psychological Science* 18 (3), 204–207.

Buss, D. (2007). *Evolutionary psychology: The New Science of the Mind* (3rd ed.). Boston: Allyn and Bacon.

Buttelmann, D., Zmyj, N., Daum, M. M., and Carpenter, M. (2013). Selective imitation of in-group over out-group members in 14-month-old infants. *Child Development* 84 (2), 422–28.

Cahen, C. (1970). Economy, society, institutions. In P. M. Holt, A. K. S. Lambton, and B. Lewis (eds.), *Islamic Society* (pp. 511–38). Cambridge: Cambridge University Press.

Caicedo, F. V. (2017). The mission: Human capital transmission, economic persistence and culture in South America. Working paper, econ2017.sites.olt. ubc.ca

/files/2018/01/Th.

Camerer, C. (2003). *Behavioral Game Theory: Experiments on Strategic Interaction*. Princeton, NJ: Princeton University Press.

Camino, A. (1977). Trueque, correrías e intercambios entre los Quechuas Andinos y los Piro y Machiguenga de la montaña Peruana. *Amazonía Peruana* 1 (2), 123–40.

Campbell, J. D., Trapnell, P. D., Heine, S. J., Katz, I. M., Lavallee, L. F., and Lehman, D. R. (1996). Self-concept clarity: Measurement, personality correlates, and cultural boundaries. *Journal of Personality and Social Psychology* 70 (1), 141–56.

Campos-Ortiz, F., Putterman, L. G., Ahn, T. K., Balafoutas, L., Batsaikhan, M., and Sutter, M. Security of property as a public good: Institutions, socio-political environment and experimental behavior in five countries (November 27, 2012). CESifo Working Paper Series No. 4003. ssrn.com/abstract=2181356.

Cantoni, D. (2012). Adopting a new religion: The case of Protestantism in 16th century Germany. *The Economic Journal* 122 (560), 502–531.

Cantoni, D. (2015). The economic effects of the Protestant Reformation: Testing the Weber hypothesis in the German lands. *Journal of the European Economic Association* 13 (4), 561–98.

Cantoni, D., Dittmar, J., and Yuchtman, N. (2018). Religious competition and re- allocation: The political economy of secularization in the Protestant Reformation. *Quarterly Journal of Economics* 133 (4), 2037–2096, doi. org/10.1093/qje/qjy011.

Cantoni, D., and Yuchtman, N. (2014). Medieval universities, legal institutions, and the commercial revolution. *Quarterly Journal of Economics* 129 (2), 823–87.

Carlino, G. A., Chatterjee, S., and Hunt, R. M. (2007). Urban density and the rate of invention. *Journal of Urban Economics* 61 (3), 389–419.

Carneiro, R. (1967). On the relationship between size of population and complexity of social organization. *Southwestern Journal of Anthropology* 23 (3), 234–43.

Carneiro, R. (1987). The evolution of complexity in human societies and its mathematical expression. *International Journal of Comparative Sociology* 28 (3), 111–28.

Carneiro, R. L. (1970). A theory of the origin of the state. *Science* 169 (3947), 733–38.

Carneiro, R. L. (1988). The circumscription theory: Challenge and response. *American Behavioral Scientist* 31 (4), 497–511.

Carpenter, M., Uebel, J., and Tomasello, M. (2013). Being mimicked increases prosocial behavior in 18-month-old infants. Child Development 84 (5), 1511–18.

Carter, E. C., McCullough, M. E., Kim-Spoon, J., Corrales, C., and Blake, A. (2011). Religious people discount the future less. *Evolution and Human Behavior* 33 (3), 224–31.

Casey, B. J., Somerville, L. H., Gotlib, I. H., Ayduk, O., Franklin, N. T., Askren,

M. K., . . . Shoda, Y. (2011). Behavioral and neural correlates of delay of gratification 40 years later. *Proceedings of the National Academy of Sciences* 108 (36), 14998–15003.

Cassady, R. (1974). *Exchange by Private Treaty. Studies in Marketing.* Austin, TX: Bureau of Business Research.

Cassar, A., Grosjean, P., and Whitt, S. (2013). Legacies of violence: Trust and market development. *Journal of Economic Growth* 18 (3), 285–318.

Castillo, M., and Carter, M. (2011). Behavioral responses to natural disasters. Working paper, ices.gmu.edu/wp-content/uploads/2011/07/Beh.

Cavalcanti, T. V., Parente, S. L., and Zhao, R. (2007). Religion in macroeconomics: A quantitative analysis of Weber's thesis. *Economic Theory* 32 (1), 105–123.

Cecchi, F., Leuveld, K., and Voors, M. (2016). Conflict exposure and competitiveness: Experimental evidence from the football field in Sierra Leone. *Economic Development and Cultural Change* 64 (3), 405–435.

Chabris, C. F., Laibson, D., Morris, C. L., Schuldt, J. P., and Taubinsky, D. (2008). Individual laboratory-measured discount rates predict field behavior. *Journal of Risk and Uncertainty* 37 (2–3), 237–69.

Chacon, Y., Willer, D., Emanuelson, P., and Chacon, R. (2015). From chiefdom to state: The contribution of social structural dynamics. *Social Evolution and History* 14 (2), 27–45.

Chanda, A., and Putterman, L. (2007). Early starts, reversals and catch-up in the process of economic development. *Scandinavian Journal of Economics* 109 (2), 387–413.

Chapais, B. (2009). *Primeval Kinship: How Pair-Bonding Gave Birth to Human Society.* Cambridge, MA: Harvard University Press.

Charles-Edwards, T. M. (1972). Kinship, status and the origins of the hide. *Past and Present* 56 (1), 3–33.

Chartrand, T. L., and Bargh, J. A. (1999). The chameleon effect: The perception-behavior link and social interaction. *Journal of Personality and Social Psychology* 76 (6), 893–910.

Chen, Y., Wang, H., and Yan, S. (2014). The long-term effects of Protestant activities in China. Working paper, ssrn.com/abstract=2186818.

Cheng, J. T., Tracy, J., Foulsham, T., and Kingstone, A. (2013). Dual paths to power: Evidence that dominance and prestige are distinct yet viable avenue to social status. *Journal of Personality and Social Psychology* 104, 103–125.

Cheng, J. T., Tracy, J. L., and Henrich, J. (2010). Pride, personality, and the evolutionary foundations of human social status. *Evolution and Human Behavior* 31 (5), 334–47.

Chernyak, N., Kushnir, T., Sullivan, K. M., and Wang, Q. (2013). A comparison of American and Nepalese children's concepts of freedom of choice and social constraint. *Cognitive Science* 37 (7), 1343–55.

Choi, I., Nisbett, R. E., and Norenzayan, A. (1999). Causal attribution across cultures: Variation and universality. *Psychological Bulletin* 125 (1), 47–63.

Choi, J. K., and Bowles, S. (2007). The coevolution of parochial altruism and war. *Science* 318 (5850), 636–40.

Christmas, B. S. (2014). *Washington's Nightmare: A Brief History of American Political Parties.* Self-published.

Chua, H. F., Boland, J. E., and Nisbett, R. E. (2005). Cultural variation in eye movements during scene perception. *Proceedings of the National Academy of Sciences* 102 (35), 12629–33.

Chua, R. Y. J., Ingram, P., and Morris, M. W. (2008). From the head and the heart: Locating cognition- and affect-based trust in managers' professional networks. *Academy of Management Journal* 51 (3), 436–52.

Chua, R. Y. J., Morris, M. W., and Ingram, P. (2009). Guanxi vs networking: Distinctive configurations of affect- and cognition-based trust in the networks of Chinese vs American managers. *Journal of International Business Studies* 40 (3), 490–508.

Chua, R. Y. J., Morris, M. W., and Ingram, P. (2010). Embeddedness and new idea discussion in professional networks: The mediating role of affect-based trust. *Journal of Creative Behavior* 44 (2), 85–104.

Chudek, M., Brosseau-Liard, P. E., Birch, S., and Henrich, J. (2013). Culture-gene coevolutionary theory and children's selective social learning. In M. R. Banaji and S. A. Gelman (eds.), *Navigating the Social World: What Infants, Children, and Other Species Can Teach Us* (p. 181). New York: Oxford University Press.

Chudek, M., and Henrich, J. (2011). Culture-gene coevolution, norm-psychology and the emergence of human prosociality. *Trends in Cognitive Sciences* 15 (5), 218–26.

Chudek, M., McNamara, R. A., Birch, S., Bloom, P., and Henrich, J. (2017). Do minds switch bodies? Dualist interpretations across ages and societies. *Religion, Brain and Behavior* 8 (4), 354–68.

Chudek, M., Muthukrishna, M., and Henrich, J. (2015). Cultural evolution. In D. M. Buss (ed.), *The Handbook of Evolutionary Psychology* (2nd ed., Vol. 2). Hoboken, NJ: John Wiley and Sons.

Chudek, M., Zhao, W., and Henrich, J. (2013). Culture-gene coevolution, large-scale cooperation and the shaping of human social psychology. In R. Joyce, K. Sterelny, and B. Calcott (eds.), *Signaling, Commitment, and Emotion*. Cambridge, MA: MIT Press.

Church, A. T., Katigbak, M. S., Del Prado, A. M., Ortiz, F. A., Mastor, K. A., Harumi, Y., . . . Cabrera, H. F. (2006). Implicit theories and self-perceptions of traitedness across cultures: Toward integration of cultural and trait psychology perspectives. *Journal of Cross-Cultural Psychology* 37 (6), 694–716.

Churchill, W. (2015). *A History of the English-Speaking Peoples: The Birth of Britain* (Vol. 1). New York: Bloomsbury.

Cipolla, C. M. (1977). *Clocks and Culture, 1300–1700*. New York: W. W. Norton. Cipolla, C. M. (1994). *Before the Industrial Revolution: European Society and Economy, 1000–1700*. New York: W. W. Norton.

Clark, G. (1987). Productivity growth without technical change in European agriculture before 1850. *Journal of Economic History* 47 (2), 419–32.

Clark, G. (2007a). *A Farewell to Alms: A Brief Economic History of the World*. The Princeton Economic History of the Western World. Princeton, NJ: Princeton University Press.

Clark, G. (2007b). Genetically capitalist? The Malthusian era, institutions and the formation of modern preferences. Working paper, faculty.econ.ucdavis.edu/ faculty/gclark/papers/Capitalism%20Genes.pdf.

Clegg, J. M., Wen, N. J., and Legare, C. H. (2017). Is non-conformity WEIRD? Cultural variation in adults' beliefs about children's competency and conformity. *Journal of Experimental Psychology: General* 146 (3), 428–41.

Cohen, A. B. (2015). Religion's profound influences on psychology: Morality, inter- group relations, self-construal, and enculturation. *Current Directions in Psychological Science* 24 (1), 77–82.

Cohen, A. B., and Hill, P. C. (2007). Religion as culture: Religious individualism and collectivism among American Catholics, Jews, and Protestants. *Journal of Personality* 75 (4), 709–742.

Cohen, A. B., and Rozin, P. (2001). Religion and the morality of mentality. *Journal of Personality and Social Psychology* 81 (4), 697–710.

Cohen, R. (1984). Warfare and state formation: Wars make states and states make wars. In R. B. Ferguson (ed.), *Warfare Culture and Environment* (pp. 329–58). Cambridge, MA: Academic Press.

Cohn, A., Fehr, E., and Marechal, M. A. (2014). Business culture and dishonesty in the banking industry. *Nature* 516 (7529), 86–89.

Collard, M., Ruttle, A., Buchanan, B., and O'Brien, M. J. (2012). Risk of resource fail- ure and toolkit variation in small-scale farmers and herders. *PLoS One* 7 (7), e40975.

Collier, P. (2007). *The Bottom Billion: Why the Poorest Countries Are Failing and What Can Be Done About It.* New York: Oxford University Press.

Collins, P. (1994). The Sumerian goddess Inanna (3400–2200 BC). *Papers from the Institute of Archaeology*, 5, 103–118.

Coltheart, M. (2014). The neuronal recycling hypothesis for reading and the question of reading universals. *Mind and Language* 29 (3), 255–69.

Connor, P., Cohn, D., and Gonzalez-Barrera, A. (2013). *Changing patterns of global migration and remittances: More migrants in the U.S. and other wealthy countries; more money to middle-income countries.* PEW Research Center: Social and Demographic Trends. www.pewsocialtrends.org/wp-content/uploads/sites/3/2013/12/global-migration-final_12-2013.pdf.

Conot, R. E. (1979). *A Streak of Luck* (1st ed.). New York: Seaview Books/Simon & Schuster.

Cooperrider, K., Marghetis, T., and Núñez, R. (2017). Where does the ordered line come from? Evidence from a culture of Papua New Guinea. *Psychological Science* 28 (5), 599–608.

Coren, S. (1992). *The Left-Hander Syndrome: The Causes and Consquences of Left-Handedness.* New York: Free Press.

Coy, M. W. (ed.). (1989). *Apprenticeship: From Theory to Method and Back Again.* J. C. Nash (ed.), SUNY Series in the Anthropology of Work. Albany: State University of New York Press.

Creanza, N., Kolodny, O., and Feldman, M. W. (2017). Greater than the sum of its parts? Modelling population contact and interaction of cultural repertoires. *Journal of the Royal Society Interface* 14 (130), 1–11.

Cueva, C., Roberts, R. E., Spencer, T., Rani, N., Tempest, M., Tobler, P. N., Herbert, J., and Rustichini, A. (2015). Cortisol and testosterone increase financial risk taking and may destabilize markets. *Scientific Reports* 5, 1–16.

Cummins, D. D. (1996a). Evidence for the innateness of deontic reasoning. *Mind and Language* 11 (2), 160–90.

Cummins, D. D. (1996b). Evidence of deontic reasoning in 3- and 4-year-old children. *Memory and Cognition* 24 (6), 823–29.

Curtin, C., Barrett, H. C., Bolyanatz, A., Crittenden, A. N., Fessler, D. M. T., Fitzpatrick, S., . . . Henrich, J. (2019). When mental states don't matter: Kinship intensity and intentionality in moral judgement. henrich.fas.harvard.edu/files/henrich/files/kinship-intentionality-main-text.pdf.

D'Avray, D. (2012). Review article: Kinship and religion in the early Middle Ages. *Early Medieval Europe* 20 (2), 195–212.

Dal Bó, P., Foster, A., and Putterman, L. (2010). Institutions and behavior: Experimental evidence on the effects of democracy. *American Economic Review* 100 (5), 2205–2229.

Daly, M., and Wilson, M. (1998). The Truth About Cinderella. London: Weidenfeld and Nicolson.

Database English Guilds. (2016). DataverseNL. hdl.handle.net/10411/10100. Daunton, M. J. (1995). *Progress and Poverty: An Economic and Social History of Britain, 1700–1850.* New York: Oxford University Press.

Davies, J. K. (2004). Athenian citizenship: The descent group and the alternatives.

The Classical Journal 73 (2), 105–121.

Davis, G. F., and Greve, H. R. (1997). Corporate elite networks and governance changes in the 1980s. *American Journal of Sociology* 103 (1), 1–37.

Davis, H. E. (2014). Variable education exposure and cognitive task performance among the Tsimane' forager-horticulturalists. Dissertation, University of New Mexico.

Davis, P. M. (2002). *Los machiguengas aprenden a leer: Breve historia de la educación bilingüe y el desarrollo comunal entre los machiguengas del bajo Urubamba* (1). Lima: Fondo Editorial de la Pontificia Universidad Católica del Perú.

De Jong, M. (1998). An unsolved riddle: Early medieval incest legislation. In I. Wood (ed.), *Franks and Alamanni in the Merovingian Period: An Ethnographic Perspective* (pp. 107–140). Woodbridge, UK: Boydell & Brewer.

de la Croix, D., Doepke, M., and Mokyr, J. (2018). Clans, guilds, and markets: Apprenticeship institutions and growth in the pre-industrial economy. *Quarterly Journal of Economics* 133 (1), 735–75.

De Moor, T. (2008). The silent revolution: A new perspective on the emergence of commons, guilds, and other forms of corporate collective action in Western Europe. *International Review of Social History* 53 (S16), 179.

De Moor, T., and Van Zanden, J. L. (2010). Girl power: The European marriage pattern and labour markets in the North Sea region in the late medieval and early modern period. *Economic History Review* 63 (1), 1–33.

de Pleijt, A. M. (2016). Accounting for the "little divergence": What drove economic growth in pre-industrial Europe, 1300–1800? *European Review of Economic History* 20 (4), 387–409.

de Vries, J. (1994). The industrial revolution and the industrious revolution. *Journal of Economic History* 54 (2), 249–70.

de Vries, J. (2008). *The Industrious Revolution: Consumer Behavior and the Household Economy, 1650 to the Present.* Cambridge: Cambridge University Press.

de Wolf, J. J. (1980). The diffusion of age-group organization in East Africa: A reconsideration. *Africa* 50 (3), 305–310.

Dehaene, S. (2009). *Reading in the Brain: The Science and Evolution of a Human Invention*. New York: Viking.

Dehaene, S. (2014). Reading in the brain revised and extended: Response to comments. *Mind and Language* 29 (3), 320–35.

Dehaene, S., Cohen, L., Morais, J., and Kolinsky, R. (2015). Illiterate to literate: Behavioural and cerebral changes induced by reading acquisition. *Nature Reviews: Neuroscience* 16 (4), 234–44.

Dehaene, S., Izard, V., Spelke, E., and Pica, P. (2008). Log or linear? Distinct intuitions of the number scale in Western and Amazonian indigene cultures. *Science* 320 (5880), 1217–20.

Dehaene, S., Pegado, F., Braga, L. W., Ventura, P., Nunes Filho, G., Jobert, A., Dehaene-Lambertz, G., Kolinsky, R., Morais, J., Cohen, L. (2010). How learning to read changes the cortical networks for vision and language. *Science* 330 (6009), 1359–64.

Dell, M. (2010). The persistent effects of Peru's mining mita. *Econometrica* 78 (6), 1863–1903.

Derex, M., Beugin, M. P., Godelle, B., and Raymond, M. (2013). Experimental evidence for the influence of group size on cultural complexity. *Nature* 503 (7476), 389–91.

Derex, M., and Boyd, R. (2016). Partial connectivity increases cultural accumulation within groups. *Proceedings of the National Academy of Sciences* 113 (11), 2982–87.

Derex, M., Godelle, B., and Raymond, M. (2014). How does competition affect the transmission of information? *Evolution and Human Behavior* 35 (2), 89–95.

Diamond, A. (2012). Activities and programs that improve children's executive func- tions. *Current Directions in Psychological Science* 21 (5), 335–41.

Diamond, A., and Lee, K. (2011). Interventions shown to aid executive function development in children 4 to 12 years old. *Science* 333 (6045), 959–64.

Diamond, A., and Ling, D. S. (2016). Conclusions about interventions, programs, and approaches for improving executive functions that appear justified and those that, despite much hype, do not. *Developmental Cognitive Neuroscience* 18, 34–48.

Diamond, J. (1999). Invention is the mother of necessity. *The New York Times Magazine*, 142–44 (April 18).

Diamond, J. M. (1997). *Guns, Germs, and Steel: The Fates of Human Societies*. New York: W. W. Norton.

Diamond, J. M. (2005). *Collapse: How Societies Choose to Fail or Succeed*. New York: Viking.

Diamond, J. M. (2012). *The World Until Yesterday: What Can We Learn from Traditional Societies?* New York: Viking.

Diener, E., and Diener, M. (1995). Cross-cultural correlates of life satisfaction and self- esteem. *Journal of Personality and Social Psychology* 68 (4), 653–63.

Dilcher, G. (1997). The urban belt and the emerging modern state. In *Resistance, Representation, and Community* (pp. 217–55). Oxford: Clarendon Press.

Dincecco, M., and Onorato, M. G. (2016). Military conflict and the rise of urban Europe. *Journal of Economic Growth* 21 (3), 259–82.

Dincecco, M., and Onorato, M. G. (2018). *From Warfare to Wealth: The Military Origins of Urban Prosperity in Europe*. New York: Cambridge University Press.

Dittmar, J. E., and Seabold, S. (2016). Media, markets, and radical ideas: Evidence from the Protestant Reformation. Working paper, www.jeremiahdittmar.com/files/dittmar_seabold_print_religion.pdf.

Doepke, M., and Zilibotti, F. (2008). Occupational choice and the spirit of capitalism. *Quarterly Journal of Economics* 123 (2), 747–93.

Dohmen, T., Enke, B., Falk, A., Huffman, D., and Sunde, U. (2018). Patience and comparative development. Working paper, www.iame.uni-bonn.de/people/thomas-dohmen/patience-and-comparative-development-paper.

Dohrn-van Rossum, G. (1996). *History of the Hour: Clocks and Modern Temporal Orders*. Translated by Thomas Dunlap. Chicago: University of Chicago Press.

Dollinger, P. (1970). *The German Hansa*. Translated and edited by D. S. Ault and S. H. Steinberg. London: Macmillan.

Donkin, R. A. (1978). *The Cistercians: Studies in the Geography of Medieval England and Wales*. Toronto: Pontifical Institute of Mediaeval Studies.

Doris, J. M., and Plakias, A. (2008). How to argue about disagreement: Evaluative diversity and moral realism. In W. Sinnott-Armstrong (ed.), *Moral Psychology*, Vol. 2. *The Cognitive Science of Morality: Intuition and Diveristy* (pp. 303–331). Cambridge, MA: MIT Press.

Dowey, J. (2017). Mind over matter: Access to knowledge and the British industrial revolution. Dissertation, London School of Economics and Political Science.

Drew, K. F. (trans.). (1991). *The Laws of the Salian Franks*. Philadelphia: University of Pennsylvania Press.

Drew, K. F. (trans.). (2010a). *The Burgundian Code*. Philadelphia: University of Pennsylvania Press.

Drew, K. F. (trans.). (2010b). *The Lombard Laws*. Philadelphia: University of Pennsylvania Press.

Droit-Volet, S. (2013). Time perception in children: A neurodevelopmental approach. Neuropsychologia 51 (2), 220–34.

Duckworth, A. L., and Kern, M. L. (2011). A meta-analysis of the convergent validity of self-control measures. *Journal of Research in Personality* 45 (3), 259–68.

Duckworth, A. L., and Seligman, M. E. P. (2005). Self-discipline outdoes IQ in predicting academic performance of adolescents. *Psychological Science* 16 (12),

939–44. Duhaime, E. P. (2015). Is the call to prayer a call to cooperate? A field experiment on the impact of religious salience on prosocial behavior. *Judgment and Decision Making* 10 (6), 593–96.

Dunbar, R. I. M., Clark, A., and Hurst, N. L. (1995). Conflict and cooperation among the Vikings: Contingent behavioral decisions. *Ethology and Sociobiology* 16 (3), 233–46.

Duncan, G. J., Wilkerson, B., and England, P. (2006). Cleaning up their act: The effects of marriage and cohabitation on licit and illicit drug use. *Demography* 43 (4), 691–710.

Dunham, Y., Baron, A. S., and Banaji, M. R. (2008). The development of implicit intergroup cognition. *Trends in Cognitive Sciences* 12 (7), 248–53.

Durant, W. (2011). *The Reformation: The Story of Civilization.* New York: Simon and Schuster.

Durante, R. (2010). Risk, cooperation and the economic origins of social trust: An empirical investigation. Working paper, ssrn.com/abstract=1576774.

Durham, W. H. (1991). *Coevolution: Genes, Culture, and Human Diversity.* Stanford, CA: Stanford University Press.

Durkheim, E. (1933). *The Division of Labor in Society.* Translated by George Simpson. Glencoe, IL: Free Press.

Durkheim, E. (1995). *The Elementary Forms of Religious Life.* Translated by Karen E. Fields. New York: Free Press.

Dyble, M., Gardner, A., Vinicius, L., and Migliano, A. B. (2018). Inclusive fitness for in-laws. *Biology Letters* 14 (10), 1–3.

Earle, T. (1997). *How Chiefs Come to Power.* Stanford, CA: Stanford University Press.

Edelman, B. (2009). Red light states: Who buys online adult entertainment? *Journal of Economic Perspectives* 23 (1), 209–220.

The Editors of the Encyclopedia Britannica. (2018). Sicily. In *Encyclopedia Britannica*

Online. Encyclopedia Britannica.

Edlund, L., Li, H., Yi, J., and Zhang, J. (2007). Sex ratios and crime: Evidence from China's one-child policy. *IZA Discussion Paper* No. 3214, pp. 1–51.

Edlund, L., Li, H., Yi, J., and Zhang, J. (2013). Sex ratios and crime: Evidence from China. *Review of Economics and Statistics* 95 (5), 1520–34.

Eisenegger, C., Haushofer, J., and Fehr, E. (2011). The role of testosterone in social interaction. *Trends in Cognitive Sciences* 15 (11), 263–71.

Eisenstadt, S. N. (2016). African age groups: A comparative study. *Africa* 23 (2), 100–113.

Eisner, M. (2001). Modernization, self-control and lethal violence: The long-term dynamics of European homicide rates in theoretical perspective. *British Journal of*

Criminology 41 (4), 618–38.

Eisner, M. (2003). Long-term historical trends in violent crime. *Crime and Justice* 30, 83–142.

Ekelund, R. B., Hebert, R., Tollison, R. D., Anderson, G. M., and Davidson, A. B. (1996). *Sacred Trust: The Medieval Church as an Economic Firm*. New York: Oxford University Press.

Elias, N. (2000. *The Civilizing Process*. Hoboken, NJ: Blackwell Publishing.

Elison, J. (2005). Shame and guilt: A hundred years of apples and oranges. *New Ideas in Psychology* 23 (1), 5–32.

Ellison, P. T., Bribiescas, R. G., Bentley, G. R., Campbell, B. C., Lipson, S. F., Panter-Brick, C., and Hill, K. (2002). Population variation in age-related decline in male salivary testosterone. *Human Reproduction* 17 (12), 3251–53.

Ember, C. R., Ember, M., and Pasternack, B. (1974). On the development of unilineal descent. *Journal of Anthropological Research* 30 (2), 69–94.

Ember, M. (1967). The emergence of neolocal residence. *Transactions of the New*

西方文化的特立獨行如何形成繁榮世界

York Academy of Sciences 30 (2), 291–302.

Engelmann, J. B., Moore, S., Capra, C. M., and Berns, G. S. (2012). Differential neurobiological effects of expert advice on risky choice in adolescents and adults. *Social Cognitive and Affective Neuroscience* 7 (5), 557–67.

Engelmann, J. M., Herrmann, E., and Tomasello, M. (2012). Five-year-olds, but not chimpanzees, attempt to manage their reputations. *PLoS One* 7 (10), e48433.

Engelmann, J. M., Over, H., Herrmann, E., and Tomasello, M. (2013). Young children care more about their reputation with ingroup members and potential reciprocators. *Developmental Science* 16 (6), 952–58.

English, T., and Chen, S. (2011). Self-concept consistency and culture: The differential impact of two forms of consistency. *Personality and Social Psychology Bulletin* 37 (6), 838–49.

Enke, B. (2017). Kinship systems, cooperation and the evolution of culture. Working paper, www.nber.org/papers/w23499.

Enke, B. (2019). Kinship, cooperation, and the evolution of moral systems. *Quarterly Journal of Economics* 134 (2), 953–1019.

Ensminger, J., and Henrich, J. (Eds). (2014). *Experimenting with Social Norms: Fairness and Punishment in Cross-Cultural Perspective*. New York: Russell Sage Foundation.

Epstein, S. R. (1998). Craft guilds, apprenticeship, and technological change in preindustrial Europe. *Journal of Economic History* 58 (3), 684–713.

Epstein, S. R. (2013). Transferring technical knowledge and innovating in Europe, c. 1200–1800. In M. Prak and J. L. van Zanden (eds.), *Technology, Skills and the Pre-Modern Economy in the East and the West* (pp. 25–68). Boston: Brill.

Euston, D. R., Gruber, A. J., and McNaughton, B. L. (2012). The role of medial prefrontal cortex in memory and decision making. *Neuron* 76 (6), 1057–70.

Everett, J. A. C., Haque, O. S., and Rand, D. G. (2016). How good is the Samaritan, and why? An experimental investigation of the extent and nature of religious prosociality using economic games. *Social Psychological and Personality Science* 7 (3), 248–55.

Ewert, U. C., and Selzer, S. (2016). *Institutions of Hanseatic Trade: Studies on the Political Economy of a Medieval Network*. Frankfurt: Peter Lang.

Falk, A., Becker, A., Dohmen, T., Enke, B., Huffman, D., and Sunde, U. (2018). Global evidence on economic preferences. *Quarterly Journal of Economics* 91 (1), 335–41.

Falk, A., Becker, A., Dohmen, T., Huffman, D., and Sunde, U. (2016). The preference survey module: A validated instrument for measuring risk, time, and social preferences. Working paper, ssrn.com/abstract=2725035.

Falk, A., and Szech, N. (2013). Morals and markets. *Science* 340 (6133), 707–711. Falk, C. F., Heine, S. J., Yuki, M., and Takemura, K. (2009). Why do Westerners self-

enhance more than East Asians? *European Journal of Personality* 23 (3), 183–203. Faron, L. C. (1968). *The Mapuche Indians of Chile*. Prospect Heights, IL: Waveland Press. Farrington, D. P., and West, D. J. (1995). Effects of marriage, separation, and children on offending by adult males. *Current Perspectives on Aging and the Life Cycle* 4, 249–81.

Faure, D. (1996). The lineage as business company: Patronage versus law in the development of Chinese business. In R. A. Brown (ed.), *Chinese Business Enterprise* (pp. 82–121). London: Routledge.

Fehr, E., Fischbacher, U., von Rosenbladt, B., Schupp, J., and Wagner, G. G. (2002). A nation-wide laboratory: Examining trust and trustworthiness by integrating behavioral experiments into representative surveys. CEPR Discussion Papers 122 (141), 519–42.

Fehr, E., and Gächter, S. (2000). Cooperation and punishment in public goods experiments. *American Economic Review* 90 (4), 980–95.

Fehr, E., and Gächter, S. (2002). Altruistic punishment in humans. *Nature* 415 (6868), 137–40.

西方文化的特立獨行如何形成繁榮世界

Fehr, E., and Henrich, J. (2003). Is strong reciprocity a maladaption? In P. Hammerstein (ed.), *Genetic and Cultural Evolution of Cooperation* (pp. 55–82). Cambridge, MA: MIT Press.

Fêng, H. (1967). *The Chinese Kinship System*. Cambridge, MA: Harvard University Press.

Fenske, J. (2015). African polygamy: Past and present. *Journal of Development Economics* 117, 58–73.

Fernández, R., and Fogli, A. (2009). Culture: An empirical investigation of beliefs, work, and fertility. *American Economic Journal: Macroeconomics* 1 (1), 146–77.

Ferrero, A. (1967). *Los Machiguengas: Tribu Selvática del Sur-Oriente Peruano*. Villava-Pamplona, Spain: Editorial OPE.

Fessler, D. M. T. (2004). Shame in two cultures: Implications for evolutionary approaches. *Journal of Cognition and Culture* 4 (2), 207–262.

Fessler, D. M. T. (2007). From appeasement to conformity: Evolutionary and cultural perspective on shame, competition, and cooperation. In J. Tracy, R. Robins, and J. P. Tangney (eds.), *The Self-Conscious Emotion: Theory and Research*. New York: Guilford Press.

Fessler, D. M. T., and Navarrete, C. D. (2004). Third-party attitudes toward sibling incest: Evidence for Westermarck's hypotheses. *Evolution and Human Behavior* 25 (5), 277–94.

Fiddick, L., Cosmides, L., and Tooby, J. (2000). No interpretation without representation: The role of domain-specific representations and inferences in the Wason selection task. *Cognition* 77 (1), 1–79.

Field, E., Molitor, V., Schoonbroodt, A., and Tertilt, M. (2016). Gender gaps in completed fertility. *Journal of Demographic Economics* 82 (2), 167–206.

Finke, R., and Stark, R. (2005). *The Churching of America, 1776–2005: Winners and Losers in Our Religious Economy*. New Brunswick, NJ: Rutgers University Press.

Fisman, R., and Miguel, E. (2007). Corruption, norms, and legal enforcement:

Evidence from diplomatic parking tickets. *Journal of Political Economy* 115 (6), 1020–1048.

Flannery, K., and Marcus, J. (2012). *The Creation of Inequality: How Our Prehistoric Ancestors Set the Stage for Monarchy, Slavery, and Empire*. Cambridge, MA: Harvard University Press.

Flannery, K. V. (2009). Process and agency in early state formation. *Cambridge Archaeological Journal* 9 (1), 3–21.

Flannery, T. (2002). *The Life and Adventures of William Buckley: Thirty-Two Years a Wanderer Amongst the Aborigines of the Then Unexplored Country Round Port Philip, Now the Province of Victoria*. Melbourne: Text Publishing.

Fleisher, M. L., and Holloway, G. J. (2004). The problem with boys: Bridewealth accumulation, sibling gender, and the propensity to participate in cattle raiding among the Kuria of Tanzania. *Current Anthropology* 45 (2), 284–88.

Fleming, A. S., Corter, C., Stallings, J., and Steiner, M. (2002). Testosterone and prolactin are associated with emotional responses to infant cries in new fathers. *Hormones and Behavior* 42 (4), 399–413.

Flynn, J. R. (2007). *What Is Intelligence? Beyond the Flynn Effect*. Cambridge: Cambridge University Press.

Flynn, J. R. (2012). *Are We Getting Smarter? Rising IQ in the Twenty-First Century*. Cambridge: Cambridge University Press.

Forge, A. (1972). Normative factors in the settlement size of Neolithic cultivators (New Guinea). In P. Ucko, R. Tringham, and G. Dimbelby (eds.), *Man, Settlement and Urbanisation* (pp. 363–76). London: Duckworth.

Fortes, M. (1953). The structure of unilineal descent groups. *American Anthropologist* 55 (1), 17–41.

Fosbrooke, H. A. (1956). The Masai age-group system as a guide to tribal chronology. *African Studies* 15 (4), 188–206.

Foster, G. M. (1965). Peasant society and the image of limited good. *American*

Anthropologist 67 (2), 293–315.

Foster, G. M. (1967). *Tzintzuntzan: Mexican Peasants in a Changing World*. Boston: Little, Brown.

Fouquet, R., and Broadberry, S. (2015). Seven centuries of economic growth and decline. *Journal of Economic Perspectives* 29 (4), 227–44.

Fourcade, M., and Healy, K. (2007). Moral views of market society. *Annual Review of Sociology* 33, 285–311.

Fowler, J. H., and Christakis, N. A. (2010). Cooperative behavior cascades in human social networks. *Proceedings of the National Academy of Sciences* 107 (12), 5334–38. Fox, R. (1967). *Kinship and Marriage: An Anthropological Perspective*. Pelican Anthropology Library. Harmondsworth, UK: Penguin.

Francois, P., Fujiwara, T., and van Ypersele, T. (2011). Competition builds trust. Working paper, thred.devecon.org/papers/2010/2010-011_Fran.

Francois, P., Fujiwara, T., and van Ypersele, T. (2018). The origins of human prosociality: Cultural group selection in the workplace and the laboratory. *Science Advances* 4 (9), eaat2201.

Frankenhuis, W. E., and de Weerth, C., (2013). Does early-life exposure to stress shape or impair cognition? *Current Directions in Psychological Science* 22 (5), 407–412.

Frick, B., and Humphreys, B. R. (2011). Prize structure and performance: Evidence from NASCAR. Working paper, core.ac.uk/download/pdf/6243659.pdf.

Fried, L. P., Ettinger, W. H., Lind, B., Newman, A. B., and Gardin, J. (1994). Physical disability in older adults: A physiological approach. *Journal of Clinical Epidemiology* 47 (7), 747–60.

Fried, M. H. (1970). On the evolution of social stratification and the state. In E. O. Laumann, P. M. Siegel, and R. W. Hodge (eds.), *The Logic of Social Hierarchies* (pp. 684–95). Chicago: Markham.

Fukuyama, F. (2011). *The Origins of Political Order: From Prehuman Times to the*

French Revolution (1st ed.). New York: Farrar, Straus and Giroux.

Gächter, S., and Herrmann, B. (2009). Reciprocity, culture and human cooperation: Previous insights and a new cross-cultural experiment. *Philosophical Transactions of the Royal Society B: Biological Sciences* 364 (1518), 791–806.

Gächter, S., Renner, E., and Sefton, M. (2008). The long-run benefits of punishment. *Science* 322 (5907), 1510.

Gächter, S., and Schulz, J. F. (2016). Intrinsic honesty and the prevalence of rule violations across societies. *Nature* 531 (7595), 496–99.

Gailliot, M. T., and Baumeister, R. F. (2007). The physiology of willpower: Linking blood glucose to self-control. *Personality and Social Psychology Review* 11 (4), 303–327.

Gallego, F. A., and Woodberry, R. (2010). Christian missionaries and education in former African colonies: How competition mattered. *Journal of African Economies* 19 (3), 294–329.

Galor, O., and Moav, O. (2002). Natural selection and the origin of economic growth. *Quarterly Journal of Economics* 117 (4), 1133–91.

Galor, O., and Özak, Ö. (2016). The agricultural origins of time preference. *American Economic Review* 106 (10), 3064–3103.

Gardner, P. M. (2013). South Indian foragers' conflict management in comparative perspective. In D. P. Fry (ed.), *War, Peace, and Human Nature: The Convergence of Evolutionary and Cultural Views* (pp. 297–314). New York: Oxford University Press. Garvert, M. M., Moutoussis, M., Kurth-Nelson, Z., Behrens, T. E. J., and Dolan, R. J. (2015). Learning-induced plasticity in medial prefrontal cortex predicts preference malleability. *Neuron* 85 (2), 418–28.

Gasiorowska, A., Chaplin, L. N., Zaleskiewicz, T., Wygrab, S., and Vohs, K. D. (2016). Money cues increase agency and decrease prosociality among children: Early signs of market-mode behaviors. *Psychological Science* 27 (3), 331–44.

Gat, A. (2015). Proving communal warfare among hunter-gatherers: The quasi-

西方文化的特立獨行如何形成繁榮世界

Rousseauan error. *Evolutionary Anthropology: Issues, News, and Reviews* 24 (3), 111–26.

Gavrilets, S., and Richerson, P. J. (2017). Collective action and the evolution of social norm internalization. *Proceedings of the National Academy of Sciences* 114 (23), 6068–6073.

Geertz, C. (1974). "From the native's point of view": On the nature of anthropological understanding. *Bulletin of the American Academy of Arts and Sciences* 28 (1), 26–45. Gelderblom, O. (2013). *Cities of Commerce: The Institutional Foundations of Interna- tional Trade in the Low Countries, 1250–1650*. The Princeton Economic History of the Western World. Princeton, NJ: Princeton University Press.

Gelfand, M. J., Raver, J. L., Nishii, L., Leslie, L. M., Lun, J., Lim, B. C., . . . Yamaguchi, S. (2011). Differences between tight and loose cultures: A 33-nation study. *Science* 332 (6033), 1100–1104.

Gellhorn, W. (1987). China's quest for legal modernity. *Journal of Chinese Law* 1 (1), 1–22.

Genschow, O., Rigoni, D., and Brass, M. (2017). Belief in free will affects causal attributions when judging others' behavior. *Proceedings of the National Academy of Sciences* 114 (38), 10071–10076.

Gershman, B. (2015). Witchcraft beliefs and the erosion of social capital: Evidence from Sub-Saharan Africa and beyond. *Journal of Development Economics* 120, 182–208.

Gervais, W. M. (2011). Finding the faithless: Perceived atheist prevalence reduces antiatheist prejudice. *Personality and Social Psychology Bulletin* 37 (4), 543–56.

Gervais, W. M., and Henrich, J. (2010). The Zeus problem: Why representational content biases cannot explain faith in gods. *Journal of Cognition and Culture* 10 (3), 383–89.

Gettler, L. T., McDade, T. W., Feranil, A. B., and Kuzawa, C. W. (2011). Longitudinal evidence that fatherhood decreases testosterone in human males. *Proceedings of the National Academy of Sciences* 108 (39), 16194–99.

Gibson, M. A. (2002). Development and demographic change: The reproductive ecology of a rural Ethiopian Oromo population. Dissertation, University College London.

Gier, N. F., and Kjellberg, P. (2004). Buddhism and the freedom of the will: Pali and Mahayanist responses. In J. K. Campbell, M. O'Rourke, and D. Shier (eds.), *Freedom and Determinism* (pp. 277–304). Cambridge, MA: MIT Press.

Gilligan, M. J., Pasquale, B. J., and Samii, C. (2014). Civil war and social cohesion: Lab-in-the-field evidence from Nepal. *American Journal of Political Science* 58 (3), 604–619.

Gimpel, J. (1976). *The Medieval Machine: The Industrial Revolution of the Middle Ages.* New York: Holt, Rinehart and Winston.

Giner-Sorolla, R., Embley, J., and Johnson, L. (2017). Replication of Vohs and Schooler (2008, PS, study 1), osf.io/i29mh.

Ginges, J., Hansen, I., and Norenzayan, A. (2009). Religion and support for suicide attacks. *Psychological Science* 20 (2), 224–30.

Giuliano, P. (2007). Living arrangements in Western Europe: Does cultural origin matter? *Journal of the European Economic Association* 5 (5), 927–52.

Giuliano, P., and Nunn, N. (2017). Understanding cultural persistence and change. NBER working paper 23617, 1–51.

Glennie, P., and Thrift, N. (1996). Reworking E. P. Thompson's "Time, Work-discipline and Industrial Capitalism." *Time and Society* 5 (3), 275–99.

Glick, T. F. (1979). *Islamic and Christian Spain in the Early Middle Ages.* Princeton, NJ: Princeton University Press.

Gluckman, M. (1940). The kingdom of the Zulu of South Africa. In M. Fortes and

D. E. Evans-Pritchard (eds.), *African Political Systems* (pp. 25–55). New York: Oxford University Press.

Gluckman, M. (1972a). *The Allocation of Responsibility*. Manchester, UK: Manchester University Press.

Gluckman, M. (1972b). *The Ideas in Barotse Jurisprudence*. Manchester, UK: Manchester University Press.

Gluckman, M. (2006). *Politics, Law, and Ritual in Tribal Society*. Piscataway, NJ: Aldine Transaction.

Godelier, M. (1986). *The Making of Great Men: Male Domination and Power Among the New Guinea Baruya*. Cambridge: Cambridge University Press.

Godoy, R., Byron, E., Reyes-García, V., Leonard, W. R., Patel, K., Apaza, L., Eddy Pérez, E., Vadez, V., and Wilkie, D. (2004). Patience in a foraging-horticultural society: A test of competing hypotheses. *Journal of Anthropological Research* 60 (2), 179–202.

Goetzmann, W. N., and Rouwenhorst, K. G. (2005). *The Origins of Value: The Financial Innovations That Created Modern Capital Markets*. New York: Oxford University Press.

Goh, J. O., Chee, M. W., Tan, J. C., Venkatraman, V., Hebrank, A., Leshikar, E. D., Jenkins, L., Sutton, B. P., Gutchess, A. H., and Park, D. C. (2007). Age and culture modulate object processing and object-scene binding in the ventral visual area. *Cognitive Affective and Behavioral Neuroscience* 7 (1), 44–52.

Goh, J. O., and Park, D. C. (2009). Culture sculpts the perceptual brain. *Cultural Neuroscience: Cultural Influences on Brain Function* 178, 95–111.

Goh, J. O. S., Leshikar, E. D., Sutton, B. P., Tan, J. C., Sim, S. K. Y., Hebrank, A. C., and Park, D. C. (2010). Culture differences in neural processing of faces and houses in the ventral visual cortex. *Social Cognitive and Affective Neuroscience* 5 (2–3), 227–35.

Goldin, P. (2015). The consciousness of the dead as a philosophical problem in ancient China. In R. King (ed.), *The Good Life and Conceptions of Life in Early China and Greek Antiquity* (pp. 59–92). Berlin: De Gruyter.

Goldman, I. (1955). Status rivalry and cultural evolution in Polynesia. *American Anthropologist* 57 (4), 680–97.

Goldman, I. (1958). Social stratification and cultural evolution in Polynesia. *Ethnohistory* 5 (3), 242–49.

Goldman, I. (1970). *Ancient Polynesian Society*. Chicago: University of Chicago Press. Gomez-Lievano, A., Patterson-Lomba, O., and Hausmann, R. (2017). Explaining the prevalence, scaling and variance of urban phenomena. *Nature Human Behaviour* 1 (1), No. 12.

Goncalo, J. A., and Staw, B. M. (2006). Individualism–collectivism and group creativity. *Organizational Behavior and Human Decision Processes* 100 (1), 96–109.

Goody, J. (1969). Adoption in cross-cultural perspective. *Comparative Studies in Society and History* 11 (1), 55–78.

Goody, J. (1983). *The Development of the Family and Marriage in Europe: Past and Present Publications*. Cambridge: Cambridge University Press.

Goody, J. (1990). *The Oriental, the Ancient and the Primitive: Systems of Marriage and the Family in the Pre-Industrial Societies of Eurasia*. Cambridge: Cambridge University Press.

Goody, J. (1996). Comparing family systems in Europe and Asia: Are there different sets of rules? *Population and Development Review* 22 (1), 1–20.

Goodyear, C. (1853). *Gum-Elastic and Its Varieties, with a Detailed Account of Its Applications and Uses and of the Discovery of Vulcanization* (Vol. 1). New Haven, CT: Privately published by the author.

Gorodnichenko, Y., and Roland, G. (2011). Individualism, innovation, and long-run growth. *Proceedings of the National Academy of Sciences* 108 (4), 1–4.

Gorodnichenko, Y., and Roland, G. (2016). Culture, institutions, and the wealth of nations. *Review of Economics and Statistics* 99 (3), 402–416.

Gould, R. A. (1967). Notes on hunting, butchering, and sharing of game among

西方文化的特立獨行如何形成繁榮世界

the Ngatatjara and their neighbors in the West Australian Desert. *Kroeber Anthropological Society Papers* 36, 41–66.

Grantham, G. W. (1993). Divisions of labor: Agricultural productivity and occupational specialization in preindustrial France. *Economic History Review* 46 (3), 478–502.

Gray, P. B. (2003). Marriage, parenting, and testosterone variation among Kenyan Swahili men. *American Journal of Physical Anthropology* 122 (3), 279–86.

Gray, P. B., and Campbell, B. C. (2006). Testosterone and marriage among Ariaal men of northern Kenya. *American Journal of Physical Anthropology* 48 (5), 94–95.

Gray, P. B., Kahlenberg, S. M., Barrett, E. S., Lipson, S. F., and Ellison, P. T. (2002). Marriage and fatherhood are associated with lower testosterone in males. *Evolution and Human Behavior* 23 (3), 193–201.

Grebe, N. M., Sarafin, R. E., Strenth, C. R., and Zilioli, S. (2019). Pair-bonding, Fatherhood, and the Role of Testosterone: A Meta-Analytic Review. *Neuroscience and Biobehavioral Reviews* 98, 221–33.

Greenwood, P. B., Kanters, M. A., and Casper, J. M. (2006). Sport fan team identification formation in mid-level professional sport. *European Sport Management Quarterly* 6 (3), 253–65.

Greif, A. (1989). Reputation and coalitions in medieval trade: Evidence on the Maghribi traders. *Journal of Economic History* 49 (4), 857–82.

Greif, A. (1993). Contract enforceability and economic institutions in early trade: The Maghribi traders' coalition. *American Economic Review* 83 (3), 525–48.

Greif, A. (2002). Institutions and impersonal exchange: From communal to individual responsibility. *Journal of Institutional and Theoretical Economics* 158 (1), 168–204. Greif, A. (2003). On the history of the institutional foundations of impersonal exchange. *Journal of Economic History* 63 (2), 555.

Greif, A. (2006a). Family structure, institutions, and growth: The origins and implications of Western corporations. *American Economic Review* 96 (2), 308–312.

Greif, A. (2006b). History lessons: The birth of impersonal exchange: The community responsibility system and impartial justice. *Journal of Economic Perspectives* 20 (2), 221–36.

Greif, A. (2006c). *Institutions and the Path to the Modern Economy: Lessons from Medieval Trade.* Political Economy of Institutions and Decisions. Cambridge: Cambridge University Press.

Greif, A. (2008). Coercion and exchange: How did markets evolve? Working paper, ssrn.com/abstract=1304204.

Greif, A., and Iyigun, M. (2013). Social organizations, violence, and modern growth. *American Economic Review* 103 (3), 534–38.

Greif, A., and Tabellini, G. (2010). Cultural and Institutional Bifurcation: China and Europe Compared. *American Economic Review* 100 (2), 135–40.

Greif, A., and Tabellini, G. (2015). The clan and the city: Sustaining cooperation in China and Europe. *Journal of Comparative Economics* 45, 1–35.

Grierson, P. J. H. (1903). *The Silent Trade: A Contribution to the Early History of Human Intercourse.* Edinburgh: W. Green.

Grosjean, P. (2011). The institutional legacy of the Ottoman Empire: Islamic rule and financial development in South Eastern Europe. *Journal of Comparative Economics* 39 (1), 1–16.

Grosjean, P. (2014). A history of violence: The culture of honor and homicide in the U.S. South. *Journal of the European Economic Association* 12 (5), 1285–1316.

Grossmann, I., Na, J., Varnum, M., Kitayama, S., and Nisbett, R. (2008). Not smarter, but wiser: Dialectical reasoning across lifespan. *International Journal of Psychology* 43 (3–4), 239–40.

Grossmann, T. (2013). The role of medial prefrontal cortex in early social cognition. *Frontiers in Human Neuroscience* 7, 1–6.

Guiso, B. L., Sapienza, P., and Zingales, L. (2004). The role of social capital in financial development. *American Economic Review* 94 (3), 526–56.

Guiso, L., Sapienza, P., and Zingales, L. (2003). People's opium? Religion and economic attitudes. *Journal of Monetary Economics* 50 (1), 225–82.

Guiso, L., Sapienza, P., and Zingales, L. (2008). Trusting the stock market. *Journal of Finance* 63 (6), 2557–2600.

Guiso, L., Sapienza, P., and Zingales, L. (2009). Cultural biases in economic exchange? *Quarterly Journal of Economics* 124 (3), 1095–1131.

Guiso, L., Sapienza, P., and Zingales, L. (2016). Long-term persistence. *Journal of the European Economic Association* 14 (6), 1401–1436.

Gurevich, A. (1995). *The Origins of European Individualism*. The Making of Europe. Oxford: Wiley-Blackwell.

Gurven, M. (2004). To give and to give not: The behavioral ecology of human food transfers. *Behavioral and Brain Sciences* 27 (4), 543–83.

Gurven, M., von Rueden, C., Massenkoff, M., Kaplan, H., and Lero Vie, M. (2013). How universal is the Big Five? Testing the five-factor model of personality variation among forager-farmers in the Bolivian Amazon. *Journal of Personality and Social Psychology* 104 (2), 354–70.

Gurven, M., Winking, J., Kaplan, H., von Rueden, C., and McAllister, L. (2009). A bioeconomic approach to marriage and the sexual division of labor. *Human Nature* 20 (2), 151–83.

Gutchess, A. H., Hedden, T., Ketay, S., Aron, A., and Gabrieli, J. D. E. (2010). Neural differences in the processing of semantic relationships across cultures. *Social Cognitive and Affective Neuroscience* 5 (2–3), 254–63.

Hadnes, M., and Schumacher, H. (2012). The gods are watching: An experimental study of religion and traditional belief in Burkina Faso. *Journal for the Scientific Study of Religion* 51 (4), 689–704.

Haidt, J. (2012). *The Righteous Mind: Why Good People Are Divided by Politics and*

Religion. New York: Pantheon Books.

Haidt, J., and Graham, J. (2007). When morality opposes justice: Conservatives have moral intuitions that liberals may not recognize. *Social Justice Research* 20 (1), 98–116.

Hajnal, J. (1965). European marriage patterns in perspective. In D. V. Glass and D. E. C. Eversley (eds.), *Population in History: Essays in Historical Demography* (pp. 101–143). Chicago: Aldine.

Hajnal, J. (1982). Two kinds of preindustrial household formation system. *Population and Development Review* 8 (3), 449–94.

Hallowell, A. I. (1937). Temporal orientation in Western civilization and in a preliterate society. *American Anthropologist* 39 (4), 647–70.

Hallpike, A. C. R. (1968). The status of craftsmen among the Konso of south-west Ethiopia. *Africa* 38 (3), 258–69.

Hamann, K., Warneken, F., Greenberg, J. R., and Tomasello, M. (2011). Collaboration encourages equal sharing in children but not in chimpanzees. *Nature* 476 (7360), 328–31.

Hamilton, A. (1987). Dual social system: Technology, labour and women's secret rites in the eastern Western Desert of Australia. In W. H. Edwards (ed.), *In Traditional Aboriginal Society: A Reader* (pp. 34–52). Melbourne: Macmillan.

Hamilton, V. L., and Sanders, J. (1992). *Everyday Justice: Responsibility and the Individual in Japan and the United States*. New Haven, CT: Yale University Press.

Han, R., and Takahashi, T. (2012). Psychophysics of time perception and valuation in temporal discounting of gain and loss. *Physica A: Statistical Mechanics and Its Applications* 391 (24), 6568–76.

Handy, E. S. C. (1927). *Polynesian Religion*. Honolulu: Bernice P. Bishop Museum. Handy, E. S. C. (1941). Perspectives in Polynesian religion. In *Polynesian Anthropological Studies* (Vol. 49, pp. 121–39). New Plymouth, NZ: Thomas Avery and Sons.

Hango, D. W. (2006). The long-term effect of childhood residential mobility on educational attainment. *Sociological Quarterly* 47 (4), 631–34.

Hanoch, Y., Gummerum, M., and Rolison, J. (2012). Second-to-fourth digit ratio and impulsivity: A comparison between offenders and nonoffenders. *PLoS One* 7 (10), e47140.

Hanushek, E. A., and Woessmann, L. (2012). Do better schools lead to more growth? Cognitive skills, economic outcomes, and causation. *Journal of Economic Growth* 17 (4), 267–321.

Harbaugh, W. T., Krause, K., and Vesterlund, L. (2001). Are adults better behaved than children? Age, experience, and the endowment effect. *Economics Letters* 70 (2), 175–81.

Hargadon, A. (2003). *How Breakthroughs Happen: The Surprising Truth About How Companies Innovate*. Boston, MA: Harvard Business School Press.

Harper, K. (2013). *From Shame to Sin: The Christian Transformation of Sexual Morality in Late Antiquity*. Cambridge, MA: Harvard University Press.

Harreld, D. J. (2015). *A Companion to the Hanseatic League. Brill's Companions to European History*. Leiden: Brill.

Harris, J. R. (1998). *The Nurture Assumption: Why Children Turn Out the Way They Do*. New York: Touchstone.

Harrison, S. (1987). Cultural efflorescence and political evolution on the Sepik River. *American Ethnologist* 14 (3), 491–507.

Harrison, S. (1990). *Stealing People's Names: History and Politics in a Sepik River Cosmology*. Cambridge Studies in Social and Cultural Anthropology. Cambridge: Cambridge University Press.

Hatemi, P. K., Smith, K., Alford, J. R., Martin, N. G., and Hibbing, J. R. (2015). The genetic and environmental foundations of political, psychological, social, and economic behaviors: A panel study of twins and families. *Twin Research and Human Genetics* 18 (3), 243–55.

Haushofer, J., and Fehr, E. (2014). On the psychology of poverty. *Science* 344 (6186), 862–67.

Hawk, B. (2015). *Law and Commerce in Pre-industrial Societies*. Leiden; Boston: Koninklijke Brill.

Hayhoe, R. (1989). China's universities and Western academic models. *Higher Education* 18 (1), 49–85.

Heather, P. J. (1999). *The Visigoths from the Migration Period to the Seventh Century: An Ethnographic Perspective*. Studies in Historical Archaeoethnology. Woodbridge, UK: Boydell Press.

Heine, S. J. (2016). *Cultural Psychology* (3rd ed.). New York: W. W. Norton.

Heine, S. J., and Buchtel, E. E. (2009). Personality: The universal and the culturally specific. *Annual Review of Psychology* 60, 369–94.

Heine, S. J., and Lehman, D. (1999). Culture, self-discrepancies, and self-satisfaction. *Personality and Social Psychology Bulletin* 25 (8), 915–25.

Heizer, R. (1978). *Handbook of North American Indians: California* (W. Sturtevant, ed.) (Vol. 8). Washington, DC: Smithsonian Institution.

Heldring, L., Robinson, J. A., and Vollmer, S. (2018). The long-run impact of the dissolution of the English monasteries. Working paper, pdfs.semanticscholar.org/af39

/4d1fe6ebf414.

Henrich, J. (1997). Market incorporation, agricultural change, and sustainability among the Machiguenga Indians of the Peruvian Amazon. *Human Ecology* 25 (2), 319–51.

Henrich, J. (2000). Does culture matter in economic behavior? Ultimatum Game bargaining among the Machiguenga of the Peruvian Amazon. *American Economic Review* 90 (4), 973–80.

Henrich, J. (2004a). Cultural group selection, coevolutionary processes and large-scale cooperation. *Journal of Economic Behavior and Organization* 53 (1), 3–35.

Henrich, J. (2004b). Demography and cultural evolution: Why adaptive cultural processes produced maladaptive losses in Tasmania. *American Antiquity* 69 (2), 197–214.

Henrich, J. (2009a). The evolution of costly displays, cooperation and religion. *Evolution and Human Behavior* 30 (4), 244–60.

Henrich, J. (2009b). The evolution of innovation-enhancing institutions. In S. J. Shennan and M. J. O'Brien (eds.), *Innovation in Cultural Systems: Contributions in Evolutionary Anthropology* (pp. 99–120). Cambridge, MA: MIT Press.

Henrich, J. (2014). Rice, psychology, and innovation. *Science* 344 (6184), 593–94.
Henrich, J. (2015). Culture and social behavior. *Current Opinion in Behavioral Sciences* 3, 84–89.

Henrich, J. (2016). *The Secret of Our Success: How Culture Is Driving Human Evolution, Domesticating Our Species, and Making Us Smarter*. Princeton, NJ: Princeton University Press.

Henrich, J., Bauer, M., Cassar, A., Chytilová, J., and Purzycki, B. G. (2019). War increases religiosity. *Nature Human Behaviour* 3 (2), 129–35.

Henrich, J., and Boyd, R. (2008). Division of labor, economic specialization, and the evolution of social stratification. *Current Anthropology* 49 (4), 715–24.

Henrich, J., and Boyd, R. (2016). How evolved psychological mechanisms empower cultural group selection. *Behavioral and Brain Sciences* 39, e40.

Henrich, J., Boyd, R., Bowles, S., Camerer, C., Fehr, E., and Gintis, H. (2004). *Foundations of Human Sociality: Economic Experiments and Ethnographic Evidence from Fifteen Small-Scale Societies*. New York: Oxford University Press.

Henrich, J., Boyd, R., Bowles, S., Camerer, C., Fehr, E., Gintis, H., . . . Tracer, D. (2005). "Economic man" in cross-cultural perspective: Behavioral experiments in 15 small-scale societies. *Behavioral and Brain Sciences* 28 (6), 795–815; discussion, 815–55.

Henrich, J., Boyd, R., Derex, M., Kline, M. A., Mesoudi, A., Muthukrishna, M., Powell, A., Shennan, S., and Thomas, M. G. (2016). Appendix to Understanding Cumulative Cultural Evolution: A Reply to Vaesen, Collard, et al., ssrn.com/abstract=2798257.

Henrich, J., Boyd, R., and Richerson, P. J. (2012). The puzzle of monogamous marriage. *Philosophical Transactions of the Royal Society B: Biological Sciences* 367 (1589), 657–69.

Henrich, J., and Broesch, J. (2011). On the nature of cultural transmission networks: Evidence from Fijian villages for adaptive learning biases. *Philosophical Transactions of the Royal Society B: Biological Sciences* 366 (1567), 1139–48.

Henrich, J., Chudek, M., and Boyd, R. (2015). The big man mechanism: How prestige fosters cooperation and creates prosocial leaders. *Philosophical Transactions of the Royal Society B: Biological Sciences* 370 (1683), 20150013.

Henrich, J., Ensminger, J., McElreath, R., Barr, A., Barrett, C., Bolyanatz, A., . . . Ziker, J. (2010). Market, religion, community size and the evolution of fairness and punishment. *Science* 327, 1480–84.

Henrich, J., and Gil-White, F. J. (2001). The evolution of prestige: Freely conferred deference as a mechanism for enhancing the benefits of cultural transmission. *Evolution and Human Behavior* 22 (3), 165–96.

Henrich, J., Heine, S. J., and Norenzayan, A. (2010a). Most people are not WEIRD. *Nature* 466 (7302), 29.

Henrich, J., Heine, S. J., and Norenzayan, A. (2010b). The WEIRDest people in the world? *Behavioral and Brain Sciences* 33 (2–3), 61–83.

Henrich, J., and Henrich, N. (2014). Fairness without punishment: Behavioral experiments in the Yasawa Island, Fiji. In J. Ensminger and J. Henrich (eds.), *Experimenting with Social Norms: Fairness and Punishment in Cross-Cultural Perspective*. New York: Russell Sage Foundation.

Henrich, J., McElreath, R., Barr, A., Ensminger, J., Barrett, C., Bolyanatz, A., . . . Ziker, J. (2006). Costly punishment across human societies. *Science* 312 (5781),

西方文化的特立獨行如何形成繁榮世界

1767–70.

Henrich, J., and Smith, N. (2004). Comparative experimental evidence from Machiguenga, Mapuche, and American populations. In J. Henrich, R. Boyd, S. Bowles, H. Gintis, E. Fehr, and C. Camerer (eds.), *Foundations of Human Sociality: Eco- nomic Experiments and Ethnographic Evidence from Fifteen Small-Scale Societies* (pp. 125–67). New York: Oxford University Press.

Henrich, N., and Henrich, J. (2007). *Why Humans Cooperate: A Cultural and Evolutionary Explanation*. New York: Oxford University Press.

Herbermann, C. G., Pace, E. A., Pallen, C. B., Shahan, T. J., and Wynne, J. J. (eds.). (1908). Cistercians. In *The Catholic Encyclopedia*. New York: Robert Appleton.

Herlihy, D. (1985). *Medieval Households. Studies in Cultural History*. Cambridge, MA: Harvard University Press.

Herlihy, D. (1990). Making sense of incest: Women and the Marriage Rules of the Early Middle Ages. *Studies in Medieval Culture* 28, 1–16.

Herlihy, D. (1995). Biology and history: The triumph of monogamy. *Journal of Interdisciplinary History* 25 (4), 571–83.

Hermans, E. J., Putman, P., and van Honk, J. (2006). Testosterone administration reduces empathetic behavior: A facial mimicry study. *Psychoneuroendocrinology* 31 (7), 859–66.

Herrmann, B., Thöni, C., and Gächter, S. (2008). Antisocial punishment across societies. *Science* 319 (5868), 1362–67.

Herrmann-Pillath, C. (2010). Social capital, Chinese style: Individualism, relational collectivism and the cultural embeddedness of the institutions-performance link. *China Economic Journal* 2 (3), 325–50.

Hersh, J., and Voth, H.-J. (2009). Sweet diversity: Colonial goods and the rise of European living standards after 1492. Working paper, ssrn.com/abstract=1462015.

Hewlett, B. S. (1996). Cultural diversity among African Pygmies. In S. Kent (ed.),

Cultural Diversity Among Twentieth-Century Foragers: An African Perspective (pp. 215–44). Cambridge: Cambridge University Press.

Hewlett, B. S. (2000). Culture, history, and sex: Anthropological contributions to conceptualizing father involvement. *Marriage and Family Review* 29 (2–3), 59–73.

Hewlett, B. S., and Cavalli-Sforza, L. L. (1986). Cultural transmission among Aka pygmies. *American Anthropologist* 88 (4), 922–34.

Hewlett, B. S., Fouts, H. N., Boyette, A. H., and Hewlett, B. L. (2011). Social learning among Congo Basin hunter-gatherers. *Philosophical Transactions of the Royal Society B: Biological Sciences* 366 (1567), 1168–78.

Hewlett, B. S., and Winn, S. (2014). Allomaternal nursing in humans. *Current Anthropology* 55 (2), 200–229.

Heyer, E., Chaix, R., Pavard, S., and Austerlitz, F. (2012). Sex-specific demographic behaviours that shape human genomic variation. *Molecular Ecology* 21 (3), 597–612. Heyes, C. (2013). What can imitation do for cooperation? In K. Sterelny, R. Joyce,

B. Calcott, and B. Fraser (eds.), *Cooperation and Its Evolution* (pp. 313–32). Cambridge, MA: MIT Press.

Hibbs, D. A., and Olsson, O. (2004). Geography, biogeography, and why some countries are rich and others are poor. *Proceedings of the National Academy of Sciences* 101 (10), 3715–20.

Higham, N. J. (1997). *The Convert Kings: Power and Religious Affiliation in Early Anglo-Saxon England.* Manchester, UK: Manchester University Press.

Hill, K. R., Walker, R. S., Božičević, M., Eder, J., Headland, T., Hewlett, B., Hurtado, A. M., Marlowe, F., Wiessner, P., and Wood, B. (2011). Co-residence patterns in hunter-gatherer societies show unique human social structure. *Science* 331 (6022), 1286–89.

Hill, K. R., Wood, B., Baggio, J., Hurtado, A. M., and Boyd, R. (2014). Hunter-gatherer inter-band interaction rates: Implications for cumulative culture. *PLoS One* 9 (7), e102806.

Hilton, I. (2001). Letter from Pakistan: Pashtun code. *The New Yorker* (December 3). Hirschfeld, L. A., and Gelman, S. A. (1994). Mapping the Mind: Domain Specificity in Cognition and Culture. Cambridge: Cambridge University Press.

Hirschman, A. O. (1982). Rival interpretations of market society: Civilizing, destructive or feeble? *Journal of Economic Literature* 20 (4), 1463–84.

Hoddinott, J., Maluccio, J., Behrman, J. R., Martorell, R., Melgar, P., Quisumbing,

A. R., Ramirez-Zea, M., Stein, A. D., and Yount, K. M. (2011). The consequences of early childhood growth failure over the life course. IFPRI Discussion Paper No. 1073. Washington, DC: International Food Policy Research Institute.

Hoff, K., and Sen, A. (2016). The kin-system as a poverty trap? In S. Bowles, S. N. Durlauf, and K. Hoff (eds.), *Poverty Traps* (pp. 95–115). Princeton, NJ: Princeton University Press.

Hoffman, P. T. (2015). *Why Did Europe Conquer the World?* Princeton, NJ: Princeton University Press.

Hofstadter, R. (1969). *The Idea of a Party System: The Rise of Legitimate Opposition in the United States, 1780-1840.* Berkeley: University of California Press.

Hofstede, G. H. (2003). *Culture's Consequences: Comparing Values, Behaviors, Institutions and Organizations Across Nations* (2nd ed.). Thousand Oaks, CA: Sage Publications.

Hogbin, H. I. (1934). *Law and Order in Polynesia: A Study of Primitive Legal Institutions.* London: Christophers.

Hoppitt, W., and Laland, K. N. (2013). *Social Learning: An Introduction to Mechanisms, Methods, and Models.* Princeton, NJ: Princeton University Press.

Horner, V., and Whiten, A. (2005). Causal knowledge and imitation/emulation switching in chimpanzees (*Pan troglodytes*) and children (*Homo sapiens*). *Animal Cognition* 8 (3), 164–81.

Horney, J., Osgood, D. W., and Marshall, I. H. (1995). Criminal careers in the short- term: Intra-individual variability in crime and its relation to local life circumstances. *American Sociological Review* 60 (5), 655–73.

Hornung, E. (2014). Immigration and the diffusion of technology: The Huguenot diaspora in Prussia. *American Economic Review* 104 (1), 84–122.

Hosler, D., Burkett, S. L., and Tarkanian, M. J. (1999). Prehistoric polymers: Rubber processing in ancient Mesoamerica. *Science* 284 (5422), 1988–91.

Howes, A. (2017). The relevance of skills to innovation during the British Industrial Revolution, 1651–1851. Working paper, www.eh.net/eha/wp-content/uploads

/2016/08/H.

Hruschka, D. J. (2010). *Friendship: Development, Ecology, and Evolution of a Relationship*. Berkeley: University of California Press.

Hruschka, D. J., Efferson, C., Jiang, T., Falletta-Cowden, A., Sigurdsson, S., McNamara, R., Sands, M., Munira, S., Slingerland, E., and Henrich, J. (2014). Impartial institutions, pathogen stress and the expanding social network. *Human Nature* 25 (4), 567–79.

Hruschka, D. J., and Henrich, J. (2013a). Economic and evolutionary hypotheses for cross-population variation in parochialism. *Frontiers in Human Neuroscience* 7, 559.

Hruschka, D. J., and Henrich, J. (2013b). Institutions, parasites and the persistence of in-group preferences. *PLoS One* 8 (5), e63642.

Huettig, F., and Mishra, R. K. (2014). How literacy acquisition affects the illiterate mind: A critical examination of theories and evidence. *Linguistics and Language Compass* 8 (10), 401–427.

Huff, T. E. (1993). *The Rise of Early Modern Science: Islam, China, and the West*. Cambridge: Cambridge University Press.

Hui, V. T. (2005). *War and State Formation in Ancient China and Early Modern Europe*. Cambridge: Cambridge University Press.

Hume, D. (1987). *Essays: Moral, Political, and Literary*. Indianapolis: Liberty Fund.

Humphries, J., and Weisdorf, J. (2017). Unreal wages? Real income and economic growth in England, 1260–1850. *The Economic Journal* 129 (623), 2867–87.

Inglehart, R., and Baker, W. E. (2000). Modernization, cultural change, and the persistence of traditional values. *American Sociological Review* 65 (1), 19–51.

Inglehart, R., Haerpfer, C., Moreno, A., Welzel, C., Kizilova, K., Diez-Medrano, J., . . . et al. (eds.). (2014). World Values Survey: All Rounds—Country-Pooled Datafile Version: www.worldvaluessurvey.org/WVSDocumentationWVL.jsp. Madrid: JD Systems Institute.

Inkster, I. (1990). Mental capital: Transfers of knowledge and technique in eighteenth century Europe. *Journal of European Economic History* 19 (2), 403–441.

Inzlicht, M., and Schmeichel, B. J. (2012). What is ego depletion? Toward a mechanistic revision of the resource model of self-control. *Perspectives on Psychological Science* 7 (5), 450–63.

Isaacs, A. K., and Prak, M. (1996). Cities, bourgeoisies, and states. In R. Wolfgang (ed.), *Power, Elites and State Building* (pp. 207–234). New York: Oxford University Press.

Israel, J. (2010). *A Revolution of the Mind: Radical Enlightenment and the Intellectual Origins of Modern Democracy*. Princeton, NJ: Princeton University Press.

Iyengar, S. S., and DeVoe, S. E. (2003). Rethinking the value of choice: Considering cultural mediators of intrinsic motivation. *Nebraska Symposium on Motivation* 49, 129–74.

Iyengar, S. S., Lepper, M. R., and Ross, L. (1999). Independence from whom? Interdependence with whom? Cultural perspectives on ingroups versus outgroups. In D. A. Prentice and D. T. Miller (eds.), *Cultural Divides: Understanding and Overcoming Group Conflict* (pp. 273–301). New York: Russell Sage Foundation.

Iyigun, M. (2008). Luther and Suleyman. *Quarterly Journal of Economics* 123 (4), 1465–1494.

Iyigun, M., Nunn, N., and Qian, N. (2017). The long-run effect of agricultural productivity and conflict, 1400–1900. NBER working paper, www.nber.org/papers/w24066.

Jacob, M. (2010). Long-term persistence: The free and imperial city experience in Germany. Working paper, ssrn.com/abstract=1616973.

Jacob, M. C. (2000). Commerce, industry, and the laws of Newtonian science: Weber revisited and revised. *Canadian Journal of History* 35 (2), 275–92.

Jacob, M. C. (2013). *The First Knowledge Economy: Human Capital and the European Economy, 1750–1850*. Cambridge: Cambridge University Press.

Jaffe, K., Florez, A., Gomes, C. M., Rodriguez, D., and Achury, C. (2014). On the biological and cultural evolution of shame: Using internet search tools to weight values in many cultures. Working paper, arxiv.org/abs/1401.1100.

Jaffee, S., Caspi, A., Moffitt, T. E., Belsky, J., and Silva, P. (2001). Why are children born to teen mothers at risk for adverse outcomes in young adulthood? Results from a 20-year longitudinal study. *Development and Psychopathology* 13 (2), 377–97.

Jankowiak, W. (2008). Co-wives, husband, and the Mormon polygynous family. *Ethnology* 47 (3), 163–80.

Jankowiak, W., Sudakov, M., and Wilreker, B. C. (2005). Co-wife conflict and cooperation. *Ethnology* 44 (1), 81–98.

Jha, S. (2013). Trade, institutions and ethnic tolerance: Evidence from South Asia. *American Political Science Review* 107 (4), 806–32.

Ji, L. J., Nisbett, R. E., and Su, Y. (2001). Culture, change, and prediction. *Psychological Science* 12 (6), 450–56.

Ji, L. J., Zhang, Z. Y., and Guo, T. Y. (2008). To buy or to sell: Cultural differences in stock market decisions based on price trends. *Journal of Behavioral Decision*

Making 21 (4), 399–413.

Jin, L. E. I., Elwert, F., Freese, J., and Christakis, N. A. (2010). Maturity may affect longevity in men. *Demography* 47 (3), 579–86.

Johns, T. (1986). Detoxification function of geophagy and domestication of the potato. *Journal of Chemical Ecology* 12 (3), 635–46.

Johnson, A. (2003). *Families of the Forest: Matsigenka Indians of the Peruvian Amazon*. Berkeley: University of California Press.

Johnson, A. W., and Earle, T. (2000). T*he Evolution of Human Societies: From Foraging Group to Agrarian State*. Stanford, CA: Stanford University Press.

Johnson, N. D., and Koyama, M. (2017). Jewish communities and city growth in preindustrial Europe. *Journal of Development Economics* 127, 339–54.

Johnson, N. D., and Mislin, A. (2012). How much should we trust the World Values Survey trust question? *Economics Letters* 116 (2), 210–12.

Johnson, O. R. (1978). Interpersonal relations and domestic authority among the Machiguenga of the Peruvian Amazon. Dissertation, Columbia University.

Jones, D. (2011). The matrilocal tribe: An organization of demic expansion. *Human Nature* 22 (1–2), 177–200.

Jones, D. E. (2007). *Poison Arrows: North American Indian Hunting and Warfare*. Austin: University of Texas Press.

Kalb, G., and van Ours, J. C. (2014). Reading to young children: A head-start in life? *Economics of Education Review* 40, 1–24.

Kanagawa, C., Cross, S. E., and Markus, H. R. (2001). "Who am I?": The cultural psychology of the conceptual self. *Personality and Social Psychology Bulletin* 27, 90–103.

Karlan, D., Ratan, A. L., and Zinman, J. (2014). Savings by and for the poor: A research review and agenda. *Review of Income and Wealth* 60 (1), 36–78.

Karmin, M., Saag, L., Vicente, M., Sayres, M. A. W., Järve, M., Talas, U. G., . . .

Pagani, L. (2015). A recent bottleneck of Y chromosome diversity coincides with a global change in culture. *Genome Research* 25 (4), 459–66.

Karras, R. M. (1990). Concubinage and slavery in the Viking age. *Scandinavian Studies* 62 (2), 141–62.

Keeley, L. (1997). *War Before Civilization*. New York: Oxford University Press. Kelekna, P. (1998). War and theocracy. In E. M. Redmond (ed.), *Chiefdoms and Chieftaincy in the Americas* (pp. 164–88). Gainesville: University of Florida Press.

Kelly, M., Mokyr, J., and Gráda, C. Ó. (2014). Precocious Albion: A new interpretation of the British industrial revolution. *Annual Review of Economics* 6 (1), 363–89.

Kelly, M., and Ó Gráda, C. (2016). Adam Smith, watch prices, and the Industrial Revolution. *Quarterly Journal of Economics* 131 (4), 1727–52.

Kelly, R. C. (1985). *The Nuer Conquest: The Structure and Development of an Expansionist System*. Ann Arbor, MI: University of Michigan Press.

Kemezis, A. M., and Maher, M. (2015). *Urban Dreams and Realities in Antiquity*. Leiden: Brill.

Kempe, M., and Mesoudi, A. (2014). An experimental demonstration of the effect of group size on cultural accumulation. *Evolution and Human Behavior* 35 (4), 285–90.

Kerley, K. R., Copes, H., Tewksbury, R., and Dabney, D. A. (2011). Examining the relationship between religiosity and self-control as predictors of prison deviance. *International Journal of Offender Therapy and Comparative Criminology* 55 (8), 1251–71.

Khadjavi, M., and Lange, A. (2013). Prisoners and their dilemma. *Journal of Economic Behavior and Organization* 92, 163–75.

Khaldûn, I. (2015). *The Muqaddimah: An Introduction to History*. (F. Rosenthal, ed.). Princeton, NJ: Princeton University Press.

Kidd, D. C., and Castano, E. (2013). Reading literary fiction improves theory of mind. *Science* 342 (6156), 377–80.

Kieser, A. (1987). From asceticism to administration of wealth: Medieval monasteries and the pitfalls of rationalization. *Organization Studies* 8 (2), 103–123.

Kinzler, K. D., and Dautel, J. B. (2012). Children's essentialist reasoning about language and race. *Developmental Science* 15 (1), 131–38.

Kirby, K. N., Godoy, R., Reyes-García, V., Byron, E., Apaza, L., Leonard, W., Pérez, E., Vadez, V., and Wilkie, D. (2002). Correlates of delay-discount rates: Evidence from Tsimane' Amerindians of the Bolivian rain forest. *Journal of Economic Psychology* 23 (3), 291–316.

Kirby, K. R., Gray, R. D., Greenhill, S. J., Jordan, F. M., Gomes-Ng, S., Bibiko, H.-J., . . . Gavin, M. C. (2016). D-PLACE: A Global Database of Cultural, Linguis- tic and Environmental Diversity. *PLoS One* 11 (7), 1–14.

Kirch, P. V. (1984). *The Evolution of the Polynesian Chiefdoms*. New Studies in Archaeology. Cambridge: Cambridge University Press.

Kirch, P. V. (2010). *How Chiefs Became Kings: Divine Kingship and the Rise of Archaic States in Ancient Hawai'i*. Berkeley: University of California Press.

Kitayama, S., Park, H., Sevincer, A. T., Karasawa, M., and Uskul, A. K. (2009). A cultural task analysis of implicit independence: Comparing North America, Western Europe, and East Asia. *Journal of Personality and Social Psychology* 97, 236–55.

Kitayama, S., Yanagisawa, K., Ito, A., Ueda, R., Uchida, Y., and Abe, N. (2017). Reduced orbitofrontal cortical volume is associated with interdependent self-construal. *Proceedings of the National Academy of Sciences* 114 (30), 7969–74.

Kleinschmidt, H. (2000). *Understanding the Middle Ages*. Woodbridge, UK: Boydell Press.

Kline, M. A., and Boyd, R. (2010). Population size predicts technological complexity in Oceania. *Proceedings of the Royal Society B: Biological Sciences* 277 (1693), 2559–64.

Klochko, M. A. (2006). Time preference and learning versus selection: A case study of Ukrainian students. *Rationality and Society* 18 (3), 305–331.

Knauft, B. M. (1985). Good company and violence: Sorcery and social action in a low-land New Guinea society. *Journal for the Scientific Study of Religion* 26 (1), 126–28.

Knight, N., and Nisbett, R. E. (2007). Culture, class and cognition: Evidence from Italy. *Journal of Cognition and Culture* 7 (3), 283–91.

Kobayashi, C., Glover, G. H., and Temple, E. (2007). Cultural and linguistic effects on neural bases of "theory of mind" in American and Japanese children. *Brain Research* 1164, 95–107.

Kolinsky, R., Verhaeghe, A., Fernandes, T., Mengarda, E. J., Grimm-Cabral, L., and Morais, J. (2011). Enantiomorphy through the looking glass: Literacy effects on mirror-image discrimination. *Journal of Experimental Psychology: General* 140 (2), 210–38.

Kolodny, O., Creanza, N., and Feldman, M. W. (2015). Evolution in leaps: The punctuated accumulation and loss of cultural innovations. *Proceedings of the National Academy of Sciences* 112 (49), e6762–e6769.

Kong, A., Frigge, M. L., Masson, G., Besenbacher, S., Sulem, P., Magnusson, G., . . . Stefansson, K. (2012). Rate of de novo mutations and the importance of father's age to disease risk. *Nature* 488 (7412), 471–75.

Kong, A., Frigge, M. L., Thorleifsson, G., Stefansson, H., Young, A. I., Zink, F., . . . Stefansson, K. (2017). Selection against variants in the genome associated with educational attainment. *Proceedings of the National Academy of Sciences* 114 (5), e727–e732.

Korotayev, A. (2000). Parallel-cousin (FBD) marriage, Islamization, and Arabization. *Ethnology* 39 (4), 395–407.

西方文化的特立獨行如何形成繁榮世界

Korotayev, A. (2004). *World Religions and Social Evolution*. New York: Edwin Mellen.

Kosfeld, M., and Rustagi, D. (2015). Leader punishment and cooperation in groups: Experimental field evidence from commons management in Ethiopia. *American Economic Review* 105 (2), 747–83.

Kouider, S., and Dehaene, S. (2007). Levels of processing during non-conscious perception: A critical review of visual masking. *Philosophical Transactions of the Royal Society B: Biological Sciences* 362 (1481), 857–75.

Kouri, E. M., Lukas, S. E., Pope, H. G., and Oliva, P. S. (1995). Increased aggressive responding in male volunteers following the administration of gradually increasing doses of testosterone cypionate. *Drug and Alcohol Dependence* 40 (1), 73–79.

Kraft-Todd, G. T., Bollinger, B., Gillingham, K., Lamp, S., and Rand, D. G. (2018). Credibility-enhancing displays promote the provision of non-normative public goods. *Nature* 563 (7730), 245–48.

Kremer, M. (1993). Population growth and technological change: One Million B.C. to 1990. *Quarterly Journal of Economics* 108 (3), 681–716.

Kroeber, A. L. (1925). *Handbook of the Indians of California*. United States Bureau of American Ethnology. Washington, DC: Government Printing Office.

Kröll, M., and Rustagi, D. (2018). Reputation, dishonesty, and cheating in informal milk markets in India. Working paper, ssrn.com/abstract=2982365.

Kroszner, R. S., and Strahan, P. E. (1999). What drives deregulation? Economics and politics of the relaxation of bank branching restrictions. *Quarterly Journal of Economics* 114 (4), 1437–67.

Kudo, Y. (2014). Religion and polygamy: Evidence from the Livingstonia Mission in Malawi. IDE Discussion Papers, ideas.repec.org/p/jet/dpaper/dpaper477.htm.

Kuhnen, U., Hannover, B., Roeder, U., Shah, A. A., Schubert, B., Upmeyer, A., and Zakaria, S. (2001). Cross-cultural variations in identifying embedded figures: Comparisons from the United States, Germany, Russia, and Malaysia. *Journal of Cross-Cultural Psychology* 32 (3), 365–71.

Kuper, A. (2010). *Incest and Influence*. Cambridge, MA: Harvard University Press. Kushner, H. I. (2013). Why are there (almost) no left-handers in China? *Endeavour* 37 (2), 71–81.

Kushnir, T. (2018). The developmental and cultural psychology of free will. *Philosophy Compass* 13 (11), e12529.

Laajaj, R., Macours, K., Alejandro, D., Hernandez, P., Arias, O., Gosling, S., Potter, J., Rubio-Codina, M., and Vakis, R. (2019). Challenges to capture the big five personality traits in non-WEIRD populations. *Science Advances* 5 (7), eaaw5226.

Laland, K. N. (2004). Social learning strategies. *Learning and Behavior* 32 (1), 4–14.

Laland, K. N. (2008). Exploring gene-culture interactions: Insights from handedness, sexual selection and niche-construction case studies. *Philosophical Transactions of the Royal Society B: Biological Sciences* 363 (1509), 3577–89.

Laland, K. N. (2017). *Darwin's Unfinished Symphony: How Culture Made the Human Mind*. Princeton, NJ: Princeton University Press.

Lancaster, L. (2015). Kinship in Anglo-Saxon society—I. *British Journal of Sociology* 9 (3), 230–50.

Landes, D. S. (1998). *The Wealth and Poverty of Nations: Why Some Are So Rich and Some So Poor*. New York: W. W. Norton.

Lang, M., Bahna, V., Shaver, J. H., Reddish, P., and Xygalatas, D. (2017). Sync to link: Endorphin-mediated synchrony effects on cooperation. *Biological Psychology* 127, 191–97.

Lang, M., Kratky, J., Shaver, J. H., Jerotijevic, D., and Xygalatas, D. (2015). Effects of anxiety on spontaneous ritualized behavior. *Current Biology* 25 (14), 1892–97.

Lang, M., Purzycki, B. G., Apicella, C. L., Atkinson, Q. D., Bolyanatz, A., Cohen, E., . . . Lang, M. (2019). Moralizing gods, impartiality and religious parochialism across 15 societies. *Proceedings of the Royal Society B: Biological Sciences* 286, 1–10.

西方文化的特立獨行如何形成繁榮世界

Lanman, J. A. (2012). The importance of religious displays for belief acquisition and secularization. *Journal of Contemporary Religion* 27 (1), 49–65.

Lanman, J. A., and Buhrmester, M. D. (2017). Religious actions speak louder than words: Exposure to credibility-enhancing displays predicts theism. *Religion, Brain & Behavior* 7 (1), 3–16.

Lape, S. (2002). Solon and the institution of the "democratic" family form. *The Classical Journal* 98 (2), 117–39.

Laslett, P. (1977). *Family Life and Illicit Love in Earlier Generations: Essays in Historical Sociology*. Cambridge: Cambridge University Press.

Laslett, P. (1984). *The World We Have Lost: Further Explored* (3rd ed.). New York: Scribner.

Laslett, P., and Wall, R. (1972). *Household and Family in Past Time*. Cambridge: University Press.

Launay, J., Tarr, B., and Dunbar, R. I. M. (2016). Synchrony as an adaptive mechanism for large-scale human social bonding. *Ethology* 122 (10), 779–89.

Laurin, K., Shariff, A. F., Henrich, J., and Kay, A. C. (2012). Outsourcing punishment to God: Beliefs in divine control reduce earthly punishment. *Proceedings of Royal Society B: Biological Sciences* 279 (1741), 3272–81.

Leach, E. (1964). Reply to Raoul Naroll's "On Ethnic Unit Classification." *Current Anthropology* 5 (4), 283–312.

Lee, J. Z., and Feng, W. (2009). *One Quarter of Humanity*. Cambridge, MA: Harvard University Press.

Lee, R. B. (1979). *The !Kung San: Men, Women, and Work in a Foraging Society*. Cambridge: Cambridge University Press.

Lee, R. B. (1986). !Kung kin terms, the name relationship and the process of discovery. In M. Biesele, R. Gordon, and R. B. Lee (eds.), *The Past and Future of !Kung Ethnography: Essays in Honor of Lorna Marshall* (pp. 77–102). Hamburg: Helmut Buske.

Lee, R. B. (2003). *The Dobe Ju/' hoansi*. Belmont, CA: Wadsworth/Thomson Learning.

Legare, C. H., and Souza, A. L. (2012). Evaluating ritual efficacy: Evidence from the supernatural. *Cognition* 124 (1), 1–15.

Legare, C. H., and Souza, A. L. (2014). Searching for control: Priming randomness increases the evaluation of ritual efficacy. *Cognitive Science* 38 (1), 152–61.

Leick, G. (2002). *A Dictionary of Ancient Near Eastern Mythology*. London: Routledge. Leunig, T., Minns, C., and Wallis, P. (2011). Networks in the premodern economy: The market for London apprenticeships, 1600–1749. *Journal of Economic History* 71 (2), 413–43.

Levenson, J. R., and Schurmann, F. (1971). *China: An Interpretive History: From the Beginnings to the Fall of Han*. Berkeley: University of California Press.

Levine, N. E., and Silk, J. B. (1997). Why polyandry fails: Sources of instability in polyandrous marriages. *Current Anthropology* 38 (3), 375–98.

LeVine, R. A., LeVine, S., Schnell-Anzola, B., Rowe, M. L., and Dexter, E. (2012). *Literacy and Mothering: How Women's Schooling Changes the Lives of the World's Children*. New York: Oxford University Press.

Levine, R. N. (2008). *A Geography of Time: On Tempo, Culture, and the Pace of Life*. New York: Basic Books.

Levine, R. V., and Norenzayan, A. (1999). The pace of life in 31 countries. *Journal of Cross-Cultural Psychology* 30 (2), 178–205.

Levy, R. I. (1973). *Tahitians: Mind and Experience in the Society Islands*. Chicago: University of Chicago Press.

Lewer, J. J., and Van den Berg, H. (2007). Religion and international trade: Does the sharing of a religious culture facilitate the formation of trade networks? *American Journal of Economics and Sociology* 66 (4), 765–94.

Lewis, B. (2001). *The Muslim Discovery of Europe*. New York: W. W. Norton.

Lewis, J. (2008). Ekila: Blood, bodies, and egalitarian societies. *Journal of the Royal Anthropological Institute* 14 (2), 297–315.

Li, L. M. W., Hamamura, T., and Adams, G. (2016). Relational mobility increases so-cial (but not other) risk propensity. *Journal of Behavioral Decision Making* 29 (5), 481–88.

Li, Y. J., Johnson, K. A., Cohen, A. B., Williams, M. J., Knowles, E. D., and Chen, Z. (2012). Fundamental(ist) attribution error: Protestants are dispositionally focused. *Journal of Personality and Social Psychology* 102 (2), 281–90.

Liangqun, L., and Murphy, R. (2006). Lineage networks, land conflicts and rural migration in late socialist China. *Journal of Peasant Studies* 33 (4), 612–45.

Liebenberg, L. (1990). *The Art of Tracking: The Origin of Science*. Cape Town: David Philip.

Lieberman, D. (2007). Inbreeding, incest, and the incest taboo: The state of knowledge at the turn of the century. *Evolution and Human Behavior* 28 (3), 211–13.

Lieberman, D., Fessler, D. M. T., and Smith, A. (2011). The relationship between familial resemblance and sexual attraction: An update on Westermarck, Freud, and the incest taboo. *Personality and Social Psychology Bulletin* 37 (9), 1229–32.

Lieberman, D., Tooby, J., and Cosmides, L. (2003). Does morality have a biological basis? An empirical test of the factors governing moral sentiments relating to incest. *Proceedings of the Royal Society B: Biological Sciences* 270 (1517), 819–26.

Lienard, P. (2016). Age grouping and social complexity. *Current Anthropology* 57 (13), S105–S117.

Lilley, K. D. (2002). *Urban Life in the Middle Ages*, 1000–1450. European Culture and Society. New York: Palgrave.

Lind, J., and Lindenfors, P. (2010). The number of cultural traits is correlated with female group size but not with male group size in chimpanzee communities. *PLoS One* 5 (3), e9241.

Lindstrom, L. (1990). Big men as ancestors: Inspiration and copyrights on Tanna (Vanuatu). *Ethnology* 29 (4), 313–26.

Little, A. C., Burriss, R. P., Jones, B. C., DeBruine, L. M., and Caldwell, C. A. (2008). Social influence in human face preference: Men and women are influenced more for long-term than short-term attractiveness decisions. *Evolution and Human Behavior* 29 (2), 140–46.

Little, A. C., Jones, B. C., Debruine, L. M., and Caldwell, C. A. (2011). Social learning and human mate preferences: A potential mechanism for generating and maintaining between-population diversity in attraction. *Philosophical Transactions of the Royal Society B: Biological Sciences* 366 (1563), 366–75.

Liu, H. J., Li, S. Z., and Feldman, M. W. (2012). Forced bachelors, migration and HIV transmission risk in the context of China's gender imbalance: A meta-analysis. *AIDS Care* 24 (12), 1487–95.

Liu, S. S., Morris, M. W., Talhelm, T., and Yang, Q. (2019). Ingroup vigilance in collectivistic cultures. *Proceedings of the National Academy of Sciences* 116 (29), 14538–46.

Lobo, J., Bettencourt, L. M. A., Strumsky, D., and West, G. B. (2013). Urban scaling and the production function for cities. *PLoS One* 8 (3), e58407.

Lopez, R. S. (1976). *The Commercial Revolution of the Middle Ages, 950–1350.* Cambridge: Cambridge University Press.

Losin, E. A. R., Dapretto, M., and Iacoboni, M. (2010). Culture and neuroscience: Additive or synergistic? *Social Cognitive and Affective Neuroscience* 5 (2–3), 148–58.

Loyn, H. R. (1974). Kinship in Anglo-Saxon England. *Anglo-Saxon England* 3, 3326–30.

Loyn, H. R. (1991). *Anglo-Saxon England and the Norman Conquest.* London: Longman.

Lukaszewski, A. W., Gurven, M., von Rueden, C. R., and Schmitt, D. P. (2017).

西方文化的特立獨行如何形成繁榮世界

What explains personality covariation? A test of the socioecological complexity hypothesis. *Social Psychological and Personality Science* 8 (8), 943–52.

Lun, J., Oishi, S., and Tenney, E. R. (2012). Residential mobility moderates preferences for egalitarian versus loyal helpers. *Journal of Experimental Social Psychology* 48 (1), 291–97.

Lynch, J. H. (1986). *Godparents and Kinship in Early Medieval Europe*. Princeton, NJ: Princeton University Press.

Lynch, K. A. (2003). *Individuals, Families, and Communities in Europe, 1200– 1800: The Urban Foundations of Western Society*. Cambridge: Cambridge University Press.

Ma, D. (2004). Growth, institutions and knowledge: A review and reflection on the historiography of 18th–20th century China. *Australian Economic History Review* 44 (3), 259–77.

Ma, D. (2007). Law and economic growth: The case of traditional China. Working paper, www.iisg.nl/hpw/papers/law-ma.pdf.

Ma, V., and Schoeneman, T. J. (1997). Individualism versus collectivism: A comparison of Kenyan and American self-concepts. *Basic and Applied Social Psychology* 19 (2), 261–73.

MacCulloch, D. (2005). *The Reformation*. New York: Penguin Books.

MacFarlane, A. (1978). *The Origins of English Individualism: The Family, Property and Social Transition*. Oxford: Blackwell.

MacFarlane, A. (2014). *Invention of the Modern World*. Les Brouzils, France: Odd Volumes of the Fortnightly Review.

Macucal. (2013). Desarrollo de la reconquista desde 914 hasta 1492 [map]. Wikimedia Commons, the Free Media Repository.

Maddux, W. W., Yang, H., Falk, C., Adam, H., Adair, W., Endo, Y., Carmon, Z., and Heine, S. J. (2010). For whom is parting with possessions more painful? Cultural differences in the endowment effect. *Psychological Science* 21 (12),

1910–17.

Malhotra, D. (2010). (When) are religious people nicer? Religious salience and the "Sunday effect" on pro-social behavior. *Judgment and Decision Making* 5 (2), 138–43.

Maloney, W. F., and Caicedo, F. V. (2017). Engineering growth: Innovative capacity and development in the Americas. Working paper, ssrn.com/abstract=2932756.

Mann, C. C. (2012). 1493: *Uncovering the New World Columbus Created*. New York: Vintage Books.

Mann, P. A. (1972). Residential mobility as an adaptive experience. *Journal of Consulting and Clinical Psychology* 39 (1), 37–42.

Mantovanelli, F. (2014). The Protestant legacy: Missions and literacy in India. Working paper, ssrn.com/abstract=2413170.

Mar, R. A., Oatley, K., Hirsh, J., dela Paz, J., and Peterson, J. B. (2006). Bookworms versus nerds: Exposure to fiction versus non-fiction, divergent associations with social ability, and the simulation of fictional social worlds. *Journal of Research in Personality* 40 (5), 694–712.

Mar, R. A., Oatley, K., and Peterson, J. B. (2009). Exploring the link between reading fiction and empathy: Ruling out individual differences and examining outcomes. *Communications* 34 (4), 407–428.

Mar, R. A., and Rain, M. (2015). Narrative fiction and expository nonfiction differentially predict verbal ability. *Scientific Studies of Reading* 19 (6), 419–33.

Mar, R. A., Tackett, J. L., and Moore, C. (2010). Exposure to media and theory-of-mind development in preschoolers. *Cognitive Development* 25 (1), 69–78.

Marcus, J. (2008). The archaeological evidence for social evolution. *Annual Review of Anthropology* 37 (1), 251–66.

Marcus, J., and Flannery, K. V. (2004). The coevolution of ritual and society: New C-14 dates from ancient Mexico. *Proceedings of the National Academy of Sciences* 101 (52), 18257–61.

Marlowe, F. W. (2000). Paternal investment and the human mating system. *Behavioural Processes* 51 (1–3), 45–61.

Marlowe, F. W. (2003). The mating system of foragers in the standard cross-cultural sample. *Cross-Cultural Research* 37 (3), 282–306.

Marlowe, F. W. (2004). Marital residence among foragers. *Current Anthropology* 45 (2), 277–84.

Marlowe, F. W. (2005). Hunter-gatherers and human evolution. *Evolutionary Anthropology* 14 (2), 54–67.

Marlowe, F. W. (2010). *The Hadza: Hunter-Gatherers of Tanzania*. M. Borgerhoff Mulder and Joe Henrich (eds.), Origins of Human Behavior and Culture. Berkeley: University of California Press.

The marriage law of the People's Republic of China (1980). (1984). *Pacific Affairs* 57 (2), 266–69.

Marshall, L. (1959). Marriage among !Kung Bushmen. *Africa* 29 (4), 335–65.

Marshall, L. (1962). !Kung Bushman religious beliefs. *Africa* 32 (3), 221–52. Marshall, L. (1976). *The !Kung of Nyae Nyae*. Cambridge, MA: Harvard University Press. Marshall, L. (1999). *Nyae Nyae !Kung Beliefs and Rites*. Cambridge, MA: Harvard University Press.

Martens, J. P., Tracy, J. L., and Shariff, A. F. (2012). Status signals: Adaptive benefits of displaying and observing the nonverbal expressions of pride and shame. *Cognition and Emotion* 26 (3), 390–406.

Martin, N. D., Rigoni, D., and Vohs, K. D. (2017). Free will beliefs predict attitudes toward unethical behavior and criminal punishment. *Proceedings of the National Academy of Sciences* 114 (28), 7325–30.

Martines, L. (2013). *Furies: War in Europe, 1450–1700*. New York: Bloomsbury. Masuda, T., Ellsworth, P. C., Mesquita, B., Leu, J., Tanida, S., and Van de Veer-

donk, E. (2008). Placing the face in context: Cultural differences in the perception of facial emotion. *Journal of Personality and Social Psychology* 94 (3), 365–81.

Masuda, T., and Nisbett, R. E. (2001). Attending holistically versus analytically: Comparing the context sensitivity of Japanese and Americans. *Journal of Personality and Social Psychology* 81, 922–34.

Mathew, S., and Boyd, R. (2011). Punishment sustains large-scale cooperation in pre- state warfare. *Proceedings of the National Academy of Sciences* 108 (28), 11375–80.

Matranga, A. (2017). The ant and the grasshopper: Seasonality and the invention of agriculture. Working paper, mpra.ub.uni-muenchen.de/76626.

Mazur, A., and Booth, A. (1998). Testosterone and dominance in men. *Behavioral and Brain Sciences* 21 (3), 353–63.

Mazur, A., and Michalek, J. (1998). Marriage, divorce, and male testosterone. *Social Forces* 77 (1), 315–30.

McBryde, I. (1984). Exchange in south eastern Australia: An ethnohistorical perspective. *Aboriginal History* 8 (2), 132–53.

McCarthy, F. D. (1939). "Trade" in aboriginal Australia, and "trade" relationships with Torres Strait, New Guinea and Malaya. *Oceania* 10 (1), 80–104.

McCleary, R. M. (2007). Salvation, damnation, and economic incentives. *Journal of Contemporary Religion* 22 (1), 49–74.

McCleary, R. M., and Barro, R. J. (2006). Religion and economy. *Journal of Economic Perspectives* 20 (2), 49–72.

McCloskey, D. N. (2007). *The Bourgeois Virtues: Ethics for an Age of Commerce*. Chicago: University of Chicago Press.

McCullough, M. E., Pedersen, E. J., Schroder, J. M., Tabak, B. A., and Carver, C. S. (2013). Harsh childhood environmental characteristics predict exploitation and retaliation in humans. *Proceedings of the Royal Society B: Biological Sciences* 280 (1750), 1–7.

McCullough, M. E., and Willoughby, B. L. B. (2009). Religion, self-regulation, and self-control: Associations, explanations, and implications. *Psychological Bulletin*

135 (1), 69–93.

McElreath, R., Boyd, R., and Richerson, P. J. (2003). Shared norms and the evolution of ethnic markers. *Current Anthropology* 44 (1), 122–29.

McElreath, R. (2020). *Statistical Rethinking: A Bayesian Course with Examples in R and STAN*. Chapman & Hall/CRC Texts in Statistical Science. CRC Press.

McGrath, A. E. (2007). *Christianity's Dangerous Idea: The Protestant Revolution— A History from the Sixteenth Century to the Twenty-First* (1st ed.). New York: HarperOne.

McNamara, R. A., and Henrich, J. (2018). Jesus vs. the ancestors: How specific religious beliefs shape prosociality on Yasawa Island, Fiji. *Religion, Brain & Behavior* 8 (2), 185–204.

McNamara, R. A., Willard, A. K., Norenzayan, A., and Henrich, J. Thinking about thoughts when the mind is unknowable: Mental state reasoning through false belief and empathy across societies. (In preparation.)

McNamara, R. A., Willard, A. K., Norenzayan, A., and Henrich, J. (2019b). Weighing outcome vs. intent across societies: How cultural models of mind shape moral reasoning. *Cognition* 182, 95–108.

McNeill, W. H. (1982). *Pursuit of Power: Technology, Armed Force, and Society Since A.D. 1000*. Chicago: University of Chicago Press.

McNeill, W. H. (1991). *The Rise of the West: A History of the Human Community: With a Retrospective Essay*. Chicago: University of Chicago Press.

McNeill, W. H. (1999). How the potato changed the world's history. *Social Research* 66 (1), 67–83.

Medin, D. L., and Atran, S. (1999). *Folkbiology*. Cambridge, MA: MIT Press.

Medin, D. L., and Atran, S. (2004). The native mind: Biological categorization and reasoning in development and across cultures. *Psychological Review* 111 (4), 960–83. Mehta, P. H., and Josephs, R. A. (2010). Testosterone and cortisol jointly regulate dominance: Evidence for a dual-hormone hypothesis.

Hormones and Behavior 58 (5), 898–906.

Mehta, P. H., Wuehrmann, E. V., and Josephs, R. A. (2009). When are low testosterone levels advantageous? The moderating role of individual versus intergroup competition. *Hormones and Behavior* 56 (1), 158–62.

Meisenzahl, R., and Mokyr, J. (2012). The rate and direction of invention in the British Industrial Revolution: Incentives and institutions. In J. Lerner and S. Stern (eds.), *The Rate and Direction of Inventive Activity Revisited* (pp. 443–79). Chicago: University of Chicago Press.

Menke, T. (1880). Europe according to its ecclesiastical circumstances in the Middle Ages. In *Hand Atlas for the History of the Middle Ages and Later* (3rd ed.). Gotha, Germany: Justus Perthes.

Merton, R. K. (1938). Science, technology and society in seventeenth century England. *Osiris* 4, 360–632.

Meyers, M. A. (2007). *Happy Accidents: Serendipity in Modern Medical Breakthroughs*. New York: Arcade.

Mikalson, J. D. (2010). *Ancient Greek Religion*. Hoboken, NJ: Wiley-Blackwell. Milgram, S. (1963). Behavioral study of obedience. *Journal of Abnormal and Social Psychology* 67 (4), 371–78.

Miller, W. I. (2009). *Bloodtaking and Peacemaking: Feud, Law, and Society in Saga Iceland*. Chicago: University of Chicago Press.

Mintz, S. W. (1986). *Sweetness and Power: The Place of Sugar in Modern History*. New York: Penguin.

Mischel, W., Ayduk, O., Berman, M. G., Casey, B. J., Gotlib, I. H., Jonides, J., . . . Shoda, Y. (2011). "Willpower" over the life span: Decomposing self-regulation. *Social Cognitive and Affective Neuroscience* 6 (2), 252–56.

Mischel, W., Shoda, Y., and Rodriguez, M. L. (1989). Delay of gratification in children. *Science* 244 (4907), 933–38.

Mittal, C., Griskevicius, V., Simpson, J. A., Sung, S. Y., and Young, E. S. (2015).

Cognitive adaptations to stressful environments: When childhood adversity enhances adult executive function. *Journal of Personality and Social Psychology* 109 (4), 604–621.

Mitterauer, M. (2011). Kontrastierende heiratsregeln: Traditionen des Orients und Europas im interkulturellen Vergleic. *Historische Sozialkunde* 41 (2), 4–16.

Mitterauer, M. (2015). Heiratsmuster im interkulturellen Vergleich: Von der Goody-These zum Korotayev-Modell. In T. Kolnberger, N. Franz, and P. Péporté (eds.), *Populations, Connections, Droits Fondamentaux: Mélanges pour Jean-Paul Lehners* (pp. 37–60). Berlin: Mandelbaum Verlag.

Mitterauer, M., and Chapple, G. (2010). *Why Europe? The Medieval Origins of Its Special Path.* Chicago: University of Chicago Press.

Mitterauer, M., and Sieder, R. (1982). *The European Family: Patriarchy to Partnership from the Middle Ages to the Present.* Hoboken, NJ: Blackwell.

Miu, E., Gulley, N., Laland, K. N., and Rendell, L. (2018). Innovation and cumulative culture through tweaks and leaps in online programming contests. *Nature Communications* 9 (1), 1–8.

Miyamoto, Y., Nisbett, R. E., and Masuda, T. (2006). Culture and the physical environment: Holistic versus analytic perceptual affordances. Psychological Science 17 (2), 113–19.

Moffitt, T. E., Arseneault, L., Belsky, D., Dickson, N., Hancox, R. J., Harrington, H., . . . Caspi, A. (2011). A gradient of childhood self-control predicts health, wealth, and public safety. *Proceedings of the National Academy of Sciences* 108 (7), 2693–98.

Mogan, R., Fischer, R., and Bulbulia, J. A. (2017). To be in synchrony or not? A meta- analysis of synchrony's effects on behavior, perception, cognition and affect. *Journal of Experimental Social Psychology* 72, 13–20.

Mokyr, J. (1990). *The Lever of Riches.* New York: Oxford University Press.

Mokyr, J. (1995). Urbanization, technological progress, and economic history. In

H. Giersch (ed.), *Urban Agglomeration and Economic Growth* (pp. 51–54). Berlin and Heidelberg: Springer.

Mokyr, J. (2002). *The Gifts of Athena: Historical Origins of the Knowledge Economy.* Princeton, NJ: Princeton University Press.

Mokyr, J. (2011). The intellectual origins of modern economic growth. *Economic History Review* 64 (2), 357–84.

Mokyr, J. (2013). Cultural entrepreneurs and the origins of modern economic growth.

Scandinavian Economic History Review 61 (1), 1–33.

Mokyr, J. (2016). *A Culture of Growth: The Origins of the Modern Economy.* Princeton, NJ: Princeton University Press.

Moll-Murata, C. (2008). Chinese guilds from the seventeenth to the twentieth centuries: An overview. *International Review of Social History* 53 (Suppl. 16), 213–47.

Moll-Murata, C. (2013). Guilds and appenticeship in China and Europe: The Jingdezhen and European ceramics industries. In M. Prak and J. L. van Zanden (eds.), *Technology, Skills and the Pre-Modern Economy in the East and the West* (pp. 225–58). Leiden: Brill.

Moore, R. I. (2000). *The First European Revolution: c. 970–1215. The Making of Europe.* Malden, MA: Blackwell.

Moore, S. F. (1972). Legal liability and evolutionary interpretation: Some aspects of strict liability, self-help and collective responsibility. In M. Gluckman (ed.), *The Allocation of Responsibility* (pp. 88–93). Manchester, UK: Manchester University Press.

Morewedge, C. K., and Giblin, C. E. (2015). Explanations of the endowment effect: An integrative review. *Trends in Cognitive Sciences* 19 (6), 339–48.

Morgan, J. (1852). *The Life and Adventures of William Buckley: Thirty-Two Years a Wanderer Amongst the Aborigines of Then Unexplored Country Round Port Phillip,*

Now the Province of Victoria. Hobart, Tasmania: A. Macdougall.

Morgan, T. J. H., and Laland, K. (2012). The biological bases of conformity. *Frontiers in Neuroscience* 6 (87), 1–7.

Morgan, T. J. H., Rendell, L. E., Ehn, M., Hoppitt, W., and Laland, K. N. (2012). The evolutionary basis of human social learning. *Proceedings of the Royal Society B: Biological Sciences* 279 (1729), 653–62.

Morris, I. (2010). *Why the West Rules—for Now: The Patterns of History, and What They Reveal About the Future*. New York: Farrar, Straus and Giroux.

Morris, I. (2014). *War, What Is It Good For? The Role of Conflict in Civilisation, from Primates to Robots*. London: Profile Books.

Morris, M. W., and Peng, K. (1994). Culture and cause: American and Chinese attributions for social and physical events. *Journal of Personality and Social Psychology* 67 (6), 949–71.

Moscona, J., Nunn, N., and Robinson, J. A. (2017). Keeping it in the family: Lineage organizations and the scope of trust in Sub-Saharan Africa. *American Economic Review* 107 (5), 565–71.

Motolinía, T. (1973). *Motolinía's History of the Indians of New Spain*. Westport, CT: Greenwood Press.

Moya, C. (2013). Evolved priors for ethnolinguistic categorization: A case study from the Quechua-Aymara boundary in the Peruvian Altiplano. *Evolution and Human Behavior* 34 (4), 265–72.

Moya, C., and Boyd, R. (2015). Different selection pressures give rise to distinct ethnic phenomena. *Human Nature* 26, 1–27.

Moya, C., Boyd, R., and Henrich, J. (2015). Reasoning about cultural and genetic transmission: Developmental and cross-cultural evidence from Peru, Fiji, and the United States on how people make inferences about trait transmission. *Topics in Cognitive Science* 7 (4), 595–610.

Mullainathan, S., and Shafir, E. (2013). *Scarcity: Why Having Too Little Means So*

Much. New York: Henry Holt.

Muller, M., Wrangham, R., and Pilbeam, D. (2017). *Chimpanzees and human evolution*. Cambridge, MA: Harvard University Press.

Muller, M. N., Marlowe, F. W., Bugumba, R., and Ellison, P. T. (2009). Testosterone and paternal care in East African foragers and pastoralists. *Proceedings of the Royal Society B: Biological Sciences* 276 (1655), 347–54.

Munson, J., Amati, V., Collard, M., and Macri, M. J. (2014). Classic Maya bloodletting and the cultural evolution of religious rituals: Quantifying patterns of variation in hieroglyphic texts. *PLoS One* 9 (9), e107982.

Murdock, G. P. (1934). *Our Primitive Contemporaries*. New York: Macmillan. Murdock, G. P. (1949). *Social Structure*. New York: Macmillan.

Murphy, K. J. (2013). Executive compensation: Where we are, and how we got there. In G. M. Constantinides, M. Harris, and R. M. Stulz (eds.), *Handbook of the Economics of Finance* (Vol. 2). Amsterdam: Elsevier B.V.

Murphy, K. J., and Zabojnik, J. (2004). CEO pay and appointments: A market-based explanation for recent trends. *American Economic Review* 94 (2), 192–96.

Murphy, R. F. (1957). Intergroup hostility and social cohesion. *American Anthropologist* 59 (6), 1018–1035.

Murray, D. R., Trudeau, R., and Schaller, M. (2011). On the origins of cultural differences in conformity: Four tests of the pathogen prevalence hypothesis. *Personality and Social Psychology Bulletin* 37 (3), 318–29.

Muthukrishna, M., Francois, P., Pourahmadi, S., and Henrich, J. (2017). Corrupting cooperation and how anti-corruption strategies may backfire. *Nature Human Behaviour* 1 (7), 1–5.

Muthukrishna, M., and Henrich, J. (2016). Innovation in the collective brain. *Philosophical Transactions of the Royal Society B: Biological Sciences* 371 (1690), 1–14.

Muthukrishna, M., Morgan, T. J. H., and Henrich, J. (2016). The when and who of

西方文化的特立獨行如何形成繁榮世界

social learning and conformist transmission. *Evolution and Human Behavior* 37 (1), 10–20.

Muthukrishna, M., Shulman, B. W. B. W., Vasilescu, V., and Henrich, J. (2013). Sociality influences cultural complexity. *Proceedings of the Royal Society B: Biological Sciences* 281 (1774), 20132511.

Nakahashi, W., Wakano, J. Y., and Henrich, J. (2012). Adaptive social learning strategies in temporally and spatially varying environments. *Human Nature* 23 (4), 386–418.

Needham, J. (1964). The pre-natal history of the steam engine. *Transactions of the Newcomen Society* 35 (1), 3–58.

Nelson, R. R., and Winter, S. G. (1985). *Evolutionary Theory of Economic Change*. Cambridge, MA: Harvard University Press.

Nettle, D., Frankenhuis, W. E., and Rickard, I. J. (2013). The evolution of predictive adaptive responses in human life history The evolution of predictive adaptive responses in human life history. *Proceedings of the Royal Society B: Biological Sciences* 280, 20131343.

Newson, L. (2009). Why do people become modern? A Darwinian explanation. Population and Development Review 35 (1), 117–58.

Newson, L., Postmes, T., Lea, S. E. G., Webley, P., Richerson, P. J., and McElreath, R. (2007). Influences on communication about reproduction: The cultural evolution of low fertility. *Evolution and Human Behavior* 28 (3), 199–210.

Newson, M., Buhrmester, M., and Whitehouse, H. (2016). Explaining lifelong loyalty: The role of identity fusion and self-shaping group events. *PLoS One* 11 (8), 1–13.

Nicolle, D., Embleton, G. A., and Embleton, S. (2014). *Forces of the Hanseatic League: 13th–15th centuries*. Men-at-Arms 494. Oxford: Osprey.

Nielsen, M., Haun, D., Kärtner, J., and Legare, C. H. (2017). The persistent sampling bias in developmental psychology: A call to action. *Journal of Experimental*

Child Psychology 162, 31–38.

Niklas, F., Cohrssen, C., and Tayler, C. (2016). The sooner, the better: Early reading to children. *SAGE Open* 6 (4), 1–11.

Nisbett, R. E. (2003). *The Geography of Thought: How Asians and Westerners Think Differently . . . and Why*. New York: Free Press.

Nisbett, R. E. (2009). *Intelligence and How to Get It: Why Schools and Cultures Count*. New York: W. W. Norton.

Nisbett, R. E., Aronson, J., Blair, C., Dickens, W., Flynn, J., Halpern, D. F., and Turkheimer, E. (2012). Intelligence: New findings and theoretical developments. *American Psychologist* 67 (2), 130–59.

Nisbett, R. E., and Cohen, D. (1996). *Culture of Honor: The Psychology of Violence in the South*. Boulder, CO: Westview Press.

Nisbett, R. E., Peng, K., Choi, I., and Norenzayan, A. (2001). Culture and systems of thought: Holistic versus analytic cognition. *Psychological Review* 108, 291–310.

Norenzayan, A. (2013). *Big Gods: How Religion Transformed Cooperation and Conflict*. Princeton, NJ: Princeton University Press.

Norenzayan, A., Gervais, W. M., and Trzesniewski, K. H. (2012). Mentalizing deficits constrain belief in a personal god. *PLoS One* 7 (5), e36880.

Norenzayan, A., Shariff, A. F., Gervais, W. M., Willard, A. K., McNamara, R. A., Slingerland, E., and Henrich, J. (2016a). Parochial prosocial religions: Historical and contemporary evidence for a cultural evolutionary process. *Behavioral and Brain Sciences* 39, E29.

Norenzayan, A., Shariff, A. F., Gervais, W. M., Willard, A. K., McNamara, R. A., Slingerland, E., and Henrich, J. (2016b). The cultural evolution of prosocial religions. *Behavioral and Brain Sciences* 39, E1.

Nores, M., and Barnett, W. S. (2010). Benefits of early childhood interventions across the world: (Under) investing in the very young. *Economics of Education Review* 29 (2), 271–82.

西方文化的特立獨行如何形成繁榮世界

Norris, P., and Inglehart, R. (2012). *Sacred and Secular: Religion and Politics Worldwide*. Cambridge: Cambridge University Press.

Nunez, M., and Harris, P. L. (1998). Psychological and deontic concepts: Separate domains or intimate connection? *Mind and Language* 13 (2), 153–70.

Nunn, N. (2007). Relationship-specificity, incomplete contracts, and the pattern of trade. *Quarterly Journal of Economics* 122 (2), 569–600.

Nunn, N. (2009). The importance of history for economic development. *Annual Review of Economics* 1 (1), 65–92.

Nunn, N. (2014). Gender and missionary influence in colonial Africa. In E. Akyeampong, R. Bates, N. Nunn, and J. Robinson (eds.), *Africa's Development in Historical Perspective* (pp. 489–512). Cambridge: Cambridge University Press.

Nunn, N., and De La Sierra, R. S. (2017). Why being wrong can be right: Magical warfare technologies and the persistence of false beliefs. *American Economic Review* 107 (5), 582–87.

Nunn, N., and Qian, N. (2010). The Columbian exchange: A history of disease, food, and ideas. *World Crops* 24 (2), 163–88.

Nunn, N., and Qian, N. (2011). The potato's contribution to population and urbanization: Evidence from a historical experiment. *Quarterly Journal of Economics* 126 (2), 593–650.

Nunn, N., and Wantchekon, L. (2011). The slave trade and the origins of mistrust in Africa. *American Economic Review* 101 (7), 3221–52.

Nunziata, L., and Rocco, L. (2014). The Protestant ethic and entrepreneurship: Evidence from religious minorities from the former Holy Roman Empire. *MPRA* Working paper, mpra.ub.uni-muenchen.de/53566.

Nuvolari, A. (2004). Collective invention during the British Industrial Revolution: the case of the Cornish pumping engine. *Cambridge Journal of Economics* 28 (3), 347–63.

O'Grady, S. (2013). *And Man Created God: A History of the World at the Time of Jesus.*

New York: St. Martin's Press.

Obschonka, M., Stuetzer, M., Rentfrow, P. J., Shaw-Taylor, L., Satchell, M., Silbereisen, R. K., Potter, J., and Gosling, S. D. (2018). In the shadow of coal: How large-scale industries contributed to present-day regional differences in personality and well-being. *Journal of Personality and Social Psychology* 115 (5), 903–927.

Ockenfels, A., and Weinmann, J. (1999). Types and patterns: An experimental east- west-German comparison of cooperation and solidarity. *Journal of Public Economics* 71 (2), 275–87.

Ogilvie, S. (2019). *The European Guilds.* Princeton, NJ: Princeton University Press. Oishi, S. (2010). The psychology of residential mobility: Implications for the self,

social relationships, and well-being. *Perspectives on Psychological Science* 5 (1), 5–21.

Oishi, S., Kesebir, S., Miao, F. F., Talhelm, T., Endo, Y., Uchida, Y., Shibanai, Y., and Norasakkunkit, V. (2013). Residential mobility increases motivation to expand social network: But why? *Journal of Experimental Social Psychology* 49 (2), 217–23.

Oishi, S., Schug, J., Yuki, M., and Axt, J. (2015). The psychology of residential and relational mobilities. In M. J. Gelfand, C. Chiu, and Y. Hong (eds.), *Handbook of Advances in Culture and Psychology* (Vol. 5, pp. 221–72). New York: Oxford University Press.

Oishi, S., and Talhelm, T. (2012). Residential mobility: What psychological research reveals. *Current Directions in Psychological Science* 21 (6), 425–30.

Okbay, A., Beauchamp, J. P., Fontana, M. A., Lee, J. J., Pers, T. H., Rietveld, C. A., . . . Benjamin, D. J. (2016). Genome-wide association study identifies 74 loci associated with educational attainment. *Nature* 533 (7604), 539–42.

Olsson, O., and Paik, C. (2016). Long-run cultural divergence: Evidence from the Neolithic Revolution. *Journal of Development Economics* 122, 197–213.

Over, H., Carpenter, M., Spears, R., and Gattis, M. (2013). Children selectively trust individuals who have imitated them. *Social Development* 22 (2), 215–24.

Padgett, J. F., and Powell, W. W. (2012). *The Emergence of Organizations and Markets*. Princeton, NJ: Princeton University Press.

Paine, R. (1971). Animals as capital: Comparisons among northern nomadic herders and hunters. *Anthropological Quarterly* 44 (3), 157–72.

Palmstierna, M., Frangou, A., Wallette, A., and Dunbar, R. (2017). Family counts: Deciding when to murder among the Icelandic Vikings. *Evolution and Human Behavior* 38 (2), 175–80.

Pan, W., Ghoshal, G., Krumme, C., Cebrian, M., and Pentland, A. (2013). Urban characteristics attributable to density-driven tie formation. *Nature Communications* 4, 1961.

Panero, M. E., Weisberg, D. S., Black, J., Goldstein, T. R., Barnes, J. L., Brownell, H., and Winner, E. (2016). Does reading a single passage of literary fiction really improve theory of mind? An attempt at replication. *Journal of Personality and Social Psychology* 111 (5), e46–e54.

Park, N., and Peterson, C. (2010). Does it matter where we live? The urban psychology of character strengths. *The American Psychologist* 65 (6), 535–47.

Peng, Y. S. (2004). Kinship networks and entrepreneurs in China's transitional economy. *American Journal of Sociology* 109 (5), 1045–1074.

Perreault, C., Moya, C., and Boyd, R. (2012). A Bayesian approach to the evolution of social learning. *Evolution and Human Behavior* 33 (5), 449–59.

Pettegree, A. (2015). *Brand Luther: 1517, Printing, and the Making of the Reformation*. New York: Penguin Press.

Peysakhovich, A., and Rand, D. G. (2016). Habits of virtue: Creating norms of cooperation and defection in the laboratory. *Management Science* 62 (3), 631–47.

Pigfetta, A. (2012). *Magellan's Voyage: A Narrative Account of the First*

Circumnavigation. New York: Dover.

Pilbeam, D., and Lieberman, D. E. (2017). Reconstructing the last common ancestor to chimpanzees and humans. In M. N. Muller, R. W. Wrangham, and D. Pilbeam (eds.), *Chimpanzees and human evolution* (pp. 22–141). Cambridge, MA: Harvard University Press.

Pinker, S. (1997). *How the Mind Works*. New York: W. W. Norton.

Pinker, S. (2011). *The Better Angels of Our Nature: Why Violence Has Declined*. New York: Viking.

Pinker, S. (2018). *Enlightenment Now: The Case for Reason, Science, Humanism, and Progress*. New York: Viking.

Pirenne, H. (1952). *Medieval Cities*. Princeton, NJ: Princeton University Press. Plattner, S. (1989). Economic behavior in markets. In S. Plattner (ed.), *Economic Anthropology* (pp. 209–221). Stanford, CA: Stanford University Press.

Plomin, R., DeFries, J. C., Knopik, V. S., and Neiderhiser, J. M. (2016). Top 10 replicated findings from behavioral genetics. *Perspectives in Psychological Science* 11 (1), 3–23.

Plomin, R., DeFries, J., McClearn, G. E., and McGuffin, P. (2001). *Behavioral Genetics* (4th ed.). New York: Worth.

Plott, C. R., and Zeiler, K. (2007). Exchange asymmetries incorrectly interpreted as evidence of endowment effect theory and prospect theory? *American Economic Review* 97 (4), 1449–66.

Pope, H. G., Kouri, E. M., and Hudson, J. I. (2000). Effects of supraphysiologic doses of testosterone on mood and aggression in normal men: A randomized controlled trial. Archives of General Psychiatry 57 (2), 133–40.

Post, L., and Zwaan, R. (2014). What is the value of believing in free will? Two replication studies. osf.io/mnwgb.

Prak, M., and Van Zanden, J. L. (eds.). (2013). *Technology, Skills and the Pre-Modern Economy in the East and the West*. Leiden: Brill.

西方文化的特立獨行如何形成繁榮世界

Pratt, T. C., and Cullen, F. T. (2000). The empirical status of Gottfredson and Hirschi's general theory of crime: A meta-analysis. *Criminology* 38 (3), 931–64.

Price, J. (2010). The effect of parental time investments: Evidence from natural within-

family variation. NBER working paper, www.uvic.ca/socialsciences/economics

/assets/docs/pastdept-4/price_parental_time.pdf.

Protzko, J., Ouimette, B., and Schooler, J. (2016). Believing there is no free will corrupts intuitive cooperation. *Cognition* 151, 6–9.

Purzycki, B. G., Apicella, C. L., Atkinson, Q. D., Cohen, E., McNamara, R. A., Willard, A. K., Xygalatas, D., Norenzayan, A., and Henrich, J. (2016). Moralistic gods, supernatural punishment and the expansion of human sociality. *Nature* 530 (7590), 327–30.

Purzycki, B. G., Henrich, J., Apicella, C. L., Atkinson, Q. D., Baimel, A., Cohen, E., . . . Norenzayan, A. (2017). The evolution of religion and morality: A synthesis of ethnographic and experimental evidence from eight societies. *Religion, Brain & Behavior* 8 (2), 101–132.

Purzycki, B. G., and Holland, E. C. (2019). Buddha as a God: An empirical assessment. *Method and Theory in the Study of Religion* 31, 347–75.

Purzycki, B. G., Ross, C. T., Apicella, C. L., Atkinson, Q. D., Cohen, E., McNamara,

R. A., . . . Henrich, J. (2018). Material security, life history, and moralistic religions: A cross-cultural examination. *PLoS One* 13 (3), e0193856.

Purzycki, B. G., Willard, A. K., Klocová, E. K., Apicella, C., Atkinson, Q., Bolyanatz, A., . . . Ross, C. T. (2019). *The moralization bias of gods' minds: A cross-cultural test.*

Putterman, L. (2008). Agriculture, diffusion and development: Ripple effects of the Neolithic revolution. *Economica* 75 (300), 729–48.

Putterman, L., and Weil, D. N. (2010). Post-1500 population flows and the long-run determinants of economic growth and inequality. *Quarterly Journal of*

Economics 125 (4), 1627–82.

Puurtinen, M., and Mappes, T. (2009). Between-group competition and human cooperation. *Proceedings of the Royal Society B: Biological Sciences* 276 (1655), 355–60.

Rad, M. S., Martingano, A. J., and Ginges, J. (2018). Toward a psychology of *Homo sapiens*: Making psychological science more representative of the human population. *Proceedings of the National Academy of Sciences* 115 (45), 11401–11405.

Radcliffe-Brown, A. R. (1964). The Andaman Islanders. Glencoe, IL: Free Press.

Rai, T. S., and Holyoak, K. J. (2013). Exposure to moral relativism compromises moral behavior. *Journal of Experimental Social Psychology* 49 (6), 995–1001.

Ramseyer, V. (2006). *The Transformation of a Religious Landscape: Medieval Southern Italy, 850–1150*. Ithaca, NY: Cornell University Press.

Rand, D. G. (2016). Cooperation, fast and slow: Meta-analytic evidence for a theory of social heuristics and self-interested deliberation. *Psychological Science* 27 (9), 1192–1206.

Rand, D. G., Dreber, A., Haque, O. S., Kane, R. J., Nowak, M.A., and Coakley, S. (2014). Religious motivations for cooperation: An experimental investigation using explicit primes. *Religion, Brain & Behavior* 4 (1), 31–48.

Rand, D. G., Peysakhovich, A., Kraft-Todd, G. T., Newman, G. E., Wurzbacher, O., Nowak, M. A., and Greene, J. D. (2014). Social heuristics shape intuitive cooperation. *Nature Communications* 5, 3677.

Rao, L.-L., Han, R., Ren, X.-P., Bai, X.-W., Zheng, R., Liu, H., . . . Li, S. (2011). Disadvantage and prosocial behavior: The effects of the Wenchuan earthquake. *Evolution and Human Behavior* 32 (1), 63–69.

Rauh, N. K. (1993). *The Sacred Bonds of Commerce: Religion, Economy, and Trade Society at Hellenistic Roman Delos, 166–87 B.C.* Leiden: Brill.

Redmond, E. M., and Spencer, C. S. (2012). Chiefdoms at the threshold: The competitive origins of the primary state. *Journal of Anthropological Archaeology* 31 (1), 22–37.

Reich, D. (2018). *Who We Are and How We Got Here: Ancient DNA and the New Science of the Human Past*. New York: Oxford University Press.

Rendell, L., Fogarty, L., Hoppitt, W. J. E., Morgan, T. J. H., Webster, M. M., and Laland, K. N. (2011). Cognitive culture: Theoretical and empirical insights into social learning strategies. *Trends in Cognitive Sciences* 15 (2), 68–76.

Rentfrow, P. J., Gosling, S. D., Potter, J., Rentfrow, P. J., Gosling, S. D., and Potter,

J. (2017). A theory of the emergence, persistence, and expression of geographic variation in psychological characteristics. *Perspectives on Psychological Science* 3 (5), 339–69.

Reyes-García, V., Godoy, R., Huanca, T., Leonard, W., McDade, T., Tanner, S., and Vadez, V. (2007). The origins of monetary income inequality: Patience, human capital, and division of labor. *Evolution and Human Behavior* 28 (1), 37–47.

Reynolds, B. (2006). A review of delay-discounting research with humans: Relations to drug use and gambling. *Behavioural Pharmacology* 17 (8), 651–67.

Richardson, G. (2004). Guilds, laws, and markets for manufactured merchandise in late-medieval England. *Explorations in Economic History* 41 (1), 1–25.

Richardson, G. (2005). Craft guilds and Christianity in late-medieval England: A rational-choice analysis. *Rationality and Society* 17 (2), 139–89.

Richardson, G., and McBride, M. (2009). Religion, longevity, and cooperation: The case of the craft guild. *Journal of Economic Behavior and Organization* 71 (2), 172–86.

Richerson, P. J., Baldini, R., Bell, A., Demps, K., Frost, K., Hillis, V., . . . Zefferman,

M. R. (2016). Cultural group selection plays an essential role in explaining human cooperation: A sketch of the evidence. *Behavioral and Brain Sciences* 39, 1–68.

Richerson, P. J., and Boyd, R. (2005). *Not by Genes Alone: How Culture Transformed*

Human Evolution. Chicago: University of Chicago Press.

Richerson, P. J., Boyd, R., and Bettinger, R. L. (2001). Was agriculture impossible during the Pleistocene but mandatory during the Holocene? A climate change hypothesis. *American Antiquity* 66 (3), 387–411.

Rigoni, D., Kuhn, S., Gaudino, G., Sartori, G., and Brass, M. (2012). Reducing self-control by weakening belief in free will. *Consciousness and Cognition* 21 (3), 1482–90.

Rindermann, H., and Thompson, J. (2011). Cognitive capitalism: The effect of cognitive ability on wealth, as mediated through scientific achievement and economic freedom. *Psychological Science* 22 (6), 754–63.

Ritter, M. L. (1980). The conditions favoring age-set organization. *Journal of Anthropological Research* 36 (1), 87–104.

Rives, J. B. (2006). *Religion in the Roman Empire*. Hoboken, NJ: Wiley-Blackwell.

Robbins, E., Shepard, J., and Rochat, P. (2017). Variations in judgments of intentional action and moral evaluation across eight cultures. *Cognition* 164, 22–30.

Robinson, J. A., and Acemoglu, D. (2011). Why nations fail: The origins of power, prosperity and poverty. PowerPoint presentation. Morishima Lecture, London School of Economics, June 6. www.lse.ac.uk/assets/richmedia/channels/publicLecturesAndEvents/slides/20110608_1830_whyNationsFail_sl.pdf.

Rockmore, D. N., Fang, C., Foti, N. J., Ginsburg, T., and Krakauer, D. C. (2017). The cultural evolution of national constitutions. *Journal of the Association for Information Science and Technology* 69 (3), 483–94.

Rolt, L. T. C., and Allen, J. S. (1977). *The Steam Engine of Thomas Newcomen*. New York: Science History.

Roscoe, P. B. (1989). The pig and the long yam: The expansion of a Sepik cultural complex. *Ethnology* 28 (3), 219–31.

Ross, L., and Nisbett, R. E. (1991). *The Person and the Situation: Perspectives of Social*

Psychology. Philadelphia: Temple University Press.

Ross, M. C. (1985). Concubinage in Anglo-Saxon England. *Past and Present* 108, 3–34.

Rowe, W. T. (2002). Stability and social change. In J. K. Fairbank and D. Twitchett (eds.), *The Cambridge History of China* (Vol. 9, pp. 473–562). Cambridge: Cambridge University Press.

Roy, T. (2013). Appenticeship and Industrialization in India, 1600–1930. In M. Prak and J. L. van Zanden (eds.), *Technology, Skills and the Pre-Modern Economy in the East and the West* (pp. 69–92). Leiden: Brill.

Ruan, J., Xie, Z., and Zhang, X. (2015). Does rice farming shape individualism and innovation? *Food Policy* 56, 51–58.

Rubin, J. (2014). Printing and Protestants: An empirical test of the role of printing in the Reformation. *Review of Economics and Statistics* 96 (2), 270–86.

Rubin, J. (2017). *Rulers, Religion, and Riches: Why the West Got Rich and the Middle East Did Not*. Cambridge: Cambridge University Press.

Rustagi, D., Engel, S., and Kosfeld, M. (2010a). Conditional cooperation and costly monitoring explain success in forest commons management. *Science* 330 (6006), 961–65.

Rustagi, D., and Veronesi, M. (2017). Waiting for Napoleon? Democracy and norms of reciprocity across social groups. Working paper, www.brown.edu/academics /economics/sites/br.

Sääksvuori, L., Mappes, T., and Puurtinen, M. (2011). Costly punishment prevails in intergroup conflict. *Proceedings of the Royal Society B: Biological Sciences* 278 (1723), 3428–36.

Saccomandi, G., and Ogden, R. W. (2014). *Mechanics and Thermomechanics of Rubberlike Solids*. Vienna: Springer.

Sahlins, M. (1998). The original affluent society. In J. Gowdy (ed.), *Limited Wants,*

Unlimited Means: A Reader on Hunter-Gatherer Economics and the Environment (pp. 5–41). Washington, DC: Island Press/The Center for Resource Economics.

Sahlins, M. D. (1961). The segmentary lineage: An organization of predatory expansion. *American Anthropologist* 63 (2), 322–45.

Sahlins, M. D. (1963). Poor man, rich man, big-man, chief: Political types in Melanesia and Polynesia. *Comparative Studies in Society and History* 5 (3), 285–303.

Salali, G. D., Chaudhary, N., Thompson, J., Grace, O. M., van der Burgt, X. M., Dyble, M., . . . Migliano, A. B. (2016). Knowledge-sharing networks in hunter-gatherers and the evolution of cumulative culture. *Current Biology* 26 (18), 2516–21.

Salali, G. D., and Migliano, A. B. (2015). Future discounting in Congo Basin hunter-gatherers declines with socio-economic transitions. *PLoS One* 10 (9), 1–10.

Salvador, A. (2005). Coping with competitive situations in humans. *Neuroscience and Biobehavioral Reviews* 29, 195–205.

Salvador, A., and Costa, R. (2009). Coping with competition: Neuroendocrine responses and cognitive variables. *Neuroscience and Biobehavioral Reviews* 33 (2), 160–70.

Sampson, R. J., and Laub, J. H. (1993). *Crime in the Making: Pathways and Turning Points Through Life*. Cambridge, MA: Harvard University Press.

Sampson, R., Laub, J., and Wimer, C. (2006). Does marriage reduce crime? A counterfactual approach to within-individual causal effects. *Criminology* 44 (3), 465–509. Sanchez-Burks, J. (2002). Protestant relational ideology and (in)attention to relational cues in work settings. *Journal of Personality and Social Psychology* 83 (4), 919–29.

Sanchez-Burks, J. (2005). Protestant relational ideology: The cognitive underpinnings and organizational implications of an American anomaly. *Research in Organizational Behavior* 26, 265–305.

Sanders, M. A., Shirk, S. D., Burgin, C. J., and Martin, L. L. (2012). The gargle effect: Rinsing the mouth with glucose enhances self-control. *Psychological Science* 23 (12), 1470–72.

Sasson, D., and Greif, A. (2011). Risk, institutions and growth: Why England and not China? *IZA Discussion Papers* 5598, 1–51.

Sato, K., Yuki, M., Takemura, K., Schug, J., and Oishi, S. (2008). The "openness" of a society determines the relationship between self-esteem and subjective well-being (1): A cross-societal comparison. *International Journal of Psychology* 43 (3–4), 652.

Schaller, M., Conway, L. G. I., and Tanchuk, T. L. (2002). Selective pressures on the once and future contents of ethnic stereotypes: Effects of the communicability of traits. *Journal of Personality and Social Psychology* 82 (6), 861–77.

Schaller, M., and Murray, D. R. (2008). Pathogens, personality, and culture: Disease prevalence predicts worldwide variability in sociosexuality, extraversion, and openness to experience. *Journal of Personality and Social Psychology* 95 (1), 212–21.

Schaltegger, C. A., and Torgler, B. (2010). Work ethic, Protestantism, and human capital. *Economics Letters* 107 (2), 99–101.

Schapera, I. (1930). The Khoisan Peoples of South Africa. London: Routledge.

Scheff, T. J. (1988). Shame and conformity: The deference-emotion system. *American Sociological Review* 53 (3), 395–406.

Scheidel, W. (2008). Monogamy and polygyny in Greece, Rome and world history. Working paper, ssrn.com/abstract=1214729.

Scheidel, W. (2009a). A peculiar institution? Greco-Roman monogamy in global context. *History of the Family* 14 (3), 280–91.

Scheidel, W. (2009b). Sex and empire: A Darwinian perspective. In I. Morris and W. Scheidel (eds.), *The Dynamics of Ancient Empires: State Power from Assyria to Byzantium* (pp. 255–324). New York: Oxford University Press.

Scheidel, W. (2019). *Escape from Rome: The Failure of Empire and the Road to Prosperity*. Princeton, NJ: Princeton University Press.

Scheve, K., and Stasavage, D. (2010). The conscription of wealth: Mass warfare and the demand for progressive taxation. *International Organization* 64 (4), 529–61.

Schmitt, D. P., Allik, J., McCrae, R. R., and Benet-Martinez, V. (2007). The geographic distribution of big five personality traits: Patterns and profiles of human self- description across 56 nations. *Journal of Cross-Cultural Psychology* 38 (2), 173–212.

Schneider, D. M., and Homans, G. C. (1955). Kinship terminology and the American kinship system. *American Anthropologist* 57 (6), 1194–1208.

Schulz, J. (2019). Kin networks and institutional development. Working paper, ssrn. com/sol3/papers.cfm?abstract_id=2877828.

Schulz, J. F., Barahmi-Rad, D., Beauchamp, J., and Henrich, J. (2018). The origins of WEIRD psychology. June 22. https://psyarxiv.com/d6qhu/.

Schulz, J. F., Bahrami-Rad, D., Beauchamp, J. P., and Henrich, J. (2019). Global psychological variation, intensive kinship and the Church. *Science* 366 (707), 1–12.

Schwartz, S. H., and Bilsky, W. (1990). Toward a theory of the universal content and structure of values: Extensions and cross-cultural replications. *Journal of Personality and Social Psychology* 58 (5), 878–91.

Scoville, W. C. (1953). The Huguenots in the French economy, 1650–1750. *Quarterly Journal of Economics* 67 (3), 423–44.

Seife, C. (2000). *Zero: The Biography of a Dangerous Idea*. London: Souvenir Press.

Sellen, D. W., Borgerhoff Mulder, M., and Sieff, D. F. (2000). Fertility, offspring quality, and wealth in Datoga pastoralists. In L. Cronk, N. Chagnon, and W. Irons (eds.), *Adaptation and Human Behavior: An Anthropological Perspective* (pp. 91– 114). New York: Aldine de Gruyter.

Sequeira, S., Nunn, N., and Qian, N. (2020). Immigrants and the making of America. *Review of Economic Studies*, 87 (1), 382–419.

Serafinelli, M., and Tabellini, G. (2017). Creativity over time and space. Working paper, ssrn.com/abstract=3070203.

Shariff, A. F., Greene, J. D., Karremans, J. C., Luguri, J. B., Clark, C. J., Schooler, J. W., Baumeister, R. F., Vohs, K. D. (2014). Free will and punishment: A mechanistic view of human nature reduces retribution. *Psychological Science* 25 (8), 1563–70.

Shariff, A. F., and Norenzayan, A. (2007). God is watching you: Priming God concepts increases prosocial behavior in an anonymous economic game. *Psychological Science* 18 (9), 803–809.

Shariff, A. F., and Norenzayan, A. (2011). Mean gods make good people: Different views of God predict cheating behavior. *International Journal for the Psychology of Religion* 21 (2), 85–96.

Shariff, A. F., and Rhemtulla, M. (2012). Divergent effects of beliefs in heaven and hell on national crime rates. *PLoS One* 7 (6), e39048.

Shariff, A. F., Willard, A. K., Andersen, T., and Norenzayan, A. (2016). Religious priming: A meta-analysis with a focus on prosociality. *Personality and Social Psychology Review* 20 (1), 27–48.

Shaw, B. D., and Saller, R. P. (1984). Close-kin marriage in Roman society? *Man* 19 (3), 432–44.

Shenk, M. K., Towner, M. C., Voss, E. A., and Alam, N. (2016). Consanguineous marriage, kinship ecology, and market transition. *Current Anthropology* 57 (13), S167–S180.

Shenkar, O. (2010). *Copycats: How Smart Companies Use Imitation to Gain a Strategic Edge*. Cambridge, MA: Harvard Business Press.

Shepherd, W. R. (1926). The Carolingian and Byzantine Empires and the Califate About 814 [map]. In W. R. Shepherd (ed.), *Historical Atlas* (pp. 54–55). New York: Henry Holt.

Shleifer, A. (2004). Does competition destroy ethical behavior? *American Economic*

Review 94 (2), 414–18.

Shrivastava, S. (ed.). (2004). *Medical Device Materials: Proceedings from the Materials and Processes for Medical Devices Conference* (Sept. 8–10, 2003). Materials Park, OH: ASM International.

Shutts, K., Banaji, M. R., and Spelke, E. S. (2010). Social categories guide young children's preferences for novel objects. *Developmental Science* 13 (4), 599–610.

Shutts, K., Kinzler, K. D., and DeJesus, J. M. (2013). Understanding infants' and children's social learning about foods: Previous research and new prospects. *Developmental Psychology* 49 (3), 419–25.

Shutts, K., Kinzler, K. D., Mckee, C. B., and Spelke, E. S. (2009). Social information guides infants' selection of foods. *Journal of Cognition and Development* 10 (1–2), 1–17.

Sibley, C. G., and Bulbulia, J. (2012). Faith after an earthquake: A longitudinal study of religion and perceived health before and after the 2011 Christchurch New Zealand earthquake. *PLoS One* 7 (12), e49648.

Sikora, M., Seguin-Orlando, A., Sousa, V. C., Albrechtsen, A., Ko, A., Rasmussen, S, . . . Willerslev, E. (2017). Ancient genomes show social and reproductive behavior of early Upper Paleolithic foragers. *Science* 358 (6363), 659–62.

Silk, J. B. (1987). Adoption among the Inuit. *Ethos* 15 (3), 320–30.

Silver, M. (1995). *Economic Structures of Antiquity*. London: Westport Press.
Silverman, P., and Maxwell, R. J. (1978). How do I respect thee? Let me count the ways: Deference towards elderly men and women. *Behavior Science Research* 13 (2), 91–108.

Simon, J. L., and Sullivan, R. J. (1989). Population size, knowledge stock, and other determinants of agricultural publication and patenting: England, 1541–1850. *Explorations in Economic History* 26 (1), 21–44.

Singh, M., and Henrich, J. (2019). Self-denial by shamans promotes perceptions of religious credibility. Preprint. https://doi.org/10.31234/osf.io/kvtqp.

西方文化的特立獨行如何形成繁榮世界

Singh, M., Kaptchuck, T., and Henrich, J. (2019). Small gods, rituals, and cooperation: The Mentawai crocodile spirit *Sikaoinan*. Preprint. https://doi. org/10.31235/osf.io/npkdy.

Siziba, S., and Bulte, E., (2012). Does market participation promote generalized trust? Experimental evidence from Southern Africa. *Economic Letters* 117 (1), 156–60.

Slingerland, E. (2008). *What Science Offers the Humanities: Integrating Body and Culture*. Cambridge: Cambridge University Press.

Slingerland, E. (2014). *Trying Not to Try: The Art and Science of Spontaneity*. New York: Crown.

Slingerland, E., and Chudek, M. (2011). The prevalence of mind-body dualism in early China. *Cognitive Science* 35 (5), 997–1007.

Slingerland, E., Monroe, M. W., Sullivan, B., Walsh, R. F., Veidlinger, D., Noseworthy, W., . . . Spicer, R. Historians respond to Whitehouse et al. (2019), "Complex societies precede moralizing gods throughout world history." *Journal of Cognitive Historiography*. Forthcoming.

Slingerland, E., Nichols, R., Nielbo, K., and Logan, C. (2018). The distant reading of religious texts: A "big data" approach to mind-body concepts in early China. *Journal of the American Academy of Religion* 85 (4), 985–1016.

Smaldino, P., Lukaszewski, A., von Rueden, C., and Gurven, M. (2019). Niche diversity can explain cross-cultural differences in personality structure. *Nature Human Behaviour*, 3, 1276–83.

Smaldino, P. E., Schank, J. C., and McElreath, R. (2013). Increased costs of cooperation help cooperators in the long run. *American Naturalist* 181 (4), 451–63.

Smith, A. (1997). Lecture on the influence of commerce on manners. In D. B. Klein (ed.), *Reputation: Studies in the Voluntary Elicitation of Good Conduct* (pp. 17–20). Ann Arbor: University of Michigan Press.

Smith, C. E. (1972). *Papal Enforcement of Some Medieval Marriage Laws*. Port Washington, NY: Kennikat Press.

Smith, D. N. (2015). Profit maxims: Capitalism and the common sense of time and money. *Current Perspectives in Social Theory* 33, 29–74.

Smith, K., Larroucau, T., Mabulla, I. A., and Apicella, C. L. (2018). Hunter-gatherers maintain assortativity in cooperation despite high-levels of residential change and mixing. *Current Biology* 28 (19), P3152–P3157.E4.

Smith, V. A. (1917). *Akkar, the Great Mogul, 1542–1605*. Oxford: Clarendon Press. Smith, W., and Cheetham, S. (1880). *A Dictionary of Christian Antiquities*. London: John Murray.

Smith-Greenaway, E. (2013). Maternal reading skills and child mortality in Nigeria: A reassessment of why education matters. *Demography* 50 (5), 1551–61.

Smyth, R. B. (1878). *The Aborigines of Victoria*. Melbourne: J. Ferres. Sneader, W. (2005). *Drug Discovery: A History*. Chichester, UK: Wiley.

Snell, W. W. (1964). *Kinship Relations in Machiguenga*. Dallas, TX: SIL International.

Soler, H., Vinayak, P., and Quadagno, D. (2000). Biosocial aspects of domestic violence. *Psychoneuroendocrinology* 25 (7), 721–39.

Soltis, J., Boyd, R., and Richerson, P. (1995). Can group-functional behaviors evolve by cultural group selection? *Current Anthropology* 36 (13), 473–94.

Sosis, R., and Handwerker, W. P. (2011). Psalms and coping with uncertainty: Religious Israeli women's responses to the 2006 Lebanon War. *American Anthropologist* 113 (1), 40–55.

Sowell, T. (1998). *Conquests and Cultures: An International History*. New York: Basic Books.

Speake, G. (ed.). (1987). Monks and missions. In *Atlas of the Christian Church* (pp. 44–45). New York: Facts on File.

Spencer, C. S. (2010). Territorial expansion and primary state formation. *Proceedings*

西方文化的特立獨行如何形成繁榮世界

of the National Academy of Sciences 107 (16), 7119–26.

Spencer, C. S., and Redmond, E. M. (2001). Multilevel selection and political evolution in the Valley of Oaxaca, 500–100 B.C. *Journal of Anthropological Archaeology* 20 (2), 195–229.

Spenkuch, J. L. (2017). Religion and work: Micro evidence from contemporary Germany. *Journal of Economic Behavior and Organization* 135, 193–214.

Sperber, D. (1996). *Explaining Culture: A Naturalistic Approach*. Oxford; Cambridge, MA: Blackwell.

Sperber, D., Clement, F., Heintz, C., Mascaro, O., Mercier, H., Origgi, G., and Wilson, D. (2010). Epistemic vigilance. *Mind and Language* 25 (4), 359–93.

Squicciarini, M. P., and Voigtländer, N. (2015). Human capital and industrialization: Evidence from the age of the Enlightenment. *Quarterly Journal of Economics* 130 (4), 1825–83.

Squires, M. (2017). Kinship taxation as a constraint to microenterprise growth: Experimental evidence from Kenya. Working paper. uvic.ca/socialsciences/economics

/assets/docs/seminars/Squires%20Kinship%20Taxation.pdf.

Srinivasan, M., Dunham, Y., Hicks, C. M., and Barner, D. (2016). Do attitudes toward societal structure predict beliefs about free will and achievement? Evidence from the Indian caste system. *Developmental Science* 19 (1), 109–125.

Stanner, W. E. H. (1934). Ceremonial economics of the Mulluk Mulluk and Madngella Tribes of the Daly River, North Australia: A preliminary paper. *Oceania* 4 (4), 458–71.

Stark, R., and Hirschi, T. (1969). Hellfire and delinquency. *Social Problems* 17 (2), 202–213. Starkweather, K. E., and Hames, R. (2012). A survey of non-classical polyandry. *Human Nature* 23 (2), 149–72.

Stasavage, D. (2011). *States of Credit: Size, Power, and the Development of European Polities*. Princeton, NJ: Princeton University Press.

Stasavage, D. (2014). Was Weber right? The role of urban autonomy in Europe's rise. *American Political Science Review* 108 (2), 337–54.

Stasavage, D. (2016). Representation and consent: Why they arose in Europe and not elsewhere. *Annual Review of Political Science* 19 (1), 145–62.

Stephens-Davidowitz, S. (2018). *Everybody Lies: Big Data, New Data, and What the Internet Can Tell Us About Who We Really Are*. New York: Dey Street Books.

Stephenson, C. (1933). *Borough and Town: A Study of Urban Origins in England*. Monographs of the Mediaeval Academy of America. Cambridge, MA: Mediaeval Academy of America.

Stillman, T. F., and Baumeister, R. F. (2010). Guilty, free, and wise: Determinism and psychopathy diminish learning from negative emotions. *Journal of Experimental Social Psychology* 46 (6), 951–60.

Storey, A. E., Walsh, C. J., Quiton, R. L., and Wynne-Edwards, K. (2000). Hormonal correlates of paternal responsiveness in new and expectant fathers. *Evolution and Human Behavior* 21 (2), 79–95.

Strassmann, B. I., and Kurapati, N. T. (2016). What explains patrilineal cooperation? *Current Anthropology* 57 (Suppl. 13), S118–S130.

Strassmann, B. I., Kurapati, N. T., Hug, B. F., Burke, E. E., Gillespie, B. W., Karafet, T. M., and Hammer, M. F. (2012). Religion as a means to assure paternity. *Proceedings of the National Academy of Sciences* 109 (25), 9781–85.

Strathern, M. (1992). *After Nature: English Kinship in the Late Twentieth Century*. Lewis Henry Morgan Lectures. Cambridge: Cambridge University Press.

Stringham, E. (2015). On the origins of stock markets. In C. J. Coyne and P. J. Boettke (eds.), *The Oxford Handbook of Austrian Economics* (pp. 1–20). New York: Oxford University Press.

Strömbäck, C., Lind, T., Skagerlund, K., Västfjäll, D., and Tinghög, G. (2017). Does self-control predict financial behavior and financial well-being? *Journal of Behavioral and Experimental Finance* 14, 30–38.

Stuchlik, M. (1976). *Life on a Half Share: Mechanisms of Social Recruitment Among the Mapuche of Southern Chile.* London: C. Hurst.

Sturtevant, W. C. (1978). *Handbook of North American Indians: Arctic.* Washington, DC: Smithsonian Institution.

Su, J. C., and Oishi, S. (2010). Culture and self-enhancement. A social relation analysis. Unpublished manuscript.

Suh, E. M. (2002). Culture, identity consistency, and subjective well-being. *Journal of Personality and Social Psychology* 83 (6), 1378–91.

Swann, W. B., and Buhrmester, M. D. (2015). Identity fusion. Current Directions in *Psychological Science* 24 (1), 52–57.

Swann, W. B., Jetten, J., Gómez, A., Whitehouse, H., and Bastian, B. (2012). When group membership gets personal: A theory of identity fusion. *Psychological Review* 119 (3), 441–56.

Sznycer, D., Tooby, J., Cosmides, L., Porat, R., Shalvi, S., and Halperin, E. (2016). Shame closely tracks the threat of devaluation by others, even across cultures. *Proceedings of the National Academy of Sciences* 113 (10), 201514699.

Sznycer, D., Xygalatas, D., Agey, E., Alami, S., An, X.-F., Ananyeva, K. I., . . . Tooby, J. (2018). Cross-cultural invariances in the architecture of shame. *Proceedings of the National Academy of Sciences* 115 (39), 201805016.

Szwed, M., Vinckier, F., Cohen, L., and Dehaene, S. (2012). Towards a universal neurobiological architecture for learning to read. *Behavioral and Brain Sciences* 35 (5), 308–309.

Tabellini, G. (2010). Culture and institutions: Economic development in the regions of Europe. *Journal of the European Economic Association* 8 (4), 677–716.

Takahashi, T. (2005). Loss of self-control in intertemporal choice may be attributable to logarithmic time-perception. *Medical Hypotheses* 65 (4), 691–93.

Takahashi, T., Hadzibeganovic, T., Cannas, S. A., Makino, T., Fukui, H., and Kitayama, S. (2009). Cultural neuroeconomics of intertemporal choice.

Neuroendocrinology Letters 30 (2), 185–91.

Talhelm, T. (2015). The rice theory of culture. Dissertation, Department of Psychology, University of Virginia.

Talhelm, T., Graham, J., and Haidt, J. The budding collectivism revolution. Working paper.

Talhelm, T., Zhang, X., Oishi, S., Shimin, C., Duan, D., Lan, X., and Kitayama, S. (2014). Large-scale psychological differences within China explained by rice versus wheat agriculture. *Science* 344 (6184), 603–608.

Tarr, B., Launay, J., Cohen, E., and Dunbar, R. (2015). Synchrony and exertion during dance independently raise pain threshold and encourage social bonding. Biology Letters 11 (10), 1–4.

Tarr, B., Launay, J., and Dunbar, R. I. M. (2014). Music and social bonding: "Self-other" merging and neurohormonal mechanisms. *Frontiers in Psychology* 5, 1096.

Tarr, B., Launay, J., and Dunbar, R. I. M. (2016). Silent disco: Dancing in synchrony leads to elevated pain thresholds and social closeness. *Evolution and Human Behavior* 37 (5), 343–49.

Taylor, J. (2003). Risk-taking behavior in mutual fund tournaments. *Journal of Economic Behavior and Organization* 50 (3), 373–83.

Tenney, E. R., Small, J. E., Kondrad, R. L., Jaswal, V. K., and Spellman, B. A. (2011). Accuracy, confidence, and calibration: How young children and adults assess credibility. *Developmental Psychology* 47 (4), 1065–1077.

Terashima, H., and Hewlett, B. S. (2016). *Social Learning and Innovation in Contemporary Hunter-Gatherers: Evolutionary and Ethnographic Perspectives*. Replacement of Neanderthals by Modern Humans Series. Tokyo: Springer.

Thompson, E. P. (1967). Time, work-discipline, and industrial capitalism. *Past and Present* 38 (1), 56–97.

Thomson, R., Yuki, M., Talhelm, T., Schug, J., Kito, M., Ayanian, A. H., . . .

Visserman, M. L. (2018). Relational mobility predicts social behaviors in 39 countries and is tied to historical farming and threat. *Proceedings of the National Academy of Sciences* 115 (29), 7521–26.

Thoni, C. (2017). Trust and cooperation: Survey evidence and behavioral experiments. In P. Van Lange, B. Rockenbach, and M. Yamagishi (eds.), *Trust in Social Dilemmas* (pp. 155–72). New York: Oxford University Press.

Tierney, B. (1997). *The Idea of Natural Rights*. Atlanta: Scholars Press for Emory University.

Tilly, C. (1993). *Coercion, Capital and European States, AD 990–1992*. Hoboken, NJ: Wiley.

Tocqueville, A. de (1835; 1969). *Democracy in America*. Garden City, NY: Doubleday. Todd, E. (1985). *Explanation of Ideology: Family Structure and Social System*. Hoboken, NJ: Blackwell.

Tönnies, F. (2011). *Community and Society*. New York: Dover.

Toren, C. (1990). *Making Sense of Hierarchy*. London: Athlone Press.

Torgler, B., and Schaltegger, C. (2014). Suicide and religion: New evidence on the differences between Protestantism and Catholicism. *Journal for the Scientific Study of Religion* 53 (2), 316–40.

Toubert, P. (1996). The Carolingian moment. In A. Burguiere, C. Klapisch-Zuber,

M. Segalen, and F. Zonabend (eds.), *A History of the Family* (pp. 379–406). Cambridge, MA: Belknap Press of Harvard University Press.

Tracer, D. P. (2003). Selfishness and fairness in economic and evolutionary perspective: An experimental economic study in Papua New Guinea. *Current Anthropology* 44 (3), 432–38.

Tracer, D. P. (2004). Market integration, reciprocity, and fairness in rural Papua New Guinea: Results from two-village Ultimatum Game experiments. In J. Henrich, R. Boyd, S. Bowles, C. Camerer, E. Fehr, and H. Gintis (eds.), *Foundations of Human Sociality: Economic Experiments and Ethnographic Evidence from Fifteen*

Small-Scale Societies (pp. 232–59). New York: Oxford University Press.

Tracer, D. P., Mueller, I., and Morse, J. (2014). Cruel to be kind: Effects of sanctions and third-party enforcers on generosity in Papua New Guinea. In J. Ensminger and

J. Henrich (eds.), *Experimenting with Social Norms: Fairness and Punishment in Cross-Cultural Perspective* (pp. 177–96). New York: Russell Sage Foundation.

Tracy, J. L., and Matsumoto, D. (2008). The spontaneous expression of pride and shame: Evidence for biologically innate nonverbal displays. *Proceedings of the National Academy of Sciences* 105 (33), 11655–60.

Triandis, H. C. (1989). The self and social-behavior in differing cultural contexts. *Psychological Review* 96 (3), 506–520.

Triandis, H. C. (1994). *Culture and Social Behavior*. New York: McGraw-Hill. Triandis, H. C. (1995). *Individualism and Collectivism. New Directions in Social Psychology*. Boulder, CO: Westview Press.

Trompenaars, A., and Hampden-Turner, C. (1998). *Riding the Waves of Culture: Understanding Cultural Diversity in Global Business*. New York: McGraw-Hill.

Tu, Q., and Bulte, E. (2010). Trust, market participation and economic outcomes: Evidence from rural China. *World Development* 38 (8), 1179–90.

Tu, Q., Bulte, E., and Tan, S. (2011). Religiosity and economic performance: Micro-econometric evidence from Tibetan area. *China Economic Review* 22 (1), 55–63.

Tucker, B. (2012). Do risk and time experimental choices represent individual strate- gies for coping with poverty or conformity to social norms? *Current Anthropology* 53 (2), 149–80.

Turchin, P. (2005). *War and Peace and War: The Life Cycles of Imperial Nations*. New York: Pi Press/Pearson.

Turchin, P. (2010). Warfare and the evolution of social complexity: A multilevel-selection approach. *Structure and Dynamics* 4 (3), 1–37.

Turchin, P. (2015). *Ultrasociety: How 10,000 Years of War Made Humans the Greatest Cooperators on Earth*. Chaplin, CT: Beresta Books.

Turchin, P., Currie, T. E., Turner, E. A. L., and Gavrilets, S. (2013). War, space, and the evolution of Old World complex societies. *Proceedings of the National Academy of Sciences* 110 (41), 16384–89.

Turchin, P., Currie, T. E., Whitehouse, H., Francois, P., Feeney, K., Mullins, D., . . . Spencer, C. (2017). Quantitative historical analyses uncover a single dimension of complexity that structures global variation in human social organization. *Proceedings of the National Academy of Sciences* 115 (2), e144–e151.

Turner, G. (1859). *Nineteen Years in Polynesia: Missionary Life, Travels, and Researches in the Islands of the Pacific*. London: John Snow, Pasternoster Row.

Tuzin, D. (1976). *The Ilahita Arapesh: Dimensions of Unity*. Berkeley: University of California Press.

Tuzin, D. (2001). *Social Complexity in the Making: A Case Study Among the Arapesh of New Guinea*. London: Routledge.

Ubl, K. (2008). *Inzestverbot und Gesetzgebung. Die Konstruktion eines Verbrechens, 300–1100*. Berlin: Walter de Gruyter.

Uhlmann, E. L., Poehlman, T. A., Tannenbaum, D., and Bargh, J. A. (2010). Implicit Puritanism in American moral cognition. *Journal of Experimental Social Psychology* 47 (2), 312–20.

Uhlmann, E. L., and Sanchez-Burks, J. (2014). The implicit legacy of American Protestantism. *Journal of Cross-Cultural Psychology* 45 (6), 992–1006.

Vaish, A., Carpenter, M., and Tomasello, M. (2011). Young children's responses to guilt displays. *Developmental Psychology* 47 (5), 1248–62.

van Baaren, R., Janssen, L., Chartrand, T. L., and Dijksterhuis, A. (2009). Where is the love? The social aspects of mimicry. *Philosophical Transactions of the Royal Society B: Biological Sciences* 364 (1528), 2381–89.

van Berkhout, E. T., and Malouff, J. M. (2016). The efficacy of empathy training:

A meta- analysis of randomized controlled trials. Journal of Counseling Psychology 63 (1), 32–41. Van Cleve, J., and Akçay, E. (2014). Pathways to social evolution: Reciprocity, relatedness, and synergy. *Evolution* 68 (8), 2245–58.

van Honk, J., Peper, J. S., and Schutter, D. J. L. G. (2005). Testosterone reduces unconscious fear but not consciously experienced anxiety: Implications for the disorders of fear and anxiety. *Biological Psychiatry* 58 (3), 218–25.

van Honk, J., Schutter, D. J. L. G., Hermans, E. J., Putman, P., Tuiten, A., and Koppeschaar, H. (2004). Testosterone shifts the balance between sensitivity for punishment and reward in healthy young women. *Psychoneuroendocrinology* 29 (7), 937–43.

van Honk, J., Terburg, D., and Bos, P. A. (2011). Further notes on testosterone as a social hormone. *Trends in Cognitive Sciences* 15 (7), 291–92.

van Honk, J., Tuiten, A., Hermans, E., Putman, P., Koppeschaar, H., Thijssen, J., Verbaten, R., and van Doornen, L. (2001). A single administration of testosterone induces cardiac accelerative responses to angry faces in healthy young women. *Behavioral Neuroscience* 115 (1), 238–42.

Van Hoorn, A., and Maseland, R. (2013). Does a Protestant work ethic exist? Evidence from the well-being effect of unemployment. *Journal of Economic Behavior and Organization* 91, 1–12.

van Schaik, C. P., Ancrenaz, M., Borgen, G., Galdikas, B., Knott, C. D., Singleton, I., Suzuki, A., Utami, S. S., and Merrill, M. (2003). Orangutan cultures and the evolu- tion of material culture. *Science* 299 (5603), 102–105.

Van Zanden, J. L. (2009a). *The Long Road to the Industrial Revolution: The European Economy in a Global Perspective, 1000–1800, Vol. 1*. Leiden: Brill.

Van Zanden, J. L. (2009b). The skill premium and the "great divergence." *European Review of Economic History* 13 (1), 121–53.

Van Zanden, J. L., Buringh, E., and Bosker, M. (2012). The rise and decline of European parliaments, 1188–1789. *Economic History Review* 65 (3), 835–61.

西方文化的特立獨行如何形成繁榮世界

Van Zanden, J. L., and De Moor, T. (2010). Girl power: The European marriage pattern and labour markets in the North Sea region in the late medieval and early modern period. *Economic History Review* 63 (1), 1–33.

Vansina, J. (1990). *Paths in the Rainforests: Towards a History of Political Tradition in Equatorial Africa*. Madison: University of Wisconsin Press.

Vardy, T., and Atkinson, Q. D. (2019). Property damage and exposure to other people in distress differentially predict prosocial behavior after a natural disaster. *Psychological Science* 30 (4), 563–75.

Varnum, M. E. W., Grossmann, I., Katunar, D., Nisbett, R. E., and Kitayama, S. (2008). Holism in a European context: Differences in cognitive style between central and east Europeans and Westerners. *Journal of Cognition and Culture* 8 (3), 321–33.

Varnum, M. E. W., Grossmann, I., Kitayama, S., and Nisbett, R. E. (2010). The origin of cultural differences in cognition: The social orientation hypothesis. *Current Directions in Psychological Science* 19 (1), 9–13.

Ventura, P., Fernandes, T., Cohen, L., Morais, J., Kolinsky, R., and Dehaene, S. (2013). Literacy acquisition reduces the influence of automatic holistic processing of faces and houses. *Neuroscience Letters* 554, 105–109.

Verger, J. (1991). Patterns. In H. de Ridder-Symoens (ed.), *A History of the University in Europe: Volume 1, Universities in the Middle Ages* (pp. 35–68). Cambridge: Cambridge University Press.

Vohs, K. D. (2015). Money priming can change people's thoughts, feelings, motivations, and behaviors: An update on 10 years of experiments. *Journal of Experimental Psychology: General* 144 (4), 1–8.

Vohs, K. D., Mead, N. L., and Goode, M. R. (2006). The psychological consequences of money. *Science* 314 (5802), 1154–56.

Vohs, K. D., Mead, N. L., and Goode, M. R. (2008). Merely activating the concept of money changes personal and interpersonal behavior. Current Directions in *Psychological Science* 17 (3), 208–212.

Vohs, K. D., and Schooler, J. W. (2008). The value of believing in free will: Encouraging a belief in determinism increases cheating. *Psychological Science* 19 (1), 49–54.

Vollan, B., Landmann, A., Zhou, Y., Hu, B., and Herrmann-Pillath, C. (2017). Cooperation and authoritarian values: An experimental study in China. *European Economic Review* 93, 90–105.

Voors, M. J., Nillesen, E. E. M., Verwimp, P., Bulte, E. H., Lensink, R., and Van Soest, D. P. (2012). Violent conflict and behavior: A field experiment in Burundi. *American Economic Review* 102 (2), 941–64.

Voth, H. J. (1998). Time and work in eighteenth-century London. *Journal of Economic History* 58 (1), 29–58.

Wade, N. (2009). *The Faith Instinct: How Religion Evolved and Why It Endures*. New York: Penguin Press.

Wade, N. J. (2014). *A Troublesome Inheritance: Genes, Race, and Human History*. New York: Penguin Press.

Walker, R. S. (2014). Amazonian horticulturalists live in larger, more related groups than hunter-gatherers. *Evolution and Human Behavior* 35 (5), 384–88.

Walker, R. S., and Bailey, D. H. (2014). Marrying kin in small-scale societies. *American Journal of Human Biology* 26 (3), 384–88.

Walker, R. S., Beckerman, S., Flinn, M. V., Gurven, M., von Rueden, C. R., Kramer,

J.L., . . . Hill, K. R. (2013). Living with kin in lowland horticultural societies. *Current Anthropology* 54 (1), 96–103.

Walker, R. S., and Hill, K. R. (2014). Causes, consequences, and kin bias of human group fissions. *Human Nature* 25 (4), 465–75.

Wallbott, H. G., and Scherer, K. R. (1995). Cultural determinants in experiencing shame and guilt. In J. P. Tangney and K. W. Fischer (eds.), *Self-Conscious Emotions: The Psychology of Shame, Guilt, Embarrassment, and Pride* (pp. 465–87). New York: Guilford Press.

Wang, Y., Liu, H., and Sun, Z. (2017). Lamarck rises from his grave: Parental environment-induced epigenetic inheritance in model organisms and humans. *Biological Reviews of the Cambridge Philosophical Society* 92 (4), 2084–2111.

Wann, D. L. (2006). Understanding the positive social psychological benefits of sport team identification: The team identification-social psychological health model. *Group Dynamics* 10 (4), 272–96.

Wann, D. L., and Polk, J. (2007). The positive relationship between sport team identification and belief in the trustworthiness of others. *North American Journal of Psychology* 9 (2), 251–56.

Watson-Jones, R. E., and Legare, C. H. (2016). The social functions of group rituals. *Current Directions in Psychological Science* 25 (1), 42–46.

Watters, E. (2010). *Crazy Like Us: The Globalization of the American Psyche*. New York: Free Press.

Watts, J., Greenhill, S. J., Atkinson, Q. D., Currie, T. E., Bulbulia, J., and Gray, R. D. (2015). Broad supernatural punishment but not moralizing high gods precede the evolution of political complexity in Austronesia. *Proceedings of the Royal Society B: Biological Sciences* 282 (1804), 20142556.

Watts, T. W., Duncan, G. J., and Quan, H. (2018). Revisiting the marshmallow test: A conceptual replication investigating links between early delay of gratification and later outcomes. *Psychological Science* 29 (7), 1159–77.

Weber, M. (1958a). *The City*. New York: Free Press.

Weber, M. (1958b). *The Protestant Ethic and the Spirit of Capitalism*. New York: Scribner.

Weber, M. (1978). *Economy and Society*. Berkeley: University of California Press.
Weiner, M. S. (2013). *The Rule of the Clan: What an Ancient Form of Social Organization Reveals About the Future of Individual Freedom*. New York: Farrar, Straus and Giroux.

Weiss, A., Inoue-Murayama, M., King, J. E., Adams, M. J., and Matsuzawa, T.

(2012). All too human? Chimpanzee and orang-utan personalities are not anthropomorphic projections. *Animal Behaviour* 83 (6), 1355–65.

Wen, N. J., Clegg, J. M., and Legare, C. H. (2017). Smart conformists: Children and adolescents associate conformity with intelligence across cultures. *Child Development* 90 (3), 746–58.

Wen, N. J., Herrmann, P. A., and Legare, C. H. (2015). Ritual increases children's affiliation with in-group members. *Evolution and Human Behavior* 37 (1), 54–60.

Wente, A. O., Bridgers, S., Zhao, X., Seiver, E., Zhu, L., and Gopnik, A. (2016). How universal are free will beliefs? Cultural differences in Chinese and U.S. 4- and 6-year-olds. *Child Development* 87 (3), 666–76.

Wente, A., Zhao, X., Gopnik, A., Kang, C., and Kushnir, T. (2020). The developmental and cultural origins of our beliefs about self-control. In A. Mele (ed.), *Surrounding Self-Control.* New York: Oxford University Press.

Wertz, A. E. (2019). How plants shape the mind. *Trends in Cognitive Sciences* 23 (7), 528–31.

Wha-Sook, L. (1995). Marriage and divorce regulation and recognition in Korea. *Family Law Quarterly* 29 (3), 603.

Whaley, S. E., Sigman, M., Neumann, C., Bwibo, N., Guthrie, D., Weiss, R. E., Alber, S., and Murphy, S. P. (2003). The impact of dietary intervention on the cognitive development of Kenyan school children. *The Journal of Nutrition* 133 (11), 3965–71.

White, D. R. (1988). Rethinking polygyny: Co-wives, codes, and cultural systems. *Current Anthropology* 29 (4), 529–44.

White, L. (1962). *Medieval Technology and Social Change.* New York: Oxford University Press.

Whitehouse, H. (1995). *Inside the Cult: Religious Innovation and Transmission in Papua New Guinea.* Oxford Studies in Social and Cultural Anthropology.

　　西方文化的特立獨行如何形成繁榮世界

Oxford: Clarendon Press.

Whitehouse, H. (1996). Rites of terror: Emotion, metaphor and memory in Melanesian initiation cults. *Journal of the Royal Anthropological Institute* 2 (4), 703–715. Whitehouse, H. (2000). *Arguments and Icons: Divergent Modes of Religiousity*. New York: Oxford University Press.

Whitehouse, H. (2004). *Modes of Religiousity: A Cognitive Theory of Religious Transmission.* Lanham, MD: Altamira Press.

Whitehouse, H., and Lanman, J. A. (2014). The ties that bind us: Ritual, fusion, and identification. *Current Anthropology* 55 (6), 674–95.

Whitehouse, H., McQuinn, B., Buhrmester, M., and Swann, W. B. (2014). Brothers in arms: Libyan revolutionaries bond like family. *Proceedings of the National Academy of Sciences* 111 (50), 17783–85.

Wichary, S., Pachur, T., and Li, M. (2015). Risk-taking tendencies in prisoners and nonprisoners: Does gender matter? *Journal of Behavioral Decision Making* 28 (5), 504–514.

Wickham, C. (1981). *Early Medieval Italy: Central Power and Local Society, 400– 1000.* Ann Arbor: University of Michigan Press.

Wiessner, P. (2002). Hunting, healing, and hxaro exchange: A long-term perspective on !Kung (Ju/'hoansi) large-game hunting. *Evolution and Human Behavior* 23 (6), 407–436.

Wiessner, P. (2009). Parent-offspring conflict in marriage. In S. Shennan (ed.), *Pattern and Process in Cultural Evolution* (pp. 251–63). Berkeley: University of California Press.

Wiessner, P., and Tumu, A. (1998). *Historical Vines.* (W. Merrill and I. Karp, eds.) Smithsonian Series in Ethnographic Inquiry. Washington, DC: Smithsonian Institution.

Wildman, W. J., and Sosis, R. (2011). Stability of groups with costly beliefs and practices. *Journal of Artificial Societies and Social Simulation* 14 (3), 1–25.

Willard, A. K., and Cingl, L. (2017). Testing theories of secularization and religious belief in the Czech Republic and Slovakia. *Evolution and Human Behavior* 38 (5), 604–615.

Willard, A. K., Cingl, L., and Norenzayan, A. (2019). Cognitive biases and religious belief: A path model replication in the Czech Republic and Slovakia with a focus on anthropomorphism. *Social Psychological and Personality Science* 11 (2), 97–106 journals.sagepub.com/doi/10.1177/1948550619841629.

Willard, A. K., Henrich, J., and Norenzayan, A. (2016). The role of memory, belief, and familiarity in the transmission of counterintuitive content. *Human Nature* 27 (3), 221–43.

Willard, A. K., and Norenzayan, A. (2013). Cognitive biases explain religious belief, paranormal belief, and belief in life's purpose. *Cognition* 129 (2), 379–91.

Williams, T. I. (1987). *The History of Invention*. New York: Facts on File. Williamson, R. W. (1937). *Religion and Social Organization in Central Polynesia*. Cambridge: Cambridge University Press.

Wingfield, J. C. (1984). Androgens and mating systems: Testosterone-induces polygyny in normally monogamous birds. *The Auk* 101 (4), 665–71.

Wingfield, J. C., Hegner, R. E., Dufty, Jr., A. M., Ball, G. F., Dufty, A. M., and Ball,

G. F. (1990). The "challenge hypothesis": Theoretical implications for patterns of testosterone secretion, mating systems, and breeding strategies. *The American Naturalist* 136 (6), 829–46.

Wingfield, J. C., Lynn, S. E., and Soma, K. K. (2001). Avoiding the "costs" of testosterone: Ecological bases of hormone-behavior interactions. *Brain, Behavior and Evolution* 57 (5), 239–51.

Winter, A. (2013). Population and migration: European and Chinese experiences compared. In P. Clark (ed.), *The Oxford Handbook of Cities in World History* (pp. 403–20). New York: Oxford University Press.

Witkin, H. A., and Berry, J. J. W. (1975). Psychological differentiation in cross-cultural perspective. *Journal of Cross-Cultural Psychology* 6 (1), 5–78.

Witkin, H. A., Moore, C. A., Goodenough, D., and Cox, P. W. (1977). Field-dependent and field-independent cognitive styles and their educational implications. *Review of Educational Research* 47 (1), 1–64.

Wong, Y., and Tsai, J. (2007). Cultural models of shame and guilt. In J. L. Tracy, R. W. Robins, and J. P. Tangney (eds.), *The Self-Conscious Emotion: Theory and Research* (pp. 209–223). New York: Guilford Press.

Wood, C. (2017). Ritual and the logic of self-regulation. *Religion, Brain & Behavior* 7 (3), 266–75.

Woodberry, R. D. (2012). The missionary roots of liberal democracy. *American Political Science Review* 106 (2), 244–74.

Woodburn, J. (1982). Egalitarian societies. *Man* 17 (3), 431–51.

Woodburn, J. (1998). Sharing is not a form of exchange: An analysis of property-sharing in immediate return hunter-gatherer societies. In C. M. Hann (ed.), *Property Relations: Renewing the Anthropological Tradition* (pp. 48–63). Cambridge: Cambridge University Press.

Woodburn, J. (2016). Silent trade with outsiders: Hunter-gatherers' perspectives. *Journal of Ethnographic Theory* 6 (2), 473–96.

Woodley, M. A., and Bell, E. (2012). Consanguinity as a major predictor of levels of democracy: A study of 70 nations. *Journal of Cross-Cultural Psychology* 44 (2), 263–80.

Woods, T. E. (2012). *How the Catholic Church Built Western Civilization*. Washington, DC: Regnery History.

Wootton, D. (2015). *The Invention of Science: A New History of the Scientific Revolution*. London: Penguin.

Worm, W. (1950). *The Hanseatic League*. Economic Coooperation Administration–Office of the Special Representative Information Division, Editorial Research and Analysis Section.

Wrangham, R. (2019). *The Goodness Paradox: How Evolution Made Us Both More and Less Violent*. London: Profile Books.

Wrangham, R. W., and Glowacki, L. (2012). Intergroup aggression in chimpanzees and war in nomadic hunter-gatherers: Evaluating the chimpanzee model. *Human Nature* 23 (1), 5–29.

Wright, R. (2009). *The Evolution of God*. Boston: Little, Brown.

Xygalatas, D., Mitkidis, P., Fischer, R., Reddish, P., Skewes, J., Geertz, A. W., Roepstorff, A., and Bulbulia, J. (2013). Extreme rituals promote prosociality. *Psychological Science* 24 (8), 1602–1605.

Yamagishi, T., Matsumoto, Y., Kiyonari, T., Takagishi, H., Li, Y., Kanai, R., and Sakagami, M. (2017). Response time in economic games reflects different types of decision conflict for prosocial and proself individuals. *Proceedings of the National Academy of Sciences* 114 (24), 6394–99.

Yamagishi, T., Takagishi, H., Fermin, A. D. R., Kanai, R., Li, Y., and Matsumoto, Y. (2016). Cortical thickness of the dorsolateral prefrontal cortex predicts strategic choices in economic games. *Proceedings of the National Academy of Sciences* 113 (20), 5582–87.

Yilmaz, O., and Bahçekapili, H. G. (2016). Supernatural and secular monitors promote human cooperation only if they remind of punishment. *Evolution and Human Behavior* 37 (1), 79–84.

Young, C. (2009). Religion and economic growth in Western Europe: 1500–2000. Working paper, citation.allacademic.com/meta/p_mla_apa_research_citation/3/0/9/0/6/pages309064/p309064-1.php.

Young, L., and Durwin, A. J. (2013). Moral realism as moral motivation: The impact of meta-ethics on everyday. *Journal of Experimental Social Psychology* 49 (2), 302–306.

Young, R. W. (2009). The ontogeny of throwing and striking. *Human Ontogenetics* 3 (1), 19–31.

Yuki, M., Sato, K., Takemura, K., and Oishi, S. (2013). Social ecology moderates the association between self-esteem and happiness. *Journal of Experimental Social Psychology* 49 (4), 741–46.

Yuki, M., and Takemura, K. (2014). Intergroup comparison and intragroup relationships: Group processes in the cultures of individualism and collectivism. In M. Yuki and M. B. Brewer (eds.), *Culture and Group Processes* (pp. 38–65). New York: Oxford University Press.

Yutang, L. (1936). *My Country and My People*. London: William Heinemann.

Zaki, J., Schirmer, J., and Mitchell, J. P. (2011). Social influence modulates the neural computation of value. *Psychological Science* 22 (7), 894–900.

Zeng, T. C., Aw, A. J., and Feldman, M. W. (2018). Cultural hitchhiking and competition between patrilineal kin groups explain the post-Neolithic Y-chromosome bottleneck. *Nature Communications* 9 (1), 1–12.

Zhou, X., Alysandratos, T., and Naef, M. (2017). Rice farming and the emergence of cooperative behavior. Working paper, sites.google.com/site/xiaoyuzhouresearch/r. Zimmer, C. (2018). *She Has Her Mother's Laugh: The Powers, Perversions, and Potential of Heredity*. New York: Penguin Random House.

西方文化的特立獨行如何形成繁榮世界 / 約
瑟夫・亨里奇（Joseph Henrich）著；鍾
榕芳，黃瑜安，陳韋綸，周佳欣譯 . -- 第一
版 . -- 臺北市：遠見天下文化，2022.7
432 面；14.8×21 公分 . -- 〔社會人文；
BGB523〕

譯自：The WEIRDest People in the World:
How the West Became Psychologically
Peculiar and Particularly Prosperous

ISBN 978-986-525-660-9〔全套：平裝〕
1. 社會心理學 2. 認知心理學 3. 西洋文化
541.7   111008547

社會人文　BGB523

西方文化的特立獨行如何形成繁榮世界（下冊）

The WEIRDest People in the World

How the West Became Psychologically Peculiar and Particularly Prosperous

作者 — 約瑟夫‧亨里奇 Joseph Henrich
譯者 — 鍾榕芳、黃瑜安、陳韋綸、周佳欣
專業名詞審訂 — 洪澤

總編輯 — 吳佩穎
研發副總監 — 郭昕詠
責任編輯 — 張彤華
校對 — 林勝慧、凌午（特約）
封面設計 — 虎稿｜薛偉成（特約）
版型設計暨內頁排版 — 蔡美芳（特約）

出版者 — 遠見天下文化出版股份有限公司
創辦人 — 高希均、王力行
遠見‧天下文化 事業群董事長 — 高希均
事業群發行人／CEO — 王力行
天下文化社長 — 林天來
天下文化總經理 — 林芳燕
國際事務開發部兼版權中心總監 — 潘欣
法律顧問 — 理律法律事務所陳長文律師
著作權顧問 — 魏啟翔律師
地址 — 台北市 104 松江路 93 巷 1 號 2 樓
讀者服務專線 — 02-2662-0012 ｜ 傳真 — 02-2662-0007, 02-2662-0009
電子郵件信箱 — cwpc@cwgv.com.tw
直接郵撥帳號 — 1326703-6 號　遠見天下文化出版股份有限公司

製版廠 — 東豪印刷事業有限公司
印刷廠 — 祥峰印刷事業有限公司
裝訂廠 — 台興印刷裝訂股份有限公司
登記證 — 局版台業字第 2517 號
總經銷 — 大和書報圖書股份有限公司 電話／(02)8990-2588
出版日期 — 2022 年 7 月 29 日第一版第 1 次印行

定價 — NT1000 元（上、下冊不分售）
ISBN — 978-986-525-660-9
EISBN — 9789865256586（EPUB）；9789865256593（PDF）
書號 — BGB523
天下文化官網 — bookzone.cwgv.com.tw

天下文化
Believe in Reading